ro
ro
ro

Christian Jacq, geboren 1947 in Paris, promovierte in Ägyptologie an der Sorbonne. Er veröffentlichte zahlreiche wissenschaftliche Aufsätze und wurde von der Académie française für seine Leistungen ausgezeichnet. Im Zuge seiner Forschungen gründete er das Institut Ramsès, das sich insbesondere der Erhaltung gefährdeter Baudenkmäler der Antike widmet. Neben Beiträgen zur Fachliteratur schrieb er mehrere erfolgreiche Romane. Mit «Ramses» gelang ihm auf Anhieb der Sprung auf die Bestsellerlisten.

Weitere Informationen zum Werk des Autors finden sich im Anhang dieses Buches.

Christian Jacq

RAMSES

Band 3:
Die Schlacht von Kadesch

Deutsch von
Annette Lallemand

Rowohlt Taschenbuch Verlag

Die Originalausgabe erschien 1996
unter dem Titel «Ramsès. La Bataille de Kadesh»
bei Éditions Robert Laffont, S.A., Paris

Redaktion Heiner Höfener

Ungekürzte Ausgabe
Veröffentlicht im Rowohlt Taschenbuch
Verlag GmbH, Reinbek bei Hamburg,
Februar 2000
Copyright © 1998 by Rowohlt Verlag GmbH,
Reinbek bei Hamburg
«Ramsès. La Bataille de Kadesh»
Copyright © 1996
by Éditions Robert Laffont, S.A., Paris
Umschlaggestaltung Susanne Heeder
Satz Palatino PostScript (PageOne)
Gesamtherstellung Clausen & Bosse, Leck
Printed in Germany
ISBN 3 499 33158 6

DIE SCHLACHT VON KADESCH

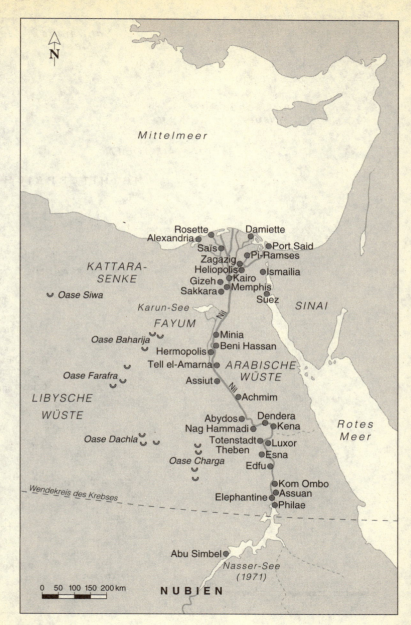

Ägypten

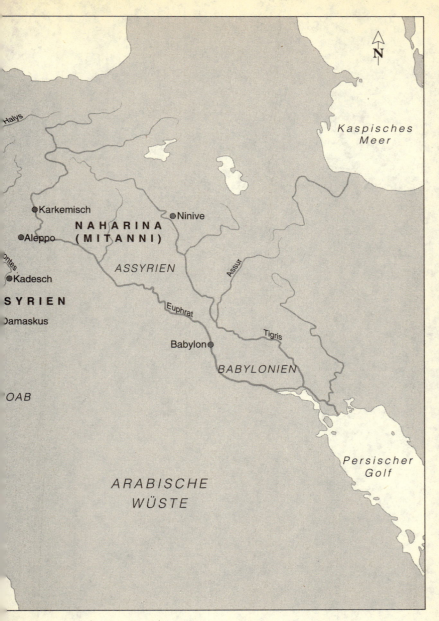

Ägypten und der Vordere Orient

EINS

IN GESTRECKTEM GALOPP ritt Danio den glühendheißen Weg zur Stadt des Löwen, einem Marktflecken, den der berühmte Pharao Sethos im südlichen Syrien gegründet hatte. Danio, dessen Vater Ägypter war und dessen Mutter aus Syrien stammte, hatte sich für den ehrenwerten Beruf eines Sendboten entschieden und sich als Überbringer besonders eiliger Nachrichten ausgezeichnet. Wie es seinem Amt gebührte, erhielt er Pferd, Nahrung und Kleidung vom ägyptischen Staat, bewohnte ein Haus in Sile, der nordöstlichen Grenzstadt, und bekam freie Unterkunft in allen Botenstationen. Ein schönes Leben! All diese Reisen, all diese syrischen Mädchen, die so freizügig waren, allerdings manchmal nur allzugern einen Beamten geheiratet hätten, der sich aber schleunigst aus dem Staub machte, wenn es brenzlig wurde.

Es lag in Danios Wesen – das hatte ja schon der Dorfastrologe den Eltern gesagt –, daß er es nicht ertrug, wenn ihn etwas beengte, und das galt eben auch für die Umarmung der jeweiligen Geliebten, mochte sie noch so gewitzt sein. Nichts konnte ihn mehr beglücken, als die Weiten zu durchmessen und dahinzustürmen auf staubigen Wegen.

Gewissenhaft und zielgerichtet übte er seinen Beruf aus, und das schätzten seine Vorgesetzten. Noch nie war ein ihm anvertrautes Schreiben verlorengegangen, und wie oft hatte er schon seine freie Zeit geopfert, um einen Absender, der es eilig hatte, zufriedenzustellen. Die Sendschreiben so schnell wie möglich zu überbringen war ihm eine heilige Pflicht.

Als nach Sethos' Tod Ramses an die Macht kam, hatte Danio – wie so viele Ägypter – befürchtet, der junge Pharao sei kriegslüstern und würde sein Heer sofort in Bewegung setzen, um die Ostländer zu erobern und wieder ein riesiges Reich zu schaffen, mit Ägypten als Mittelpunkt. In den ersten vier Jahren seiner Regierung hatte der ungestüme Ramses den Tempel in Luxor ausgebaut, die gewaltige Säulenhalle in Karnak vollendet, mit dem Bau seines Tempels für die Ewigkeit auf dem Westufer Thebens begonnen und im Delta die neue Hauptstadt Pi-

Ramses errichtet. Doch von der Außenpolitik seines Vaters, die darin bestanden hatte, die Hethiter, diese gefährlichen Krieger aus den Bergen, aufgrund einer Übereinkunft nicht anzugreifen, war er nicht abgewichen; und auch diese schienen auf einen Angriff gegen Ägypten verzichtet zu haben und das südliche Syrien dem Schutz Ägyptens zu überlassen.

Die Zukunft hätte rosig aussehen können, doch in letzter Zeit herrschte ein ungewöhnlich reger Schriftverkehr zwischen den Militärbefehlshabern von Pi-Ramses und den Festungskommandanten entlang dem Horusweg.

Seine Vorgesetzten und auch Offiziere hatte Danio schon befragt. Keiner hatte eine Erklärung, aber man munkelte, im nördlichen Syrien und sogar in der Provinz Amurru, die ägyptischem Einfluß unterstand, sei es zu Unruhen gekommen.

Allem Anschein nach enthielten die Sendschreiben, die Danio zu überbringen hatte, die Aufforderung an die Festungskommandanten entlang dem Horusweg, der nordöstlichen Befestigungslinie, schleunigst Vorkehrungen zu treffen, um eine Bedrohung abzuwenden.

Dank Sethos und seinem unermüdlichen Einsatz bildeten Kanaan, Amurru und das südliche Syrien eine breite Pufferzone, die Ägypten vor einem plötzlichen Überfall schützte. Gewiß, die Fürsten dieser aufrührerischen Regionen mußten ständig überwacht und auch immer wieder von neuem zur Vernunft gebracht werden, aber das nubische Gold hatte bisher noch jeden mundtot gemacht, den es gelüstet hätte, Verrat zu üben, und daran war man gewöhnt wie an den Wechsel der Jahreszeiten. Die Anwesenheit ägyptischer Krieger und die Truppenaufmärsche bei großen Festen waren ebenfalls wirkungsvoll zur Aufrechterhaltung des stets gefährdeten Friedens.

Es war in der Vergangenheit auch schon mehrmals vorgekommen, daß die Festungen entlang dem Horusweg ihre Tore schlossen und jedem Fremdling das Überschreiten der Grenze verwehrten. Die Hethiter hatten sich jedoch bislang zurückgehalten, und so war die Furcht vor erbitterten Kämpfen allmählich geschwunden.

Daher blieb Danio auch diesmal zuversichtlich: die Hethiter kannten den Kampfgeist des ägyptischen Heeres, und die Ägypter fürchteten die gewalttätigen und grausamen Krieger aus den Bergen des Nordens. Beide Länder riskierten bei einem direkten Zusammenstoß einen hohen Blutzoll, daher lag es in beider Interesse, die jeweilige Stellung zu halten und sich auf Säbelrasseln zu beschränken.

Ramses mit seinen großen Bauvorhaben beabsichtigte gewiß keine kriegerische Auseinandersetzung.

In gestrecktem Galopp ritt Danio an der Stele vorbei, die Grenzstein war für den zur Stadt des Löwen gehörenden Landbesitz. Ruckartig hielt er sein Pferd an und ritt zurück: eine Veränderung war ihm aufgefallen.

Vor der Stele angekommen, sprang er aus dem Sattel.

Empört stellte er fest, daß der Umfassungsring beschädigt und mehrere Schriftzeichen zerstört waren. Die unleserlich gewordene Inschrift bot dem Ort nun keinen Schutz mehr! Wer diesen Frevel begangen hatte, würde schwer bestraft werden: die Beschädigung eines lebenden Steines war ein Verbrechen, das nur mit der Todesstrafe geahndet werden konnte.

Ohne Zweifel war er der erste Augenzeuge dieser Schandtat, die er dem Militärbefehlshaber der Stadt auch unverzüglich melden würde. Sobald der von diesem Frevel erführe, würde er einen entsprechenden Bericht für den Pharao verfassen.

Die Stadtmauer bestand ringsum aus Ziegelsteinen, und zu beiden Seiten des Eingangstors wachten zwei liegende Sphingen. Verdutzt hielt der Bote inne: die Umfassungsmauern waren zum größten Teil zerstört und die beiden Sphingen zertrümmert.

Die Stadt des Löwen war angegriffen worden.

Im Ort war kein Geräusch zu hören. Für gewöhnlich herrschte hier reges Leben: Fußtruppen exerzierten, Reiter wurden ausgebildet, und beim Brunnen auf dem Hauptplatz traf man sich zum Gespräch, unterbrochen von Kinder- und Eselsgeschrei ... Die ungewohnte Stille schnürte dem Boten die Kehle zu. Um das Brennen des Speichels loszuwerden, nahm er einen kräftigen Schluck aus dem Wasserschlauch.

Die Neugier besiegte die Angst. Er hätte umkehren und die nächste Garnison verständigen müssen, aber er wollte der Sache auf den Grund gehen. Danio kannte fast alle Bewohner der Stadt des Löwen, vom Statthalter bis zum Schankwirt, und war mit einigen sogar befreundet.

16

Das Pferd wieherte und stieg, ließ sich durch ein Tätscheln am Hals aber beruhigen, doch zum Weitergehen war es nicht zu bewegen.

Also mußte Danio zu Fuß in die gespenstisch stille Stadt gehen.

Geplünderte Getreidespeicher, zerschlagene Krüge. Von den Nahrungs- und Getränkevorräten war nichts mehr übrig.

Die kleinen zweistöckigen Häuser waren nur mehr Ruinen: kein einziges hatte der zerstörungswütige Angreifer verschont, nicht einmal das des Statthalters.

Nicht eine Mauer des kleinen Tempels stand noch. Das Standbild der Gottheit war enthauptet und zertrümmert worden.

Überall diese lastende, beklemmende Stille.

Im Brunnenschacht lagen verendete Esel. Auf dem Hauptplatz glommen noch Reste eines Feuers, in dem Mobiliar und Papyrus verbrannt worden waren.

Dieser Gestank!

Ein fauliger, beißender, ekelerregender Geruch stieg ihm in die Nase und trieb ihn ans nördliche Ende der Stadt, wo eine breite Vorhalle dem Schlachthaus als Sonnenschutz diente. Dort wurden die Ochsen zerlegt, in einem großen

Kessel die Fleischbrocken gekocht und am Dreh-
spieß das Geflügel gebraten. An diesem lärmen-
den Platz aß der Bote gern zu Mittag, nachdem er
die Sendschreiben überbracht hatte.

Als er sie sah, verschlug es Danio den Atem.

Alle waren sie dort: Soldaten, Händler,
Handwerker, Greise, Frauen, Kinder, Säuglinge. Allen war die Kehle durchgeschnitten
worden. Den Statthalter hatte man gepfählt, die
drei Wachoffiziere am Balken unter dem Dach
des Schlachthauses aufgehängt.

Eine hölzerne Säule trug eine Inschrift in hethitischen Schriftzeichen: «Sieg der Armee des
mächtigen Herrschers von Hatti, Muwatalli. So
werden alle seine Feinde enden.»

Die Hethiter – erbarmungslos grausam, wie
es ihre Art war – hatten diesen Ort überfallen
und keinen ihrer Gegner verschont. Doch diesmal waren sie über ihr Einflußgebiet hinausge-
stürmt, um unweit der nordöstlichen Grenze
Ägyptens zuzuschlagen.

Panische Angst befiel den Boten. Was, wenn
der hethitische Sturmtrupp noch in der Nähe
wäre?

Danio wich zurück, er vermochte den Blick
nicht zu lösen von dem Grauen, das sich ihm

hier bot. Wie konnte man nur so grausam sein, Menschen abzuschlachten und unbegraben liegenzulassen?

Der Kopf glühte ihm, als er auf das Sphingentor zuging.

Sein Pferd war verschwunden.

Beklommen suchte er den Horizont ab, voller Furcht hielt er Ausschau nach hethitischen Soldaten. Dort hinten, am Fuße des Hügels ... eine Staubwolke!

Wagen ... Wagen rollten auf ihn zu!

Wahnsinnig vor Entsetzen rannte Danio los; er konnte kaum noch atmen.

ZWEI

Pi-Ramses, die von Ramses erbaute neue ägyptische Hauptstadt, beherbergte bereits mehr als hunderttausend Einwohner. Da zwei Arme des Nils, die Wasser von Re und Auaris, sie umfingen, war das Klima dort sogar im Sommer angenehm. Zahlreiche Kanäle durchzogen die Stadt, ein See lud zu vergnüglichen Bootsfahrten ein, und die fischreichen Weiher boten Anglern schöne Beute.

Die Stadt, die sich aus dem Umland mit Nahrungsmitteln aller Art versorgen konnte und im Überfluß lebte, erhielt bald schon den Beinamen «Die Türkisfarbene», da sämtliche Häuserfassaden mit leuchtend blaugrünen Kacheln geschmückt waren.

Eine merkwürdige Stadt, wenn man's recht besah: friedlich und gelassen lebte es sich hier, und dabei war sie doch auch eine Kriegsfestung mit ihren vier großen Kasernen und der Waffenschmiede gleich neben dem Palast. Seit einigen Monaten arbeiteten die Handwerker hier Tag und Nacht, bauten Streitwagen, fertigten Rüstungen und Schutzschilde, schmiedeten Schwerter, Lanzen und Pfeilspitzen. Den Mittelpunkt bildete eine großangelegte Gießerei mit einer eigenen Werkstatt für Bronzeguß.

Ein robuster und dennoch leichter Streitwagen rollte soeben dort aus dem Tor. Als er die obere Rampe erreicht hatte, die zum großen verschlossenen Hof führte, tippte der Vorarbeiter dem Stellmacher, der gerade eine letzte Überprüfung vornahm, auf die Schulter und sagte:

«Dort unten, unten an der Rampe ... Das ist er!»

«Wer?»

Der Handwerker richtete den Blick auf die Rampe.

Tatsächlich, da stand er, der Pharao, der Herrscher über Ober- und Unterägypten, Ramses, der Sohn des Lichts.

Seit vier Jahren regierte er nun schon, dieser Sechsundzwanzigjährige, der Sethos nachgefolgt war, und erfreute sich der Liebe und Bewunderung seines Volkes. Ein im Kampf erprobter, hochgewachsener Körper, ein schmales Gesicht, gekrönt von goldblonder Haarpracht, eine breite, freie Stirn, auffällig buschige Augenbrauen, eine lange, schmale, leicht gebogene Nase, ein leuchtender und tiefer Blick, runde, wohlgeformte Ohren, üppige Lippen, ein ausgeprägtes Kinn und zu alledem noch eine Kraft, die nicht wenige als übermenschlich betrachteten.

Harten Prüfungen hatte der Vater ihn unterzogen, damit er lernte, mit der Macht umzugehen, und allmählich Einblick gewann in das Amt des Königs. Und da Ramses auch noch die strahlende Autorität seines bewunderten Vaters

Sethos geerbt hatte, flößte er auch im Alltagsgewand allein durch seine Gegenwart Respekt ein.

Der König schritt die Rampe hinauf und prüfte den Streitwagen. Vorarbeiter und Stellmacher standen wie versteinert und erwarteten sein Urteil. Daß der Pharao höchstpersönlich unangemeldet hierherkam, bewies doch, wie wichtig ihm die Tauglichkeit der hier gefertigten Kriegsgeräte war.

Ramses beschränkte sich nicht auf eine oberflächliche Prüfung. Er nahm jedes Holzteil in Augenschein, betastete die Deichseln und überprüfte die Räder auf ihre Haltbarkeit.

«Eine schöne Arbeit», befand er dann, «aber wie widerstandsfähig dieser Wagen ist, muß auf freiem Feld erprobt werden.»

«Das war auch vorgesehen, Majestät», betonte der Vorarbeiter. «Sollte etwas nicht in Ordnung sein, benennt der Wagenlenker uns das schadhafte Teil, das wir dann unverzüglich ausbessern.»

«Kommt so etwas häufig vor?»

«Nein, Majestät, aber die Werkstatt kann dann sogleich die Irrtümer beheben und das Material verbessern.»

«Werde nur nicht nachlässig!»

«Majestät ... darf ich mir eine Frage erlauben?»

«Ich höre.»

«Wird es ... bald Krieg geben?»

«Hast du etwa Angst?»

«Wir stellen Waffen her, fürchten aber den Kampf. Wie viele Ägypter würden dabei sterben, wie viele Frauen zu Witwen werden, wie viele Kinder ihrer Väter beraubt? Mögen die Götter uns so etwas ersparen!»

«Mögen sie dir Gehör schenken! Aber was sollten wir tun, wenn Ägypten bedroht wird?»

Der Vorarbeiter senkte den Kopf.

«Ägypten ist unsere Mutter, unsere Vergangenheit und unsere Zukunft», gemahnte Ramses. «Es gibt mit freien Händen, beschenkt uns jeden Augenblick ... Sollen wir das mit Undankbarkeit, Eigensucht und Feigheit vergelten?»

«Wir wollen nur leben, Majestät!»

«Wenn es nötig ist, wird der Pharao sein Leben hingeben, damit Ägypten weiterlebt. Laß dich nicht beirren, Vorarbeiter.»

Wie sie strahlte, seine Hauptstadt! Pi-Ramses war ein verwirklichter Traum, dem die Zeit Tag um Tag Dauer verlieh. Das ehemalige Auaris, die verfemte Stadt der Eindringlinge aus dem Osten, war in eine betörende und anmutige Stadt umgestaltet worden, wo Akazien und Sykomoren Arm und Reich Schatten spendeten.

Der König liebte die Spaziergänge auf dem Land mit den üppigen Weideflächen, den blumengesäumten Pfaden und all den Kanälen, die zum Baden einluden; mit Wonne kostete er einen Apfel, der nach Honig schmeckte, eine süße Zwiebel, vergnügt lief er durch den Olivenhain, der so viel Öl spendete, wie Sand am Ufer lag, er genoß den Duft aus den Gärten und beendete seinen Spaziergang am Binnenhafen, wo das Treiben immer reger wurde und all die Lagerhäuser standen, in denen sich die Reichtümer der Stadt – Edelmetalle, seltene Hölzer, Getreidevorräte – stapelten.

Doch in den letzten Wochen sah man Ramses weder auf dem Land noch in den Straßen seiner türkisfarbenen Stadt, denn er verbrachte seine Zeit fast ausschließlich in den Kasernen, in Begleitung höherer Offiziere und Soldaten der Wagen- und Fußstreitkräfte, die sich mit ihrer Unterbringung in neuen Gebäuden sehr zufrieden zeigten.

Die Soldaten, zu denen auch viele Söldner gehörten, freuten sich über ihren Sold und die gute Ernährung. Doch viele klagten über den erbarmungslosen Drill und bedauerten jetzt, sich vor Jahren, als der Friede verbürgt zu sein schien, verpflichtet zu haben. Der Gedanke, den Exerzierplatz – und mochte es dort noch so rauh zugehen – mit dem Schlachtfeld zu vertauschen, um gegen die Hethiter anzutreten, begeisterte keinen von ihnen, nicht einmal die erprobtesten Kämpfer. Sie alle fürchteten die Grausamkeit dieser Krieger, die noch nie eine Niederlage erlitten hatten.

Ramses hatte gespürt, daß die Angst sich in die Köpfe einschlich. Um gegen dieses Übel anzukämpfen, besuchte er reihum jede Kaserne und nahm auch an Übungen jeder Waffengattung teil. Der König mußte Gelassenheit zur Schau tragen und das Vertrauen seiner Soldaten gewinnen und stärken, auch wenn er selbst innerlich aufgewühlt war.

Wie konnte er glücklich sein in dieser Stadt, aus der Moses, sein Freund aus frühen Kindertagen, geflohen war, nachdem hebräische Ziegelmacher unter seiner Leitung hier Paläste, Prunkhäuser und Wohnstätten errichtet hatten? Gewiß, man hatte Moses beschuldigt, einen Ägypter ermordet zu haben, Sary, den Schwager des Königs. Aber das bezweifelte Ramses nach wie vor, denn Sary, sein ehemaliger Erzieher, hatte eine Verschwörung gegen ihn angezettelt und sich schändlich verhalten gegenüber den ihm unterstellten Arbeitern. War Moses so vielleicht in einen Hinterhalt geraten?

Wenn seine Gedanken nicht bei dem verschwundenen und immer noch unauffindbaren Freund waren, verbrachte der König Stunden um Stunden mit seinem älteren Bruder Chenar, der die Außenpolitik leitete, und seinem Freund Acha, dem er die Geheimdienste unterstellt hatte. Chenar hatte zwar alles versucht, um seinem jüngeren Bruder das Amt des Pharaos streitig zu machen, doch schien er aus seinem Mißerfolg gelernt zu haben, denn seine jetzige Aufgabe nahm er sehr ernst. Und Acha, der scharfsinnige und geistreiche Gesandte, war mit Ramses und Moses seit Studienzeiten befreundet und genoß ohnehin das volle Vertrauen des Königs.

Tag für Tag erörterten die drei Männer die Sendschreiben, die aus Syrien eingingen, und versuchten sich ein Bild zu machen von der Situation.

Wie weit konnte Ägypten das Vorgehen der Hethiter noch dulden?

Ramses vermochte seinen Blick nicht zu lösen von der großen Karte in seinem Arbeitszimmer, wo all die nördlichen und östlichen Fremdländer eingezeichnet waren. Da lag im Norden das Königreich Hatti mit seiner Hauptstadt Hattuscha im Kern des Hochlands. Weiter südlich das große Syrien, durch das der Orontes floß. Und da lag die Festung Kadesch, unter Oberhoheit der Hethiter. Südlich die Provinz Amurru und die Häfen Byblos, Tyros und Sidon, alle unter ägyptischer Oberhoheit, noch weiter südlich Kanaan, dessen Fürsten dem Pharao treu ergeben waren.

Viele Tagesreisen lagen zwischen Pi-Ramses, der ägyptischen Hauptstadt, und Hattuscha, wo der hethitische Herrscher Muwatalli residierte. Weil zwischen der nordöstlichen Grenze und dem syrischen Kernland ein Festungsgürtel verlief, wähnten sich Ober- und Unterägypten geschützt vor Überfällen.

Doch die Hethiter schienen das Abkommen, das Sethos durchgesetzt hatte, mehr und mehr zu mißachten. Krieger waren aus ihrem Gebiet ausgerückt und hatten einen Vorstoß auf Damaskus gewagt, die größte Stadt in Syrien.

Das war zumindest Achas Überzeugung, die sich auf Berichte seiner geheimen Kundschafter stützte. Ramses verlangte eine Bestätigung, bevor er sich an die Spitze seines Heeres setzte, um den Gegner zurückzudrängen. Weder Chenar noch Acha konnten sich entschließen, voreilig eine Meinung zu äußern: Der Pharao und nur er allein hatte seine Entscheidung abzuwägen und zu handeln.

Ungestüm, wie er war, hätte Ramses am liebsten sofort, als er von den hethitischen Scharmützeln erfuhr, zum Gegenschlag ausgeholt. Aber die Vorbereitung seiner Truppen, die zum großen Teil von Memphis nach Pi-Ramses verlegt worden waren, erforderte noch etliche Wochen. Durch diese Frist, die der König nur mit Ungeduld ertrug, konnte vielleicht ein sinnloser Zusammenstoß vermieden werden. Zumindest gab es seit zehn Tagen keine beunruhigende Meldung aus dem syrischen Kernland.

Ramses schlenderte hinüber zur Vogelvoliere des Palastes, wo Kolibris, Häher, Meisen, Wiedehopfe, Kiebitze und eine Vielzahl anderer

28

Vögel, gehegt und gepflegt, sich im Schatten der Sykomoren und am Wasser der Becken voll blauer Lotosblüten ihres Lebens freuten.

Er war überzeugt, daß er sie dort finden würde, wo sie ihrer Laute die Töne einer Melodie aus alten Zeiten entlockte.

Nefertari, die Große königliche Gemahlin, süß an Liebe, die einzige Frau, die sein Herz beglückte. Sie war zwar nicht adliger Abstammung, aber schöner als alle anderen Schönheiten, die den Palast bevölkerten, und aus ihrem Munde mit der sanften Stimme kam nie ein überflüssiges Wort.

Einst, als die junge Nefertari sich in der Abgeschiedenheit eines kleinen Tempels auf ein Leben als Priesterin vorbereitete, hatte Prinz Ramses sich unsterblich in sie verliebt. Weder er noch sie hatten damals geahnt, eines Tages als Königspaar die Geschicke Ägyptens lenken zu müssen.

Nefertari mit ihrem schimmernden schwarzen Haar und den blaugrünen Augen, diese Frau, die Stille und innere Sammlung so liebte, hatte schnell alle Herzen bei Hofe erobert. Durch ihre Zurückhaltung und Zuverlässigkeit unterstützte sie Ramses und vollbrachte das

Wunder, die Rolle der Königin und die der Gemahlin in Einklang zu bringen.

Merit-Amun, die Tochter, die sie dem König geschenkt hatte, war ihr ähnlich. Nefertari würde keine weiteren Kinder mehr bekommen können, doch dieses Leid schien sie nur zu streifen wie der Frühlingswind. Aus der Liebe, die sie und Ramses nun seit neun Jahren verband, schien das Volk sein Glück zu schöpfen.

Ramses betrachtete sie. Sie hatte ihn nicht kommen sehen. Sie rief einen Wiedehopf, der um sie herumflatterte, ein paar lustige Töne von sich gab und sich dann auf ihrem Unterarm niederließ.

«Du bist in meiner Nähe, nicht wahr?»

Er ging auf sie zu. Wie gewöhnlich hatte sie seine Gegenwart und seine Gedanken erspürt.

«Die Vögel sind heute aufgeregt», bemerkte die Königin. «Ein Gewitter zieht auf.»

«Worüber redet man im Palast?»

«Man betäubt sich, reißt Witze über die Feigheit des Feindes, rühmt die Macht unserer Waffen, verkündet bevorstehende Hochzeiten, lauert auf zu erwartende Auszeichnungen.»

«Und was sagt man über den König?»

«Daß er seinem Vater immer ähnlicher wird und das Land vor Unheil bewahren wird.»

«Wenn die Höflinge nur recht behielten …»

Ramses schloß Nefertari in die Arme und bettete seinen Kopf an ihrer Schulter.

«Schlechte Nachrichten?»

«Alles scheint ruhig.»

«Haben die Übergriffe der Hethiter aufgehört?»

«Acha hat keine beunruhigende Kunde erhalten.»

«Sind wir kampfbereit?»

«Keiner unserer Soldaten lechzt danach, diesen Kriegern gegenüberzutreten. Die Altgedienten sind überzeugt, daß wir nicht die geringste Chance haben, sie zu besiegen.»

«Ist das auch deine Meinung?»

«Ein Krieg solcher Tragweite erfordert eine Erfahrung, die ich nicht besitze. Selbst mein Vater hat darauf verzichtet, sich auf ein so gewagtes Abenteuer einzulassen.»

«Wenn die Hethiter ihr Verhalten geändert haben, dann glauben sie, den Sieg für sich verbuchen zu können. In früherer Zeit haben die Königinnen Ägyptens mit all ihren Kräften darum gekämpft, die Unabhängigkeit ihres

31

Landes zu bewahren. Obwohl ich Gewalt verabscheue, werde ich an deiner Seite sein, falls der Kampf der einzige Ausweg ist.»

Plötzlich geriet die ganze Voliere in helle Aufregung.

Der Wiedehopf flatterte auf einen Ast hoch oben in der Sykomore, und die Vögel im Käfig stoben auseinander.

Ramses und Nefertari blickten hoch und entdeckten eine Brieftaube mit schwerem Flügelschlag; das erschöpfte Tier schien vergebens seinen Zielort zu suchen. In einer Willkommensgeste streckte der König ihr die Arme entgegen. Die Taube ging vor dem Herrscher nieder.

An ihrem rechten Fuß war eine kleine, etwa fingerlange Papyrusrolle befestigt. Der in winzigen, dennoch lesbaren Hieroglyphen geschriebene Text war von einem Armeeschreiber unterzeichnet.

Während Ramses las, hatte er das Gefühl, daß ihm ein Schwert in den Leib gebohrt wurde.

«Du hattest recht», sagte er zu Nefertari gewandt, «ein Gewitter hing in der Luft ... Und nun ist es ausgebrochen.»

DREI

DER GROSSE AUDIENZSAAL in Pi-Ramses war eines der Wunder Ägyptens. Eine Prunktreppe führte hinauf, rechts und links gesäumt von Bildnissen besiegter Feinde. Sie stellten die Mächte des Bösen dar, die überall von neuem heranwuchsen und die nur der Pharao der Maat unterstellen konnte, dem Gesetz der Harmonie, das die Königin verkörperte.

Rings um die Eingangstür die Krönungsnamen des Herrschers, blau auf weißem Grund, in ovalen Ringen, die den Kosmos darstellten, das Reich des Pharaos, Sohn des Weltenschöpfers und dessen Stellvertreter auf Erden. Wer über diese Schwelle zu Ramses vorgelassen wurde, war bezaubert von so viel erlesener Schönheit.

Der Fußboden war kunstvoll aus farbigen glasierten Fliesen gefertigt, die sich zu Bildern von Wasserbecken und blühenden Gärten fügten. Da schwamm auf blaugrünem Teich eine Ente, dort ein Kugelfisch zwischen weißen Lotosblüten. An den Wänden eröffnete sich eine Zauberwelt in blaßgrünen, dunkelroten, hellblauen, goldgelben, gebrochen weißen Tönen: die Vogelwelt der Sümpfe. Und folgte der Blick den Blütenranken, dann fiel er auf Lotos, Schlafmohn, Klatschmohn, Margeriten und Kornblumen.

Doch das Meisterwerk in diesem Saal, eine einzige Hymne auf die Natur, war das Antlitz einer in Meditation versunkenen jungen Frau vor einem Rosenbeet. Die Ähnlichkeit mit Nefertari war so auffallend, daß für niemanden ein Zweifel bestand: dies war die Huldigung des Königs an seine Gemahlin.

Als er die Stufen zu seinem goldenen Thron hinaufschritt – auf der obersten hielt ein Löwe einen Feind aus der Unterwelt in den Fängen –, warf Ramses einen flüchtigen Blick auf diese Rosen: Sie wurden aus dem Süden Syriens eingeführt, der unter ägyptischem Schutz stand, doch jetzt bohrten ihre Dornen sich ihm ins Herz.

Vollzählig und schweigend stand der Hofstaat versammelt.

Die höchsten Beamten mit ihren Stellvertretern, die Vorlesepriester, die königlichen Schreiber, die Opferpriester aus den Tempeln, die Wahrer der Geheimnisse, die hohen Damen,

34

die mit Ämtern betraut waren, und noch viele andere, die Romet, dieser leutselige, aber höchst gewissenhafte Palastvorsteher, eingelassen hatte.

Es kam selten vor, daß Ramses eine so zahlreiche Versammlung einberief, die den Inhalt seiner Ansprache gleich darauf übers Land verbreiten würde. Jeder hielt den Atem an, weil er fürchtete, der Herrscher könnte jetzt gleich ein Unheil verkünden.

Der König trug die rot-weiße Doppelkrone, das Symbol der Herrschaft über Ober- und Unterägypten, der unverbrüchlichen Einheit des Landes. Das Zepter vor seiner Brust bezeugte, daß der Pharao auch über die Elemente und die Lebenskräfte gebot.

«Hethitische Angreifer haben die Stadt des Löwen zerstört, eine von meinem Vater gegründete Siedlung. Die Barbaren haben sämtliche Bewohner abgeschlachtet, auch Frauen, Kinder und Säuglinge.»

Ein Murmeln der Empörung machte sich breit. Kein Heer, kein Soldat durfte so etwas tun.

«Ein Sendbote hat diese Schandtat entdeckt», fuhr der König fort. «Eine unserer Streifen hat ihn, der vor Entsetzen den Verstand verloren hatte, aufgegriffen und mir die Nachricht übermittelt. Nach diesem Gemetzel haben die Hethiter dann noch das Ortsheiligtum zerstört und die Sethos-Stele entweiht.»

Zutiefst erschüttert trat ein ehrfurchtgebietender Greis, der den Titel «Bewahrer der Geheimnisse» trug, da ihm das Palastarchiv unterstand, aus der Masse der Höflinge heraus und verneigte sich vor dem Pharao.

«Majestät, gibt es Beweise, daß es die Hethiter waren, die dieses Verbrechen begangen haben?»

«Eine Inschrift bezeugt es: ‹Sieg der Armee des mächtigen Herrschers von Hatti, Muwatalli. So werden alle seine Feinde enden.› Ferner teile ich euch mit, daß die Fürsten von Amurru und Palästina sich soeben zu Untertanen der Hethiter erklärt haben. Ägyptische Siedler wurden erschlagen, die Überlebenden haben in unseren Festungen Zuflucht gesucht.»

«Das, Majestät, bedeutet ...»

«Krieg.»

Weiträumig und hell war der Saal, in dem Ramses arbeitete. Dank der Fenster mit ihrer blauweißen Kachelumrahmung erfreute der König sich am Anblick jeder Jahreszeit und berauschte sich am Duft von tausenderlei Blüten. Auf vergoldeten Konsolen standen Liliensträuße. Auf einer langen Tischplatte aus Akazienholz lagen Papyrusrollen ausgebreitet. In einem Winkel stand eine Statue aus Diorit: der thronende Sethos, das Jenseits schauend.

Ramses hatte seine engsten Berater um sich geschart: Ameni, den Freund, seine rechte Hand, seinen Bruder Chenar und Acha.

Der kleine, schmächtige, ja fast magere, hellhäutige und mit seinen vierundzwanzig Jahren fast kahlköpfige Ameni hatte sein Leben ganz in den Dienst des Freundes gestellt. Tag und Nacht verbrachte er in seinem Arbeitszimmer, gönnte sich nur wenig Schlaf und prägte seinem Geist in einer Stunde mehr Vorgänge ein, als seine Schreiber, die alle tüchtig waren, in einer Woche zu bewältigen vermochten. Als Sandalenträger des Herrschers hätte Ameni auf jedes hohe Amt Anspruch erheben können, doch er hielt sich lieber im Schatten des Pharaos.

«Die Magier haben das Nötigste bereits getan», erklärte er. «Sie haben Wachsfigürchen mit den Gesichtszügen der Hethiter und derer aus dem Osten angefertigt und dem Feuer überantwortet. Außerdem haben sie die Namen der Feinde auf Vasen und Tonschalen geschrieben und diese dann zerbrochen. Ich habe darum ersucht, diesen Ritus Tag für Tag fortzusetzen, bis unser Heer ausrückt.»

Chenar zuckte mit den Achseln. Der ältere Bruder von Ramses, der untersetzte, beleibte Chenar mit den prallen Wangen, den üppigen, genießerischen Lippen, den kleinen braunen Augen, der öligen und unsteten Stimme, hatte sich zum Zeichen der Trauer um seinen Vater Sethos einen Bartkranz stehenlassen.

«Auf die Magie sollten wir uns nicht verlassen», riet er. «Ich, der ich für die Beziehungen mit den Fremdländern zuständig bin, schlage vor, unsere Gesandten aus Syrien, Amurru und Palästina zurückzurufen. Diese Asseln haben sich als unfähig erwiesen, das Spinnennetz zu erkennen, das die Hethiter in unseren Schutzgebieten gewoben haben.»

«Auch das ist bereits geschehen», unterbrach Ameni.

«Das hätte man mir mitteilen können», erwiderte Chenar gekränkt.

«Daß es geschehen ist, ist doch das Wichtigste.»

Ramses schien dieses Gezänk nicht zu beachten. Er stand vor der großen ausgerollten Karte und deutete mit dem Finger auf einen Landstrich.

«Sind die Garnisonen an der Nordwestgrenze in Alarmbereitschaft versetzt?»

«Ja, Majestät», erwiderte Acha. «Kein Libyer wird sie überschreiten.»

Acha, der einzige Sohn einer reichen adeligen Familie, war unverkennbar ein Aristokrat: elegant, feinste Manieren, geschmackvoll nach der Mode gekleidet, ein schmales, gutgeschnittenes Gesicht, blitzende Augen, ein etwas herablassender Blick, mehrerer Sprachen mächtig und ein ausgewiesener Kenner der internationalen Beziehungen.

«Unsere Streifen überwachen den libyschen Küstenzugang und das Wüstengebiet im Westen des Deltas. Unsere Festungen sind in Alarmbereitschaft und würden einen Angriff, der unwahrscheinlich ist, mühelos abwehren. So wie es im Augenblick aussieht, dürfte es keinem Krieger gelingen, die libyschen Stämme zu einem Zusammenschluß zu bewegen.»

«Vermutung oder Gewißheit?»

«Gewißheit.»

«Endlich einmal eine beruhigende Nachricht!»

«Die einzige, Majestät. Soeben übermittelten mir meine Gewährsleute Hilferufe der Bürgermeister von Megiddo, wo die Karawanen ankommen, von Damaskus und den phönizischen Häfen, wo viele der Handelsschiffe einlaufen. Hethitische Überfälle und die Wirren in der Umgebung behindern bereits die Abwicklung der Geschäfte. Wenn wir nicht augenblicks eingreifen, werden die Hethiter uns von unseren Handelspartnern abschneiden und diese anschließend vernichten. Dann wäre die Welt, die Sethos und seine Vorgänger errichtet haben, vollends zunichte.»

«Glaubst du, Acha, das sei mir nicht bewußt?»

«Macht man sich je hinreichend klar, was Lebensgefahr bedeutet, Majestät?»

«Sind wirklich alle Möglichkeiten der Diplomatie ausgeschöpft?» fragte Ameni.

«Ein ganzer Ort wurde abgeschlachtet», sagte Ramses. «Welche Maßnahme könnte eine solche Schandtat aus der Welt schaffen?»

«Der Krieg wird Tausende von Menschenleben fordern.»

«Möchte Ameni etwa vorschlagen, wir sollten klein beigeben?»

Ameni ballte die Fäuste.

«Nimm diese Frage sofort zurück, Chenar!»

«Wärst auch du kampfbereit, Ameni?»

«Schluß jetzt!» befahl Ramses. «Spart euch eure Kräfte, um Ägypten zu verteidigen. Chenar, redest du sofortigem und gezieltem Eingreifen das Wort?»

«Ich zögere ... Sollten wir nicht lieber abwarten und unsere Verteidigungsstellungen verstärken?»

«Die Truppen sind noch nicht soweit», warf Ameni ein. «Sie planlos ins Feld zu schicken würde zu einer Katastrophe führen.»

«Je länger wir zögern», gab Acha zu bedenken, «desto weiter greift in Kanaan Aufruhr um sich. Der muß schnell niedergeschlagen werden, damit wir diese Pufferzone zwischen uns und den Hethitern behalten. Sonst verfügen wir bereits über Stellungen, die einen Einfall in Ägypten ermöglichen.»

«Der Pharao darf sein Leben nicht leichtfertig aufs Spiel setzen», betonte Ameni gereizt.

«Solltest du mir Leichtfertigkeit vorwerfen?» fragte Acha eisig.

«Du kennst den tatsächlichen Ausbildungsstand unserer Truppen nicht! Sie sind noch ungenügend gerüstet, obwohl die Waffenschmiede unermüdlich arbeiten.»

«Ungeachtet unserer Schwierigkeiten muß die Ordnung in unseren Schutzgebieten unverzüglich wiederhergestellt werden. Es geht um das Überleben Ägyptens!»

Chenar hütete sich, in den Wortwechsel der beiden Freunde einzugreifen. Ramses, der Ameni und Acha gleich viel Vertrauen entgegenbrachte, hatte sehr aufmerksam zugehört.

«Laßt mich jetzt allein», befahl er.

Nachdem der Hofstaat sich zurückgezogen hatte, betrachtete der König die Sonne, den Schöpfer des Lichts, dem er entstammte.

Als Sohn des Lichts vermochte er dem Tagesgestirn ins Antlitz zu blicken, ohne blind zu werden.

«Richte dein Augenmerk stets auf die Ausstrahlung und den Geist des Menschen und suche bei jedem, was unersetzlich ist», hatte Sethos ihn gelehrt. «Aber deine Entscheidung wirst du allein treffen müssen. Liebe Ägypten mehr als dich selbst, dann wird der Weg sich dir eröffnen.»

Ramses überdachte die Ratschläge seiner Männer. Der unentschlossene Chenar wollte vor allem kein Mißfallen erregen; Ameni wollte das Land wie ein Heiligtum schützen und nicht wahrnehmen, was sich außerhalb tat; Acha besaß den Überblick, er dachte nicht daran, den Ernst der Lage zu verschleiern.

Aber noch andere Sorgen quälten den König: War Moses in all den Wirren untergetaucht? Acha, der ihn doch suchen sollte, hatte keine Spur aufnehmen können. Seine Spitzel schwiegen. Wenn es dem Hebräer gelungen war, Ägypten zu verlassen, hatte er sich entweder gen Libyen oder zu den Fürstentümern Edom und Moab, oder aber in Richtung Kanaan oder Syrien auf den Weg gemacht. In ruhigen Zeiten hätte man ihn längst ausfindig gemacht. Falls Moses überhaupt noch am Leben war, konnte man jetzt nur noch hoffen, durch einen Glücksfall herauszufinden, wo er sich verborgen hielt.

Ramses verließ den Palast und ging zu den Unterkünften seiner Generäle. Das wichtigste war jetzt, die Kampfbereitschaft der Armee so schnell wie möglich zu stärken.

VIER

CHENAR SCHOB DIE zwei hölzernen Riegel vor die Tür zu seinem Arbeitszimmer. Dann blickte er durchs Fenster, um sich zu vergewissern, daß im Innenhof niemand lauerte. Vorsichtshalber hatte er sogar den Wachposten aus dem Vorzimmer ans andere Ende des Flurs verbannt.

«Nun kann uns niemand hören», sagte er zu Acha.

«Wäre es nicht klüger gewesen, dieses heikle Thema andernorts zu erörtern?»

«Wir müssen doch den Eindruck erwecken, Tag und Nacht für die Sicherheit des Landes zu arbeiten. Ramses hat angeordnet, alle Beamten, die ohne triftigen Grund ihren Arbeitsplatz verlassen, unverzüglich ihrer Ämter zu entheben. Wir befinden uns im Krieg, mein lieber Acha!»

«Noch nicht.»

«Der König hat seine Entscheidung getroffen, das ist eindeutig! Du hast ihn überzeugt.»

«Das hoffe ich, aber Umsicht ist dennoch vonnöten. Ramses tut häufig Unvorhersehbares.»

«Unsere List hat doch Erfolg gezeigt. Mein

Bruder hat mir mein Zögern geglaubt und ist überzeugt, daß ich aus Angst, ihm zu mißfallen, keine Stellung beziehen wollte. Du hingegen hast durch deine klare Beurteilung meine Willensschwäche noch hervorgehoben. Wie sollte Ramses darauf kommen, daß wir Verbündete sind?»

Zufrieden füllte Chenar zwei Schalen mit Weißwein aus Imaou, der Stadt, die für ihre Weinberge berühmt war.

Im Gegensatz zum karg ausgestatteten Arbeitszimmer des Königs war hier keinerlei Zurückhaltung geübt worden. Die Lehnen der Stühle waren mit Lotosblüten bemalt, die Kissen bunt geschmückt, die Tischchen von Bronzefüßen geziert, und die Wandmalereien zeigten eine Vogeljagd in den Sümpfen. Vor allem aber standen überall auffallende Vasen aus Libyen, Syrien, Babylonien, Kreta, Rhodos, Griechenland und dem Osten. Ihnen gehörte Chenars ganze Sammlerleidenschaft. Die meisten dieser einzigartigen Stücke hatte er teuer bezahlt, und da er nie genug bekommen konnte, schmückte er auch seine Häuser in Theben, Memphis und Pi-Ramses mit solchen Kunstwerken.

45

Diese neue Hauptstadt, deren Gründung er zunächst als schier unerträglichen Triumph seines Bruders empfunden hatte, erwies sich als Geschenk des Himmels. Dort war er denen, die ihn an die Macht bringen wollten, viel näher: den Hethitern. Und auch den Herkunftsorten dieser unvergleichlich schönen Vasen. Es war ihm höchster Genuß, sie zu betrachten und zu berühren.

«Ameni beunruhigt mich sehr», bekannte Acha. «Er ist schlau und …»

«Ameni ist ein Dummkopf und ein Schwächling, der nur im Schatten von Ramses gedeiht. Er hört und sieht nichts vor Unterwürfigkeit.»

«Aber er hat mir doch widersprochen.»

«Dieser Schreiberling glaubt, das Höchste auf der Welt sei Ägypten, es könne sich hinter seinen Festungen verschanzen, seine Grenzen dichtmachen und jeden feindlichen Übergriff verhindern. Und da er alles andere als eine Kämpfernatur ist, glaubt er, man könne sich abkapseln und damit den Frieden bewahren. Der Zwist mit dir war zu erwarten, aber er wird uns nur nützlich sein.»

«Ameni ist der engste Berater von Ramses», warf Acha ein.

«In Friedenszeiten, gewiß; aber die Hethiter haben uns den Krieg erklärt, und deine Ausführungen waren rundum überzeugend. Und vergiß Tuja nicht, die Mutter des Pharaos, und Nefertari, die Große königliche Gemahlin!»

«Glaubst du etwa, sie liebten den Krieg?»

«Sie hassen ihn, aber um den Erhalt der Beiden Länder haben die Königinnen Ägyptens stets mit all ihren Kräften gekämpft und oftmals erstaunliche Mittel angewandt. Die Herrscherinnen von Theben haben das Heer wieder aufgebaut und es auf die Hyksos losgelassen, die ins Delta eingefallen waren. Tuja, meine verehrte Mutter, und Nefertari, diese Zauberin, die den ganzen Hof betört, werden von dieser Regel nicht abweichen. Sie werden Ramses drängen, zum Angriff überzugehen.»

«Möge deine Zuversicht sich bewahrheiten.»

Acha nippte nur von dem fruchtigen und kräftigen Wein, während Chenar gierig seine Schale leerte. Obwohl auch er kostspielige Gewänder trug, erreichte er nie die Eleganz des Gesandten.

«Sie ist berechtigt, mein Lieber, sie ist berechtigt! Bist du nicht der Drahtzieher unserer Geheimdienste und ein Jugendfreund von Ramses, der einzige Mensch überhaupt, dem er Gehör schenkt, wenn es um die Beziehungen zu anderen Ländern geht?»

Acha nickte.

«Wir sind fast am Ziel», fuhr Chenar fort. Er ereiferte sich: «Ramses wird im Kampf entweder getötet oder besiegt. Entehrt wird er die Macht abgeben müssen. In beiden Fällen werde ich als der einzige dastehen, der mit den Hethitern zu verhandeln und Ägypten vor dem Untergang zu bewahren vermag.»

«Dieser Friede wird erkauft werden müssen», warf Acha ein.

«Ich habe unseren Plan nicht vergessen. Die Fürsten von Kanaan und Amurru werde ich mit Gold überhäufen, und dem Herrscher der Hethiter werde ich traumhafte Geschenke und nicht weniger traumhafte Versprechungen machen! Das wird Ägpyten vielleicht für ein Weilchen ärmer machen, aber ich werde regieren! Und Ramses wird bald vergessen sein! Das Volk ist dumm und folgt dem Herdentrieb. Heute haßt es, was es gestern noch verehrte. Diese Waffe werde ich mir zunutze machen.»

«Hast du den Gedanken an ein Riesenreich

vom Herzen Afrikas bis zu den Hochebenen von Hatti verworfen?»

Chenar wirkte versonnen.

«Stimmt, davon habe ich einmal gesprochen, aber unter rein geschäftlichen Gesichtspunkten ... Sobald der Friede wiederhergestellt ist, werden wir neue Handelshäfen gründen, die Karawanenwege ausbauen und Handelsbeziehungen aufnehmen zu den Hethitern. Dann wird Ägypten zu klein für mich sein.»

«Und wie wäre dein Reich ... politisch gesehen?»

«Ich weiß nicht, was du meinst.»

«Muwatalli regiert die Hethiter mit eiserner Faust, aber am Hof von Hattuscha wird viel intrigiert. Als mögliche Nachfolger gelten der hochtrabende Uriteschup und der zurückhaltende Hattuschili, Priester der Göttin Ischtar. Sollte Muwatalli im Kampf den Tod finden, würde einer von beiden die Macht ergreifen. Jeder dieser beiden haßt aber den anderen, und die jeweiligen Anhänger sind bereit, einander zu zerfleischen.»

Chenar befingerte sein Kinn.

«Mehr als die üblichen Streitigkeiten im Palast, deiner Meinung nach?»

«Weit mehr. Dem hethitischen Königreich droht der Zerfall.»

«Zerfiele es in mehrere Teile, könnte ein Retter es unter seinem Banner wieder vereinen ... und diese Gebiete zu ägyptischen Provinzen machen. Welch ein Reich, Acha, welch riesiges Reich! Babylonien, Assyrien, Zypern, Rhodos, Griechenland und die nördlichen Gefilde – sie alle wären meine Schutzgebiete!»

Der junge Diplomat lächelte.

«Die Pharaonen haben zuwenig Ehrgeiz entfaltet, weil ihnen nur am Glück ihres Volkes und am Wohlstand Ägyptens lag. Du, Chenar, bist aus anderem Holz geschnitzt. Daher muß Ramses beseitigt werden, so oder so.»

Chenar fühlte sich nicht als Verräter. Sethos' scharfer Verstand war durch seine Krankheit beeinträchtigt gewesen, sonst hätte er ihn, den ältesten Sohn, auf den Thron erhoben. Er, Chenar, war Opfer einer Ungerechtigkeit geworden, und nun mußte er sich erkämpfen, was ihm rechtmäßig zustand.

Fragend blickte er Acha an.

«Du hast Ramses natürlich nicht alles gesagt, oder?»

«Natürlich nicht, aber alle Botschaften, die

ich von meinen Kundschaftern erhalte, sind natürlich jederzeit auch dem König zugänglich. Sie sind ordnungsgemäß hier eingetragen, keine kann unterschlagen oder vernichtet werden, das würde ja Aufmerksamkeit erregen und den Verdacht der Untreue auf mich lenken.»

«Hat Ramses sich schon genauer umgesehen?»

«Bis jetzt noch nicht, aber wir stehen kurz vor einem Krieg. Ich muß also Vorkehrungen treffen und darf mich der Gefahr einer unerwarteten Überprüfung nicht aussetzen.»

«Und was gedenkst du zu tun?»

«Ich sage es nochmals: Kein Bericht fehlt, keiner wurde zurechtgestutzt.»

«Dann weiß Ramses ja alles!»

Behutsam strich Acha mit dem Finger über den Rand der Alabasterschale.

«Spionage ist eine Kunst, Chenar, die Fingerspitzengefühl erfordert. Die nackte Tatsache ist zwar wichtig, doch mehr noch die Ausdeutung. Meine Aufgabe besteht darin, Vorgänge zusammenzutragen und sie dahingehend auszuwerten, daß der König handelt. Im gegebenen Fall wird er mir weder Trägheit noch Unentschlossenheit vorwerfen können. Ich habe nichts unversucht gelassen, damit er schnellstens zum Gegenschlag ausholt.»

«Also schlägst du dich auf seine Seite, nicht auf die der Hethiter!»

«Du siehst nur die nackte Tatsache», warf Acha ein. «So wird auch Ramses reagieren, und wer könnte ihm das verübeln?»

«Erklär dich genauer.»

«Die Verlegung der Truppen von Memphis nach Pi-Ramses hat viele Versorgungsprobleme mit sich gebracht, die noch lange nicht gelöst sind. Wenn wir Ramses zur Eile drängen, ergibt sich daraus für uns bereits ein Vorteil: Unsere Streitkräfte sind unzureichend gerüstet, sowohl was die Menge als auch die Schlagkraft ihrer Waffen anbelangt, und das ist ein unüberwindlicher Nachteil.»

«Und was sind die anderen Vorteile für uns?»

«Allein schon das Kampfgebiet und die Abtrünnigkeit unserer Verbündeten. Ich habe es Ramses nicht verhehlt, aber auch nicht betont, wie bedrohlich die Lage bereits ist. Die barbarischen Überfälle der Hethiter und das Gemetzel in der Stadt des Löwen haben die Fürsten von Kanaan und Amurru in Angst und Schrecken versetzt, genau so wie die Statthalter der Küstenhäfen. Sethos hielt die hethitischen Krieger im Zaum, Ramses nicht. Sämtliche Gebietsherren fürchten ihrerseits den Untergang und werden es vorziehen, sich unter Muwatallis Schutz zu flüchten.»

«Sie sind also überzeugt, daß Ramses ihnen nicht zu Hilfe kommen wird, und haben sich entschlossen, Ägypten als erste anzugreifen, um ihrem neuen Herrn, dem Herrscher von Hatti, wohlgefällig zu sein. Habe ich das richtig verstanden?»

«So kann man die Vorgänge deuten.»

«Ist das auch ... deine Deutung?»

«Für mich kommen da noch einige Dinge hinzu. Bedeutet die Tatsache, daß wir von einigen unserer Festungen nichts hören, daß der Feind sie bereits eingenommen hat? Wenn das der Fall sein sollte, würde Ramses auf weit größeren Widerstand stoßen, als er ahnt. Außerdem ist anzunehmen, daß die Hethiter den Aufständischen eine beträchtliche Menge Waffen geliefert haben.»

Chenars Lippen wölbten sich genüßlich.

«Himmlische Aussichten für die ägyptischen Streitkräfte! Ramses könnte gleich in der ersten

Schlacht besiegt werden, bevor er den Hethitern überhaupt gegenübersteht!»

«Ein nicht unwesentlicher Gesichtspunkt», befand Acha.

FÜNF

Nach diesem anstrengenden Tag gönnte sich Tuja, die Mutter des Königs, im Palastgarten ein wenig Ruhe. Sie hatte den Morgenritus in einer der Kapellen der Göttin Hathor, der weiblichen Sonne, gefeiert, anschließend den Ablauf des Tages geregelt, sich etliche nörgelnde Höflinge angehört, auf Bitten von Ramses mit dem Obersten Verwalter der Felder und Haine ein Gespräch geführt und dann mit Nefertari geplaudert, der Großen königlichen Gemahlin.

Tuja – schlank, streng und durchdringend blickende, mandelförmige Augen, schmale, gerade Nase, fast eckiges Kinn – war die unbestrittene moralische Autorität. Sie trug eine Nacken und Ohren bedeckende Perücke mit spiralförmigen Strähnen und ein wunderbar gefälteltes Leinengewand. Eine sechsreihige Amethystkette schmückte den Hals und goldene Armbänder die Handgelenke. Zu jeder Stunde des Tages war Tuja mustergültig gekleidet.

Sethos fehlte ihr jeden Tag mehr. Mehr und mehr quälte sie die Vorstellung, daß der Pharao für immer gestorben war, und sie sehnte sich nach jenem letzten Übergang, der sie mit dem Gemahl wieder vereinen würde.

Dabei schenkte ihr das junge königliche Paar doch viele Freuden: Ramses hatte wirklich alle Voraussetzungen, ein großer Herrscher zu werden, und Nefertari war ihm ebenbürtig. Wie Sethos und Tuja beseelte auch diese beiden die unerschütterliche Liebe zu ihrem Land, dem sie ihr Leben opfern würden, wenn das Schicksal es erforderte.

Als Ramses auf sie zukam, wußte Tuja sofort, daß ihr Sohn soeben eine schwerwiegende Entscheidung getroffen hatte. Der König reichte seiner Mutter den Arm. Durch zwei Reihen blühender Tamarisken schlenderten sie auf dem sandbestreuten Weg dahin. Wärme durchflutete den Garten, und die Luft war von Düften erfüllt.

«Der Sommer wird heiß werden», sagte sie. «Für die Landwirtschaft hast du den richtigen Mann gewählt: er wird die Deiche befestigen und die Auffangbecken für die Bewässerung der Äcker vergrößern lassen. Die Überschwemmung dürfte üppig und die Ernte überreich ausfallen.»

«Meine Regierungszeit hätte lang und glücklich sein können.»

«Und wieso sollte sie das nicht sein? Die Götter waren dir doch hold, und selbst die Natur beschenkt dich überreich.»

«Der Krieg ist unvermeidlich.»

«Ich weiß, mein Sohn. Du hast richtig entschieden.»

«Ich brauche noch deine Zustimmung.»

«Nein, Ramses: da Nefertari denkt wie du, ist das königliche Paar handlungsfähig.»

«Mein Vater hat auf den Kampf gegen die Hethiter verzichtet.»

«Die Hethiter scheinen verzichtet zu haben. Sie zögerten, Ägypten anzugreifen. Hätten sie das Stillhalteabkommen gebrochen, wäre Sethos unverzüglich zum Angriff übergegangen.»

«Unsere Soldaten sind noch nicht soweit.»

«Sie haben Angst, nicht wahr?»

«Wer sollte sie deswegen tadeln?»

«Du.»

«Die alten Kämpfer erzählen Schauergeschichten über die Hethiter.»

«Und die sollten einen Pharao erschrecken?»

«Diese Trugbilder müssen erst zerstreut werden ...»

«Das wird erst auf dem Schlachtfeld geschehen, wenn der Mut zum Retter Beider Länder wird.»

Meba, der früher die Beziehungen zu anderen Ländern geleitet hatte, haßte Ramses. Der König hatte ihn grundlos aus seinem Amt gejagt, davon war er überzeugt, und dafür würde er sich rächen! Wie so mancher bei Hofe lauerte er auf einen Mißerfolg des jungen Pharaos. Vier Jahre lang war ihm alles geglückt, aber jetzt dürfte es ihn treffen.

Der reiche und weltmännische Meba mit dem breiten Gesicht und dem kämpferischen Gehabe gesellte sich zu dem Dutzend Würdenträger, die sich in Wortgeplänkel über die «besseren Kreise» von Pi-Ramses ergingen: das Essen war vorzüglich, die Frauen prachtvoll, ein ange-

57

nehmer Zeitvertreib, bis Chenar die Macht übernehmen würde.

Ein Diener flüsterte Meba etwas ins Ohr. Sofort stand er auf:

«Meine Freunde, der König ist soeben eingetroffen. Er erweist uns die Ehre seines Besuchs.»

Mebas Hände zitterten. Für gewöhnlich tauchte Ramses nicht unangemeldet bei einer Abendgesellschaft auf.

In Reih und Glied verneigte man sich.

«Das ist zuviel der Ehre, Majestät! Möchtest du bitte Platz nehmen?»

«Es lohnt sich nicht. Ich bin gekommen, um mitzuteilen, daß wir uns im Krieg befinden.»

«Im Krieg …?»

«Sollte es euch bei eurer Lustbarkeit nicht zu Ohren gekommen sein, daß unsere Feinde vor den Toren Ägyptens stehen?»

«Das ist unsere Hauptsorge», versicherte Meba eilfertig.

«Unsere Soldaten befürchten, daß der Krieg unvermeidlich wird», erklärte ein erfahrener Schreiber. «Sie wissen, daß sie schwer bepackt, unter glühender Sonne, durch schwieriges Gelände marschieren müssen. Sie werden ihren

Durst nicht löschen dürfen, da das Wasser sparsam zugeteilt werden wird. Selbst wenn die Beine versagen, werden sie vorwärts müssen, auch wenn der Rücken schmerzt und der Magen leer ist. Lagerruhe? Die wird's nicht geben; bevor man sich auf der Matte ausstrecken darf, muß noch allerlei erledigt werden. Wird Alarm geblasen, heißt es aufspringen, auch wenn der Schlaf die Augen vernebelt. Verpflegung? Mäßig. Körperpflege? Oberflächlich. Ganz zu schweigen von den gegnerischen Pfeilen und Speeren, von der überall lauernden Todesgefahr!»

«Ein hehres Stück Literatur», erklärte Ramses; «auch ich kenne diesen alten Text auswendig. Aber heute geht es nicht mehr um Literatur.»

«Wir vertrauen auf die Tüchtigkeit unseres Heeres, Majestät», bemerkte Meba. «Wir wissen, daß es siegen wird, ungeachtet aller zu erduldenden Leiden.»

«Deine Worte gehen mir zu Herzen, doch sie genügen mir nicht. Ich kenne deinen Mut und den der hier Versammelten und bin stolz, jetzt gleich persönlich eure freiwillige Meldung entgegenzunehmen.»

«Majestät ... Unsere Armee aus Söldnern müßte doch genügen!»

«Sie benötigen erfahrene Männer, die den Jungkriegern zur Seite stehen. Müssen die Adeligen und die Wohlhabenden nicht mit gutem Beispiel vorangehen? Gleich morgen früh erwarte ich euch alle an der Kommandantenkaserne.»

Die türkisfarbene Stadt war in heller Aufregung. Seit sie zum Militärstützpunkt, zum Befehlsort sämtlicher Streitwagen, zum Sammelplatz der Fußtruppen und zum Heimathafen der Kriegsflotte geworden war, wurde hier von Sonnenaufgang bis Sonnenuntergang nur exerziert. Die gesamte Innenpolitik des Staates hatte Ramses seiner Gemahlin Nefertari, seiner Mutter Tuja und Ameni übertragen, so daß er seine Tage in der Waffenschmiede und in den Kasernen zubringen konnte.

Daß der König anwesend war, beruhigte und ermutigte die Gemüter; er prüfte die Tauglichkeit der Lanzen, der Schwerter und Schutzschilde, musterte die erst kürzlich eingezogenen Soldaten, beriet sich mit den höheren Offizieren, sprach aber auch mit den einfachen

Leuten und versicherte den einen wie den anderen, ihr Wehrsold würde an ihrer Tüchtigkeit bemessen. Auch die Söldner sollten schönen Lohn erhalten, wenn sie Ägypten zum Sieg verhalfen.

Der Pferdepflege schenkte der König ebenfalls große Beachtung: Der Ausgang der Schlacht würde zum großen Teil von der körperlichen Verfassung der Pferde abhängen. Die Stallungen hatten gepflasterte Gassen und eine Mittelrinne, und aus einem Vorratsbehälter, den es in jedem einzelnen Stall gab, wurde das Wasser zum Tränken der Tiere und zur Reinerhaltung ihrer Unterkünfte geschöpft. Jeden Tag besichtigte Ramses mal den einen, mal den anderen Stall, nahm die Pferde in Augenschein und verhängte bei Nachlässigkeit strenge Strafen.

Das in Pi-Ramses zusammengezogene Heer glich allmählich einer Mannschaft, die geschlossen hinter dem einen stand, an den man sich bei jeder Gelegenheit wenden konnte. Der König war immer für sie da, traf schnelle Entscheidungen, beließ nichts im ungewissen und regelte strittige Fragen sofort. Man vertraute ihm. Jeder Soldat spürte, daß die Befehle sinnvoll waren und daß die Truppen zu einer Kampfeinheit zusammengeschmiedet wurden.

Die altgedienten Soldaten wie auch die Neulinge empfanden es als Privileg, den Pharao aus nächster Nähe sehen und manchmal sogar sprechen zu dürfen. Solch eine Gelegenheit hätte sich so manch ein Höfling gewünscht. Durch dieses Verhalten verlieh der König seinen Männern ungeahnte Kräfte und einen bisher ungekannten Lebensmut. Dennoch blieb Ramses gleichsam entrückt, unnahbar. Er blieb der Pharao, dieses einzigartige, von einem anderen Leben beseelte Wesen.

Als der Herrscher Ameni in die Kaserne kommen sah, war er höchst erstaunt. Ameni empfand doch geradezu Abscheu vor derartigen Örtlichkeiten.

«Gelüstet es dich etwa, Schwert oder Lanze zu schwingen?»

«Unser Dichter ist eingetroffen und wünscht dich zu sehen.»

«Hast du ihn gut untergebracht?»

«Ähnlich wie in Memphis.»

Homer saß unter seinem Lieblingsbaum, der Zitronen tragen würde. Er kostete den duftenden

Wein, den er mit Anis und Koriander gewürzt hatte, zog genüßlich an seiner Pfeife, deren Kopf aus einem Schneckenhaus bestand, das er mit Salbeiblättern gestopft hatte, und wie üblich war seine Haut mit Olivenöl eingerieben und klang seine Begrüßung eher bärbeißig.

«Bleib sitzen, Homer.»

«Ich kann mich doch schließlich noch verneigen vor dem Herrn der Beiden Länder.»

Ramses setzte sich auf einen Faltstuhl neben den Griechen. Dessen schwarzweiße Katze Hektor sprang dem Herrscher auf den Schoß und schnurrte, kaum daß dieser sie zu streicheln begann.

«Mundet dir mein Wein, Majestät?»

«Er ist etwas rauh, aber sein Duft betört mich. Wie geht es dir?»

«Meine Knochen schmerzen, mein Augenlicht wird zunehmend schwächer, aber das Klima hier verschafft mir Linderung.»

«Behagt dir dieses Haus?»

«Es ist wundervoll. Koch, Dienerin und Gärtner sind mit mir gekommen, brave Leutchen, die mich hätscheln, ohne mich zu belästigen. Sie waren genauso neugierig wie ich, deine neue Hauptstadt kennenzulernen.»

«Hättest du es in Memphis nicht ruhiger gehabt?»

«In Memphis ist nichts mehr los! Hier entscheiden sich die Geschicke der Welt. Wer würde das besser spüren als ein Dichter? Hör zu: *Schnell von den Höhn des Olympos enteilte er, zürnenden Herzens, über der Schulter den Bogen und ringsverschlossenen Köcher. Hell umklirrten die Pfeile dem zürnenden Gotte die Schultern, wie er selbst sich bewegte, der düsteren Nacht zu vergleichen. Fern von den Schiffen setzt' er sich nun und schnellte den Pfeil ab, und ein schrecklicher Klang entscholl dem silbernen Bogen ... Rastlos brannten die Totenfeuer in Menge ... Wer würde dem Tode entrinnen?*»

«Verse aus deiner *Ilias*?»

«In der Tat, aber sprechen sie wirklich von der Vergangenheit? Diese türkisfarbene Stadt verwandelt sich in ein Heerlager!»

«Ich habe keine andere Wahl, Homer.»

«Der Krieg ist eine Schande für die Menschheit, der Beweis, daß es mit ihr bergab geht, daß sie sich von unsichtbaren Mächten gängeln läßt. Jeder Vers meiner *Ilias* dient der Austreibung böser Dämonen, die Gewalt muß ausgerissen werden aus den Herzen der Menschen, aber meine Zauberkünste erscheinen mir oftmals kläglich und armselig.»

«Trotz allem mußt du weiterhin schreiben, und ich muß regieren, selbst wenn mein Reich sich in ein Schlachtfeld verwandelt.»

«Dies wird dein erster großer Krieg sein, nicht wahr? Sogar *der* große Krieg ...»

«Er erschreckt mich ebenso wie dich, aber ich habe weder die Zeit noch das Recht, Angst zu empfinden.»

«Ist er unvermeidbar?»

«Ja, unvermeidbar.»

«Möge Apoll deinen Arm führen, Ramses, und der Tod zu deinem Verbündeten werden.»

SECHS

Raia war mittlerweile der reichste syrische Kaufmann in Ägypten. Der kleingewachsene Mann mit den lebhaften braunen Augen und dem Spitzbärtchen am Kinn lebte nun schon lange im Land und besaß mehrere Geschäfte in Theben, Memphis und Pi-Ramses, wo er erst-

klassiges, haltbar gemachtes Fleisch und prunkvolle Vasen verkaufte, die er aus Syrien und den
östlichen Fremdländern einführte. Seine wohl-
habende Kundschaft, immer erpicht auf erlesene Dinge, zögerte nicht, für die Meisterwerke
ausländischer Handwerker einen hohen Preis
zu bezahlen.

Der höfliche und zurückhaltende Raia stand
in bestem Ruf. Dank des schnellen geschäftlichen Aufschwungs hatte er ein Dutzend Schiffe
und dreihundert Esel anschaffen können, die
seine Ware nun in kurzer Frist von Stadt zu
Stadt beförderten. Da er zahlreiche Freunde in
der Beamtenschaft, im Heer und bei den Wach-
diensten besaß, belieferte er auch den Hof und
die Adelsfamilien.

Kein Mensch ahnte, daß Raia als Spion für die
Hethiter tätig war, verschlüsselte Nachrichten
erhielt, die in besonders gekennzeichneten Vasen versteckt waren, und seinerseits durch
einen seiner Mittelsmänner im südlichen Syrien
Botschaften weiterleiten ließ. Auf diese Weise
war der Erzfeind des Pharaos ständig im Bilde
über die politische, wirtschaftliche und militärische Lage in Ägypten und über die Stimmung
innerhalb der Bevölkerung.

Als Raia in der prachtvollen Residenz Chenars vorstellig wurde, schien der Haushofmeister peinlich berührt.

«Mein Herr ist sehr beschäftigt. Es ist unmöglich, ihn jetzt zu stören.»

«Wir waren verabredet», betonte Raia.

«Ich bedaure.»

«Melde dennoch, daß ich hier bin und ihm gern eine ganz außergewöhnliche Vase zeigen möchte, ein einmaliges Stück, das wir der Kunstfertigkeit eines Handwerkers verdanken, der seine Tätigkeit soeben eingestellt hat.»

Der Haushofmeister zögerte. Er kannte Chenars Leidenschaft für derartige Sammlerstücke und beschloß daher, Meldung zu erstatten, selbst auf die Gefahr hin, als Störenfried zu gelten.

Raia mußte sich noch ein Weilchen gedulden. Doch dann sah er, wie eine junge, etwas zu auffällig geschminkte Person mit wehendem Haar und einer Tätowierung auf der entblößten linken Schulter aus dem Haus trat. Kein Zweifel: das war eines dieser entzückenden fremdländischen Geschöpfe aus dem elegantesten Bierhaus von Pi-Ramses.

«Mein Herr erwartet dich», erklärte der Hausverweser.

Raia schritt durch den wundervollen Garten mit dem von Palmen überschatteten großen Wasserbecken in der Mitte.

Auf einer Lagerstatt aus Rohrgeflecht lag, Kühlung suchend, Chenar, seine Gesichtszüge wirkten matt.

«Ein nettes, aber anstrengendes Geschöpf … Ein Bier, Raia?»

«Gern.»

«So manche Dame bei Hofe verfolgt das Ziel, mich zu heiraten, aber derlei Narreteien reizen mich nicht. Sobald ich an der Regierung bin, muß ich mir allerdings eine passende Gemahlin suchen, aber im Augenblick genieße ich noch die Abwechslung. Und du, Raia? … Noch nicht unter der Fuchtel eines Weibes?»

«Die Götter mögen mich bewahren! Die Geschäfte erlauben keinen Müßiggang.»

«Wie mein Hausverweser mir sagte, hast du heute etwas ganz Besonderes für mich.»

Aus einem mit Stoffkissen ausgepolsterten Leinenbeutel zog Raia überaus behutsam eine winzige Porphyrvase hervor, die mit kunstvollen Jagdszenen geschmückt war.

Chenar liebkoste das Väschen, betrachtete jede Einzelheit.

«Hinreißend … wundervoll … unvergleichlich!»

«Und zu einem bescheidenen Preis.»

«Laß dir's von meinem Hausverweser auszahlen.»

Chenar senkte die Stimme.

«Und was taugt die Botschaft meiner hethitischen Freunde?»

«Oh! Mehr denn je sind sie entschlossen, dich zu unterstützen. Sie sehen in dir jetzt schon Ramses' Nachfolger.»

Zum einen benutzte Chenar Acha, um Ramses zu hintergehen, zum anderen bereitete er mit Raia, dem Boten der Hethiter, seine Zukunft vor. Acha wußte nicht, welche Rolle Raia wirklich spielte, und Raia kannte nicht die von Acha. Die Fäden in diesem Spiel zog Chenar, er setzte die Figuren nach seinem Belieben und sorgte dafür, daß seine geheimen Bundesgenossen keinerlei Berührungspunkte bekamen.

Die einzige Unbekannte, die aber gewaltig war, waren die Hethiter.

Indem er Achas Auskünfte mit denen, die Raia ihm liefern würde, verglich, würde er sich ein genaues Bild machen können, ohne sich unbedachten Gefahren ausgesetzt zu haben.

«Wie weit ist der Vorstoß gediehen, Raia?»

«Hethitische Stoßtrupps sind mordend ins mittlere und südliche Syrien, in den phönizischen Küstenstreifen und in die Provinz Amurru eingefallen, um der Bevölkerung Schrecken einzujagen. Ihre Glanzleistung war die Zerstörung der Stadt des Löwen und der Sethos-Stele. Das hat auf die Gemüter einen so nachhaltigen Eindruck gemacht, daß sich ganz unerwartete neue Bündnisse ergeben haben.»

«Stehen Phönizien und Palästina jetzt unter hethitischem Schutz?»

«Besser noch: sie haben sich aufgelehnt gegen Ramses! Ihre Fürsten haben zu den Waffen gegriffen, die Festungen erobert und die ägyptischen Soldaten verjagt. Der Pharao weiß noch nicht, daß er gegen eine Verteidigungslinie anrennen wird, der er nicht gewachsen sein kann. Und wenn die Verluste auf seiner Seite erst groß genug sind, wird das hethitische Heer zum Sturm ansetzen und ihn vernichten. Dann, Chenar, ist der Augenblick für dich gekommen: Du wirst den Thron Ägyptens besteigen und ein dauerhaftes Bündnis mit dem Sieger schließen.»

Raias Verheißungen klangen ganz anders als die Achas. Aber in beiden Fällen würde er, Chenar, anstelle eines toten oder besiegten Ramses zum Pharao aufsteigen. Im ersten wäre er Vasall der Hethiter, während er im zweiten ihr Reich im Griff hätte. Alles hing ab von der Schwere der Niederlage und den der hethitischen Armee geschlagenen Wunden. Ihm blieb wenig Handlungsspielraum, aber der Erfolg war nicht auszuschließen, und das vorrangige Ziel hieß ja, daß er die Macht in Ägypten ergreifen würde. War er erst einmal soweit, konnte er die nächsten Schritte überlegen.

«Und wie verhalten sich die Handelsstädte?»

«Wie üblich, sie wenden sich dem Stärkeren zu. Aleppo, Damaskus, Palmyra und die phönizischen Häfen haben Ägypten schon vergessen und verneigen sich bereits vor Muwatalli, dem Herrscher von Hatti.»

«Ist das nicht besorgniserregend im Hinblick auf das wirtschaftliche Wohlergehen Ägyptens?»

«Im Gegenteil! Die Hethiter sind zwar die besten Krieger im ganzen nordöstlichen Raum, aber von Geschäften verstehen sie nichts. Den Handelsaustausch neu zu fügen, überlassen sie dir … auch die Gewinne, die dir zustehen. Ich bin Kaufmann, vergiß das nicht, und ich habe die Absicht, in Ägypten zu bleiben und dort reich zu werden. Die Hethiter werden uns die dafür notwendige Ruhe und Sicherheit garantieren.»

«Ich werde dich zum Obersten Vorsteher der Schatzhäuser ernennen, Raia.»

«Wenn es den Göttern gefällt, werden wir zu Vermögen gelangen. Der Krieg wird nur eine Weile dauern, das Wichtigste ist, sich abseits zu halten und die Früchte, die vom Baume fallen, zu ernten.»

«Ramses' Verhalten macht mir Sorgen», bekannte Chenar.

Die Miene des syrischen Händlers verdüsterte sich.

«Was hat der Pharao unternommen?»

«Er ist ständig in seinen Kasernen und feuert die Soldaten an. So viel Kampfesmut ist gar nicht günstig. Wenn er so weitermacht, werden sie sich für unbesiegbar halten!»

«Was sonst noch?»

«Die Waffenschmiede arbeiten Tag und Nacht.»

Raia zupfte an seinem Kinnbart.

«Das macht nichts … Den Vorsprung der Hethiter können sie nicht aufholen. Und der Einfluß, den Ramses jetzt ausübt, wird beim ersten Zusammenprall verflogen sein. Wenn die Ägypter dann den Hethitern gegenüberstehen, werden sie nur noch Reißaus nehmen.»

«Unterschätzt du unsere Truppen auch nicht?»

«Wenn du einen hethitischen Angriff miterlebt hättest, würdest du es niemandem verargen, schon vor Angst zu sterben.»

«Einer zumindest wird vor nichts zurückschrecken.»

«Ramses?»

«Sein Leibwächter, der Riese aus Sardinien namens Serramanna. Ein ehemaliger Seeräuber, dem Ramses voll vertraut.»

«Sein Ruf ist mir zu Ohren gekommen. Wieso stört er dich?»

«Weil Ramses ihm ein Eliteregiment unterstellt hat, das weitgehend aus Söldnern zusammengesetzt ist. Dieser Serramanna kann zu einem leuchtenden Vorbild werden und zu Heldentaten anstacheln.»

«Ein Seeräuber und Söldner … die sind doch käuflich.»

«Eben nicht! Er fühlt sich Ramses freundschaftlich verbunden und wacht über ihn mit der Treue eines Hundes. Und die Liebe eines Hundes ist nicht käuflich.»

«Man kann ihn beseitigen.»

«Daran habe ich gedacht, mein lieber Raia, aber klüger ist es, keine Aufmerksamkeit zu erregen durch brutales Zuschlagen. Serramanna ist gewalttätig und äußerst mißtrauisch. Er wäre durchaus in der Lage, sich derer zu entledigen, denen er einen Angriff zutraut. Und ein Mord würde Ramses stutzig machen.»

«Was wünschst du?»

«Serramanna auf andere Art aus dem Spiel zu ziehen, ohne daß du oder ich in Verdacht geraten.»

«Ich bin ein umsichtiger Mensch, Chenar, und sehe schon eine Lösung …»

«Ich betone nochmals: Dieser Sarde hat das Gespür einer Wildkatze.»

«Ich werde ihn dir aus dem Weg räumen.»

«Für Ramses wäre das ein harter Schlag. Du wirst eine schöne Belohnung erhalten.»

Der syrische Händler rieb sich die Hände.

«Ich habe noch eine weitere gute Nachricht für dich, Chenar. Weißt du, wie die in den frem-

74

den Ländern stationierten ägyptischen Truppen mit Pi-Ramses Nachrichten austauschen?»

«Durch berittene Boten, Lichtsignale und Brieftauben.»

«In den von Aufständischen heimgesuchten Gebieten können nur noch Brieftauben eingesetzt werden. Und der Züchter dieser kostbaren Vögel ist nicht wie Serramanna. Obwohl er für die Armee arbeitet, war ihm die Bestechung doch zu verlockend. Es wird mir also ein leichtes sein, Botschaften vernichten, abfangen oder durch andere ersetzen zu lassen und die ägyptischen Nachrichtendienste, ohne daß sie es ahnen, zu verwirren ...»

«Ein großartiger Gedanke, Raia. Aber vergiß nicht, mir weitere Vasen wie diese zu beschaffen.»

SIEBEN

SERRAMANNA SAH DIESEM Krieg mit Unmut entgegen. Der Riese aus Sardinien, der den Beruf des Seeräubers mit dem des Obersten der

Leibwache des Pharaos vertauscht hatte, fühlte sich wohl in Ägypten, wo ihm ein schönes Haus und junge Frauen zur Verfügung standen, die ihm genüßliche Stunden bescherten. Nenofar, seine augenblickliche Geliebte, übertraf all ihre Vorgängerinnen. Bei ihrem letzten Liebesspiel hatte die ihn doch glatt völlig erschöpft, ihn, einen Sarden!

Verfluchter Krieg! Dafür so viel Glück aufgeben? Obwohl es kein Honigschlecken war, über Ramses' Sicherheit zu wachen. Wie oft hatte der Herrscher seine Mahnungen zur Vorsicht schon in den Wind geschlagen! Aber dieser Pharao war eben ein großer Pharao, und Serramanna bewunderte ihn. Und da nun mal Hethiter geschlachtet werden mußten, um Ramses die Herrschaft zu retten, würde er eben auch dabei mitmachen. Diesem Muwatalli, den seine Soldaten den «großen Anführer» nannten, würde er doch allzugern persönlich die Kehle durchschneiden! Das war ja lachhaft: ein «großer Anführer» an der Spitze einer Horde Barbaren und Mörder! Wenn er dies erledigt hätte, würde er, Serramanna, sich seinen spiraligen Schnurrbart mit Duftöl zwirbeln und weitere Nenofars im Sturm erobern.

Als Ramses ihm die Eliteeinheit der ägyptischen Armee unterstellt hatte, hatte Serramanna vor Stolz wieder jugendliche Kräfte verspürt. Da der Herrscher Beider Länder ihm ein
solches Vertrauen entgegenbrachte, würde der
Sarde, das Schwert in der Hand, ihm beweisen,
daß er recht getan hatte. Die ihm unterstellten
Männer hatte er bereits so gedrillt, daß Angeber
und Fettwänste schnell ausgemustert waren. Er
konnte nur echte Krieger gebrauchen, Kerle, die
es mit zehn anderen aufnahmen und nicht jam-
merten, wenn ihnen Wunden geschlagen wurden.

Niemand wußte, wann die Truppen ausrük-
ken würden, doch sein Gespür sagte ihm, daß es
bevorstand. Die Soldaten in den Kasernen wurden schon nervös. Die führenden Befehlshaber
trafen sich immer häufiger im Palast. Acha, der
Oberste der Kundschafter, war immer öfter bei
Ramses.

Schlechte Nachrichten verbreiteten sich wie
ein Lauffeuer: der Aufruhr griff weiter um sich,
in Phönizien und Palästina waren Würdenträger, die Ägypten die Treue gehalten hatten, kurzerhand umgebracht worden. Aber die von
Brieftauben des Heeres überbrachten Nachrich-

ten bewiesen, daß die Festungen sich behaupteten und die feindlichen Angriffe abwehrten.

Kanaan zu befrieden war also nicht schwer; Ramses würde vermutlich weiter gen Norden ziehen, nach Amurru und Syrien. Dort käme es dann zum Zusammenstoß mit der hethitischen Armee, deren Vorauskommandos – nach Geheimdienstangaben – sich aus dem südlichen Syrien zurückgezogen hatten.

Serramanna fürchtete die Hethiter nicht. Sie galten als Schlächter, und nach solchen Barbaren gelüstete ihn: Jeden, den er erwischte, würde er niedermachen.

Doch bevor diese Kämpfe in die Geschichte Ägyptens eingehen würden, hatte Serramanna noch etwas zu erledigen.

Vom Palast aus war es nicht weit zum Handwerkerviertel bei den Lagerhäusern. Im Gewirr dieser Gassen, wo die Tischler, Schneider und Sandalenmacher ihre Werkstätten betrieben, herrschte reges Treiben. Ein wenig weiter, Richtung Hafen, lagen die Wohnungen der Hebräer.

Das plötzliche Erscheinen des Riesen versetzte die Arbeiter und ihre Familien in Unruhe. Seit Moses geflohen war, hatten die Hebräer niemanden mehr, der sie gegen Bevormundung verteidigen und ihnen den verlorenen Stolz zurückgeben konnte. Das Auftauchen des Sarden, von dem jeder schon gehört hatte, verhieß nichts Gutes.

Einen Jungen, der Reißaus nahm, erwischte Serramanna noch am Zipfel seines Lendenschurzes. «Hör auf zu zappeln, Kleiner! Wo wohnt Abner, der Ziegelmacher?»

«Weiß ich nicht.»

«Reiz mich nicht!»

Der Junge nahm die Drohung ernst und plapperte los. Er führte den Sarden sogar bis zu Abners Wohnung, wo dieser, einen Schleier über dem Kopf, in einem Winkel kauerte.

«Komm mit», befahl Serramanna.

«Ich weigere mich!»

«Wovor hast du Angst, mein Freund?»

«Ich habe nichts Böses getan.»

«Also hast du auch nichts zu befürchten.»

«Laß mich, ich bitte dich!»

«Der König wünscht dich zu sehen.»

Da Abner sich nur noch mehr duckte, sah der Sarde sich gezwungen, ihn eigenhändig hochzuheben und auf einen Eselsrücken zu verfrachten. Sicheren und gemächlichen Schrittes trottete das Tier zum Palast von Pi-Ramses.

Abner war vor Schreck wie gelähmt.

Er lag vor Ramses auf dem Boden und wagte nicht aufzublicken.

«Die Nachforschungen über das Vorgefallene befriedigen mich nicht», sagte der König. «Ich will wissen, was wirklich geschehen ist, und du, Abner, weißt es.»

«Majestät, ich bin nur ein Ziegelmacher ...»

«Moses wird beschuldigt, Sary, den Mann meiner Schwester, umgebracht zu haben. Wenn sich herausstellt, daß er dieses Verbrechen tatsächlich begangen hat, muß er strengstens bestraft werden. Aber warum hätte er so etwas tun sollen?»

Abner hatte gehofft, daß niemand nachforschen würde, welche Rolle er bei der ganzen Geschichte gespielt hatte; aber das wäre nur geglückt, wenn Moses und der Pharao nicht so enge Freunde gewesen wären.

«Moses muß verrückt geworden sein, Majestät.»

«Hör auf, mich zum Narren zu halten, Abner.»

«Majestät!»

«Sary mochte dich nicht.»

«Gerede, nichts als Geschwätz ...»

80

«Nein, dafür gibt es Zeugen! Steh auf!»

Der Hebräer zitterte und zauderte. Er hielt den Kopf gesenkt, den Blick des Pharaos konnte er nicht ertragen.

«Bist du etwa feige, Abner?»

«Ich bin nur ein einfacher Ziegelmacher, der in Frieden leben möchte, Majestät.»

«Kluge Köpfe halten nichts vom Zufall. Wieso bist du in diese tragischen Ereignisse verwickelt?»

Abner hätte weiter lügen sollen, aber die Stimme des Pharaos machte all seine Versuche zunichte.

«Moses ... Moses war der Vorgesetzte der Ziegelmacher. Ich schuldete ihm Gehorsam, wie alle anderen, aber Sary fühlte sich, weil Moses bei uns in hohem Ansehen stand, in den Schatten gedrängt.»

«Hat er dich mißhandelt?»

Abner stammelte etwas Unverständliches.

«Sprich deutlich!» verlangte der König.

«Sary war kein guter Mensch, Majestät.»

«Er war sogar verschlagen und gewalttätig, das weiß ich.»

Diese Bestätigung durch Ramses tat Abner gut.

«Sary hatte mir gedroht», bekannte der Hebräer. «Er hat mich gezwungen, ihm einen Teil meines Lohns abzugeben.»

«Erpressung ... Und warum hast du dich darauf eingelassen?»

«Aus Angst, Majestät, ich hatte solche Angst! Sary hätte mich geschlagen, ausgeraubt ...»

«Und warum hast du nicht Klage erhoben?»

«Sary stand doch mit den Wachen auf gutem Fuß, hatte zahlreiche Verbindungen. Niemand wagte sich ihm zu widersetzen.»

«Niemand außer Moses!»

«Das war sein Pech, Majestät, sein Pech ...»

«Daran bist du nicht unbeteiligt, Abner.»

Der Hebräer wäre am liebsten in den Boden versunken, um dem Scharfsinn dieses Herrschers zu entkommen.

«Du hast dich Moses anvertraut, nicht wahr?»

«Moses war ein guter und tapferer Mann ...»

«Die Wahrheit, Abner!»

«Ja, Majestät, ich habe mich ihm anvertraut.»

«Und wie hat er reagiert?»

«Er war bereit, mich zu verteidigen.»

«In welcher Weise?»

«Indem er Sary befahl, mich nicht mehr zu

belästigen, vermute ich … Moses war ja nicht redselig.»

«Die Tatsachen, Abner, nur die Tatsachen!»

«Ich war daheim, ruhte mich aus, als Sary plötzlich auftauchte. Rasend vor Wut schrie er mich an: ‹Du Hund von einem Hebräer, du hast es gewagt, das Maul aufzureißen!› Er schlug mich, ich verdeckte mein Gesicht mit den Händen und versuchte, ihm zu entkommen. Da erschien Moses, prügelte sich mit Sary, und dann war Sary tot … Wenn Moses nicht eingegriffen hätte, wäre ich erledigt gewesen.»

«Mit anderen Worten: Es war Notwehr! Dank deiner Aussage, Abner, könnte Moses vom Gericht freigesprochen werden und seinen Platz unter den Ägyptern wieder einnehmen.»

«Das wußte ich nicht, ich …»

«Warum hast du geschwiegen, Abner?»

«Ich hatte Angst!»

«Vor wem? Sary ist tot. Peinigt dich etwa der neue Vorarbeiter?»

«Nein, nein …»

«Was erschreckt dich?»

«Das Gericht, die Wachen …»

«Lügen ist ein schweres Vergehen, Abner. Aber vielleicht glaubst du ja nicht an die Waage in der anderen Welt, auf der all unsere Taten gewogen werden.»

Der Hebräer biß sich auf die Lippen.

«Du hast Schweigen bewahrt», fuhr der König fort, «weil du die Nachforschungen nicht auf dich lenken wolltest. Moses zu helfen, dem Mann, der dir das Leben gerettet hat, war dir nicht wichtig.»

«Majestät!»

«Das ist die Wahrheit, Abner: du wolltest im Schatten verharren, weil auch du andere zu erpressen pflegst. Serramanna hat die jungen Ziegelmacher zum Reden gebracht, die du gewissenlos ausbeutest.»

«Ich helfe ihnen, Arbeit zu finden, Majestät … Das ist doch ein gerechter Lohn.»

«Du bist ein Schurke, Abner, nichts weiter, aber für mich bist du ungeheuer wertvoll, weil du allein Moses' Unschuld bezeugen und seine Tat rechtfertigen kannst.»

«Und … vergibst du mir?»

«Serramanna wird dich einem Richter vorführen, wo du deine Aussage machen kannst. Unter Eid wirst du alles haarklein und ohne Auslassung nochmals berichten. Ich möchte nicht mehr von dir hören, Abner.»

ACHT

DER KAHLE, EINER der Würdenträger im Haus des Lebens von Heliopolis, hatte die Nahrungsmittel, die Bauern und Fischer ihm vorlegten, auf ihre Güte zu prüfen. Jede Frucht, jedes Gemüse, jeden Fisch untersuchte er gewissenhaft, peinlich genau. Die Händler fürchteten ihn, achteten ihn aber auch, da er angemessene Preise zahlte. Vertragshändler konnte niemand werden, denn er bevorzugte keinen und tat auch nichts nur gewohnheitsmäßig. Für ihn zählte allein die hohe Güte des Nahrungsmittels, das geweiht und den Göttern dargebracht und dann erst an die Sterblichen verteilt wurde.

Hatte er seine Wahl getroffen, gingen seine Einkäufe in die Küchen vom Haus des Lebens, deren Name «der reine Platz» bereits vom beständigen Bemühen um Sauberkeit kündete. Der Priester führte auch hier immer wieder unerwartete Überprüfungen durch und verhängte oft schwere Strafen.

An diesem Morgen begab er sich in die Vorratskammer, wo getrocknete und gesalzene Fische aufbewahrt wurden.

Der hölzerne Riegel vor der Tür, den nur er und der Vorräteverwalter zu öffnen vermochten, war durchgesägt worden.

Verdutzt stieß er die Tür auf.

Alles wie immer: Halbdunkel und Stille.

Besorgt trat er ein, entdeckte aber keinen Eindringling. Obwohl schon fast beruhigt, machte er dennoch vor jedem Krug halt: Art, Anzahl der Fische sowie der Tag, an dem sie ins Salz gelegt worden waren, standen auf jedem Gefäß vermerkt.

In der Nähe der Tür war ein Platz leer.

Ein Gefäß war entwendet worden!

Zum Hofstaat der Königin zu gehören war eine Ehre, von der alle Damen bei Hofe träumten. Aber Nefertari schätzte Umsicht und Gewissenhaftigkeit höher ein als Vermögen und gesellschaftliche Stellung. Wie Ramses bei seiner Regierungsbildung hatte auch sie mannigfach Erstaunen hervorgerufen, als sie sich unter jungen Frauen niederer Herkunft ihre Haarmacherin, Stoffweberin oder Leibdienerin aussuchte.

So hatte sie die Aufsicht über die Kleiderkammer der Großen königlichen Gemahlin, diesen beneideten Posten, einer hübschen, dunkelhaarigen jungen Frau aus einem der Vororte von Memphis übertragen. Sie hatte sich im wesentlichen um Nefertaris Lieblingsgewänder zu kümmern, wozu, trotz reicher Auswahl, so manches Kleid von früher und ein alter Schal gehörten, den die Königin sich bei Tagesausklang gern um die Schultern legte. Sie liebte diese vertrauten Kleidungsstücke. Es war nicht allein die Kühle des Abends, sondern die Erinnerung an jene Nacht nach ihrer ersten Begegnung mit Prinz Ramses, diesem stürmischen und doch auch zartfühlenden jungen Mann, den sie lange abgewiesen hatte, bevor sie sich ihre eigene Liebe eingestand. In jener Nacht hatte sie sich träumerisch in diesen Schal gehüllt.

Wie alle anderen, die im Hause der Königin Dienst taten, empfand auch die Verwalterin der Kleiderkammer höchste Verehrung für ihre Herrin. Nefertari verstand es, mit Anmut zu herrschen und lächelnd Anordnungen zu erteilen. In ihren Augen war nichts so gering, als daß man es nachlässig hätte tun dürfen. Ungerechtfertigte Säumigkeit oder Lüge duldete sie nicht. Ergab sich eine Unstimmigkeit, sprach sie persönlich mit der Betroffenen und hörte sich deren Erklärung an. Und da sie zudem Freundin und Vertraute der Mutter des Königs war, hatte die Große königliche Gemahlin bald die Herzen aller erobert.

Die Wäschebeschließerin besprühte die Stoffe mit Duftessenzen, die im Palast hergestellt wurden, und vermied sorgfältig jede Falte, wenn sie die Kleidungsstücke in Truhen legte. Bei Einbruch der Nacht pflegte sie den alten Schal zu holen, den die Königin sich zu den Abendritten um die Schultern zu legen beliebte.

Der Wäschebeschließerin wich das Blut aus den Wangen.

Der Schal lag nicht an seinem Platz!

«Unmöglich, ich habe mich in der Truhe geirrt», dachte sie. Sie suchte in der nächsten, durchwühlte die übernächste …

Vergebens.

Sie befragte die Leibdienerin, die Haarmacherin der Königin, die Wäscher … Keiner konnte ihr auch nur einen Hinweis geben.

Nefertaris Lieblingsschal war gestohlen worden!

Im Audienzsaal des Palastes von Pi-Ramses war der Kriegsrat versammelt. Die Generäle der vier

Waffengattungen hatten der Vorladung des Königs, ihres Obersten Heerführers, Folge geleistet. Ameni würde anhand seiner Aufzeichnungen den späteren Bericht verfassen.

Die Generäle waren Schreiber reiferen Alters, der gebildeten Schicht zuzurechnen, die ihre großen Ländereien mustergültig verwalteten. Zwei von ihnen hatten unter Sethos bereits gegen die Hethiter gekämpft, doch das war ein zeitlich und räumlich begrenzter, kurzer Einsatz gewesen. In Wirklichkeit hatte noch keiner dieser höheren Offiziere einen größeren Krieg mitgemacht. Je näher dieser Mehrfrontenkrieg kam, desto unbehaglicher wurde ihnen.

«Wie steht es um unsere Bewaffnung?»

«Gut, Majestät.»

«Die Waffenschmiede?»

«Arbeiten unermüdlich weiter. Gemäß deinen Anordnungen wurde der Leistungszuschlag für Schmiede und Pfeilmacher verdoppelt. Aber wir brauchen noch mehr Schwerter und Dolche für den Nahkampf.»

«Die Streitwagen?»

«In wenigen Wochen wird die notwendige Anzahl bereitstehen.»

«Die Pferde?»

«Sie sind gut versorgt und werden in bester Verfassung losziehen können.»

«Und wie steht es um die Kampfbereitschaft der Truppe?»

«Da hapert es noch, Majestät», bekannte der jüngste der Generäle. «Deine Anwesenheit tut wohl, aber die Gerüchte über die Grausamkeit und Unbesiegbarkeit der Hethiter wollen nicht verstummen. Wir tun alles, um sie zu zerstreuen, aber in den Köpfen hinterlassen diese Schauergeschichten eben doch ihre Spuren.»

«Auch in den Köpfen meiner Generäle?»

«Nein, Majestät, natürlich nicht … Aber Zweifel gibt es eben doch in einigen Punkten.»

«In welchen?»

«Na ja … Wird der Feind uns zahlenmäßig sehr überlegen sein?»

«Wir beginnen damit, in Kanaan die Ordnung wiederherzustellen.»

«Sind dort schon Hethiter?»

«Nein, ihr Heer hat sich so weit noch nicht vorgewagt. Nur Stoßtrupps haben Unruhen ausgelöst, sind dann aber wieder nach Norden abgezogen. Sie haben die ansässigen Fürsten zum Verrat überredet, um Spannungen auszulösen, die unsere Kräfte verzehren sollen. Das

wird aber nicht geschehen. Die schnelle Rückeroberung unserer Provinzen wird den Soldaten
den nötigen Schwung verleihen, um weiter gen
Norden zu ziehen und einen großen Sieg zu feiern.»

«So manch einer ist besorgt wegen ... unserer
Festungen.»

«Zu Unrecht. Vorgestern und auch gestern
noch sind ein Dutzend Brieftauben mit erfreuli-
chen Nachrichten am Palast eingetroffen. Keine
unserer Festungen ist dem Gegner in die Hände
gefallen. Sie verfügen über ausreichend Nahrung und Waffen und werden bis zu unserem
Eintreffen möglichen Angriffen standhalten.
Dennoch ist Eile geboten, wir haben schon zu
lange gezaudert.»

Ramses' Wunsch kam einem Befehl gleich.
Die Generäle verneigten sich und begaben sich
wieder in ihre jeweiligen Kasernen, um in bester
Absicht die Vorbereitungen zu beschleunigen.

«Memmen», brummelte Ameni und legte die
fein gespitzte Schreibbinse beiseite.

«Ein hartes Urteil», erwiderte Ramses.

«Schau sie doch bloß an: Angsthasen, viel zu
reich, nichts geht ihnen über ihre Behaglichkeit!
Bis jetzt haben sie die meiste Zeit damit zuge-

bracht, sich in den Gärten ihrer Gutshäuser zu ergehen, nicht etwa auf dem Schlachtfeld! Wie werden sie sich denn aufführen, wenn sie erst den Hethitern gegenüberstehen, deren einziger Lebensinhalt der Krieg ist? Deine Generäle werden schon vorher tot oder auf der Flucht sein.»

«Meinst du, ich sollte sie ablösen?»

«Zu spät, und wozu? Alle deine höheren Offiziere sind solche Schlappschwänze.»

«Soll sich Ägypten jeglichen militärischen Eingreifens enthalten?»

«Das wäre ein tödlicher Mißgriff ... Wir müssen reagieren, darin hast du recht, aber eines ist doch klar: Ob wir siegen können, hängt von dir ab, von dir ganz allein.»

Spät in der Nacht empfing Ramses noch seinen Freund Acha. Der König und der Oberste der Kundschafter gönnten sich nur wenig Ruhe. Die Spannung in der Hauptstadt machte sich mehr und mehr bemerkbar.

Seite an Seite standen die beiden Männer an einem der Fenster im Arbeitszimmer des Pharaos und betrachteten den Nachthimmel, den Tausende von Sternen belebten.

«Gibt's was Neues, Acha?»

«Die Lage ist verfahren: auf der einen Seite die Aufständischen, auf der anderen unsere Festungen. Unsere Gefolgsleute erwarten dein Eingreifen.»

«Ich brenne vor Ungeduld, aber ich habe nicht das Recht, das Leben meiner Soldaten aufs Spiel zu setzen. Ungenügende Vorbereitung, ungenügende Bewaffnung … Zu lange haben wir uns in einem Traum von ewigem Frieden gewiegt. Das Erwachen ist grausam, aber auch heilsam.»

«Die Götter mögen dich erhören.»

«Zweifelst du an ihrem Beistand?»

«Werden wir dem Ereignis gewachsen sein?»

«Wer an meiner Seite kämpft, wird unter Einsatz seines Lebens Ägypten verteidigen. Würden die Hethiter ihre Ziele erreichen, bräche Finsternis herein.»

«Hast du schon einmal daran gedacht, daß du fallen könntest?»

«Nefertari wird die Regentschaft übernehmen und, falls nötig, auch herrschen.»

«Wie schön diese Nacht ist … Warum haben die Menschen nichts anderes im Sinn, als sich gegenseitig umzubringen?»

«Ich hatte mir eine friedvolle Regierungszeit

erträumt. Das Schicksal hat anders entschieden, und dem werde ich mich nicht entziehen.»

«Es könnte dir feindlich gesinnt sein, Ramses.»

«Vertraust du mir etwa nicht mehr?»

«Vielleicht habe ich Angst, wie jedermann.»

«Bist du Moses auf die Spur gekommen?»

«Nein. Er scheint verschwunden.»

«Nein, Acha.»

«Woher diese Gewißheit?»

«Weil du gar nicht nach ihm gesucht hast.»

Der junge Gesandte bewahrte die Ruhe.

«Du hast deine Leute nicht auf seine Spur gesetzt, weil du nicht wolltest, daß er festgenommen und zum Tode verurteilt wird», fuhr Ramses fort.

«Ist Moses nicht unser Freund? Brächte ich ihn nach Ägypten zurück, würde er in der Tat zum Tode verurteilt.»

«Nein, Acha.»

«Du, der Pharao, kannst doch das Gesetz nicht brechen!»

«Das habe ich auch nicht vor. Moses würde als freier Mann in Ägypten leben, da das Gericht ihn für unschuldig erklären wird.»

«Aber ... hat er denn Sary nicht getötet?»

«Aus Notwehr, laut einer Zeugenaussage, die amtlich aufgenommen wurde.»

«Eine großartige Nachricht!»

«Laß Moses suchen, finde ihn.»

«Das wird nicht einfach sein ... Bei den augenblicklichen Unruhen versteckt er sich vielleicht in für uns unzugänglichem Gelände.»

«Finde ihn, Acha.»

NEUN

SERRAMANNA DURCHSTREIFTE DAS Viertel der Ziegelmacher. Grimmig schaute er drein. Vier junge Hebräer aus Mittelägypten hatten Abner bereitwillig der Erpressung und Ausbeutung bezichtigt. Ihre Anstellung hatten sie ihm allerdings zu verdanken, aber um welchen Preis!

Die Nachforschungen der Wachen waren kläglich ausgefallen. Sary war zwar kein angenehmer Umgang gewesen, aber immerhin einflußreich, und Moses war eher unzugänglich. War es nicht gar von Vorteil, daß der eine tot und der andere verschwunden war?

Vielleicht waren wertvolle Hinweise unbeachtet geblieben. Der Sarde hatte überall herumgefragt, Erkundungen eingezogen und stand nun von neuem in Abners Tür. Dieser saß über ein Schreibtäfelchen voller Zahlen gebeugt und knabberte genüßlich an einem mit Knoblauch bestrichenen Stück Brot. Als er Serramanna erblickte, schob er sich das Täfelchen schleunigst unters Gesäß.

«Na, Abner, machst du gerade deine Abrechnung?»

«Ich bin unschuldig!»

«Wenn du deinen Schwarzhandel weiterbetreibst, wirst du es mit mir zu tun bekommen.»

«Der König beschützt mich.»

«Träum doch nicht.»

Der Sarde schnappte sich eine süße Zwiebel und verzehrte sie.

«Hast du nichts zu trinken?»

«Doch, in der Truhe dort ...»

Serramanna hob den Deckel an.

«Lob sei Gott Bes! Das reicht ja für ein schönes Besäufnis! Amphoren voller Wein und Bier ... Ein einträglicher Beruf, den du dir da ausgesucht hast.»

«Das sind ... Geschenke.»

«Schön, wenn man so beliebt ist.»

«Was wirfst du mir vor? Ich habe meine Aussage gemacht. Was suchst du also hier?»

«Ich mag deine Gesellschaft, es zog mich einfach hierher.»

«Ich habe alles gesagt, was ich wußte.»

«Das glaube, wer will. Als ich noch Seeräuber war, habe ich meine Gefangenen persönlich verhört. Viele erinnerten sich nicht mehr, wo sie ihre Beute versteckt hatten. Ich konnte sie dann doch überreden, sich wieder zu erinnern.»

«Ich besitze keine Reichtümer!»

«Dein schmieriges Geld will ich gar nicht.»

Abner schien erleichtert. Während der Sarde einen Bierkrug entkorkte, schob der Hebräer das Täfelchen unter eine Matte.

«Was hast du aufgezeichnet auf diesem Stück Holz, Abner?»

«Nichts, nichts Besonderes.»

«Ich vermute, du hast zusammengezählt, was du von deinen hebräischen Brüdern erpreßt hast. Ein schönes Beweisstück vor Gericht!»

Abner schlotterte vor Angst, er entgegnete nichts.

«Man kann sich einigen, mein Freund, ich bin weder Wachposten noch Richter.»

«Was ... was schlägst du vor?»

«Ich komme wegen Moses, nicht deinetwegen. Du hast ihn doch gut gekannt, nicht wahr?»

«Nicht besser als andere ...»

«Lüg nicht, Abner. Du suchst seinen Schutz, daher hast du herauszufinden versucht, welche Art Mann er war, wie er sich benahm, welche Beziehungen er hatte.»

«Er hat ja immer nur gearbeitet.»

«Und mit wem traf er sich?»

«Mit den Verantwortlichen der Baustätten, den Arbeitern und mit ...»

«Und nach der Arbeit?»

«Er redete besonders gern mit den Obersten der Hebräerstämme.»

«Und worüber redeten sie?»

«Wir sind ein stolzes und verletzbares Volk ... Von Zeit zu Zeit hegen wir Unabhängigkeitsgelüste. Einigen wenigen, die völlig überspannt sind, erschien Moses wie eine Leitfigur. Nach Beendigung der Bauvorhaben in Pi-Ramses wäre dieser Wahn bald in sich zusammengefallen.»

«Einer der Arbeiter, die du ‹beschützt›, hat mir von einer merkwürdigen Person erzählt, mit der Moses sich ausführlich, Aug in Aug, in seiner Dienstwohnung unterhalten haben soll.»

«Das ist richtig … Kein Mensch kannte ihn. Es hieß, er wäre Baumeister und aus dem Süden gekommen, um Moses fachmännisch zu beraten, aber nie sah man ihn auf einer der Baustellen.»

«Beschreib ihn mir.»

«Etwa sechzig Jahre alt, groß, hager, ein Raubvogelgesicht, hervorstechende Nase, hervortretende Wangenknochen, auffallend schmale Lippen, ein ausgeprägtes Kinn.»

«Seine Kleidung?»

«Ein einfaches Hemd … Ein Baumeister wäre besser gekleidet gewesen. Man hätte schwören mögen, daß dieser Mann möglichst unauffällig bleiben wollte. Er hat nur mit Moses geredet.»

«Ein Hebräer?»

«Bestimmt nicht.»

«Wie oft ist er nach Pi-Ramses gekommen?»

«Mindestens zweimal.»

«Und hat ihn jemand nach Mosis Flucht nochmals gesehen?»

«Nein.»

Durstig leerte Serramanna den ganzen Krug Süßbier.

«Ich hoffe, daß du nichts ausgelassen hast, Abner. Sonst würden meine Nerven mit mir durchgehen, und meine Selbstbeherrschung wäre dahin.»

«Ich habe alles gesagt, was ich über diesen Mann weiß!»

«Ich erwarte nicht, daß du plötzlich ehrlich wirst, das wäre eine zu große Anstrengung. Aber versuch zumindest, dich in Vergessenheit zu bringen.»

«Möchtest du … ein paar Krüge wie den, den du soeben geleert hast?»

Der Sarde zwickte den Hebräer in die Nase, wie ein Schraubstock wirkten Daumen und Zeigefinger.

«Und wenn ich sie dir zur Strafe ausrisse?»

Der Schmerz war so groß, daß Abner das Bewußtsein verlor.

Serramanna zuckte mit den Achseln, verließ die Behausung des Ziegelmachers und ging gedankenverloren auf den Palast zu.

Seine Nachforschungen waren erfolgreich gewesen.

Moses schmiedete finstere Pläne. Er beabsichtigte, sich an die Spitze der Hebräer zu setzen, vermutlich, um für sein Volk weitere Vergünstigungen herauszuschlagen, vielleicht sogar eine von ihnen selbst verwaltete Stadt im Nildelta. Und wenn dieser geheimnisvolle Mann ein Fremder gewesen wäre, der den Hebräern Hilfe von außen anbot? In diesem Fall hätte Moses sich des Hochverrats schuldig gemacht.

Derartige Mutmaßungen würde Ramses sich niemals anhören. Serramanna mußte erst Beweise haben, bevor er diese Gedanken dem König vortragen konnte, um ihn zu warnen.

Der Sarde griff in glühende Kohlen.

Iset die Schöne, die zweite Gemahlin von Ramses und Mutter seines Sohnes Kha, verfügte in Pi-Ramses über prachtvolle Gemächer innerhalb der Palastanlage. Obwohl ihr Verhältnis zu Nefertari keineswegs überschattet war, zog sie es vor, weiterhin in Memphis zu leben und sich auf großen Einladungen zu berauschen, wo ihre Schönheit allgemeine Bewunderung erregte.

Iset die Schöne mit den grünen Augen, der kleinen geraden Nase, den feingeschwungenen Lippen, die so anmutig, lebhaft und fröhlich war, fand ihr Leben in Luxus öd und fade. Sie war noch so jung und lebte schon aus der Erinnerung. Sie war die erste Geliebte von Ramses gewesen, hatte ihn wahnsinnig geliebt und liebte ihn noch genauso leidenschaftlich, aber kämpfen, um ihn zurückzugewinnen, das wollte sie nicht. Eine Zeitlang hatte sie diesen König, dem die Götter alle nur erdenklichen Gaben verliehen hatten, sogar gehaßt: verfügte er doch über die Gabe, sie immer wieder zu verführen, während sein Herz doch Nefertari gehörte.

Wenn die Große königliche Gemahlin wenigstens häßlich, dumm und streitsüchtig gewesen wäre ... Aber auch Iset war ihrem Charme erlegen, sie hatte etwas Strahlendes, war ein außergewöhnliches Wesen, eine Königin, die Ramses angemessen war.

«Welch merkwürdiges Geschick», grübelte die junge Frau. «Da sieht man den Mann, den man liebt, in den Armen einer anderen Frau und muß sich dann noch eingestehen, daß diese grausame Tatsache gerechtfertigt und richtig ist.»

Würde Ramses bei ihr auftauchen, könnte sie ihm nicht den geringsten Vorwurf machen. Sie würde sich ihm mit dem gleichen Entzücken hingeben wie beim ersten Mal in jener Schilfhütte, dem Schlupfwinkel auf dem Land. Und wäre er Hirte oder Fischer, würde sie ihn genauso heftig begehren.

Nach Macht empfand Iset keinerlei Verlangen, sie wäre unfähig gewesen, das Amt einer Königin Ägyptens auszufüllen und all die Verpflichtungen zu übernehmen, die auf Nefertari lasteten. Auch Neid und Eifersucht waren ihr fremd, und so dankte Iset den himmlischen Mächten für das unvergleichliche Glück, Ramses zu lieben.

Dieser Sommertag war ein glücklicher Tag.

Iset die Schöne spielte mit dem neunjährigen Kha und Nefertaris Töchterchen Merit-Amun, deren vierter Geburtstag demnächst gefeiert werden würde. Beide Kinder verstanden sich wunderbar: Khas Leidenschaft galt immer noch dem Lesen und Schreiben, und so brachte er sogar seinem Schwesterchen die Linienführung der Hieroglyphen bei, indem er, wenn sie zögerte, ihre Hand führte. Heute unterwies er sie im Zeichnen von Vögeln, das erforderte Fingerspitzengefühl und Genauigkeit.

«Kommt doch baden, das Wasser ist herrlich frisch», sagte Iset.

«Ich möchte lieber lernen», erwiderte Kha.

«Du mußt auch schwimmen lernen.»

«Das reizt mich nicht.»

«Deine Schwester möchte sich aber vielleicht ein wenig entspannen.»

Das Töchterchen von Ramses und Nefertari war genauso hübsch wie seine Mutter. Die Kleine zögerte, sie wollte bei niemandem Mißfallen erwecken. Schwimmen machte ihr Freude, aber sie wollte Kha auch nicht verärgern, denn der kannte so viele geheimnisvolle Dinge.

«Ist es dir recht, wenn ich ein bißchen ins Wasser gehe?» fragte sie ihn angstvoll.

Kha überlegte.

«Einverstanden, aber nicht zu lange. Das Wachtelküken mußt du noch einmal zeichnen, der Kopf ist nicht genügend gerundet.»

Merit-Amun lief auf Iset zu, die sich glücklich pries über Nefertaris Vertrauen: Sie durfte an der Erziehung des Mädchens mitwirken.

Die junge Frau und das Kind ließen sich ins Wasser gleiten, genossen die Kühle dieses Beckens, das eine Sykomore überschattete. Ja, dieser Tag war ein Glückstag.

ZEHN

IN MEMPHIS ERSTICKTE man schier vor Hitze. Seit der Nordwind sich gelegt hatte, litten Mensch und Tier unter der heißen Luft, die einem die Kehle ausdörrte. Zwischen den Häusern waren dicht an dicht Zeltplanen gespannt, damit die Gassen schattig blieben. Die Wasserträger hatten alle Hände voll zu tun.

Dem Magier Ofir in seinem behaglichen Haus konnte die Hitze nichts anhaben. Bei ihm hatten die Wände hoch oben Öffnungen, so daß die Räume immer ausreichend belüftet waren. Still und erholsam war es hier, der ideale Platz, um sich zu sammeln und Untaten auszubrüten.

Ofir fühlte sich irgendwie erregt, für gewöhnlich erledigte er seine finsteren Geschäfte kaltblütig, wie unbeteiligt. Aber so etwas Schwieriges hatte der Libyer sich auch noch nie vorgenommen: ein prickelndes Gefühl verursachte dieses hochfliegende Vorhaben! Er, der Sohn eines libyschen Beraters von Echnaton, kostete sie jetzt schon aus, seine Rache.

Chenar, sein illustrer Gast, der ältere Bruder von Ramses, dem die Gesandtschaften unter-

standen, traf am Nachmittag ein, als sämtliche
Straßen der Stadt, die großen wie die kleinen,
menschenleer waren. Vorsichtshalber hatte
Chenar einen Wagen genommen, der seinem
Verbündeten Meba gehörte; ein stummer Bediensteter lenkte das Gefährt.

Der Magier begrüßte Chenar ehrerbietig,
doch dieser empfand – wie schon bei ihrer ersten Begegnung – ein Unbehagen: Dieser Libyer
mit dem Raubvogelgesicht blickte einen so eiskalt an. Mit seinen tiefgrünen Augen, der hervorstechenden Nase und den äußerst schmalen
Lippen glich er eher einem Dämon als einem
Menschen. Doch seine Bewegungen waren behutsam, er sprach mit sanfter Stimme, und zeitweise hätte man glauben können, einen alten,
vertrauenerweckenden Priester zu hören.

«Warum hast du mich herbestellt, Ofir? So etwas schätze ich ganz und gar nicht.»

«Weil ich in unserem Sinne weitere Fortschritte erzielt habe, Herr. Du wirst nicht enttäuscht sein.»

«Das hoffe ich für dich.»

«Wenn du mitkommen möchtest … Die Damen erwarten uns.»

Chenar hatte dem Magier dieses Haus zur

Verfügung gestellt, damit er unbehelligt seiner Schwarzen Kunst frönen und ihm zur Macht verhelfen konnte. Selbstverständlich war er so vorsichtig gewesen, das Haus auf den Namen seiner Schwester Dolente eintragen zu lassen. Lauter wertvolle Verbündete, die er nach Belieben ausnutzen konnte … Acha, Freund des Königs seit Kindertagen und genialer Verschwörer, Raia, der syrische Kaufmann und gerissene Spion der Hethiter, und jetzt dieser Ofir, den der arglose Meba ihm vorgestellt hatte, Meba, dem früher die Gesandtschaften unterstanden und dessen Platz er, Chenar, eingenommen hatte, doch nicht ohne ihn glauben zu machen, den Anstoß zu seiner Amtsenthebung verdanke er Ramses. Ofir verkörperte eine geheimnisvolle und gefährliche Macht, die Chenar unheimlich war, doch das Böse reizte und lockte ihn.

Ofir war der Kopf einer politischen Strömung, die Echnatons Ketzerei neu belebte und den Kult des alleinigen Gottes Aton wieder zur Staatsreligion erheben wollte und dafür kämpfte, irgendeine Nachfahrin dieses verrückten Königs auf den Thron Ägyptens zu setzen. Chenar hatte Ofir zu verstehen gegeben, er befürworte die Ausbreitung dieser Splittergruppe, an deren Botschaft Moses vielleicht Gefallen finden könnte. Daher hatte der Magier den Hebräer aufgesucht und ihn zu überzeugen versucht, daß sie ein gemeinsames Ziel verfolgten.

Chenar schürte jeden noch so geringfügigen Widerstand von innen, um Ramses zu Fall zu bringen. Im geeigneten Augenblick würde er sich all dieser lästigen Verbündeten schon zu entledigen wissen, denn die Mächtigen haben keine Vergangenheit.

Dummerweise hatte Moses einen Mord begangen und war geflohen. Ohne die Unterstützung der Hebräer konnte es Ofir nicht gelingen, genügend Aton-Anhänger um sich zu scharen, um Ramses' Macht zu gefährden. Einen Beweis seines Könnens hatte der Magier allerdings schon geliefert, als er bei Nefertaris Niederkunft durch einen bösen Zauber das Leben von Mutter und Tochter gefährdete. Aber Nefertari wie auch Merit-Amun waren nach wie vor am Leben. Obwohl die Königin keine weiteren Kinder mehr bekommen konnte, waren die magischen Kräfte des Pharaos stärker gewesen als die des Libyers.

Ofir wurde allmählich nutzlos, wenn nicht gar lästig. Daher hatte Chenar, als er die Aufforderung erhielt, sofort nach Memphis zu kommen, bereits darüber nachgedacht, wie er ihn ausschalten konnte.

«Unser Gast ist eingetroffen», verkündete Ofir zwei Frauen, die im Halbdunkel saßen und sich bei der Hand hielten.

Die eine war Dolente, Chenars Schwester, dunkelhaarig und ständig müde. Die andere war Lita, eine pummelige Blondine, die Ofir als Enkelin Echnatons vorstellte. In Chenars Augen war sie eher eine Schwachsinnige und daher dem Magier und seiner Schwarzen Kunst willenlos ausgeliefert.

«Geht es meiner lieben Schwester gut?»

«Ich freue mich, dich zu sehen, Chenar. Deine Anwesenheit beweist, daß wir auf dem richtigen Weg sind.»

Vergebens hatten Dolente und ihr Gemahl Sary gehofft, Ramses würde ihnen bei Hofe eine bevorzugte Stellung einräumen. Aus Enttäuschung hatten sie Verschwörungen angezettelt, und es hatte gemeinsamer Anstrengungen von Tuja, der Mutter des Königs, und von Nefertari, der Großen königlichen Gemahlin, bedurft, daß Ramses nach Aufdeckung ihrer Ränke Milde walten ließ. Sary, der ehemalige Erzieher von

Ramses, war zum Vorarbeiter herabgestuft worden und hatte seine Verbitterung und seinen Groll an den hebräischen Ziegelmachern ausgelassen. Er war ungerecht gewesen und hatte sich tölpelhaft benommen und dadurch den Zorn des Moses, ja sogar seinen eigenen Tod heraufbeschworen. Dolente war ihrerseits Ofirs und Litas Zauber erlegen. Für sie gab es nur noch Aton, den alleinigen Gott. Sie kämpfte für die Wiedereinführung des Aton-Kults und den Sturz des gottlosen Pharaos Ramses.

Dolentes Haß behagte Chenar. Er hatte ihr in seinem zukünftigen Staat einen hohen Rang versprochen. Irgendwie würde er diese böse Kraft schon gegen seinen Bruder einsetzen, wenn er auch noch nicht genau wußte, wie und wo. Und wenn der Wahn der Schwester unerträglich würde, konnte er sie ja des Landes verweisen.

«Hast du Nachrichten von Moses?» fragte Dolente.

«Er ist verschwunden», antwortete Chenar. «Seine hebräischen Brüder dürften ihn ermordet und in der Wüste verscharrt haben.»

«Damit verlieren wir einen wertvollen Bundesgenossen», warf Ofir ein, «doch der Wille des alleinigen Gottes wird geschehen. Werden wir nicht immer zahlreicher?»

«Vorsicht ist geboten», mahnte Chenar.

«Aton wird uns beistehen!» verkündete Dolente schwärmerisch.

«Ich habe meinen ursprünglichen Plan noch nicht aufgegeben», ließ sich der Magier vernehmen. «Das einzige wirkliche Hindernis auf unserem Weg ist Ramses mit seinen schier magischen Abwehrkräften, und die gilt es zu schwächen!»

«Dein erster Vorstoß war nicht gerade von Erfolg gekrönt», sagte Chenar vorwurfsvoll.

«So ganz wirkungslos war er nicht, das müßtest du anerkennen.»

«Das Ergebnis war unzureichend.»

«Ich geb's ja zu, Hoher Herr. Daher habe ich ja auch beschlossen, jetzt anders vorzugehen.»

«Und wie?»

Mit seiner Rechten wies der libysche Magier auf einen beschrifteten Krug.

«Würdest du die Inschrift bitte lesen?»

«*Heliopolis, Haus des Lebens. Vier Fische: Meeräschen.* Haltbar gemachte Vorräte?»

«Nicht irgendwelche Vorräte, sondern sorgfältig ausgewählte und schon mit magischen

Kräften versehene Opfergaben. Und außerdem habe ich noch dieses Stück Stoff.»

Ofir hielt einen Schal hoch.

«Ich könnte schwören ...»

«Ja, Hoher Herr, es ist der Lieblingsschal der Großen königlichen Gemahlin Nefertari.»

«Hast du ihn ... gestohlen?»

«Ich habe zahlreiche Gefolgsleute, wie ich schon sagte.»

Chenar war erstaunt. Wer hatte dem Magier denn das zugespielt?

«Die geheiligten Opferspeisen und den Schal, der mit dem Körper der Königin in Berührung gekommen ist, mußte ich unbedingt in meinen Besitz bringen. Mit ihrer Hilfe und deiner Entschlossenheit wird es uns gelingen, den Aton-Kult wieder einzuführen. Lita muß herrschen: Sie wird die Königin und du der Pharao sein.»

Verklärt und vertrauensvoll blickte Lita zu Chenar hoch. Die Kleine war eigentlich ganz anziehend und würde eine recht ansehnliche Bettgespielin abgeben.

«Bleibt immer noch Ramses ...»

«Er ist auch nur ein Mensch», erklärte Ofir, «wiederholten und heftigen Angriffen wird auch er nicht standhalten. Aber damit es gelingt, benötige ich Hilfe.»

«Meine ist dir sicher!» jubelte Dolente, indem sie Litas Hände immer fester drückte, obgleich deren verklärte Augen nicht mehr von dem Libyer abließen.

«Wie lautet dein Plan?» fragte Chenar.

Ofir verschränkte die Arme vor der Brust.

«Auch deine Hilfe, Herr, benötige ich.»

«Meine? Aber ...»

«Wir vier wünschen dem königlichen Paar den Tod. Zu viert verkörpern wir die Himmelsrichtungen, die Jahreszeiten und die ganze Welt. Versagte eine dieser Kräfte, wäre der Zauber unwirksam.»

«Ich bin kein Zauberer!»

«Der Wille genügt.»

«Sag ja!» flehte Dolente.

«Was hätte ich denn zu tun?»

«Nur einen Handgriff», betonte Ofir. «Er wird dazu beitragen, Ramses zu stürzen.»

«Dann fangen wir an.»

Der Magier öffnete den Krug und nahm die vier gesalzenen und getrockneten Fische heraus. Wie geistesabwesend stieß Lita Dolente von sich und legte sich auf den Rücken.

Ofir breitete ihr Nefertaris Schal über die Brust.

«Pack einen der Fische beim Schwanz», befahl er Dolente.

Die hochgewachsene dunkelhaarige Frau mit dem schwammigen Körper gehorchte. Ofir zog ein winziges Figürchen, eine Nachbildung von Ramses, hervor und steckte es der Meeräsche ins Maul.

«Jetzt den zweiten, Dolente.»

Der Magier tat das gleiche noch einmal, und schließlich verschlangen vier Fische vier Ramses-Figürchen.

«Entweder stirbt der König im Krieg, oder er stolpert bei der Rückkehr in die von uns gestellte Falle», prophezeite Ofir. «Von der Königin wird er jedenfalls für immer getrennt sein.»

Ofir ging hinüber in einen kleinen Raum, hinter ihm Dolente mit den vier Fischen auf den ausgestreckten Armen. Chenar folgte ihnen, denn sein Wunsch, Ramses zu Fall zu bringen, war stärker als seine Angst.

Mitten im Raum, im Kohlenbecken, loderte ein offenes Feuer.

«Wirf du jetzt die Fische in die Flammen, Herr, dann wird dein Wille geschehen.»

114

Chenar zögerte nicht.

Als der vierte Fisch von den Flammen verzehrt wurde, ließ ein Heulen Chenar zusammenfahren. Die drei hasteten in den Saal zurück.

Nefertaris Schal hatte sich von selbst entflammt und brannte auf dem Körper der blonden Lita, die einer Ohnmacht nahe war.

Ofir hob den Stoff an – die Flamme erlosch.

«Wenn der Schal erst ganz verbrannt ist», erklärte er, «werden Ramses und Nefertari Beute der bösen Dämonen.»

«Muß Lita dann noch einmal so leiden?» fragte Dolente besorgt.

«Lita hat sich zu diesem Opfer bereit erklärt. Sie muß all diese Prüfungen bei vollem Bewußtsein bestehen. Du wirst sie pflegen, Dolente. Sobald die Brandwunde verheilt ist, fangen wir wieder an, bis von dem Schal nichts mehr übrig ist. Eine Weile wird es dauern, Hoher Herr, aber der Erfolg ist uns gewiß.»

ELF

DER RÜHRIGE FÜNFZIGJÄHRIGE mit den schmalen, gepflegten Händen war Periamakhou, der Palastarzt, dem sämtliche Heiler Ober- und Unterägyptens unterstanden. Er war wohlhabend, mit einer Adeligen aus Memphis verheiratet, die ihm drei anmutige Kinder geschenkt hatte, und konnte sich einer großartigen Laufbahn rühmen. Allerorten wurde ihm Hochachtung entgegengebracht.

An diesem Sommermorgen hingegen ließ man ihn warten, erregt lief er im Vorzimmer auf und ab. Ramses war doch niemals krank! Und wieso ließ man ihn, den berühmten Heilkundigen, seit mehr als zwei Stunden hier stehen?

Endlich erschien ein Kammerdiener und geleitete ihn zum Arbeitszimmer des Königs.

«Majestät, dein ergebener Diener, aber ...»

«Wie geht es dir, verehrter Periamakhou?»

«Majestät, ich bin sehr besorgt! Man munkelt bei Hofe, du habest an mich gedacht als ärztlichen Begleiter des Heeres, das nach Norden ausrücken soll.»

«Wäre das nicht eine große Ehre?»

«Gewiß, Majestät, gewiß, doch wäre ich im Palast nicht nützlicher?»

«Vielleicht sollte ich diesen Einwand bedenken.»

«Majestät ... Darf ich deine Entscheidung erfahren?»

«Wenn ich's mir reiflich überlege, dann hast du recht. Deine Anwesenheit im Palast ist unentbehrlich.»

Pariamakhou unterdrückte einen Seufzer der Erleichterung.

«Ich habe volles Vertrauen in meine Amtsbrüder, Majestät. Wen immer du auswählen magst: du wirst zufrieden sein.»

«Meine Wahl ist bereits getroffen. Ich glaube, du kennst meinen Freund Setaou?»

Ein stämmiger Mann mit Stoppelbart, kantigem Schädel und herausforderndem Blick, der ein Hemd aus Antilopenhaut mit unzähligen Taschen trug, trat auf den berühmten Arzt zu. Pariamakhou wich sofort einen Schritt zurück.

«Erfreut, dich zu treffen! Meine Laufbahn ist alles andere als glänzend, das gebe ich zu, aber die Schlangen sind meine Freunde. Möchtest du die Viper streicheln, die ich gestern abend gefangen habe?»

Der Arzt wich noch einen Schritt zurück. Fassungslos blickte er den König an.

«Majestät, die Leistungsnachweise, um einem Amt in der Heilkunde vorzustehen ...»

«Sei ganz besonders wachsam während meiner Abwesenheit, Pariamakhou. Einzig und allein auf deinen Schultern liegt die Verantwortung für die Gesundheit der königlichen Familie.»

Setaou tauchte die Hand in eine seiner Taschen. Aus Angst, er könne ein Reptil hervorziehen, beeilte sich Pariamakhou, den Herrscher zu grüßen und sich aus dem Staub zu machen.

«Wie lange wirst du solche Asseln noch um dich dulden?» fragte der Schlangenkundige.

«Sei nicht so streng, manchmal heilt er seine Kranken ja auch. Übrigens ... würdest du es auf dich nehmen, bei unserem Feldzug Kranke und Verwundete zu pflegen?»

«Ein solcher Posten läßt mich kalt, aber ich habe nicht das Recht, dich allein losziehen zu lassen.»

Ein Krug mit getrockneten Fischen aus dem Haus des Lebens zu Heliopolis und der Schal der Königin Nefertari … Zwei Diebstähle, die ein einziger begangen hatte! Serramanna war sich sicher: das konnte nur einer gewesen sein, Romet, der Palastverwalter! Der Sarde hatte ihn schon lange in Verdacht. Dieser viel zu leutselige Kerl betrog den König und hatte sogar versucht, ihn zu ermorden.

Mit dem hatte Ramses einen schlechten Griff getan!

Mit dem König konnte der Sarde weder über Moses noch über Romet reden, ohne ein Donnerwetter auszulösen. Doch das würde auch nicht zur Festnahme dieses Schurken von Verwalter oder zum Bruch der Freundschaft zu dem Hebräer führen. Eigentlich konnte er sich nur an Ameni wenden. Der war die rechte Hand von Ramses, war scharfsinnig und mißtrauisch und würde ihm Gehör schenken.

Serramanna ging an den beiden Soldaten vorbei, die an der Tür zum Gang Wache standen. Weiter hinten hatte Ameni sein Arbeitszimmer, von wo aus dieser unermüdliche Schreiber die ihm unterstellten zwanzig hohen Beamten überwachte, denn hier wurden alle wichtigen Vorgänge bearbeitet, über die Ameni dann dem Pharao Bericht erstattete.

Der Sarde hörte plötzlich hastige Schritte hinter sich. Erstaunt wandte er sich um. Ein Dutzend Lanzenträger richteten ihre Waffen gegen ihn.

«Was fällt euch denn ein?»

«Wir haben unsere Befehle.»

«Ich gebe euch ja wohl die Befehle!»

«Wir sollen dich festnehmen.»

«Was soll denn dieser Unsinn?»

«Wir gehorchen nur.»

«Weg mit euch, oder ich erschlage jeden einzelnen!»

Die Tür zu Amenis Schreibstube ging auf, und der Schreiber erschien auf der Schwelle.

«Sag diesen Dummköpfen, sie sollen abhauen!»

«Ich habe ihnen den Befehl erteilt, dich festzunehmen.»

Ein Schiffbruch hätte den ehemaligen Seeräuber nicht stärker erschüttern können. Ein Weilchen stand er wie gelähmt. Da nahmen die Soldaten ihm schleunigst die Waffen ab und banden ihm die Hände auf den Rücken.

«Erklär mir ...»

Auf ein Zeichen Amenis hin schoben die Wachen Serramanna in die Schreibstube. Ameni ergriff eine Papyrusrolle.

«Kennst du eine gewisse Nenofar?»

«Klar, eine meiner Geliebten. Genauer gesagt, meine letzte, neueste Errungenschaft.»

«Habt ihr euch gestritten?»

«Liebesgeplänkel, im Eifer des Gefechts.»

«Hast du ihr Gewalt angetan?»

Der Sarde lächelte. «Wir sind schon mal ganz heftig aneinandergeraten bei den Spielereien, wie man eben so kämpft um die Lust.»

«Du hast dem Mädchen also nichts vorzuwerfen?»

Ameni blieb eisig.

«Diese Nenofar hat schwere Anschuldigungen gegen dich vorgebracht.»

«Aber ... Sie war doch einverstanden, das schwöre ich dir!»

«Ich rede nicht von euren Lustbarkeiten, sondern von dem Verrat, den du begangen hast.»

«Verrat? ... Habe ich richtig gehört, hast du Verrat gesagt?»

«Nenofar beschuldigt dich, ein Spitzel im Sold der Hethiter zu sein.»

«Du machst dich wohl lustig über mich, Ameni!»

«Dieses Mädchen liebt seine Heimat. Als sie merkwürdige Holztäfelchen in der Wäschetruhe in deinem Schlafzimmer fand, hielt sie es für richtig, sie mir zu bringen. Erkennst du sie?»

Ameni hielt sie dem Sarden hin.

«Das Zeug gehört mir nicht!»

«Das sind die Beweise für dein Verbrechen. In recht plumper Form meldest du da deinem hethitischen Mittelsmann, daß du dir schon etwas einfallen lassen wirst, um die Eliteeinheit, die du befehligen sollst, außer Gefecht zu setzen.»

«Hirngespinste!»

«Die Aussage deiner Geliebten wurde von einem Richter aufgeschrieben, vor Zeugen laut verlesen und von ihr nochmals bestätigt.»

«Das ist eine List, um mich in Verruf zu bringen und Ramses zu schwächen.»

«Wie die Täfelchen belegen, betreibst du deinen Verrat bereits seit acht Monden. Der hethitische Herrscher hat dir ein schönes Vermögen versprochen, über das du nach der Niederlage Ägyptens verfügen kannst.»

«Ich bin Ramses treu … Er hat mich begnadigt, als er mir das Leben nehmen konnte, daher gehört mein Leben ihm.»

«Schön klingende Worte, die die Tatsachen aber widerlegen.»

«Du kennst mich doch, Ameni! Ich war mal Seeräuber, das stimmt, aber einen Freund habe ich niemals verraten!»

«Ich glaubte dich zu kennen, aber du bist wie all diese Höflinge, die keinen Herrn mehr kennen, wenn man sie mit Geld ködert. Bietet ein Söldner seine Dienste nicht gegen höchsten Lohn feil?»

In seiner Ehre gekränkt, stand Serramanna kerzengerade.

«Wenn der Pharao mich zum Obersten seiner Leibwache ernannt und mir eine Eliteeinheit des Heeres unterstellt hat, dann beweist das doch, daß er Vertrauen in mich setzt.»

«Ein Vertrauen, das sich nicht ausgezahlt hat.»

«Ich habe das Verbrechen, dessen du mich anklagst, nicht begangen, nie und nimmer!»

«Bindet ihm die Hände los.»

Serramanna fühlte sich unendlich erleichtert. Ameni hatte ihn mit gewohnter Strenge verhört, aber nur, um seine Unschuld herauszustreichen!

Der Oberste Schreiber des Königs hielt dem Sarden eine gespitzte Schreibbinse hin, die bereits in schwarze Tinte getaucht worden war, dazu eine Kalksteinscherbe mit geglätteter Oberfläche.

«Schreib deinen Namen und deine Ämter auf.»

Aufgeregt schrieb der Sarde das Gewünschte nieder.

«Die gleiche Schrift wie auf den Holztäfelchen. Auch dieses Beweisstück wird dem Gericht zugehen. Du bist schuldig, Serramanna.»

Schäumend vor Wut wollte der ehemalige Seeräuber sich schon auf Ameni stürzen, als vier Lanzen ihn in die Seiten stachen und ein paar Blutstropfen hervorspritzten.

«Ein schönes Geständnis, meinst du nicht auch?»

«Ich will dieses Mädchen sehen und seine Lügen mit eigenen Ohren hören!»

«Du wirst sie sehen, am Tag deiner Gerichtsverhandlung.»

«Ameni, das ist ein abgekartetes Spiel!»

«Bereite deine Verteidigung gut vor, Serramanna. Für Verräter deiner Sorte gibt es nur eine einzige Bestrafung: den Tod. Und verlaß dich nicht auf die Nachsicht von Ramses.»

«Laß mich mit dem König reden, ich habe ihm Wichtiges zu enthüllen.»

«Unsere Armee zieht morgen ins Feld. Dein Fehlen wird deine hethitischen Freunde erstaunen.»

«Laß mich mit dem König reden, ich bitte dich darum!»

«Werft ihn ins Gefängnis und bewacht ihn gut», befahl Ameni.

ZWÖLF

CHENAR WAR BESTER Stimmung und hatte unbändigen Appetit. Sein Frühstück, die «Mundwaschung», bestand aus Gerstenbrei, zwei gebratenen Wachteln, Ziegenkäse und runden Honigküchlein. Zur Feier dieses Tages, da Ramses und seine Armee gen Norden ziehen würden, gönnte er sich noch einen zusätzlichen Genuß: eine mit Rosmarin, Kümmel und Kerbel gewürzte gebratene Gänsekeule.

Serramanna war festgenommen und hockte in irgendeinem Verlies, und damit war die Stoßkraft der ägyptischen Truppen ganz entscheidend geschwächt.

Chenar tauchte gerade die Lippen in eine Schale frischer Milch, als Ramses die Gemächer des Bruders betrat.

«Möge dein Gesicht geschützt sein», begrüßte ihn Chenar, der sich erhoben hatte. Dies war eine überkommene Höflichkeitsformel, die allerdings nur bei morgendlichen Besuchen gesprochen wurde.

Der König trug einen weißen Schurz und ein kurzärmeliges Übergewand. An den Handgelenken funkelten Silberarmreife.

«Mein geliebter Bruder scheint mir so gar nicht aufbruchbereit.»

«Ja, aber ... Gedachtest du mich denn mitzunehmen, Ramses?»

«Man möchte meinen, dir stehe der Sinn nicht nach Krieg.»

«Ich besitze weder deine Kraft noch deinen Mut.»

«Hier also meine Anordnungen: Während meiner Abwesenheit wirst du sämtliche Nachrichten aus den Fremdländern entgegennehmen und sie zur Auswertung und Entscheidungsfindung Nefertari, Tuja und Ameni, meinem Regentschaftsrat, unterbreiten. Ich werde in Begleitung Achas in vorderster Linie stehen.»

«Acha zieht mit dir?»

«Wegen seiner Ortskenntnis ist er unentbehrlich.»

«Die Verhandlungskunst der Gesandten hat leider versagt ... »

«Das bedaure auch ich, Chenar, aber nun ist keine Zeit mehr für Winkelzüge.»

«Wie wirst du vorgehen?»

«Zuerst werde ich in den Provinzen, die uns unterstanden, die Ordnung wiederherstellen, dann eine Ruhepause einlegen, bevor wir nach Kadesch ziehen und den Hethitern gegenübertreten. Sobald dieser zweite Teil unseres Feldzugs beginnt, werde ich dich vielleicht an meine Seite rufen.»

«Am endgültigen Sieg beteiligt zu sein, werde ich als Ehre empfinden.»

«Auch diesmal wird Ägyptens Überleben gesichert.»

«Sei vorsichtig, Ramses, unser Land braucht dich.»

In einer Barke überquerte Ramses den Kanal, der das Viertel, wo die Werkstätten und Lagerhäuser standen, vom ältesten Teil seiner Stadt Pi-Ramses trennte, die früher Auaris hieß und

die Hauptstadt der Hyksos war, jener Eindringlinge finsteren Angedenkens. Hier stand der
Tempel des Seth, jenes schreckenerregenden
Gottes der Unwetter und unheilvollen Him-
melsmächte. Er besaß die gewaltigste Macht im
All, er war der Schirmherr von Ramses' Vater
Sethos gewesen, dem einzigen König Ägyptens,
der es gewagt hatte, einen ähnlichen Namen zu
tragen.

Ramses hatte das Heiligtum Seths ausbauen
und kunstvoll ausschmücken lassen, denn hier
hatte Sethos ihn dem gefürchteten Ahn gegen-
übergestellt, um ihn insgeheim auf das höchste
Amt vorzubereiten.

Im Herzen des jungen Prinzen hatten die
Angst und die Kraft, sie zu besiegen, miteinander gerungen. Und am Ende des Kampfs war
ein Feuer nach der Art Seths aufgeflammt, das
Sethos in einen Lehrsatz gefaßt hatte: «An das
Gute im Menschen zu glauben ist ein Fehler,
den ein Pharao niemals begehen darf.»

Im Hof vor dem überdachten Tempel stand
eine mehr als vier Ellen hohe und mehr als zwei
Ellen breite Stele aus Rosengranit. Hoch oben
auf der Spitze thronte ein Tier, in dem Seth sich
verkörperte: ein hundegestaltiges Wesen mit ro-

ten Augen, großen, aufgestellten Ohren und einer langen, nach unten gebogenen Schnauze. Noch nie hatte ein Mensch ein solches Wesen gesehen und wird es auch niemals sehen. Auf dem Gedenksteinsockel war der gleiche Seth in Menschengestalt dargestellt: auf dem Haupt eine spitz zulaufende Kappe mit Sonnenscheibe und zwei Hörnern. In der Rechten das «Lebenszeichen», in der Linken das Zepter «Kraft».

Genannt war der vierte Tag des vierten Sommermonats des Jahres 400, betont die Zahl Vier: die gestaltenden Kräfte des Weltalls. Die in die Stele eingemeißelte Schrift begann mit einer Anrufung:

Verehrung dir, Seth, Sohn der Göttin des Himmels,
dir, groß an Kraft, in der Goldbarke.
Dir, der du im Bug der Lichtbarke stehst und die
Feinde des Re niederstreckst,
dir, dessen Stimme durch das All schallt!
Gestatte dem Pharao, deinem Ka zu folgen.

Ramses betrat den überdachten Tempel und sammelte sich vor dem Standbild Seths. Die Kraft des Gottes schien ihm unerläßlich für den Kampf, den er zu führen gedachte.

Seth, der vier Regierungsjahre in vierhundert steinerne Jahre zu verwandeln vermochte, denn die Stele bezeugte den vierhundertsten Jahrestag der Gründung von Auaris, war er nicht derjenige, den man als Verbündeten gewinnen mußte?

In Amenis Schreibstube herrschte strenge Ordnung. Papyrusrollen in engen Lederhüllen steckten in schmalen Kruken oder stapelten sich in Holztruhen. Saubermachen durfte hier niemand, das erledigte er selbst mit peinlicher Sorgfalt. «Ich wäre gern mit dir gezogen», verriet er Ramses.

«Dein Platz ist hier, mein Freund. Du wirst dich täglich mit der Königin und mit meiner Mutter besprechen. Und meinem Bruder Chenar, was immer er auch vorbringen mag, darfst du keinerlei Entscheidungsbefugnis überlassen.»

«Bleib nicht zu lange fort.»

«Ich habe vor, schnell und heftig zuzuschlagen.»

«Auf Serramanna wirst du verzichten müssen.»

«Wieso?»

Ameni erzählte von der Festnahme des Sarden. Ramses schien betrübt.

«Formuliere die Anklageschrift klar und deutlich», befahl er dann. «Sobald ich zurück bin, werde ich ihn verhören, dann wird er mir erklären müssen, was ihn zu diesem Handeln veranlaßt hat.»

«Ein Seeräuber bleibt eben ein Seeräuber.»

«Sein Prozeß und seine Bestrafung müssen ein Beispiel sein.»

«Ein Arm wie seiner wäre dir aber nützlich gewesen», sagte Ameni bedauernd.

«Er wäre mir in den Rücken gefallen.»

«Sind unsere Truppen wirklich kampfbereit?»

«Sie haben keine andere Wahl mehr.»

«Glaubst du, Majestät, daß wir eine begründete Aussicht auf Sieg haben?»

«Wir werden die Aufständischen unterwerfen, die in unseren Schutzgebieten Unordnung stiften, doch dann …»

«Befiehl mich an deine Seite, bevor du gen Kadesch ziehst.»

«Nein, mein Freund. Hier in Pi-Ramses bist du am nützlichsten. Sollte mir etwas zustoßen, wird Nefertari deine Hilfe benötigen.»

«Wir werden alles unternehmen, um weiterhin Kriegsgerät und Waffen herzustellen», versprach Ameni. «Ich habe … Ich habe Setaou und Acha gebeten, über deine Sicherheit zu wachen. Du könntest waghalsig sein, und Serramanna ist nicht bei dir.»

«Wenn ich mich nicht an die Spitze meines Heeres stellte, wäre es doch von vornherein geschlagen, nicht wahr?»

Ihr Haar war schwärzer als die tiefschwarze Nacht, lieblicher als die Frucht des Feigenbaums, ihre Zähne waren weißer als Gipspulver und ihre Brüste fest wie Granatäpfelchen.

Nefertari, seine Gemahlin.

Nefertari, die Königin von Ägypten, deren strahlender Blick die Beiden Länder beglückte.

«Nach meiner Begegnung mit Seth habe ich mit meiner Mutter gesprochen», erzählte Ramses vertraulich.

«Und was hat sie gesagt?»

«Sie hat mir von Sethos erzählt, von all den Stunden der Besinnung, die er sich gönnte, bevor er in einen Kampf zog, von seiner Fähigkeit, die Kräfte zu bündeln, auch wenn die Tagreise endlos schien.»

«In dir lebt die Seele deines Vaters. Er wird mit dir kämpfen, an deiner Seite.»

«Ich lege das Königreich in deine Hände, Nefertari. Tuja und Ameni werden dir treu zur Seite stehen. Serramanna wurde festgenommen, Chenar wird sicher versuchen, die Dinge an sich zu reißen. Laß das Ruder des Staatsschiffs nicht aus der Hand.»

«Verlaß dich nur auf dich selbst, Ramses.»

Der König drückte seine Gemahlin an sich, als sollte er sie nie mehr wiedersehen.

Von der blauen Krone fielen zwei breite, gefältelte Leinenbänder bis zur Hüfte herab. Ramses trug ein gefüttertes Ledergewand, das Ober- und Unterkörper bedeckte und von oben bis unten mit Metallplättchen besetzt war. Unvergleichliche Erhabenheit verlieh ein darüberfallender, langer, durchsichtiger Mantel.

Als Homer den Pharao in dieser Kriegsgewandung auf sich zukommen sah, nahm er die Pfeife aus dem Mund und erhob sich. Hektor, die Katze, flüchtete sich unter einen Stuhl.

«So ist die Stunde also gekommen, Majestät.»

«Mir lag daran, dir Lebewohl zu sagen, bevor ich gen Norden ziehe.»

«Höre noch, was ich soeben geschrieben habe: ‹ *Sprach's und schirrte ins Joch zwei Rosse mit ehernen Hufen, stürmende Renner, die Schultern umwallt von goldener Mähne. Hüllte sich selbst in Gold und faßte die schimmernde Geißel … und willig flogen die Rosse zwischen der Erde dahin und dem sternbesäeten Himmel.* ›»

«Meine beiden Pferde verdienen wahrlich diese Huldigung, seit Tagen schon bereite ich sie vor auf die Feuerprobe, die wir gemeinsam zu bestehen haben.»

«Dieser Aufbruch, ein Jammer … Zumal ich soeben gelernt habe, wie sich ein bekömmliches Bier herstellen läßt: Man mischt Gerstenbrot mit eigenhändig entsteinten Datteln und läßt das Ganze gären. Gern hätte ich dir von diesem Bier eine Schale angeboten.»

«Das ist ein herkömmliches ägyptisches Verfahren, Homer, aus alten Zeiten.»

«Aber von einem griechischen Dichter zubereitet, dürfte es ganz besonders munden.»

«Sobald ich zurück bin, werden wir dieses Bier zusammen trinken.»

«Obwohl ich mit zunehmendem Alter immer ungeselliger werde, hasse ich es, allein zu trinken, vor allem, wenn ich einen sehr lieben

Freund eingeladen habe, diesen Genuß mit mir zu teilen. Die Höflichkeit gebietet dir, Majestät, so schnell wie möglich zurückzukehren.»

«Das habe ich auch vor. Außerdem möchte ich deine *Ilias* so gerne lesen.»

«Ich werde noch Jahre brauchen, bevor das Ende in Sicht ist. Daher altere ich langsam, um der Zeit ein Schnippchen zu schlagen. Du, Majestät, hältst sie in der geballten Faust.»

«Auf bald, Homer.»

Ramses bestieg seinen Wagen, im Geschirr seine besten Pferde: «Sieg in Theben» und «Göttin Mut ist zufrieden». Sie waren jung, wach, strotzten vor Kraft, stürmten voran, begierig, die Weiten zu durchmessen.

Seinen Hund Wächter hatte der König Nefertari anvertraut. Schlächter, der riesige nubische Löwe, hielt sich rechts neben dem Wagen. Auch er ein Inbegriff von Kraft und Schönheit, auch er, das Tier der Wildnis, verspürte die Lust, sich als Krieger zu beweisen.

Ramses hob den rechten Arm.

Der Wagen rüttelte, die Räder begannen sich zu drehen, und der Löwe brachte seine Geschwindigkeit in Einklang mit der des Herrschers.

Und Tausende von Fußsoldaten, eingerahmt von Streitwageneinheiten, folgten ihrem Pharao.

DREIZEHN

TROTZ DER GROSSEN Hitze, die noch drückender war als gewöhnlich, schien das ägyptische Heer den Krieg für einen Ausflug aufs Land zu halten. Die Überquerung des nordöstlichen Teils des Deltas bot einen friedvollen Anblick. Als hätten die Bauern vergessen, daß die Beiden Länder von Krieg bedroht waren, schwangen sie die Sichel durch Dinkelhalme. Eine vom Meer her wehende Brise kräuselte die Felder und ließ sie grün und golden funkeln. Obwohl der König auf Eile drängte, gönnten sich die Fußtruppen das Vergnügen, den Reihern, Pelikanen und rosa Flamingos nachzublicken.

In Dörfern wurde haltgemacht, wo die Soldaten freundlich aufgenommen wurden. Es gab frisches Obst und Gemüse zu essen und mit Wasser verdünnten Landwein oder einen kräftigen Schluck Süßbier zu trinken. Vergessen schien die Vorstellung des unter seiner Rüstung und Bewaffnung ächzenden, von Hunger und Durst gequälten Soldaten!

Ramses war der Oberbefehlshaber seines in vier Einheiten von je fünftausend Mann gegliederten Heeres, das er dem Schutz der vier Götter Re, Amun, Seth und Ptah unterstellt hatte. Zu diesen zwanzigtausend Fußsoldaten kamen noch die teilweise in Ägypten verbliebenen Nachschubkräfte sowie die Eliteeinheit der Streitwagenlenker hinzu. Um diese schwerfällige, nicht gerade leicht zu steuernde Masse etwas aufzulockern, hatte der König Einheiten von je zweihundert Mann einem Fähnrich unterstellt.

Weder der Oberste der Streitwagenlenker noch die Generäle, die die Einheiten befehligten, noch die Heeresschreiber oder der für die Versorgung Verantwortliche ergriffen irgendwelche Maßnahmen, ohne Ramses zu befragen. Zum Glück konnte der Herrscher sich auf die knappen und genauen Angaben Achas verlassen, den alle höheren Offiziere achteten.

Setaou hatte einen Karren angefordert, um all das mitzuführen, was er für die Grundausstattung eines in die beunruhigenden Gefilde des Nordens ziehenden Edelmannes hielt: fünf bronzene Bartschaber, Näpfe mit Salben und Balsam, einen Schleifstein, einen hölzernen Kamm, etliche Wasserschläuche, einen Mörserstößel, eine Hacke, Sandalen, Matten, einen Mantel, mehrere Lendenschurze, Überhemden, Gehstöcke, Dutzende von Gefäßen voller Bleioxyd, Teer, rotem Ocker und Alaun, Krüge voller Honig, Beutelchen voller Kümmel, Zaunrübe, Rizinus und Baldrian. Ein zweiter Karren, hochbepackt mit Arzneien, Heiltränken und Betäubungsmitteln, unterstand Lotos, Setaous Gemahlin, der einzigen Frau, die am Feldzug teilnahm. Da jeder wußte, daß sie gefährliche Reptilien wie eine Waffe zu schwingen beliebte, wagte sich niemand an die hübsche Nubierin mit dem schlanken, geschmeidigen Körper heran.

Um den Hals trug Setaou eine Kette mit fünf Knoblauchzwiebeln, die Krankheitskeime abwehrten und seine Zähne schützten. Dies machten ihm viele Soldaten nach, denn sie alle wußten aus den Götter- und Heldensagen, daß diese Pflanze die Milchzähne des Horuskindes geschützt hatte, als es sich mit seiner Mutter Isis in den Sümpfen des Deltas vor dem Wüten des

Gottes Seth versteckt hielt, der den Sohn und Nachfolger von Osiris vernichten wollte.

Gleich bei der ersten Rast hatte Ramses sich mit Acha und Setaou in sein Zelt zurückgezogen. «Serramanna hat mich verraten wollen», verriet er ihnen.

«Erstaunlich», befand Acha. «Ich bilde mir ein, über Menschenkenntnis zu verfügen, und bei ihm hatte ich wahrlich das Gefühl, daß er dir die Treue halten würde.»

«Ameni hat schlagende Beweise gegen ihn gesammelt.»

«Merkwürdig», befand auch Setaou.

«Du mochtest Serramanna doch nicht sonderlich», wandte Ramses ein.

«Wir sind mehrmals aneinandergeraten, das stimmt, aber ich habe ihn geprüft: dieser Seeräuber ist ein Ehrenmann, der sein Wort hält. Und dir hat er sein Wort gegeben.»

«Vergiß nicht die Beweise gegen ihn.»

«Ameni muß sich geirrt haben.»

«Das ist nicht seine Art.»

«Ameni hin, Ameni her, unfehlbar ist er nicht. Serramanna hat dich nicht verraten, das mußt du wissen, man hat ihn beseitigen wollen, um dich zu schwächen.»

«Wie denkst du darüber, Acha?»

«Abwegig erscheint mir Setaous Vermutung nicht.»

«Sobald in unseren Schutzgebieten wieder Ordnung herrscht», entschied der König, «und sobald die Hethiter um Gnade gefleht haben, werden wir die Angelegenheit aufklären. Entweder ist Serramanna ein Verräter, oder jemand hat falsche Beweisstücke hergestellt. Wie dem auch sei, ich will die ganze Wahrheit wissen.»

«Das ist etwas, was ich mir längst abgewöhnt habe», wandte Setaou ein. «Überall, wo Menschen leben, gedeiht die Lüge.»

«Und die muß ich bekämpfen und besiegen, das ist meine Pflicht», erklärte Ramses.

«Und darum beneide ich dich nicht. Die Schlangen greifen nie von hinten an.»

«Es sei denn, man liefe davon», berichtigte Acha.

«In einem solchen Falle verdienst du auch ihre Bestrafung.»

Ramses spürte, daß seine beiden Freunde einen grauenvollen Verdacht hegten. Und sie wußten, was er empfand, stundenlang hätten sie weiterreden können, um das Trugbild zu verscheuchen: Wenn Ameni selbst diese Beweise erfunden hätte? Ameni, der Gestrenge, der unermüdliche Schreiber, dem der König, in der Gewißheit, nicht verraten zu werden, die Staatsgeschäfte anvertraut hatte. Weder Acha noch Setaou wagten ihn offen zu beschuldigen, aber Ramses hatte nicht das Recht, sich taub zu stellen.

«Warum hätte Ameni so etwas tun sollen?» fragte er daher.

Setaou und Acha blickten einander an, schwiegen aber.

«Hätte Serramanna etwas über ihn in Erfahrung gebracht, das beunruhigend gewesen wäre», fuhr Ramses fort, «so hätte er mich davon in Kenntnis gesetzt.»

«Und hat Ameni ihn nicht festgenommen, um gerade das zu verhindern?» gab Acha zu bedenken.

«Unwahrscheinlich», entschied Setaou. «Wir reden ins Leere. Sobald wir wieder in Pi-Ramses sind, werden wir der Sache nachgehen.»

«Der Weg der Weisheit», befand Acha.

«Dieser Wind gefällt mir nicht», sagte Setaou, «das ist nicht der Wind, den wir aus normalen Sommern kennen. Er bringt Krankheit und Zerstörung, als sollte das Jahr verfrüht enden. Sei wachsam, Ramses, dieses trügerische Wehen verheißt nichts Gutes.»

«Die Schnelligkeit unseres Handelns ist unser Erfolgsgeheimnis. Kein Wind wird unseren Vormarsch aufhalten.»

Die entlang der Nordostgrenze Ägyptens verlaufenden Festungen der Königsmauer verständigten sich mit Lichtsignalen und sandten regelmäßig ihre Berichte an den Königshof. In friedlichen Zeiten hatten sie den Auftrag, die Einwanderung zu überwachen. Nun waren sie alle in Alarmbereitschaft, auf allen Wehrgängen hoch oben suchten Späher den Horizont ab und hielten sich Bogenschützen bereit. Sesostris I. hatte einst diesen großen Schutzwall errichten lassen, damit die Beduinen nicht das Vieh im Delta raubten und jeder Überfall von außen abgewehrt werden konnte.

«Wer diese Grenze überschreitet, wird zu einem der Söhne des Pharaos», bezeugte eine Gesetzesstele in jeder dieser Festungen, die sorgfältig instand gehalten wurden und mit gut bewaffneten Soldaten besetzt waren. Soldaten und Zöllner arbeiteten Hand in Hand, denn wenn Händler Waren nach Ägypten einführen wollten, hatten sie Zoll zu entrichten.

Die im Laufe der Zeiten immer wieder verstärkte Königsmauer verlieh der Bevölkerung Ägyptens ein Gefühl von Sicherheit. Diese Verteidigungslinie hatte sich bewährt, und so fürchtete das Land weder einen Überraschungsangriff noch eine Flut von Barbaren, angelockt von den ertragreichen Ländereien im Delta.

Seelenruhig rückte das Heer vor. Auch Altgediente glaubten schon fast an eine dieser Inspektionsreisen, die jeder Pharao von Zeit zu Zeit unternehmen mußte, um seine Streitmacht vorzuführen.

Als sie auf den Zinnen der ersten Festung schußbereite Bogenschützen gewahrten, war ihre Zuversicht schon nicht mehr ganz so groß.

Doch das mächtige Doppeltor ging auf, um Ramses einzulassen. Kaum kam sein Wagen in der Mitte des großen sandbestreuten Hofes zum Halt, stürzte ein beleibter Mann, begleitet von einem Diener mit Sonnenschirm, auf den Herrscher zu:

«Ruhm gebührt dir, Majestät! Deine Anwesenheit ist ein Geschenk der Götter.»

Acha hatte Ramses haarklein Bericht erstattet

über diesen Oberbefehlshaber der Königsmauer. Er war ein wohlhabender Grundbesitzer, in Memphis als Schreiber ausgebildet, ein großer Esser, Vater von vier Kindern, haßte alles Militärische und wartete nur darauf, von diesem begehrten, aber langweiligen Amt entbunden und als hoher Beamter in Pi-Ramses zum Oberaufseher der Kasernen ernannt zu werden. Niemals hatte der Oberbefehlshaber der Königsmauer eine Waffe geführt, und Gewalt war ihm zuwider. Aber seine Abrechnungen waren stets tadellos.

Der König stieg vom Wagen und tätschelte erst einmal seine beiden Pferde, die es ihm mit einem freundschaftlichen Blick dankten.

«Ich habe ein Festmahl vorbereiten lassen, Majestät. An nichts wird es dir hier fehlen. Dein Schlafraum wird zwar nicht so bequem sein wie im Palast, aber ich hoffe doch, daß er dir gefällt und du dich ausruhen wirst.»

«Ich bin nicht gekommen, um mich auszuruhen, sondern um einen Aufstand niederzuschlagen.»

«Gewiß, Majestät, gewiß! Das wird nur ein paar Tage in Anspruch nehmen.»

«Woher diese Gewißheit?»

«Die Berichte aus unseren Festungen in Kanaan sind nicht besorgniserregend. Die Aufständischen sind unfähig, sich zu sammeln, sie reiben sich gegenseitig auf.»

«Wurden unsere Stellungen angegriffen?»

«Keineswegs, Majestät! Hier der letzte Bericht, den eine Brieftaube heute morgen überbrachte.»

Ramses las das Schriftstück, das mit ruhiger Hand geschrieben war. In der Tat, Kanaan wieder zur Vernunft zu bringen schien eine leichte Aufgabe zu werden.

«Man pflege meine Pferde mit größter Sorgfalt», befahl der Herrscher.

«Sie werden ihren Aufenthalt bei uns und ihr Futter zu schätzen wissen», versprach der Befehlshaber.

«Wo hast du die Landkarten?»

«Ich zeige sie dir sogleich, Majestät.»

Wie er rennen mußte, damit der König keinen kostbaren Augenblick verlor! Sein Schirmträger hatte Mühe, ihm bei diesem Wirbel zu folgen.

Ramses rief Acha, Setaou und die Generäle zusammen.

«Gleich morgen», verkündete er, indem er auf der auf einem niedrigen Tisch ausgebreiteten Karte einen Weg mit dem Finger nachzeichnete, «gleich morgen werden wir im Eilmarsch geradewegs nach Norden ziehen. Wir halten uns westlich von Jerusalem, ziehen entlang der Küste, nehmen mit unserer ersten Festung Verbindung auf und unterwerfen die Aufständischen in Kanaan. Bevor wir dann weiter vorstoßen, machen wir Rast in Megiddo.»

Die Generäle nickten zustimmend, aber Acha schwieg.

Setaou ging nach draußen, betrachtete den Himmel und kam zu Ramses zurück.

«Was ist los?»

«Dieser Wind gefällt mir nicht. Er ist trügerisch.»

VIERZEHN

VOLLER ZUVERSICHT UND guten Mutes, die Zügel ein wenig gelockert, zog das Heer in Kanaan ein, ein Land, das dem Pharao untergeben und tributpflichtig war. Niemand hatte den Eindruck, in fremdes Land vorzustoßen und einer Gefahr ausgesetzt zu sein. Hatte Ramses nicht doch den räumlich begrenzten Zwist viel zu ernst genommen?

Würden sie dieser Entfaltung ägyptischer Streitmacht erst einmal ansichtig, dürften die Aufständischen in Windeseile die Waffen niederlegen und den König um Vergebung anflehen. Und dann würde auch dieser Feldzug zum Glück ohne Tote oder Schwerverletzte enden.

Entlang der Küste war den Soldaten allerdings ein kleines zerstörtes Bollwerk aufgefallen, das für gewöhnlich mit drei Männern besetzt war, die die Wanderung der Herden zu überwachen hatten, doch Besorgnis hatte das bei niemandem ausgelöst.

Setaou blickte weiterhin düster drein. Trotz glühender Sonne ohne Kopfbedeckung, lenkte er seinen Wagen selbst und wechselte nicht einmal ein Wort mit Lotos, auf die die Fußtruppen, die das Glück hatten, in der Nähe des Wagens der schönen Nubierin zu marschieren, bewundernde Blicke warfen.

Der von See wehende Wind machte die Hitze erträglicher, der Weg war nicht allzu hart für die Füße, und die Wasserträger spendeten den Soldaten recht häufig das erquickende Naß. Soldat zu sein erforderte zwar eine gute körperliche

Verfassung und eine ausgeprägte Lust zu Fuß-
märschen, aber mit der Hölle, die die Schreiber
schilderten, die ja ohnehin alle anderen Berufe
schnell abwerteten, hatte dies hier nichts ge-
mein.

Zur Rechten seines Herrn lief der Löwe. Niemand wagte sich ihm zu nähern aus Furcht vor
seinen reißenden Krallen, doch jeder war froh
über die Anwesenheit der Wildkatze mit der
ungebärdigen Kraft, die allein der Pharao in
Schach zu halten vermochte. Da Serramanna
nicht da war, konnte niemand Ramses besser
schützen als der Löwe.

Jetzt geriet die erste Festung im Lande Kanaan in Sicht.

Ein beeindruckendes Bauwerk mit seinen
zweifach gewölbten Ziegelmauern, die zwölf
Ellen hoch emporragten, mit trutziger Brust-
wehr und Wehrgängen, überragt von Späher-
türmchen und Zinnen.

«Wer befehligt diese Garnison?» fragte Ramses Acha.

«Ein erfahrener Mann aus Jericho. Er wurde
in Ägypten erzogen, für den Kommandanten-
posten ausgebildet und, nachdem er mehrere
Inspektionsreisen durch Palästina durchführte,

auf diesen Posten berufen. Ich kenne ihn: ein zuverlässiger und gewissenhafter Mann.»

«Von ihm stammte doch die Mehrzahl der Botschaften, die uns von einem Aufstand in Kanaan berichteten, nicht wahr?»

«Das ist richtig, Majestät. In dieser Festung laufen alle in der Gegend eingeholten Nachrichten zusammen, ein Posten von entscheidender strategischer Bedeutung.»

«Würde dieser Festungskommandant einen guten Gouverneur für Kanaan abgeben?»

«Davon bin ich überzeugt.»

«In Zukunft müssen solche Unruhen vermieden werden. Diese Provinz muß besser verwaltet werden. Wir dürfen ihr keinen Anlaß zum Treubruch bieten.»

«Da gibt's nur eine Möglichkeit», meinte Acha, «den Einfluß der Hethiter auszuschalten.»

«Genau das habe ich vor.»

Ein Aufklärer galoppierte bis zum Eingang der Festung. Von den Zinnen herab winkte ihm ein Bogenschütze freundschaftlich zu.

Der Aufklärer machte kehrt. Ein Fähnrich gab den Männern an der Spitze das Zeichen zum Vormarsch. Sie waren müde, und der Sinn stand ihnen nur noch nach Trinken, Essen und Schlafen.

Ein Hagel von Pfeilen nagelte sie fest.

Dutzende von Bogenschützen waren auf dem Wehrgang aufgetaucht und schossen ohne Unterlaß auf die schutzlosen lebenden Zielscheiben in unmittelbarer Nähe. Die ägyptischen Fußsoldaten fielen, tot oder verwundet, einen Pfeil in Kopf, Brust oder Bauch, einer über den anderen. Der die Vorhut befehligende Bannerträger wurde von Hochmut gepackt: mit den Überlebenden würde er die Festung stürmen.

Doch die Zielgenauigkeit der Schützen ließ den Anstürmenden nicht die geringste Chance. Mit durchbohrter Kehle stürzte der Bannerträger vor dem Wall zu Boden.

Als etwa hundert Fußsoldaten mit der Lanze in der Hand losstürmen wollten, um ihre Kameraden zu rächen, fuhr Ramses dazwischen.

«Zurück!»

«Majestät», beschwor ihn ein Mann der unteren Dienstgrade, «machen wir diesen Verrätern den Garaus!»

«Wenn ihr ungeordnet vorwärts stürmt, werdet ihr alle niedergemacht. Weicht zurück!»

Die Soldaten gehorchten.

Ein Regen von Pfeilen ging knapp vier Ellen vor dem König nieder. Seine von Entsetzen gepackten höheren Offiziere scharten sich alsbald um ihn.

«Eure Männer sollen die Festung umzingeln, aber weiträumig, außer Reichweite der Pfeile. In erster Reihe die Bogenschützen, dann die Fußtruppen und die Kampfwagen.»

Die Kaltblütigkeit des Königs wirkte beruhigend auf die Männer. Die Soldaten besannen sich wieder auf die Ratschläge, die man ihnen bei der Ausbildung gegeben hatte, die Truppen rückten geordnet vor.

«Wir müssen die Verwundeten bergen und versorgen», verlangte Setaou.

«Unmöglich, die feindlichen Schützen würden die Retter abschießen.»

«Ich hatte recht, dieser Wind verhieß Unheil.»

«Ich verstehe nichts mehr», klagte Acha. «Keiner meiner Kundschafter hat von der Einnahme dieser Festung durch die Aufrührer gesprochen.»

«Sie dürften eine List angewandt haben», gab Setaou zu bedenken.

«Selbst wenn du recht hättest, müßte der Kommandant doch noch Zeit gehabt haben, mehrere Brieftauben mit vorsorglich verfaßten Alarmmeldungen loszuschicken.»

«Mir ist alles klar, und es ist verheerend», sagte Ramses. «Der Kommandant wurde getötet, seine Garnison niedergemetzelt, und wir erhielten von den Aufständischen entsandte Falschmeldungen. Hätte ich meine Truppen zerstreut und zu verschiedenen Festungen in Kanaan losgeschickt, hätten wir schwere Verluste erlitten. Der Aufstand hat sich erheblich ausgeweitet. Nur hethitische Stoßtrupps konnten einen solchen Schlag in die Wege leiten.»

«Glaubst du, daß sie noch in der Gegend sind?» fragte Setaou.

«Wir müssen schleunigst unsere Stellungen wieder einnehmen.»

«Die Belagerer dieser Festung werden uns nicht lange Widerstand leisten», meinte Acha. «Schlag ihnen vor, sich zu ergeben. Sollten noch Hethiter unter ihnen sein, werden wir sie zum Reden bringen.»

«Setz dich an die Spitze eines Trupps, Acha, und schlag du es ihnen vor.»

«Ich gehe mit ihm», sagte Setaou.

«Laß ihn sein Verhandlungsgeschick beweisen. Zumindest die Verwundeten soll er uns zurückbringen. Und du bereitest unterdessen die
Arzneien vor und sammelst die Pfleger um
dich.»

Weder Acha noch Setaou erhoben Einwände
gegen die Befehle von Ramses. Selbst der so
schlagfertige Schlangenbändiger beugte sich
der Autorität des Pharaos.

Fünf von Acha befehligte Kampfwagen rollten auf die Festung zu. Ein Wagenlenker, dicht
neben dem jungen Gesandten, hielt eine Lanze,
an deren Spitze ein weißes Stück Stoff befestigt
war, als Zeichen, daß die Ägypter zu Verhandlungen bereit waren.

Den Wagen blieb nicht einmal Zeit, zum Stillstand zu kommen. Kaum waren sie in Reichweite der Pfeile, schossen die Bogenschützen
der Gegner in wildem Ungestüm. Zwei Pfeile
gruben sich in die Kehle des Wagenlenkers, ein
dritter streifte Achas linken Arm und hinterließ
eine blutende Furche.

«Umkehren!» brüllte er.

«Halt still», befahl Setaou, «sonst kann ich meinen Honigverband nicht richtig auflegen.»

«Dir tut's ja nicht weh», wetterte Acha.

«Bist du so empfindlich?»

«Ich kann Verwundungen keinerlei Reiz abgewinnen, außerdem hätte ich mich lieber von Lotos verbinden lassen.»

«In aussichtslosen Fällen übernehme ich das selbst. Aber da ich meinen besten Honig genommen habe, dürftest du gesunden. Die Wunde wird schnell vernarben und sich nicht entzünden.»

«Das sind Wilde. Ich konnte mir nicht einmal ihre Verteidigungsstellungen ansehen.»

Acha verzog vor Schmerz das Gesicht.

«Da hast du doch jetzt einen schönen Vorwand, um nicht am Sturmangriff teilzunehmen», spöttelte Setaou.

«Wäre es dir lieber gewesen, der Pfeil hätte genauer getroffen?»

«Hör auf, solchen Unsinn zu reden, ruh dich jetzt lieber aus. Sollte uns ein Hethiter in die Hände fallen, brauchen wir deine Sprachkenntnisse.»

In Begleitung seines Löwen war Ramses rund um die Festung geschritten und hatte den Wehrbau von allen Seiten in Augenschein genommen. Einst Sinnbild für Frieden und Sicherheit, war dieses wehrhafte Bollwerk nun zu einer Bedrohung geworden.

Von den zinnenbewehrten Mauern herab beobachteten die kanaanäischen Späher den Pharao.

Kein Schrei, kein Schmähruf wurde laut. Man hoffte insgeheim, die ägyptische Armee würde darauf verzichten, die Festung einzunehmen, dann ausschwärmen, Kanaan inspizieren und dann erst das weitere Vorgehen entscheiden. Wenn das einträfe, würden die von den hethitischen Ausbildern organisierten Hinterhaltstellungen die Truppen des Pharaos zum Rückzug zwingen.

Setaou, der überzeugt war, die Absichten des Gegners durchschaut zu haben, fragte sich insgeheim, ob es nicht sinnvoller wäre, sich einen Gesamtüberblick zu verschaffen, anstatt eine so wehrhafte Festung anzugreifen und zahllose Menschenleben zu opfern.

Auch die Generäle stellten sich diese Frage und wollten, nachdem sie sie erörtert hatten, dem Pharao vorschlagen, eine Bewachungsmannschaft hier zu belassen, damit die Rebellen nicht fliehen konnten, mit dem Großteil der

Truppen aber weiter gen Norden zu ziehen, um die Lage der Aufständischen zu erkunden.

Ramses schien so in Gedanken vertieft, daß niemand ihn anzusprechen wagte, bevor er nicht seinem Löwen, der unbeweglich und würdevoll neben ihm lag, liebevoll über die Mähne strich. Der Mann und das wilde Tier versinnbildlichten eine vollkommene Eintracht, von der eine Kraft ausströmte, die jedem, der sich ihnen näherte, Unbehagen einflößte.

Schließlich wagte sich der älteste der Generäle, der schon unter Sethos in Syrien gedient hatte, vor, selbst auf die Gefahr hin, den Herrscher zu verärgern.

«Majestät ... Darf ich etwas sagen?»

«Ich höre.»

«Wir Generäle sind nach ausführlicher Beratung zu der Ansicht gelangt, daß es ratsam sei, das Ausmaß des Aufstands in Erfahrung zu bringen. Da die Botschaften gefälscht waren, ist unsere Sicht getrübt.»

«Und was schlagt ihr vor, um wieder klar zu sehen?»

«Uns nicht an diesem Bollwerk festzubeißen, sondern auszuschwärmen über ganz Kanaan, um anschließend wohlüberlegt zuzuschlagen.»

«Eine bedenkenswerte Sicht der Dinge.»

Der alte General war erleichtert. Ramses war also doch zugänglich, wenn man aufgrund klarer Gedankengänge zu Mäßigung riet. «Soll ich den Kriegsrat einberufen, Majestät, damit du deine Anordnungen kundtun kannst?»

«Nicht nötig», erwiderte der König, «sie sind in wenigen Worten zusammenzufassen: Wir werden diese Festung jetzt sofort stürmen.»

FÜNFZEHN

RAMSES ERGRIFF DEN Bogen aus Akazienholz, den nur er zu spannen vermochte, und schoß den ersten Pfeil ab. Die Bogensehne stammte von einem Stier und erforderte eine Kraft, die wohl nur Gott Seth verleihen konnte.

Als die kanaanäischen Späher den König von Ägypten in mehr als sechshundert Ellen Entfernung in Schießstellung gehen sahen, lächelten sie nur höhnisch. Das war nichts weiter als auftrumpfendes Gehabe, um der Armee Mut zu machen.

Der Schilfrohrpfeil mit der bronzeumhüllten Hartholzspitze und den Widerhaken beschrieb einen Kreisbogen am klaren Himmel und bohrte sich dann dem ersten Späher mitten ins Herz. Verblüfft sah er das Blut aus seinem Leib spritzen und stürzte kopfüber ins Leere. Der zweite Späher verspürte einen heftigen Schlag gegen die Stirn, wankte und stürzte ebenfalls hinab. Der dritte, von Entsetzen gepackt, fand gerade noch Zeit, Hilfe zu rufen, doch als er sich umwandte, traf ihn ein Pfeil in den Rükken, und er brach im Innenhof zusammen. Die Bogenschützeneinheit der Ägypter kam immer näher.

Die kanaanäischen Schützen versuchten, sich entlang den Zinnen zu verteilen, doch die zahlenmäßig überlegenen und genau zielenden Ägypter töteten auf einen Schlag schon die Hälfte.

Dem Nachschub war das gleiche Los beschert. Als die Zahl der gegnerischen Schützen nicht mehr ausreichte, um den Zugang zur Festung zu verwehren, befahl Ramses seinen Fußtruppen, mit Leitern heranzurücken. Schlächter, der riesige Löwe, beobachtete den Ablauf der Ereignisse mit Gelassenheit.

Nachdem sie die Leitern an die Mauern gelehnt hatten, begannen die Soldaten hochzuklettern. Als die Kanaanäer begriffen hatten, daß die Ägypter keinen verschonen würden, kämpften sie mit geballter Kraft. Über die nun nicht mehr bestückten Zinnen herab schleuderten sie Steine, und es gelang ihnen auch, eine der Leitern umzuwerfen. Etliche Angreifer brachen sich die Knochen beim Sturz auf den Boden. Aber den Bogenschützen des Pharaos würde niemand entgehen.

Hunderte von Soldaten kletterten da in Windeseile nach oben und nahmen den Wehrgang ein. Mit ihnen kamen die Bogenschützen, die die im Hof versammelten Gegner zur Zielscheibe nahmen.

Setaou und seine Helfer kümmerten sich um die Verwundeten, die sie auf Tragen ins Lager zurückbrachten. Lotos wickelte Haftbänder über Kreuz, so daß die Ränder gerader und klarer Wunden genau aneinander lagen. Manchmal mußte die hübsche Nubierin allerdings auch vernähen. Blutungen brachte sie zum Stillstand, indem sie frisches Fleisch auf die Wunden legte und ein paar Stunden später einen Verband mit Honig, zusammenziehenden Kräutern und schimmeligem Brot anlegte. Setaous Heilmittel waren Absud, schmerzbetäubende Pasten, Lutschpastillen, Salben und Heiltränke. Er linderte Schmerzen, versetzte Schwerverletzte in Schlaf und bettete sie so bequem wie möglich im Feldlazarett. Wer reisefähig schien, würde nach Ägypten zurückgebracht werden, gleichzeitig mit den Toten, die auf keinen Fall im fremden Land beigesetzt werden würden. Hatten sie Familie, würde diese lebenslange Unterstützung erhalten.

Die Kanaanäer im Inneren der Festung leisteten nur noch kläglichen Widerstand. Zum Schluß gab es nur mehr den Nahkampf, Mann gegen Mann. Da es aber ein Ägypter mit zehn Feinden aufnehmen konnte, war von den Aufständischen bald keiner mehr übrig. Um dem gnadenlosen Verhör zu entgehen, schnitt sich ihr Anführer mit seinem eigenen Dolch die Kehle durch.

Das große Tor ging auf, und der Pharao betrat die zurückeroberte Festungsanlage.

«Verbrennt die Leichen», befahl er, «und reinigt sämtliche Räumlichkeiten.»

Die Soldaten besprengten die Wände mit Natronlauge und begannen mit dem Ausräuchern der Wohnstätten sowie der Vorrats- und Waffenkammern. Süße Düfte drangen den Siegern in die Nase.

Als im Speisesaal des Festungshauptmanns das Abendessen aufgetragen wurde, waren sämtliche Spuren des Kampfes getilgt.

Die Generäle rühmten Ramses' Entschlußfähigkeit und feierten das großartige Ergebnis seiner Tatkraft. Setaou und Lotos waren bei den Verwundeten geblieben, und Acha wirkte besorgt.

«Freust du dich nicht über diesen Sieg, mein Freund?»

«Wie viele Kämpfe wie diesen werden wir noch auszufechten haben?»

«Wir werden die Festungen eine nach der anderen einnehmen, und dann wird in Kanaan erneut Friede herrschen. Da uns jetzt nichts mehr überraschen kann, werden wir auch nicht mehr so schwere Verluste zu tragen haben.»

«Fünfzig Tote und etwa hundert Verletzte ...»

«Ein herber Verlust, aber man hatte uns ja auch eine Falle gestellt, die niemand vorhersehen konnte.»

«Ich hätte daran denken sollen», bekannte Acha. «Die Hethiter beschränken sich nicht auf rohe Gewalt. Ränke zu schmieden ist ihnen zur zweiten Natur geworden.»

«Ist kein Hethiter unter den Toten?»

«Kein einziger.»

«Dann sind ihre Stoßtrupps also gen Norden abgezogen.»

«Was bedeutet, daß wir weitere Fallen zu befürchten haben.»

«Wir werden sie schon finden. Geh jetzt schlafen, Acha. Gleich morgen früh geht's weiter.»

Ramses beließ eine schlagkräftige Truppe, ausgerüstet mit den notwendigen Lebensmitteln, vor Ort. Mehrere Botengänger waren schon unterwegs nach Pi-Ramses, um Ameni die Anweisung zu überbringen, Truppenverbände zur rückeroberten Festung loszuschicken.

Der König setzte sich an die Spitze einer Streitwagenhundertschaft, um seiner Armee den Weg zu bahnen.

Zehnmal wiederholte sich der gleiche Ablauf: In sechshundert Ellen Entfernung von den durch Aufständische besetzten Festungen verursachte Ramses Furcht und Schrecken, indem er die auf den Wehrgängen verteilten Bogenschützen herunterholte. Der Dauerbeschuß ägyptischer Pfeile, den die Kanaanäer nicht zu erwidern vermochten, gab den Fußtruppen die Möglichkeit, ihre langen Leitern an den Mauern aufzurichten, unter dem Schutz ihrer Schilde hochzuklettern und die Wehrgänge zu erobern. Niemals versuchten sie auch nur, das große Festungstor zu erstürmen und einzurennen.

Es dauerte keinen Monat, und Ramses war wieder Herr über Kanaan. Da die Aufständischen die kleineren ägyptischen Garnisonen ausgerottet hatten, wobei sie auch Frauen und Kinder der stationierten Soldaten nicht verschont hatten, wagte kein einziger, sich zu ergeben und vom König Milde zu erflehen. Der erste siegreiche Schlag, den Ramses geführt hatte, war ausreichend gewesen, um bei den Aufständischen lähmendes Entsetzen auszulösen. Und so wurde die Einnahme der letzten Festung im Norden Kanaans zu einer bloßen Formsache, da die Verteidiger dieses Bollwerks schon aufgegeben hatten.

Galiläa, das nördliche Jordantal und die Handelswege standen von neuem unter ägyptischer Oberhoheit. Die Bewohner dieser Landstriche

bejubelten den Pharao und schworen ihm ewige
Treue.

Unter den Gefangenen war kein einziger Hethiter.

Der Statthalter von Gaza, der Hauptstadt Kanaans, gab dem ägyptischen Generalstab zu Ehren ein berauschendes Festmahl. Geradezu
übereifrig hatten seine Mitbürger sich der Armee des Pharaos angedient, Pferde und Esel
zu pflegen und zu füttern und den Soldaten
alles herbeizuschaffen, dessen sie bedurften.
Der kurze Rückeroberungskampf endete folglich in Jubel und Eintracht.

Der Statthalter hatte eine flammende Rede
gegen die Hethiter gehalten, gegen diese Barbaren aus dem Norden, die sich erfolglos mühten,
die unzerstörbaren Bande zwischen seinem
Land und Ägypten zu durchschneiden. Mit der
Gunst der Götter sei der Pharao seinen Verbündeten, die unverbrüchlich darauf bauten, daß
der Herrscher sie niemals im Stich lassen
würde, zu Hilfe geeilt. Man beklage – das verstehe sich von selbst – den tragischen Tod so
mancher ägyptischer Mitbewohner. Doch Ramses hatte nach dem Gesetz der Maat gehandelt,

die Unordnung bekämpft und die Ordnung wiederhergestellt.

«Dieses geheuchelte Geschwafel widert mich an», sagte der König zu Acha.

«Du wirst die Menschen nicht ändern.»

«Aber ich kann sie versetzen.»

Acha lächelte. «Diesen durch einen anderen ersetzen? Das kannst du allerdings. Aber die menschliche Natur ist unveränderlich. Sobald der nächste kanaanäische Statthalter einen Vorteil wittert, wenn er dich verrät, wird er nicht lange zögern. Diesen hier kennen wir zumindest: Er ist ein Lügner, bestechlich und gierig. Ihn uns gefügig zu machen ist ein Kinderspiel.»

«Du vergißt, daß er die Anwesenheit hethitischer Stoßtrupps auf von Ägypten kontrolliertem Gebiet gebilligt hat.»

«Ein anderer hätte es ebenso gemacht.»

«Du rätst mir also, diesen verabscheuungswürdigen Kerl an seinem Platz zu belassen?»

«Du brauchst ihm nur anzudrohen, daß er beim geringsten Störfall seines Amtes enthoben wird. Für ein paar Monate wird dies als Abschreckung genügen.»

«Gibt es ein Wesen auf der Welt, das deiner Achtung würdig wäre, Acha?»

«Mein Amt verschafft mir immer wieder Begegnungen mit den Mächtigen, die zu allem bereit sind, nur um ihre Macht zu bewahren oder zu vergrößern. Brächte ich ihnen auch nur einen Funken Vertrauen entgegen, wäre ich schnell aus dem Feld geschlagen.»

«Du hast meine Frage nicht beantwortet.»

«Ich bewundere dich, Ramses, und das ist für mich ein ganz einzigartiges Gefühl. Aber bist nicht auch du ein Mann der Macht?»

«Ich bin der Diener der Gerechtigkeit und meines Volkes.»

«Und wenn du das eines Tages vergäßest?»

«An jenem Tag würde mein Einfluß unwirksam und meine Niederlage besiegelt sein.»

«Mögen die Götter ein solches Unglück verhindern, Majestät.»

«Wie lauten die Ergebnisse deiner Nachforschungen?»

«Die Händler in Gaza und ein paar reichlich entschädigte Beamte waren auskunftbereit: hethitische Ausbilder haben den Aufstand geschürt und den Kanaanäern zur Einnahme der Festungen mit Hilfe einer List geraten.»

«Mit welcher List?»

«Bei den üblichen Lebensmittellieferungen

… Bewaffnete auf den Wagen zu verstecken. All unsere Festungen wurden gleichzeitig angegriffen. Um das Leben der Frauen und Kinder zu schonen, die als Geiseln genommen wurden, haben die Festungskommandanten sich lieber ergeben. Ein verhängnisvoller Fehler. Die Hethiter hatten den Kanaanäern versichert, der ägyptische Gegenschlag würde sich verzetteln und somit wirkungslos bleiben. Während sie also unsere Garnisonen vernichteten, mit denen sie ja eigentlich in bestem Einvernehmen standen, glaubten die Aufständischen immer noch, sie hätten nichts zu befürchten.»

Ramses bedauerte sein entschlossenes Vorgehen nicht. Einen Haufen Feiglinge hatte der bewaffnete Arm Ägyptens da ausgerottet.

«Hat jemand dir etwas über Moses sagen können?»

«Keine ernstzunehmende Spur.»

Der Kriegsrat versammelte sich unter dem königlichen Zelt. Ramses saß auf einem Faltstuhl, den Löwen zu seinen Füßen.

Der Monarch hatte Acha und alle höheren Offiziere aufgefordert, ihre Meinung vorzutragen. Der alte General ergriff als letzter das Wort.

«Die Stimmung in der Truppe ist ausgezeichnet, Tiere und Ausrüstung in bester Verfassung. Majestät hat soeben einen strahlenden Sieg errungen, der in die Annalen eingehen wird.»

«Gestatte mir, dies zu bezweifeln.»

«Majestät, wir sind stolz, an dieser Schlacht teilgenommen zu haben und ...»

«Schlacht? Spar dir dieses Wort für später. Es wird uns nützlich sein, wenn wir erst auf echten Widerstand stoßen.»

«Pi-Ramses freut sich schon, dich zu bejubeln.»

«Pi-Ramses wird sich gedulden müssen.»

«Aber wir haben uns doch Palästina wieder unterstellt, ganz Kanaan befriedet ... Wäre es nicht ratsam, nun umzukehren?»

«Das Schwierigste steht uns noch bevor: die Provinz Amurru zurückzuerobern.»

«Die Hethiter haben dort womöglich gewaltige Kräfte zusammengezogen.»

«Solltest du Angst haben zu kämpfen, General?»

«Wir brauchen Zeit, Majestät, die Vorgehensweise auszuarbeiten.»

«Sie ist ausgearbeitet: wir ziehen geradewegs gen Norden.»

SECHZEHN

Auf dem Kopf eine Kurzhaarperücke und gekleidet in ein rot gegürtetes Gewand, betrat Nefertari, nachdem sie sich die Hände im Wasser aus dem heiligen See gereinigt hatte, den Kultraum des Amuntempels, um der Gottheit die erlesenen Köstlichkeiten des abendlichen Mahls darzubringen. Die Königin erwies sich dadurch als Gemahlin des Gottes und zugleich als Tochter des Lichts, jener Schöpfungskraft, die das Weltall unablässig neu gestaltete.

Dann schloß Nefertari wieder die Tore, verriegelte sie, verließ den Tempel und folgte den Vorlesepriestern, die sie zum Haus des Lebens von Pi-Ramses geleiteten, wo sie als Verkörperung der entrückten Göttin, die zugleich Tod und Mütterlichkeit versinnbildlichte, die Mächte des Bösen zu bannen hatte. Gelänge es ihr, mit dem Auge der Sonne zu sehen, würde der Lebenshauch ewig währen und der immerwährende Ablauf der Jahreszeiten gesichert sein. Und wenn es ihr gelang, die von den bedrohlichen Winden herangewehte zerstörerische Kraft in Harmonie und Heiterkeit zu verwandeln, dann würden die Tage friedvoll und glücklich verlaufen.

Ein Priester überreichte der Königin einen Bogen, und eine Priesterin übergab vier Pfeile.

Nefertari spannte den Bogen und schoß den ersten Pfeil gen Osten, den zweiten gen Norden, den dritten gen Süden und den vierten gen Westen. So würde sie die unsichtbaren Feinde, die Ramses bedrohten, vernichten.

Tujas Kammerdiener erwartete Nefertari.

«Die Mutter des Königs wünscht dich so bald als möglich zu sehen.»

Die Große königliche Gemahlin bestieg den Tragsessel.

Die schlanke Tuja in ihrem eng gefältelten Leinengewand, an der Taille zusammengehalten von einem gestreiften Band, mit den goldenen Armreifen und der sechsreihigen Lapislazulikette war eine erhabene Erscheinung.

«Sei unbesorgt, Nefertari: ein Bote kam soeben aus Kanaan und brachte gute Nachricht. Ramses beherrscht die gesamte Provinz, die Ordnung ist wiederhergestellt.»

«Wann kehrt er heim?»

«Den Zeitpunkt nennt er nicht.»

«Mit anderen Worten: Die Armee zieht weiter gen Norden.»

«Das ist wahrscheinlich.»

«Hättest du das auch getan?»

«Ohne zu zögern», erwiderte Tuja.

«Im Norden Kanaans liegt die Provinz Amurru, die Grenze zwischen dem ägyptischen und dem hethitischen Einflußbereich.»

«Das hatte Sethos so gewollt, um Krieg zu vermeiden.»

«Wenn die hethitischen Truppen diese Grenze überschritten haben ...»

«Kommt es zum Zusammenstoß, Nefertari.»

«Ich habe die Pfeile in die vier Horizonte entsandt.»

«Wenn der Ritus befolgt wurde, was sollen wir dann befürchten?»

Chenar haßte Ameni. Wie unerträglich, allmorgendlich gezwungen zu sein, diesem kleinen, schmächtigen und prahlerischen Schreiber gegenüberzutreten, um Auskunft zu erhalten über Ramses' Feldzug! Wenn er, Chenar, erst einmal an der Macht wäre, würde Ameni bei einem Provinzregiment die Stallungen schrubben und dabei das bißchen, was ihm an Gesundheit verblieb, einbüßen.

Die einzige Genugtuung war, daß die betrübte Miene des königlichen Oberschreibers von Tag zu Tag länger wurde, was unbezweifelbar darauf hindeutete, daß die ägyptische Armee auf der Stelle trat. Der ältere Bruder des Königs gab sich bestürzt und versprach, die Götter anzurufen, damit sich das Schicksal wieder zugunsten Ägyptens wende.

Chenar, der im Amt für die Beziehungen zu den Fremdländern nicht viel zu tun hatte, obwohl er wissen ließ, er arbeite unablässig und mit Eifer, vermied neuerdings jedes Zusammentreffen mit dem syrischen Kaufmann Raia. In diesen Zeiten allgemeiner Besorgnis wäre es unschicklich gewesen, wenn jemand vom Range Chenars sein Augenmerk auf den Erwerb seltener ausländischer Vasen gerichtet hätte. Daher begnügte er sich mit den knappen Botschaften Raias, die insgesamt erfreulich waren. Wie von den Hethitern entlohnte syrische Beobachter berichteten, war Ramses den Kanaanäern in die Falle gegangen. Der ohnehin viel zu überhebliche Pharao hatte seinem natürlichen Ungestüm nachgegeben und dabei vergessen, wie gewitzt seine Gegner Ränke zu schmieden vermochten.

Das lachhafte Rätsel, das den Hof in Unruhe

hielt, hatte Chenar längst gelöst: Wer hatte Nefertaris Schal und den Krug getrockneter Fische aus dem Lebenshaus von Heliopolis entwendet? Der Schuldige konnte doch nur dieser Romet sein, der leutselige Verwalter des königlichen Hausstands. Daher hatte Chenar, bevor er sich zu seinem täglichen Treffen mit Ameni begab, diesen schmerbäuchigen Kerl unter einem nichtigen Vorwand zu sich bestellt.

Romet mit dem dicken Bauch und den prallen Wangen über einem dreifachen Kinn versah sein Amt tadellos. Er war zwar schwerfällig, achtete aber peinlich genau auf Sauberkeit und jede Einzelheit, kostete persönlich von allen Speisen, die der königlichen Familie aufgetischt wurden, und war seinen Untergebenen ein gestrenger Lehrmeister. Da der Herrscher ihn höchstpersönlich auf diesen heiklen Posten berufen hatte, waren die Nörgler bald verstummt und beugten sich sämtliche Palastbedienstete seinen Anforderungen. Wer ihm nicht gehorchte, wurde unverzüglich entlassen.

«Was kann ich für dich tun, Herr?» fragte Romet Chenar.

«Hat mein Verwalter es dir nicht gesagt?»

«Er erwähnte etwas von einer Rangordnung bei einem Festmahl, aber ich sehe nicht recht …»

«Wie wär's, wenn wir von dem Krug mit Dörrfischen sprächen, der im Lebenshaus von Heliopolis aus der Vorratskammer gestohlen wurde?»

«Der Krug … ich weiß nichts darüber …»

«Auch nicht über den Schal der Königin?»

«Es wurde mir mitgeteilt, natürlich, und auch ich beklage diesen ungeheuerlichen Vorfall, aber …»

«Hast du nach dem Schuldigen gesucht?»

«Mir steht es nicht zu, derartige Nachforschungen anzustellen, Hoher Herr!»

«Deine Stellung wäre doch bestens geeignet, Romet.»

«Nein, ich glaube nicht …»

«O doch, denk mal nach! Du hast eine Schlüsselstellung im Palast, du bist derjenige, dem nichts entgeht.»

«Du überschätzt mich.»

«Warum hast du diese Untaten begangen?»

«Ich? Du glaubst doch nicht, daß …»

«Ich glaube es nicht: ich weiß es. Wem hast du den Schal der Königin und den Krug mit Fischen übergeben?»

«Du beschuldigst mich zu Unrecht!»

«Ich kenne die Menschen, Romet. Und ich besitze Beweise.»

«Beweise ...»

«Warum hast du dich solchen Gefahren ausgesetzt?»

Romets zerknirschte Miene, die ungesunde Rötung von Stirn und Wangen, die sichtbare Erschlaffung des Gewebes waren verräterische Anzeichen.

Chenar hatte sich nicht getäuscht.

«Entweder hat man dich teuer dafür bezahlt, oder du haßt Ramses. In beiden Fällen bleibt es ein schweres Vergehen.»

«Chenar, Hoher Herr, ich ...» In seiner Not wirkte der dicke Kerl fast rührend.

«Da du ein untadeliger Hausverwalter bist, bin ich bereit, diesen mißlichen Zwischenfall zu vergessen. Aber wenn ich dich in Zukunft einmal brauche, solltest du dich nicht als undankbar erweisen.»

Mit sicherer und flinker Hand verfaßte Ameni seinen täglichen Bericht für Ramses.

«Darf ich dich einen Augenblick belästigen?» fragte Chenar betont liebenswürdig.

«Du belästigst mich nicht. Du und ich, wir gehorchen dem König, der einen täglichen Lagebericht verlangt hat.»

Der Schreiber legte seine Palette auf den Boden.

«Du wirkst erschöpft, Ameni.»

«Das scheint nur so.»

«Solltest du nicht etwas mehr auf deine Gesundheit bedacht sein?»

«Meine Sorge gilt dem Wohlergehen Ägyptens.»

«Hast du etwa ... schlechte Nachrichten?»

«Im Gegenteil.»

«Könntest du etwas deutlicher werden?»

«Ich habe nur die Bestätigung abgewartet, bevor ich dir von Ramses' Siegen berichte. Da wir durch gefälschte Botschaften, die uns durch Brieftauben zugingen, in die Irre geführt worden waren, schien mir Vorsicht geboten.»

«Ein Einfall der Hethiter?»

«Den wir um ein Haar teuer bezahlt hätten! Unsere kanaanäischen Festungen waren den Aufständischen in die Hände gefallen. Hätte der König seine Streitkräfte in alle Richtungen entsandt, wären die Verluste auf unserer Seite verheerend gewesen.»

«Zum Glück war das wohl nicht der Fall ...»

«Die Provinz Kanaan wurde erneut bezwungen, und der Zugang zur Küste ist frei. Der Statthalter hat dem Pharao abermals Treue geschworen.»

«Ein großartiger Erfolg ... Ramses hat eine Meisterleistung vollbracht und die hethitische Bedrohung abgewehrt. Ich vermute, das Heer befindet sich bereits auf dem Heimweg.»

«Militärisches Geheimnis.»

«Was soll denn das heißen? Ich bin der Oberste Gesandte, vergiß das nicht!»

«Ich verfüge über keine weiteren Auskünfte.»

«Unmöglich!»

«So ist es aber.»

Wutschnaubend trat Chenar den Rückzug an.

Ameni empfand Gewissensbisse. Nicht wegen seines Verhaltens gegenüber Chenar, aber er fragte sich ständig, ob er im Falle Serramannas nicht doch zu voreilig gehandelt hatte. Gewiß, die Verdachtsmomente gegen den Sarden waren niederschmetternd, aber war er, Ameni, nicht zu leichtgläubig gewesen? In der allgemeinen Aufregung beim Abmarsch des Heeres hatte auch er die Zügel ein wenig schleifen lassen. Er hätte die Beweise und Zeugenaussagen, die den Söldner ins Gefängnis gebracht hatten, genauer prüfen sollen. Ein vermutlich nutzloses Unterfangen, das aber seine Pflicht gewesen wäre.

Verärgert über sich selbst, nahm Ameni sich den Fall Serramanna noch einmal vor.

SIEBZEHN

Die Festung Megiddo, Militärstützpunkt am Einfallstor nach Syrien, stand hoch oben auf einem schon von weitem erkennbaren Hügel. Diese einzige Erhebung inmitten einer grünenden Ebene schien uneinnehmbar: steinerne Mauern, Zinnen, hohe Viereckstürme, Schießscharten mit hölzernem Wehrgang, breite und mächtige Tore.

Die Garnison bestand aus Ägyptern und dem Pharao ergebenen Syrern, aber durfte man den offiziellen Botschaften trauen, die beteuerten, die Festung sei den Aufständischen nicht in die Hände gefallen?

Für Ramses war allein diese Landschaft schon etwas ganz Ungewohntes: bewaldete Hügelketten, Eichen mit knorrigen Stämmen, schlammige Flüsse, Sümpfe, manchmal auch Sandboden ... Ein abweisendes, feindliches und unzugängliches Land, so weit entfernt von der Schönheit des Nils und der Lieblichkeit des ägyptischen Landes.

Zweimal schon hatte eine Wildschweinrotte die Verfolgung der ägyptischen Aufklärer aufgenommen, weil sie die Ruhe einer Bache und ihrer Frischlinge gestört hatten. Der dichte und wilde Pflanzenwuchs behinderte die Reiter, die im Dickicht des Buschwerks nur mühsam vorwärts kamen und sich zwischen den Stämmen eng stehender hoher Bäume hindurchschlängeln mußten. Behinderungen, die aber auch etwas Gutes hatten: unzählige Wasserstellen und jagdliches Wild.

Ramses ließ haltmachen, aber keine Zelte aufschlagen. Ohne die Festung aus den Augen zu lassen, erwartete er die Rückkehr der Aufklärer.

Setaou nutzte die Zeit, um die Kranken zu pflegen und mit Heiltränken zu versorgen. Da die Schwerverletzten bereits auf dem Weg in die Heimat waren, befanden sich alle Männer mit

Ausnahme derer, die an Hitze- und Kälteschauern oder Magenbeschwerden litten, in guter körperlicher Verfassung. Arzneien aus Zaunrübe, Kümmel und Rizinus beseitigten diese kleineren Unpäßlichkeiten. Vorbeugend aßen alle auch weiterhin Knoblauch und Zwiebel, vor allem das von Setaou bevorzugte Zwiebelgewächs «Schlangenholz» vom Saum der östlichen Wüste.

Lotos hatte gerade einen Esel gerettet, der von einer Wasserschlange ins Bein gebissen worden war. Endlich mal etwas Neues bei diesem Ausflug gen Syrien! Bisher waren ihr nur bekannte Schlangenarten über den Weg gelaufen. Diese hier, wenn sie auch nicht viel Gift besaß, war eine Neuentdeckung.

Zwei Fußsoldaten erbaten die Heilkunst der Nubierin, indem sie vorgaben, ebenfalls von einem Reptil angefallen worden zu sein. Zwei schallende Ohrfeigen waren die Strafe für ihre Lüge. Als Lotos dann auch noch den zischenden Kopf einer Viper aus einem Sack herausschauen ließ, flüchteten die beiden Gesellen schleunigst unter die Fittiche ihrer Kameraden.

Mehr als zwei Stunden waren schon verstrichen. Mit Erlaubnis des Königs durften die Reiter absitzen und die Wagenlenker die Zügel übergeben, während die Fußtruppen, von Spähern eingerahmt und beschützt, sich ausruhten.

«Die Aufklärer sind schon recht lange fort», gab Acha zu bedenken.

«Das finde ich auch», erwiderte Ramses. «Was macht deine Verletzung?»

«Sie ist geheilt. Dieser Setaou ist ein wahrer Zauberkünstler.»

«Was hältst du von dieser Gegend?»

«Ich mag sie nicht. Vor uns haben wir zwar freie Bahn, aber überall sind Sümpfe, und dann wieder Eichenwälder, Büsche, hohes Gras. Unsere Truppen sind nicht dicht genug beisammen.»

«Die Aufklärer kommen nicht mehr zurück», erklärte Ramses. «Entweder wurden sie niedergemacht oder gefangengenommen und in die Festung verschleppt.»

«Das würde bedeuten, daß Megiddo dem Feind in die Hände gefallen ist und nicht die Absicht hat, sich zu ergeben.»

«Dieses Bollwerk hat eine Schlüsselstellung im südlichen Syrien», sagte Ramses. «Selbst wenn Hethiter sich darin verschanzt haben, ist es unsere Pflicht, es zurückzuerobern.»

«Das bedeutet auch keine Kriegserklärung», befand Acha, «sondern wäre nur die Rückeroberung eines Gebietes, das zu unserem Einflußbereich gehört. Folglich können wir jederzeit angreifen, ohne Vorwarnung. Rechtlich gesehen, bleiben wir damit im Rahmen der Niederschlagung eines Aufstands, die etwas ganz anderes ist als der Zusammenstoß zweier Staaten.»

Die Nachbarländer müßten diese Wertung des jungen Diplomaten als scharfsinnig anerkennen.

«Sag den Generälen, sie sollen den Sturmangriff vorbereiten.»

Acha blieb nicht einmal mehr die Zeit, sein Pferd am Zaum zurückzureißen. Aus dichtem Gehölz zur Linken des Königs schoß in gestrecktem Galopp eine Reiterhorde auf die ruhenden ägyptischen Wagenlenker zu. Mit kurzen Lanzen durchbohrten sie eine ganze Reihe von Männern und schnitten etlichen Pferden die Sprunggelenke oder gar die Kehle durch. Die Überlebenden verteidigten sich mit Speeren und Schwertern. Einige konnten noch auf ihre Kampfwagen springen und die Stellungen der Fußtruppen erreichen, die hinter ihren Schilden Schutz suchten.

Dieser unerwartete und heftige Überfall schien von Erfolg gekrönt. Am Kopfband, das ihr dichtes Haar umspannte, an ihrem spitzen Kinnbart, an ihrem knöchellangen, fransigen Umhang, an ihrem farbigen Gürtel mit der Schärpe waren die Angreifer mühelos als Syrer zu erkennen.

Ramses verhielt sich merkwürdig ruhig. Acha sorgte sich.

«Sie werden unsere Reihen sprengen!»

«Sie berauschen sich zu Unrecht an ihrer Glanzleistung.»

Der Vorstoß der Syrer kam zum Stillstand. Die ägyptischen Fußsoldaten zwangen sie zum Rückzug, und dort standen die Bogenschützen, die ihnen zum Verhängnis wurden.

Der Löwe knurrte.

«Uns droht eine ganz andere Gefahr», sagte Ramses. «Jetzt wird sich der Ausgang dieser Schlacht entscheiden.»

Zu Hunderten stürzten Syrer aus dem Wald hervor, bewaffnet mit kurzstieligen Äxten. Sie hatten nur ein kurzes Stück zu laufen, um den ägyptischen Bogenschützen in den Rücken zu fallen.

«Vorwärts!» rief der König seinen Pferden zu.

Der Klang der Stimme ihres Herrn feuerte die beiden Schlachtrösser an, nun ihre ganze Kraft zu entfalten. Der Löwe sprang auf, Acha und etwa fünfzig Streitwagen hefteten sich ihm an die Fersen.

Es kam zu einem wüsten Gemetzel. Mit seinen Pranken zerfetzte das wilde Tier Kopf und Brustkorb derer, die so verwegen waren, Ramses' Streitwagen anzugreifen, während der König selbst – Pfeil um Pfeil – Herz, Kehle und Stirn durchbohrte. Die Wagen überrollten die Verwundeten, und die zur Verstärkung herbeigeeilten Fußsoldaten schlugen die restlichen Syrer in die Flucht.

Da entdeckte Ramses einen merkwürdig anmutenden Krieger, der auf das Wäldchen zulief.

«Pack ihn!» befahl er dem Löwen.

Schlächter beseitigte noch zwei Nachzügler und stürzte sich dann auf den Mann, der zu Boden ging. Obgleich er sich bemüht hatte, seine Kraft zu zähmen, hatte der Löwe seinen Gefangenen tödlich verletzt: sein Rücken war zerfetzt. Ramses betrachtete den Mann: langes Haar und ein schlecht gestutzter Bart. Sein langes, rot und schwarz gestreiftes Gewand war in Fetzen.

«Laßt Setaou holen», befahl der Pharao.

Die Kämpfe versiegten. Die Syrer waren bis zum letzten Mann aufgerieben und hatten der ägyptischen Armee nur geringe Verluste zugefügt.

Atemlos langte Setaou bei Ramses an.

«Rette mir diesen Mann da», verlangte der König. «Das ist kein Syrer, sondern ein Sandläufer. Er muß uns seine Anwesenheit erklären.»

So weit weg von seinen Stützpunkten, ein Beduine, der doch für gewöhnlich Karawanen entlang des Sinai beraubt ... Setaou fand das sonderbar.

«Dein Löwe hat ihn ja schön zugerichtet.»

Das Gesicht des Verwundeten war schweißnaß, Blut floß ihm aus den Nasenlöchern, und sein Nacken war starr. Setaou fühlte den Puls und horchte das Herz ab, das so schwach schlug, daß die Diagnose leicht war. Der Sandläufer rang mit dem Tode.

«Kann er sprechen?» fragte der König.

«Seine Kiefer sind völlig verspannt. Aber vielleicht haben wir Glück.»

Setaou steckte dem Sterbenden ein mit Stoff umhülltes Holzröhrchen in den Mund und flößte ihm einen Trunk aus Zypressenwurzel ein.

«Diese Arznei müßte den Schmerz stillen. Wenn der Bursche kräftig ist, wird er noch ein paar Stunden leben.»

Der Sandläufer erkannte den Pharao. Entsetzt versuchte er sich aufzurichten, biß das Holzröhrchen entzwei und schlug mit den Armen wie ein flugunfähiger Vogel.

«Ruhe, mein Freund», riet Setaou. «Ich werde dich pflegen.»

«Ramses ...»

«In der Tat, der Pharao von Ägypten möchte mit dir sprechen.»

Der Beduine starrte auf die blaue Krone.

«Kommst du vom Sinai?» fragte der König.

«Ja, das ist meine Heimat ...»

«Warum hast du auf seiten der Syrer gekämpft?»

«Gold ... sie hatten mir Gold versprochen ...»

«Bist du Hethitern begegnet?»

«Sie haben uns einen Schlachtplan übergeben und sind abgehauen.»

«Waren noch mehr Beduinen bei dir?»

«Sie sind geflohen.»

«Ist dir ein Hebräer namens Moses über den Weg gelaufen?»

«Moses ...»

Ramses beschrieb ihm den Freund.

«Nein, den kenne ich nicht.»

«Hast du von ihm gehört?»

«Nein, ich glaube nicht …»

«Wieviel Mann sind in der Festung?»

«Ich … ich weiß es nicht.»

«Lüg nicht.»

Völlig unerwartet packte der Verwundete seinen Dolch, reckte sich und versuchte den König zu töten. Mit einem Hieb auf das Handgelenk schlug Setaou dem Angreifer die Waffe aus der Hand. Der Beduine hatte sich zu sehr angestrengt. Sein Gesicht verkrampfte sich, sein Körper spannte sich zu einem Kreisbogen, und dann brach er tot zusammen.

«Die Syrer haben sich mit den Beduinen zu verbünden versucht», erläuterte Setaou. «Was für eine Torheit! Die würden sich doch niemals einigen können.»

Setaou kehrte zu den verwundeten Ägyptern zurück, um die Lotos und Pfleger sich bereits bemühten. Die Toten waren in Matten gewickelt und auf Wagen gelegt worden. Unter Geleitschutz würde der Zug nach Ägypten aufbrechen, wo man den Wiedergeburtsritus für sie feiern würde.

Ramses tätschelte seine Pferde und seinen Löwen, dessen dumpfes Grollen einem Schnurren gleichkam. Zahllose Soldaten sammelten sich um ihren Herrscher, erhoben die Waffen gen Himmel und priesen den, der ihnen mit der Kühnheit eines erfahrenen Kriegers zum Sieg verholfen hatte.

Die Generäle bahnten sich einen Weg durch die Menge, um ihrerseits Ramses eilfertig zu beglückwünschen.

«Habt ihr in den umliegenden Waldstücken weitere Syrer ausfindig gemacht?»

«Nein, Majestät. Gestattest du, daß wir das Lager aufschlagen?»

«Ihr habt Besseres zu tun: Megiddo wieder einzunehmen.»

ACHTZEHN

Gestärkt von einem gehäuften Teller Linsen, hatte Ameni die Nacht durchgearbeitet, um ein paar Stunden zu gewinnen und sich am nächsten Tag den Fall Serramanna abermals vornehmen zu können. Sobald sein Rücken schmerzte, berührte er den Binsenhalter aus vergoldetem Holz mit der Lilie auf der Spitze, den Ramses ihm zum Dienstantritt geschenkt hatte. Sofort wuchsen ihm neue Kräfte zu.

Seit ihrer Jugend bestanden zwischen Ameni und Ramses unsichtbare Bande: er spürte, ob Sethos' Sohn in Gefahr war oder nicht. Schon mehrmals hatte der Tod die Schulter des Königs gestreift, und nur den magischen Kräften, über die Ramses verfügte, war es zu verdanken, daß das Unheil abgewendet wurde. Aber wenn dieser Schutzwall, den die Götter um den Pharao errichtet hatten, zusammenbräche? Würde seine Unerschrockenheit Ramses dann doch in den Untergang führen?

Und wenn Serramanna ein Stein aus dieser magischen Mauer wäre, hätte Ameni einen schwerwiegenden Fehler begangen, als er ihm die Erfüllung seiner Aufgabe versagte. Aber waren solche Gewissensbisse gerechtfertigt?

Die Anklage beruhte zum großen Teil auf der Zeugenaussage von Nenofar, die Serramannas Geliebte gewesen war. Daher wollte Ameni sie sich nochmals vorführen lassen, um sie eingehender zu vernehmen. Wenn dieses Mädchen gelogen hatte, würde er es jetzt zwingen, die Wahrheit zu sagen.

Frühmorgens meldete sich der Soldat, der sie hätte holen sollen – ein besonnener Fünfzigjähriger –, an Amenis Schreibstube.

«Nenofar kommt nicht», erklärte er.

«Wie? Hat sie sich geweigert, dir zu folgen?»

«Kein Mensch daheim.»

«Aber gewohnt hat sie doch dort, oder?»

«Ja, laut Aussage der Nachbarn, aber sie ist schon seit mehreren Tagen fort.»

«Und hat nicht gesagt, wohin sie ging?»

«Keiner weiß etwas.»

«Hast du die Wohnung durchsucht?»

«Ohne Ergebnis. Sogar die Wäschetruhen waren leer, als hätte die Frau vorgehabt, jede Spur von sich zu verwischen.»

«Was hast du über sie in Erfahrung gebracht?»

«Wie es scheint, war sie ein höchst leichtlebiges junges Ding. Böse Zungen behaupten sogar, sie hätte von ihren Reizen gelebt.»

«Folglich muß sie in einem Bierhaus gearbeitet haben.»

«Das trifft aber nicht zu. Ich habe alle notwendigen Nachforschungen angestellt.»

«Kamen Männer zu ihr?»

«Die Nachbarn sagen nein, aber sie war auch häufig nicht daheim, vor allem des Nachts.»

«Wir müssen sie finden und ihre möglichen Auftraggeber zur Strecke bringen.»

«Das werden wir schon schaffen.»

«Beeil dich.»

Als der Soldat gegangen war, las Ameni nochmals die Holztäfelchen, auf denen Serramanna seinem hethitischen Kumpan das mitgeteilt hatte, was nun als Beweis für seine Schuld galt.

In der Stille seiner Schreibstube, zu dieser frühen Stunde, da der Geist wachsam war, keimte in Ameni ein Verdacht auf. Doch um nachzuprüfen, ob er gerechtfertigt war, mußte er Achas Rückkehr abwarten.

Die Festung Megiddo, hoch oben auf ihrem felsigen Sporn, beeindruckte die ägyptische Armee, die in der Ebene aufmarschiert war. Weil die Türme so hoch waren, mußten Sturmleitern angefertigt werden, die aufgrund ihrer Länge wohl schwer aufzurichten wären, so daß bei den Sturmtrupps durch Pfeile und Steinwurf mit großen Verlusten zu rechnen war.

Mit Acha an seiner Seite preschte Ramses im

Streitwagen einmal um die ganze Anlage herum, keine leichte Zielscheibe für die Bogenschützen.

Kein Pfeil flog, kein Schütze war auf den Zinnen erkennbar.

«Sie werden sich bis zum letzten Augenblick versteckt halten», meinte Acha. «So vergeuden sie kein Wurfgeschoß. Das beste wäre wohl, sie auszuhungern.»

«Mit den hier gehorteten Vorräten können sie monatelang durchhalten. Gibt es etwas Entmutigenderes als eine endlose Belagerung?»

«Bei wiederholten Sturmangriffen verlieren wir aber eine Menge Männer.»

«Glaubst du, ich wäre so erbarmungslos, mit allen Mitteln einen Sieg durchzupeitschen?»

«Hat Ägyptens Ruhm nicht Vorrang gegenüber dem Los der Menschen?»

«Jedes Lebewesen ist mir teuer, Acha.»

«Was schlägst du vor?»

«Wir bilden mit unseren Streitwagen einen Ring in Schußweite, so daß unsere Bogenschützen jeden Syrer, der sich zeigt, herunterholen können. Drei Gruppen von Freiwilligen werden dann die Sturmleitern ansetzen und sich mit ihren Schilden schützen.»

«Und wenn Megiddo uneinnehmbar ist?»

«Wagen wir zuerst den Versuch. Wer von vornherein an den Mißerfolg denkt, hat schon verloren.»

Die Entschlossenheit, die von Ramses ausging, verlieh den Soldaten neuen Schwung. Freiwillige meldeten sich zuhauf, Bogenschützen drängten auf die Kampfwagen, die die Festung, dieses stumme und bedrohliche Tier, umzingeln würden.

Reihen von Fußsoldaten, die langen Leitern geschultert, hasteten auf die Mauern zu. Als sie sie aufrichteten, erschienen syrische Schützen auf dem höchsten Turm und spannten ihre Bogen. Doch keinem blieb Zeit, genau zu zielen. Ramses und die ägyptischen Schützen holten sie herunter. Nun trat eine zweite Welle von Verteidigern auf den Plan. Die Syrer schossen zwar ein paar Pfeile ab, trafen jedoch keinen einzigen Ägypter. Der König und seine Meisterschützen machten ihnen den Garaus.

«Kläglicher Widerstand», raunte der alte General Setaou zu. «Man möchte meinen, daß die da noch nie gekämpft haben.»

«Um so besser, so werde ich weniger zu tun haben und kann mich vielleicht eine Nacht mal

Lotos widmen. Solche Schlachten rauben mir alle meine Kräfte.»

Als die Fußsoldaten hochzuklettern begannen, tauchten plötzlich rund fünfzig Frauen auf.

Die ägyptische Armee war es nicht gewohnt, Frauen und Kinder niederzumetzeln. Man würde sie mitsamt dem Nachwuchs als Kriegsgefangene nach Ägypten mitnehmen und als Mägde auf die großen Güter geben. Sie würden einen anderen Namen bekommen und in die ägyptische Gesellschaft eingegliedert.

Der alte General war betroffen.

«Ich glaubte schon alles zu kennen, aber die da sind ja verrückt!»

Zwei Syrerinnen hievten ein Kohlebecken über den oberen Rand der Mauer und kippten den Inhalt auf die hochkletternden Fußsoldaten. Doch die glühenden Kohlen streiften sie nur, da sie sich an die Sprossen ihrer Leitern preßten. Die Pfeile der Schützen schossen den Frauen in die Augen, und sie stürzten ins Leere. Die nachfolgenden mit weiteren Kohlebecken ereilte das gleiche Schicksal. Ein junges Mädchen, in heller Aufregung, steckte Kohlebrokken in ihre Schleuder, wirbelte sie mehrmals herum und schleuderte sie dann weit von sich.

Eines dieser Wurfgeschosse traf den alten General am Bein. Er brach zusammen, preßte die Hand auf die Brandwunde.

«Nimm die Hand weg», empfahl Setaou. «Halt still und laß mich machen.»

Der Schlangenkundige hob seinen Schurz und urinierte auf die Brandwunde. Der General wußte genausogut wie er, daß Urin – zum Unterschied von Brunnen- oder Flußwasser – ein keimfreies Mittel ist, um eine Wunde zu reinigen, ohne daß sie sich entzündet. Träger brachten den Verwundeten dann ins Feldlazarett.

Die Fußsoldaten erreichten den Wehrgang, den niemand mehr verteidigte.

Kurz danach ging das große Tor zur Festung Megiddo auf.

Im Inneren kauerten nur noch ein paar verschreckte Frauen mit Kindern.

«Die Syrer wollten uns wohl zurückdrängen, indem sie alle Kräfte in eine Schlacht außerhalb der Festung warfen», stellte Acha fest.

«Das hätte ja auch gelingen können», erwiderte Ramses.

«Aber sie kannten dich nicht.»

«Wer darf sich rühmen, mich zu kennen, mein Freund?»

Ein Dutzend Soldaten hatten sich darangemacht, die Schätze der Festung zu plündern: Alabastergeschirr und Silberfigürchen.

Ein Knurren des Löwen ließ sie auseinanderstieben.

«Nehmt diese Männer fest», befahl Ramses, «jetzt werden die Wohnräume gereinigt und ausgeräuchert.»

Der König ernannte einen Kommandanten, der sich Offiziere und Mannschaften aussuchen sollte, die mit ihm in der Festung verbleiben würden. Die Vorratskammern bargen noch Lebensmittel für mehrere Wochen, und es waren ja auch schon Männer ausgeschwärmt, um nach Wild und Viehherden zu suchen.

Ramses, Acha und der neue Kommandant regelten als erstes das wirtschaftliche Leben der Region, denn die Bauern, die nicht mehr gewußt hatten, wer ihr Herr war, hatten die Feldarbeit eingestellt. Doch nach nicht einmal einer Woche empfanden sie die Anwesenheit der Ägypter wieder als Gewähr für Sicherheit und Frieden.

In geringer Entfernung von Megiddo, etwas weiter nördlich, ließ der König mehrere Bollwerke errichten, in die je vier Späher und Pferde einzogen. Drohte ein hethitischer Angriff, blieb der Garnison Zeit, sich zu verschanzen.

Ramses stand hoch oben auf dem Turm und betrachtete diese Landschaft, die ihm so gar nicht behagte. Er sehnte sich nach dem heimatlichen Nil, den Palmengärten, dem grünenden Land und der Wüste. Zu dieser friedvollen Stunde zelebrierte Nefertari die Abendriten. Wie sehr sie ihm fehlte!

Acha unterbrach das Sinnen des Königs.

«Ich habe auf deinen Wunsch hin mit den Offizieren und auch mit den Mannschaften gesprochen.»

«Und wie ist die Stimmung?»

«Sie haben volles Vertrauen zu dir, hegen aber den sehnlichsten Wunsch heimzukehren.»

«Gefällt dir Syrien, Acha?»

«Es ist ein gefährliches Land, voller Fallstricke. Um es wirklich zu kennen, bedarf es langer Aufenthalte.»

«Sieht das Land der Hethiter ähnlich aus?»

«Es ist noch wilder und noch rauher. Im Winter fegt ein eisiger Wind über die Hochebenen.»

«Glaubst du, es könnte mich betören?»

«Du bist Ägypter, Ramses. Kein anderes Land wird in deinem Herzen Platz finden.»

«Die Provinz Amurru ist ganz nah.»
«Der Feind auch.»
«Glaubst du, daß das hethitische Heer in Amurru eingefallen ist?»
«Wir haben keine verläßlichen Auskünfte.»
«Deine Meinung?»
«Vermutlich erwarten sie uns dort.»

NEUNZEHN

ZWISCHEN DEN KÜSTENSTÄDTEN Tyros und Byblos erstreckte sich entlang dem Meer die Provinz Amurru, östlich des Berges Hermon und der Handelsstadt Damaskus. Sie war das letzte ägyptische Schutzgebiet vor der Grenze zum hethitischen Einflußbereich.

Schier unzählige Tagesmärsche von Ägypten entfernt, setzten die Soldaten des Pharaos nunmehr schwerfällig Fuß vor Fuß. Entgegen den Ratschlägen seiner Generäle hatte Ramses nicht den Weg entlang der Küste eingeschlagen, sondern einen für Mensch und Tier beschwerlichen Bergpfad. Keiner lachte mehr, niemand plauderte, jeder bereitete sich innerlich vor auf den Zusammenstoß mit den Hethitern, die so grausam sein sollten, daß selbst die Tapfersten Angst bekamen.

Nach Einschätzung des Gesandten Acha bedeutete die Rückeroberung von Amurru zwar keine erklärte Kriegshandlung, aber der blutroten Sonne würden gewiß viele zum Opfer fallen. Mehr als einer hatte gehofft, der König würde sich mit Megiddo begnügen und dann den Heimweg einschlagen. Aber Ramses hatte seinem Heer nur eine kurze Rast gegönnt, bevor er ihm diese neuerliche Anstrengung abverlangte.

Ein Späher ritt im gestreckten Galopp die Reihen entlang und machte unmittelbar vor Ramses halt.

«Dort drüben, am Ende des Pfads, da stehen sie, zwischen dem Steilfels und dem Meer.»

«Viele?»

«Hundertschaften, bewaffnet mit Lanzen und Bogen, hinter den Büschen versteckt.»

«Hethiter?»

«Nein, Majestät, Männer aus der Provinz Amurru.»

Ramses war verdutzt. Welche Falle stellte man ihnen da?

«Führ mich hin.»

Der Anführer der Streitwagentruppe wandte ein: «Der Pharao darf sich solcher Gefahr nicht aussetzen.»

Ramses' Blick flammte auf: «Ich muß sehen, abwägen und entscheiden.»

Der König folgte dem Späher. Das letzte Stück gingen beide Männer zu Fuß. Sie gerieten in abschüssiges Gelände mit lockerem Geröll zwischen Buschwerk.

Ramses blieb stehen.

Das Meer, der Saumpfad, das Dickicht, die versteckten Feinde, der Steilfels … Hier konnten nirgends hethitische Krieger in großer Zahl auf der Lauer liegen. Aber am Horizont erhob sich ein weiterer Steilhang. Versteckten sich in dessen Schutz nicht vielleicht Dutzende von Streitwagen, die in Windeseile heranrollen konnten?

In Ramses' Händen lag das Leben seiner Soldaten, und diese waren Bürgen für die Sicherheit Ägyptens.

«Wir werden aufmarschieren», murmelte er.

Die Fußtruppen des Fürsten von Amurru dösten vor sich hin, denn sie wähnten sich in

Sicherheit. Sobald die ersten Ägypter von Süden her auf der Küstenstraße auftauchten, würden sie sie überrumpeln und niedermachen.

Fürst Benteschina hielt sich genau an die Anweisungen, die er von den hethitischen Ausbildern erhalten hatte. Und diese waren überzeugt, daß Ramses, dem entlang dem Weg etliche Fallen gestellt worden waren, gar nicht bis hierher gelangen würde. Wenn er aber bis hier gelangte, hätte er bereits derartige Einbußen erlitten, daß der letzte Hinterhalt ihm und seinen Männern den Hals brechen würde.

Benteschina, ein dicklicher Fünfzigjähriger mit einem schönen schwarzen Oberlippenbart, liebte die Hethiter nicht, fürchtete sie aber. Und Amurru lag so nahe an ihrem Einflußgebiet, daß es nicht ratsam war, sie zu reizen. Gewiß, er war ein Untergebener Ägyptens und zollte dem Pharao Tribut. Aber die Hethiter sahen das jetzt anders und verlangten von ihm, daß er sich auflehnte und der erschöpften ägyptischen Armee den letzten Schlag versetzte.

Die Kehle war ihm wie ausgedörrt, daher befahl der Fürst seinem Mundschenk, ihm kühlen Wein zu holen. Benteschina saß im Schutze einer Felsgrotte.

Der Diener tat nur ein paar Schritte.

«Herr! … Sieh nur!»

«Beeile dich, ich habe Durst.»

«Sieh nur, oben auf der Klippe … Hunderte, Tausende von Ägyptern!»

Benteschina erhob sich, er war sprachlos, der Diener hatte nicht gelogen.

Ein Mann von hohem Wuchs mit einer blauen Krone auf dem Kopf und bekleidet mit einem goldschimmernden Schurz, kam den Pfad herab, der zum Küstenstreifen führte. Zu seiner Rechten ein gewaltiger Löwe.

Erst einer, dann wieder einer, dann in Scharen wandten die phönizischen Soldaten die Köpfe und bestaunten wie ihr Herr, was sich ihren Augen da bot. Die Schlafenden schreckten hoch.

«Wo versteckst du dich, Benteschina?» fragte eine tiefe, weit hallende Stimme.

Zitternd näherte sich der Fürst von Amurru dem Pharao.

«Bist du nicht mein Vasall?»

«Majestät, ich habe Ägypten stets treu gedient!»

«Und warum sollte deine Armee mich in einen Hinterhalt locken?»

«Wir dachten … die Sicherheit unserer Provinz …»

Ein dumpfes Geräusch wie Pferdegetrappel erfüllte den Himmel. Ramses blickte in die Ferne, zu jener Felswand hinüber, in deren Schutz sich hethitische Kampfwagen hätten verbergen können.

Dies war für den Pharao der Augenblick der Wahrheit.

«Du hast mich verraten, Benteschina.»

«Nein, Majestät! Die Hethiter haben mich gezwungen, ihnen zu gehorchen. Hätte ich mich geweigert, hätten sie mich und mein Volk niedergemacht. Wir haben dich herbeigesehnt, daß du uns von ihrem Joch befreist.»

«Wo sind sie?»

«Sie sind abgezogen, sie waren überzeugt, deine Armee käme nach all den Hindernissen, die sie euch in den Weg geworfen hatten, hier nur mehr in Lumpen an.»

«Was ist das für ein Geräusch?»

«Das kommt von den mächtigen Wellen, die sich auftürmen und an die Felsen branden.»

«Deine Männer waren bereit, mir eine Schlacht zu liefern, und meine sind entschlossen, zu kämpfen.»

203

Benteschina sank auf die Knie.

«Wie traurig ist es doch, Majestät, in das Land der Stille einzutauchen, wo der Tod regiert! Der Wache schläft dort ein für ewig, dämmert den ganzen Tag vor sich hin. Die Stimmen derer, die dort in den Tiefen weilen, dringen nicht mehr zu uns herauf, da es weder Tür noch Fenster gibt. Kein Sonnenstrahl erhellt das dunkle Reich der Toten, kein Wind erfrischt mehr ihr Herz. Niemand wünscht sich hinab in dieses schreckliche Land. – Ich flehe um Verzeihung, Pharao! Verschone die Menschen aus Amurru, und sie werden dir weiterhin dienen.»

Als sie die Unterwürfigkeit ihres Herrn sahen, warfen die abtrünnigen Soldaten ihre Waffen weg.

Ramses hieß Benteschina, der tief gebeugt vor ihm lag, sich wieder zu erheben, und die Ägypter und ihre neuen Verbündeten brachen in Freudenschreie aus.

Als Chenar Amenis Schreibstube verließ, war er am Boden zerstört.

Mit seinem entschlossen geführten Feldzug hatte Ramses die Provinz Amurru rasch zurückerobert, die doch unter hethitischen Einfluß gefallen war! Wie war es diesem jungen, unerfahrenen König, der zum ersten Mal sein Heer in feindliches Land führte, nur gelungen, jedem Hinterhalt zu entkommen und einen so glänzenden Sieg davonzutragen?

Chenar glaubte schon längst nicht mehr an die Macht der Götter, unverkennbar aber war, daß Ramses ein magischer Schutz zuteil wurde, den Sethos ihm bei einem Geheimritual vermacht hatte. Diese Kraft wies ihm den Weg.

Chenar ließ Ameni auf dem Dienstweg eine Nachricht zukommen: Als Oberster Gesandter begebe er sich persönlich nach Memphis, um den Würdenträgern die großartige Nachricht zu überbringen.

«Wo ist der Magier?» fragte Chenar seine Schwester Dolente.

Die große dunkle Frau mit dem trägen Körper hielt die blonde Lita an sich gedrückt, die Erbin Echnatons, die von Chenars Zorn völlig verschreckt war.

«Er arbeitet.»

«Ich will ihn sofort sehen.»

«Gedulde dich ein wenig, er bereitet gerade

die nächste Beschwörung mit Nefertaris Schal vor.»

«Höchst wirkungsvoll! Weißt du, daß Ramses Amurru zurückerobert, sämtliche kanaanäischen Festungen wieder eingenommen und unseren Schutzgebieten im Norden erneut sein Gesetz aufgezwungen hat? Unsere Verluste sind verschwindend gering, unser geliebter Bruder hat nicht eine Schramme und ist für die Soldaten jetzt ein Gott!»

«Bist du sicher …»

«Ameni ist die beste Auskunftsquelle. Dieser verdammte Schreiber ist so vorsichtig, daß er wahrscheinlich immer noch etwas von der Wahrheit zurückbehält. Kanaan, Amurru und das südliche Syrien werden jedenfalls nicht mehr ins hethitische Lager wechseln. Du kannst dich darauf verlassen, daß Ramses daraus einen bestens befestigten Stützpunkt und eine Pufferzone macht, zu der der Feind keinen Zugang mehr bekommt. Anstatt meinen Bruder aus dem Feld zu schlagen, haben wir nur noch zur Befestigung seines Verteidigungsgürtels beigetragen … Wahrlich ein großartiger Erfolg!»

Die blonde Lita betrachtete Chenar.

«So bald werden wir nicht regieren, meine Liebe. Habt ihr mich etwa an der Nase herumgeführt, du und dein Magier?»

Chenar riß der jungen Frau das Mieder vom Leib, die Träger wurden zu Fetzen, und auf der Brust waren tiefe Brandwunden zu erkennen.

Lita schluchzte und barg ihren Kopf in Dolentes Schoß.

«Quäle sie nicht, Chenar. Sie und Ofir sind unsere wertvollsten Verbündeten.»

«Großartige Verbündete, in der Tat!»

«Zweifle nicht, Herr», ließ sich eine gedehnte und getragene Stimme vernehmen.

Chenar wandte sich um.

Das Raubvogelgesicht des Magiers Ofir machte noch einmal einen tiefen Eindruck auf Chenar. Der finstere grüne Blick des Libyers barg so viel Bosheit, daß man ihm zutrauen konnte, jeden Gegner in kürzester Frist zu Boden zu strecken.

«Ich bin mit deinen Diensten nicht zufrieden, Ofir.»

«Du hast es doch selbst gesehen: Lita und ich haben keine Mühe gescheut. Wie ich dir bereits erklärte, haben wir einen sehr starken Gegner vor uns, und daher brauchen wir Zeit.

Solange Nefertaris Schal nicht völlig verbrannt ist, ist der magische Schutz auch noch nicht völlig zunichte gemacht. Wenn wir zu schnell vorgehen, töten wir Lita, und dann bleibt keine Hoffnung mehr, den Thronräuber je zu stürzen.»

«Wie lange noch, Ofir?»

«Lita ist ein großartiges Medium und daher zerbrechlich. Nach jeder Beschwörungsphase müssen Dolente und ich erst einmal ihre Wunden behandeln, und erst wenn diese völlig verheilt sind, können wir ihre Fähigkeiten erneut in Anspruch nehmen.»

«Kannst du kein anderes Versuchskaninchen nehmen?»

Der Blick des Magiers wurde hart.

«Lita ist kein Versuchskaninchen, sondern die künftige Königin Ägyptens, deine Gemahlin. Seit Jahren schon bereitet sie sich auf diesen erbarmungslosen Kampf vor, aus dem wir als Sieger hervorgehen werden. Niemand könnte sie ersetzen.»

«Gut ... Aber Ramses' Ruhm wird immer größer!»

«Ein Unglück könnte ihn auf einen Schlag zunichte machen.»

«Mein Bruder ist kein Mensch wie andere, ihn beseelt eine unerklärliche Macht.»

«Das ist mir bewußt, Hoher Herr. Daher nutze ich ja auch die geheimsten Quellen meiner Wissenschaft. Übereilt zu handeln wäre ein verhängnisvoller Fehler. Dennoch ...»

Chenar hing an Ofirs Lippen.

«Dennoch werde ich versuchen, Ramses zu überrumpeln. Wer so siegreich ist, wird allzu selbstsicher und weniger wachsam. Einen solchen Augenblick der Schwäche werden wir uns zunutze machen.»

ZWANZIG

Die Provinz Amurru war in Festtagsstimmung. Fürst Benteschina hatte darauf bestanden, die Anwesenheit von Ramses und die Wiederkehr des Friedens glanzvoll zu feiern. Feierliche Ergebenheitserklärungen waren auf Papyrus niedergeschrieben worden, und der Fürst hatte sich verpflichtet, die prächtigsten Zedernstämme des Landes zu verschiffen, die vor den Eingangstoren der Tempel Ägyptens aufgestellt werden würden. Die Soldaten aus Amurru bezeugten überschäumend ihre freundschaftlichen Gefühle für die ägyptischen Waffenbrüder, der Wein floß in Strömen, und die Frauen der rückeroberten Provinz wußten ihre Beschützer zu bezaubern.

Setaou und Lotos, die diesen beflissenen Jubel natürlich auch durchschauten, nahmen dennoch mit Vergnügen an den Festlichkeiten teil und begegneten dabei einem alten Magier, der die Schlangen liebte. Obwohl die einheimischen Arten kein Gift besonderer Güte lieferten und angriffslustiger waren als die ägyptischen, konnten die Schlangenkundigen doch ein paar Berufsgeheimnisse austauschen.

Trotz aller Aufmerksamkeiten seines Gastgebers wirkte Ramses nicht entspannt. Benteschina deutete dieses Verhalten als würdevolle Erhabenheit, die der Pharao, der mächtigste Mann der Welt, unter allen Umständen zu wahren hatte.

Acha sah das anders.

Nach einem Festmahl, zu dem die höheren Offiziere Ägyptens und Amurrus geladen waren, hatte Ramses sich auf die Terrasse des fürst-

210

lichen Palastes, in dem Benteschina seinen hohen Gast untergebracht hatte, zurückgezogen.

Der König blickte unverwandt gen Norden.

«Darf ich dein Sinnen unterbrechen?»

«Was willst du, Acha?»

«Du scheinst die Großzügigkeit des Fürsten von Amurru nicht sonderlich zu schätzen.»

«Er hat einmal verraten und wird weiter verraten. Aber ich befolge deinen Rat: warum ihn ersetzen, da wir seine Laster jetzt kennen?»

«Du denkst nicht an ihn.»

«Weißt du etwa, was mich beschäftigt?»

«Dein Blick ist auf Kadesch geheftet.»

«Kadesch, der Stolz der Hethiter, Sinnbild ihrer Herrschaft über das nördliche Syrien, ständige Gefahr und Bedrohung für Ägypten! Ja, ich denke an Kadesch.»

«Diese Festung anzugreifen bedeutet einen Übergriff auf hethitisches Einflußgebiet. Solltest du zu dieser Entscheidung gelangen, müssen wir ihnen förmlich den Krieg erklären.»

«Haben sie etwa diese Formen beachtet, als sie in unseren Schutzgebieten die Aufstände schürten?»

«Das war nichts weiter als Anstachelung zu Ungehorsam. Bei einem Angriff auf Kadesch überschreiten wir eindeutig die Grenze zwischen Ägypten und dem Reich der Hethiter. Und das bedeutet Krieg. Und der könnte Monate dauern und uns vernichten.»

«Wir sind gerüstet.»

«Nein, Ramses. Du darfst dich an deinen Erfolgen nicht berauschen.»

«Erscheinen sie dir lächerlich?»

«Bisher hast du nur klägliche Krieger bezwungen, die von Amurru haben sogar kampflos die Waffen gestreckt. Das werden die Hethiter aber nicht tun. Außerdem sind unsere Männer erschöpft und möchten so schnell wie möglich nach Haus. Es wäre unser Untergang, würden wir uns jetzt in einen Krieg solchen Ausmaßes stürzen.»

«Sollte unsere Armee so schwach sein?»

«Sie war körperlich und geistig auf einen Rückeroberungsfeldzug vorbereitet, nicht auf den Angriff eines Reiches, das uns überlegen ist, was die militärischen Fähigkeiten betrifft.»

«Ist deine Vorsicht nicht gefährlich?»

«Die Schlacht um Kadesch wird stattfinden, wenn du es wünschst: aber bereite sie vor!»

«Ich werde meine Entscheidung heute nacht treffen.»

Das Fest war verklungen.

Im Morgengrauen hatte die Losung die Runde gemacht in den Unterkünften: Klarmachen zum Gefecht! Zwei Stunden später fuhr Ramses in seinem Streitwagen vor, seine beiden getreuen Kampfrösser im Geschirr. Der König trug seinen Waffenrock.

So manchem krampfte sich der Magen zusammen. Wahnwitzige Gerüchte hatten die Runde gemacht. Waren sie begründet? Angriff auf Kadesch, auf diese unzerstörbare hethitische Festung, Mann gegen Mann, und das bei diesen Barbaren, die so grausam sein sollten wie niemand sonst ... Nein, einen so wahnwitzigen Plan konnte ihr junger König nicht gefaßt haben! Als Erbe der Weisheit seines Vaters würde auch er das Einflußgebiet des Gegners achten und nur den Frieden festigen wollen.

Der Herrscher musterte seine Truppen. Die Gesichter waren angespannt und besorgt. Vom jüngsten Soldaten bis zum erfahrensten Haudegen standen die Männer in Reih und Glied, alle Muskeln gespannt, fast bis zum Schmerz. Von den Worten ihres Pharaos hing ihr weiteres Leben ab.

Setaou, der solche Aufmärsche haßte, lag

bäuchlings auf seinem Karren und ließ sich von Lotos massieren. Ihre nackten Brüste streiften seine Schulterblätter.

Fürst Benteschina hatte sich in seinem Palast verschanzt und war nicht einmal in der Lage, die sahnigen Küchlein hinunterzuwürgen, die er sich doch sonst beim Frühstück mit Wonne in den Mund schob. Wenn Ramses den Hethitern den Krieg erklärte, würde Amurru der ägyptischen Armee als Nachschubstützpunkt dienen und Söldner liefern müssen. Und würde Ramses geschlagen, würden die Hethiter sein Land in Schutt und Asche legen und ein Blutbad anrichten.

Acha versuchte die Absichten des Königs zu ergründen, doch Ramses' Gesicht blieb undurchdringlich.

Als die Musterung abgeschlossen war, wendete Ramses seinen Wagen. Einen Augenblick lang sah es so aus, als zögen die Pferde gen Norden, gen Kadesch. Doch dann wandte der Pharao sich gen Süden, gen Ägypten.

Setaou handhabte seinen bronzenen Bartschaber und seinen unregelmäßig gezahnten hölzernen Kamm, rieb sich das Gesicht mit einer Salbe gegen Insekten ein, säuberte seine Sandalen und rollte seine Schlafmatte zusammen. Wenn er auch nicht so elegant war wie Acha, wollte er sich doch ansehnlicher zeigen als gewöhnlich, auch wenn Lotos noch so kicherte!

Seit das ägyptische Heer begeistert den Rückweg eingeschlagen hatte, fanden Setaou und Lotos endlich wieder Zeit für die Liebe. Die Fußtruppen schmetterten ohne Unterlaß ihre Lieder zum Ruhme Ramses', während die Wagenlenker, die edelste Waffengattung, nur leise trällerten. Sämtlichen Soldaten war eine Überzeugung gemeinsam: Schön ist das Soldatenleben, wenn kein Kampf bevorsteht!

Eilig hatte die Armee Amurru, Galiläa und Kanaan durchquert, sich von den Einheimischen bejubeln und mit Feldfrüchten und frischem Obst beschenken lassen. Als dann die letzte Strecke vor ihnen lag, die ins Delta hineinführen würde, schlugen die Soldaten nochmals ein Lager auf, nördlich des Berges Sinai und westlich des Negeb, in dieser heißen Gegend, wo Wüstenaufseher die Streifzüge der Nomaden beobachteten und die Karawanen schützten.

Setaou jubilierte. Hier wimmelte es nur so

von Vipern und Kobras, kräftigen Tieren mit
höchst wirksamem Gift. Geschickt wie immer,
hatte Lotos schon ein Dutzend gefangen, im un-
mittelbaren Umkreis des Lagers. Sie lächelte
nur, wenn die Soldaten ihr aus dem Weg gingen.

Ramses betrachtete die Wüste. Er blickte gen
Norden, in Richtung Kadesch.

«Deine Entscheidung war hellsichtig und
weise», erklärte Acha.

«Ist es Weisheit, wenn man vor dem Feind
zurückweicht?»

«Sich niedermetzeln zu lassen oder das
Unmögliche zu wagen ist bestimmt nicht Weisheit.»

«Du irrst, Acha: Wahrer Mut und das Unmögliche sind eng verwandt.»

«Zum ersten Mal machst du mir angst, Ramses: Wohin willst du Ägypten führen?»

«Glaubst du, die Bedrohung, die Kadesch
verkörpert, wird sich in Luft auflösen?»

«Die Verhandlungskunst des Gesandten vermag Knoten zu entwirren, die unentwirrbar
scheinen.»

«Wird deine Kunst die Hethiter entwaff-
nen?»

«Warum nicht?»

«Bring mir den unverbrüchlichen Frieden, den ich ersehne, Acha. Sonst werde ich ihn selbst schaffen.»

Einhundertfünfzig Mann.

Einhundertfünfzig Männer, Sandläufer, Beduinen und Hebräer, die seit etlichen Wochen das Negeb-Gebiet durchkämmten, auf der Suche nach verirrten Karawanen. Sie alle gehorchten einem vierzig Jahre alten Einäugigen, dem es gelungen war, kurz vor seiner Hinrichtung aus einem Militärgefängnis zu fliehen. Fargo, der sich rühmte, schon dreißigmal Karawanen überfallen und dreiundzwanzig ägyptische und fremdländische Händler getötet zu haben, war in den Augen seines Stammes ein Held.

Als die ägyptische Armee am Horizont auftauchte, glaubten sie zuerst an ein Trugbild. Streitwagen, Reiter, Fußsoldaten … Fargo und seine Männer hatten sich in eine Grotte geflüchtet und wollten erst wieder herauskommen, wenn der Feind verschwunden war.

In der Nacht wurde Fargo von einem Traum heimgesucht: ein Gesicht erschien ihm.

Ein Raubvogelgesicht, eine sanfte und überzeugende Stimme, die eines libyschen Magiers namens Ofir, den Fargo in seiner Jugend gut gekannt hatte. In einer einsamen Oase zwischen Libyen und Ägypten hatte der Magier ihn lesen und schreiben gelehrt und ihn als Medium benutzt. In dieser Nacht war das gebieterische Gesicht aus der Vergangenheit aufgetaucht, die süße Stimme erteilte abermals Befehle, denen Fargo sich nicht zu entziehen vermochte.

Mit wirrem Blick und blutleeren Lippen weckte der Anführer seine Räuberbande. «Jetzt kommt unsere Glanzleistung. Mir nach!»

Sie gehorchten, wie üblich. Wo Fargo sie hinführte, gab es Beute.

Als sie das Lager der ägyptischen Armee schon fast erreicht hatten, erwiesen sich einige der Männer als widerspenstig.

«Wen willst du denn da berauben?»

«Das schönste Zelt dort drüben … Da sind Schätze!»

«Wir haben nicht die geringste Chance.»

«Die Wachen sind nicht zahlreich, und auf einen Angriff sind sie schon gar nicht vorbereitet. Beeilt euch, und ihr werdet reich werden!»

«Das ist die Armee des Pharaos», warf einer der Sandläufer ein. «Selbst wenn wir es schaffen, wird sie uns einfangen.»

«Dummkopf ... Meinst du denn, wir würden in der Gegend bleiben? Mit dem Gold, das wir hier finden, sind wir reicher als Fürsten!»

«Gold ...»

«Der Pharao reist nie ohne eine schöne Menge Gold und Edelsteine. Damit kauft er seine Untertanen.»

«Wer hat dir denn das verraten?»

«Ein Traum.»

Erstaunt blickte der Sandläufer Fargo an.

«Machst du dich lustig über mich?»

«Wirst du jetzt gehorchen oder nicht?»

«Mein Leben aufs Spiel setzen wegen eines Traums ... Du spinnst wohl?»

Fargos Beil ging auf den Hals des Sandläufers nieder und hätte ihn fast enthauptet. Dann verabreichte der Anführer dem Sterbenden noch einen Fußtritt und trennte ihm endgültig den Kopf vom Rumpf.

«Wer möchte sonst noch Einwände vorbringen?»

Die einhundertneunundvierzig Mann näherten sich kriechend dem Zelt des Pharaos.

Fargo würde Ofirs Befehl ausführen: Ramses ein Bein abhacken und ihn zum Krüppel machen.

EINUNDZWANZIG

So mancher schob schlaftrunken Wache. Andere träumten von Heim und Herd. Nur einer der Wachposten entdeckte ein merkwürdiges Etwas, das da auf ihn zukroch, doch noch bevor er Alarm schlagen konnte, hatte Fargo ihn erdrosselt. Seine Stammesgenossen mußten eingestehen, daß ihr Anführer wieder einmal recht gehabt hatte. Sich dem königlichen Zelt zu nähern war in der Tat ein Kinderspiel.

Fargo wußte nicht, ob Ramses Schätze mit sich führte, er bedachte auch nicht den Augenblick, da seine Plünderer bemerken würden, daß er sie an der Nase herumgeführt hatte. Er war nur von einem Vorsatz besessen: Ofir zu gehorchen, um sein Gesicht nicht mehr sehen und seine Stimme nicht mehr hören zu müssen.

Die Gefahr mißachtend, lief er auf den Offizier zu, der neben dem Eingang des großen Zeltes schlummerte. Als Fargo sich auf ihn stürzte, blieb ihm keine Zeit mehr, sein Schwert zu ziehen. Der Angreifer hatte ihm den Kopf in die Magengrube gerammt, ihm den Atem geraubt, und als er nun auch noch auf ihm herumtrampelte, wurde er ohnmächtig. Der Weg war frei.

Selbst wenn der Pharao ein Gott war, einem hemmungslosen Angreifer könnte er nicht widerstehen. Die Schneide der Axt zerschlitzte die Zeltplane vor dem Eingang.

Ramses, dem Schlaf entrissen, hatte sich soeben aufgerichtet. Mit erhobener Waffe stürzte Fargo auf den Pharao zu.

Ein gewaltiges Gewicht drückte ihn zu Boden. Ein stechender Schmerz, ein Reißen im Rücken, als würden Messerklingen auf ihn einprasseln. Als er den Kopf wandte, sah er einen Lidschlag lang den riesigen Kopf eines Löwen, bevor dessen Kinnladen sich um seinen Schädel schlossen und ihn wie eine reife Frucht zum Platzen brachten.

Der Sandläufer, der Fargo gefolgt war, brüllte vor Entsetzen und schreckte alle auf. Ohne ihren Anführer waren die Diebe wie kopflos, wußten nicht mehr, ob sie angreifen oder fliehen sollten, und wurden schließlich von Pfeilen durchbohrt. Schlächter tötete allein schon fünf, doch als er merkte, daß die Bogenschützen auch ohne ihn bestens zurechtkamen, legte er sich wieder hinter dem Bett seines Herrn zum Schlafen nieder.

Wütend rächten die Ägypter den Tod ihrer Wachsoldaten, indem sie die Räuberbande niedermachten. Das Flehen eines der Verwundeten veranlaßte einen Offizier, den König zu verständigen. «Ein Hebräer, Majestät.»

Der Plünderer, dem zwei Pfeile im Bauch steckten, rang mit dem Tode.

«Hast du in Ägypten gelebt, Hebräer?»

«Es tut so weh ...»

«Sprich, wenn du gepflegt werden willst!» befahl der Offizier.

«Nein, nicht in Ägypten ... Ich habe immer hier gelebt ...»

«Hat dein Stamm einen Mann namens Moses aufgenommen?» fragte Ramses.

«Nein ...»

«Warum dieser Angriff?»

Brechenden Auges stammelte der Hebräer etwas Unverständliches, bevor er für immer verstummte.

Acha trat neben den König.

«Du bist wohlbehalten!»

«Schlächter hat mich beschützt.»

«Wer sind diese Halunken?»

«Beduinen, Sandläufer und mindestens ein Hebräer.»

«Ihr Angriff war selbstmörderisch.»

«Irgend jemand hat sie angestachelt zu diesem wahnwitzigen Unternehmen.»

«Hethitische Drahtzieher?»

«Vielleicht.»

«An wen denkst du?»

«Unzählbar sind die Dämonen der Finsternis.»

«Ich konnte gar keinen Schlaf finden», bekannte Acha.

«Was ist der Grund für deine Schlaflosigkeit?»

«Die Reaktion der Hethiter. Sie werden nicht tatenlos verharren.»

«Wirfst du mir jetzt vor, Kadesch nicht angegriffen zu haben?»

«Wir müssen so schnell wie möglich die Verteidigungslinien unserer Schutzgebiete verstärken.»

«Das wird dein nächster Auftrag sein, Acha.»

Aus Sparsamkeit pflegte Ameni die gebrauchten Holztäfelchen zu säubern, um sie von neuem beschreiben zu können. Die ihm unterstellten Beamten wußten, daß der Oberste Schreiber des Königs keine Verschwendung duldete und pfleglichen Umgang mit dem Schreibgerät forderte.

Ramses' Triumph in den Schutzgebieten und die so üppige Nilschwemme, die ganz Ägypten zuteil wurde, hatte Pi-Ramses in einen Freudentaumel versetzt. Reiche und Arme bereiteten sich auf die Heimkehr des Königs vor, tagtäglich lieferten Schiffe reiche Nahrung und erlesene Getränke an, die für das riesige Festmahl, an dem alle Bewohner der Stadt teilnehmen würden, gedacht waren.

Nur Ameni litt Seelenqualen. Wenn er einen Unschuldigen, der außerdem noch ein Getreuer von Ramses war, ins Gefängnis geworfen hätte, erwiese sich das auf der Waage des Gerichts der anderen Welt als schwerwiegende Ungerechtigkeit. Der Schreiber hatte nicht einmal gewagt, Serramanna zu besuchen, der weiterhin seine Unschuld beteuerte.

Am späten Abend meldete sich der Soldat, den Ameni mit den Nachforschungen über die Hauptbelastungszeugin beauftragt hatte, jene Nenofar, die Serramannas Geliebte gewesen war.

«Hast du etwas herausgefunden?»

Zögernd antwortete der Mann: «Ja.»

Ameni fühlte sich erleichtert, endlich würde er klarsehen!

«Nenofar?»

«Ich habe sie wiedergefunden.»

«Und warum hast du sie nicht mitgebracht?»

«Weil sie tot ist.»

«Ein Unfall?»

«Laut Aussage des Arztes, dem ich den Leichnam gezeigt habe, war es ein Verbrechen. Nenofar wurde erdrosselt.»

«Ein Verbrechen … Man wollte diese Zeugin also beseitigen. Aber warum … Weil sie gelogen hat oder weil sie zuviel hätte verraten können?»

«Mit Verlaub, wirft dieser Vorfall nicht einen Zweifel auf Serramannas Schuld?»

Ameni wurde noch bleicher als sonst.

«Ich hatte Beweise gegen ihn.»

«Beweise, ja dann gibt's nichts zu deuteln», räumte der andere ein.

«O doch! Da gibt's etwas zu deuteln! Nimm einmal an, diese Nenofar ist bezahlt worden, um Serramanna zu belasten, und hat dann Angst bekommen, vor einem Gericht zu erscheinen und unter Eid und im Angesicht des Gesetzes zu lügen. Ihr Auftraggeber hatte keine andere Wahl mehr: er mußte sie umbringen.

Wir haben allerdings noch einen Beweis in Händen, und der ist unwiderlegbar! Doch wenn es eine Fälschung wäre und jemand anders die Schriftzüge des Sarden nachgeahmt hätte?»

«Das war nicht schwierig: Serramanna schrieb jede Woche den Dienstplan, den er an die Tür der Kaserne der königlichen Leibgarde heftete.»

«Serramanna also Opfer finsterer Machenschaften ... Das meinst du, nicht wahr?»

Der andere nickte.

«Sobald Acha zurück ist», sagte Ameni, «werde ich Serramanna vielleicht entlasten können, ohne die Festnahme des Schuldigen abzuwarten ... Hast du eine Spur?»

«Nenofar hat sich nicht gewehrt. Vermutlich kannte sie ihren Mörder.»

«Wo wurde sie getötet?»

«In einem kleinen Haus im Händlerviertel.»

«Der Eigentümer?»

«Da das Haus leerstand, konnten die Nachbarn mir keine Auskunft geben.»

«Vielleicht finde ich einen Hinweis im Grundbuch. Und haben diese Nachbarn nichts Verdächtiges bemerkt?»

«Eine alte Dame, die fast blind ist, will mitten

in der Nacht einen eher kleinwüchsigen Mann gesehen haben, der aus dem Haus kam, aber beschreiben kann sie ihn nicht.»

«Gibt es eine Liste von Nenofars Bekanntschaften?»

«Dieses Vorhaben ist hoffnungslos und sinnlos ... Und wenn Serramanna ihr erster dicker Fisch gewesen wäre?»

Nefertari genoß das laue rieselnde Wasser. Sie hielt die Augen geschlossen und träumte von dem unsäglichen Glück, dessen Odem sie nahen fühlte: Ramses, dessen Abwesenheit eine Qual gewesen war, würde heimkehren.

Die Dienerinnen rieben ihr behutsam die Haut mit Asche und Natron ein, um die Haut zu trocknen und zu reinigen. Nach dem letzten Besprühen streckte sich die Königin auf den warmen Fliesen aus und ließ sich massieren mit einem Balsam aus Terebinthe, Öl und Zitrone, der ihren Körper in Duft hüllte.

Traumverloren überließ sie sich der Hand- und Fußpflegerin, während eine andere ihr eine zartgrüne Linie um die Augen zog, die zugleich Schmuck und Schutz war. Da Ramses jederzeit eintreffen konnte, salbte sie auch noch das prachtvolle Haar der Königin, um ihm einen Festtagsduft zu verleihen, im wesentlichen mit dem Harz des Weihrauchs und Storax. Abschließend reichte sie Nefertari einen blanken Bronzespiegel, dessen Griff ein nacktes junges Mädchen darstellte, die irdische Verkörperung der himmlischen Schönheit der Göttin Hathor.

Nun fehlte nur noch die Echthaarperücke mit den zwei langen Strähnen, die bis auf die Brüste herabfielen, und den Locken am Hinterkopf. Auch sie hielt der Spiegelprobe stand.

«Wenn ich mir diese Bemerkung erlauben darf», murmelte die Zofe, «Majestät war noch nie so schön.»

Die Dienerinnen kleideten die Königin in ein makelloses Leinengewand, das die Palastweberei eigens für diesen Anlaß hergestellt hatte. Kaum hatte die Königin sich gesetzt, um auszuprobieren, wieviel Spielraum das wundervolle Kleidungsstück ihr ließ, da sprang ihr ein untersetzter, stämmiger, goldgelber Hund mit Hängeohren, gekringeltem Schwanz und kurzer schwarzer Schnauze auf den Schoß. Er kam aus dem frisch gewässerten Garten, und seine Pfoten hinterließen Dreckspuren auf dem königlichen Gewand.

Entsetzt griff eine der Dienerinnen zu einer Fliegenklatsche, um auf das Tier einzuschlagen.

«Rühr ihn nicht an», gebot Nefertari, «das ist Wächter, Ramses' Hund. Wenn er so etwas tut, hat er seine Gründe.»

Eine rosarote, feuchte und weiche Zunge leckte der Königin die Schminke von den Wangen. Die vertrauensvollen großen Augen verrieten unbeschreibliche Freude.

«Morgen schon wird Ramses hier sein, nicht wahr?»

Wächter legte seine Vorderpfoten auf die Träger des Kleides und wedelte begeistert mit dem Schwanz. Das war ein untrügliches Zeichen.

ZWEIUNDZWANZIG

Die Späher der Festungsanlagen hatten es soeben mit Leuchtsignalen angekündigt: Ramses würde gleich dasein! Die Hauptstadt geriet in helle Aufregung. Aus dem Viertel neben dem Re-Tempel bis hin zu den Werkstätten in Hafennähe, aus den Häusern der hohen Beamten bis hin zu den Wohnstätten der kleinen Leute, vom Palast bis zu den Lagerhäusern lief jedermann herbei, um die Aufgabe zu übernehmen, die ihm zugeteilt worden war, damit alles bereit war für den großen Augenblick, da der Herrscher Einzug hielt in Pi-Ramses.

Der Haus- und Hofmeister Romet versteckte seinen Kahlkopf noch schnell unter einer Kurzhaarperücke und trieb seine Untergebenen, die ihm alle viel zu langsam und zu ungenau waren, zur Eile an. Er hatte seit achtundvierzig Stunden nicht mehr geschlafen. Allein für die königliche Tafel brauchte er Hunderte gebratener Rinderviertel, Dutzende von am Spieß gebratenen Gänsen, fünfzig Gefäße voller Rahm, rund hundert Platten Fisch, gut gewürzt, von Gemüse und Obst ganz zu schweigen. Von erlesener Güte müßten die Weine und das Festtagsbier sein. Und in allen Stadtvierteln sollten Festmähler stattfinden, damit selbst der Ärmste an diesem Tag teilhaben konnte am Ruhme des Königs und am Glück Ägyptens. Auf wen würde man denn mit dem Finger zeigen, wenn auch nur das Geringste mißlang? Auf ihn natürlich, Romet.

Er las nochmals den Papyrus der letzten Lieferung: tausend unterschiedlich geformte Fladen aus feinstem Mehl, zweitausend Brotlaibe, golden und knusprig gebacken, zwanzigtausend Honigkuchen, mit Feigen gefüllt und getränkt mit Karobensaft, dreihundertzweiundfünfzig Sack Trauben, die in Schalen angerichtet würden, einhundertzwölf Sack Granatäpfel und ebensoviel Feigen ...

«Da ist er!» rief der Mundschenk.

Der Küchenjunge oben auf dem Dach fuchtelte mit den Armen.

«Das ist doch nicht möglich ...»

«Doch, er ist es!»

Der Junge sprang herab, und der Mundschenk lief davon, hinunter zur Prachtstraße der Hauptstadt.

«Hiergeblieben!» brüllte Romet.

Im Handumdrehen waren Küche und Nebengebäude des Palastes menschenleer. Romet sank auf einen Dreifußschemel. Wer würde denn jetzt die Weintrauben aus den Säcken holen und sie kunstvoll anrichten?

Man stand wie gebannt.

Er war die Sonne, der mächtige Stier, der Beschützer Ägyptens und Sieger über die Fremdländer, ihr König, groß an Siegen, der vom göttlichen Licht Auserwählte.

Er war Ramses.

Auf dem Haupt eine goldene Krone, in einen silbernen Brustpanzer und einen goldgesäumten Schurz gekleidet, in der Linken einen Bogen und in der Rechten ein Schwert, so stand er in dem liliengeschmückten Streitwagen, den Acha lenkte. Schlächter, der nubische Löwe mit der flammenden Mähne, hielt mit den Pferden Schritt.

Macht und Ausstrahlung verliehen Ramses diese Schönheit. Er war die vollendete Verkörperung eines Pharaos.

Die Menschenmenge stand dichtgedrängt entlang dem Prozessionsweg zum Amun-Tempel. Musikanten und Sänger, die Arme voller Blumen, mit duftendem Festtagsöl gesalbt, feierten die Rückkehr des Königs mit einer Willkommenshymne, in der es hieß: «Ramses zu sehen erfreut das Herz.» Daher dieses Gedränge entlang dem Königsweg, man wollte ihn doch wenigstens einen Augenblick lang sehen.

Auf der Schwelle des heiligen Bezirkes stand Nefertari, die Große königliche Gemahlin. Die an Liebe Süße, deren Stimme das Glück brachte, die Herrin Beider Länder, deren Krone mit den zwei hohen Federn bis an den Himmel reichte und deren goldene Kette mit dem Skarabäus aus Lapislazuli das Geheimnis der Wiedergeburt barg und die in den Händen eine Elle hielt, das Sinnbild der Maat, des ewigen Gesetzes.

Als Ramses vom Wagen herabstieg, verstummte die Menge.

Gemessenen Schrittes ging der König auf die Königin zu. Sechs Ellen vor ihr blieb er stehen, legte Bogen und Schwert nieder und drückte die rechte Hand, zur Faust geschlossen, gegen sein Herz.

«Wer bist du, der du es wagst, die Maat zu schauen?»

«Ich bin der Sohn des Lichts, der Erbe des Vermächtnisses der Götter, der für Gerechtigkeit bürgt und keinen Unterschied zuläßt zwischen dem Starken und dem Schwachen. Ganz Ägypten habe ich vor Unheil zu bewahren, innen wie außen.»

«Hast du außerhalb geheiligten Bodens die Maat geachtet?»

«Ich habe das Gesetz walten lassen und lege meine Taten hier nieder, damit sie urteile. So wird das Land in der Wahrheit fest verankert.»

«Möge die Richtschnur dich als geradlinig bestätigen.»

Nefertari erhob die goldene Elle, die in der Sonne funkelte.

Die Menge klatschte Beifall. Selbst Chenar war beeindruckt und konnte nicht umhin, den Namen seines Bruders zu murmeln.

Zum ersten großen, unüberdachten Hof des Amun-Tempels hatten nur die Würdenträger von Pi-Ramses Zugang, die der feierlichen Verleihung des «Ehrengoldes» schon entgegenfieberten. Wen würde der Pharao auszeichnen, welche Beförderung durften sie erwarten? Mehrere Namen wurden genannt, und man hatte sogar schon Wetten abgeschlossen.

Als König und Königin sich am «Erscheinungsfenster» zeigten, hielten alle den Atem an.

In erster Reihe zogen die Generäle auf, sich gegenseitig aus den Augenwinkeln belauernd.

Zwei Fächerträger standen bereit, die glücklichen Auserwählten unter das Fenster zu geleiten. Diesmal war das Geheimnis wirklich gewahrt worden: sogar die Klatschbasen des Hofes tappten im dunkeln.

«Zunächst soll der tapferste meiner Soldaten geehrt werden», erklärte Ramses, «der niemals gezögert hat, sein Leben einzusetzen, um das des Pharaos zu schützen. Tritt vor, Schlächter.»

Verängstigt traten die Anwesenden beiseite, um den Löwen durchzulassen, dem es irgendwie zu gefallen schien, daß aller Augen auf ihn gerichtet waren. Geschmeidigen Schrittes, sich in den Flanken wiegend, ging er auf das Erscheinungsfenster zu. Ramses beugte sich herab, strich ihm über die Stirn und legte ihm eine dünne Goldkette um den Hals, womit die Wildkatze in den Kreis der angesehensten Persönlichkeiten bei Hofe aufgenommen war. Befriedigt legte sich der Löwe nieder und nahm Sphinxhaltung ein.

Dann flüsterte der König den Fähnrichen zwei Namen ins Ohr.

Sie gingen um den Löwen herum, die Reihe der Generäle entlang, über die der höheren Offiziere hinaus, ja sogar über die der Schreiber und baten schließlich Setaou und Lotos, ihnen zu folgen. Der Schlangenkundige weigerte sich zuerst, doch dann nahm seine hübsche Gemahlin ihn bei der Hand.

Als die schlanke Nubierin, schwarz wie

Ebenholz, an ihnen vorbeiging, waren selbst die Hochnäsigsten begeistert, aber für Setaou, diesen ungehobelten Klotz in seiner Antilopenhaut mit den unzähligen Taschen, konnte sich niemand erwärmen.

«Und nun sollen die beiden geehrt werden, die die Verwundeten gepflegt und zahllose Leben gerettet haben», erklärte Ramses. «Dank ihrer Heilkunst und ihres Einsatzes konnten tapfere Männer den Schmerz besiegen und nach Hause zurückkehren.»

Abermals neigte sich der König herab und legte Setaou und Lotos mehrere goldene Armreife ums Handgelenk. Die schöne Nubierin war gerührt, der Schlangenbändiger nörgelte.

«Ich beauftrage Setaou und Lotos mit der Leitung der Arzneikammer des Palastes», ließ Ramses sich wieder vernehmen. «Ihre Aufgabe soll es sein, Heilmittel, die aus Schlangengift hergestellt werden, zu vervollkommnen und darüber zu wachen, daß sie jedermann im ganzen Land zur Verfügung stehen.»

«Mein Haus in der Wüste war mir lieber», brummte Setaou.

«Bedauerst du es, uns näher zu sein?» fragte Nefertari.

Das Lächeln der Königin entwaffnete den Brummbart. «Majestät ...»

«Deine Anwesenheit im Palast wird dem Hof zur Ehre gereichen, Setaou.»

Die Generäle, obzwar ein wenig vor den Kopf gestoßen, enthielten sich wohlweislich jeden Einwands. Hatten nicht auch sie schon das eine oder andere Mal auf Setaous und Lotos' Künste zurückgegriffen bei Verdauungs- oder Atembeschwerden? Und während des Feldzugs hatten der Schlangenkundige und seine Frau auch nie ihre Befugnis überschritten. Ihre Belohnung war nicht unverdient, wenn auch in den Augen der ranghohen Offiziere leicht übertrieben.

Nun fragte man sich, welcher der Generäle wohl eine Auszeichnung erhalten und zum Oberbefehlshaber des Heeres unter dem Befehl des Pharaos ernannt werden würde. Das war von großer Bedeutung, denn der Name des glücklichen Auserwählten würde auf die zukünftige Politik des Königs schließen lassen. Fiele die Wahl auf den dienstältesten der Generäle, so bedeutete das Tatenlosigkeit und Rückzugsgefechte, wurde aber der Anführer der Streitwagentruppe ernannt, so konnte man sich auf einen baldigen Krieg gefaßt machen.

Die beiden Fähnriche nahmen Acha in die Mitte.

Der noble, elegante, lässige junge Gesandte blickte voller Hochachtung zum königlichen Paar auf.

«Ich ehre dich, mein edler und treuer Freund», hob Ramses an, «weil deine Ratschläge mir kostbar waren. Auch du hast nicht gezögert, dich der Gefahr auszusetzen, und hast mich bewogen, meine Pläne zu ändern, als die Lage es erforderte. Der Friede ist wiederhergestellt, aber noch immer bedroht. Durch unser schnelles Eingreifen konnten wir die Aufständischen überrumpeln, aber was werden die Hethiter tun, die diesen Aufruhr angestachelt haben? Gewiß, wir haben die Garnisonen unserer kanaanäischen Festungen neu gefügt und Truppen zurückgelassen in der Provinz Amurru, die einem brutalen Racheakt des Feindes als erste ausgesetzt ist. Aber wir müssen unsere Bemühungen zur Verteidigung all unserer Schutzgebiete aufeinander abstimmen, damit es nicht zu einer neuen Belagerung kommt. Diese Aufgabe übertrage ich Acha. Von nun an wird die Sicherheit Ägyptens zum Großteil auf seinen Schultern ruhen.»

Acha verneigte sich, und Ramses legte ihm drei goldene Ketten um den Hals. Damit erhob er den jungen Gesandten in den Rang eines «Großen» Ägyptens.

Groll war allen Generälen gemeinsam: einem unerfahrenen Würdenträger kommt eine so heikle Aufgabe nicht zu! Da hatte der König einen schweren Fehler begangen! Daß er so wenig Vertrauen in die militärischen Ränge bewies, war unverzeihlich!

Chenar verlor zwar seinen zweiten Mann im Amt für die Beziehungen zu den Fremdländern, gewann aber einen mit weitreichenden Befugnissen ausgestatteten wertvollen Verbündeten. Indem er seinen Freund auf diesen Posten berief, steuerte Ramses seinem Untergang entgegen. Der vielsagende Blick, den Acha ihm zuwarf, war für Chenar der schönste Augenblick der ganzen Festlichkeit.

In Begleitung seines Hundes und seines Löwen, die sich königlich freuten, wieder beisammenzusein und miteinander zu spielen, hatte Ramses den Tempel verlassen und seinen Wagen bestiegen, um ein Versprechen einzulösen.

Homer saß unter seinem Zitronenbaum und

entsteinte Datteln, für die Hektor, die schwarz-weiße Katze, die ausschließlich frisches Fleisch fraß, nur mißbilligende Blicke übrig hatte.

«Tut mir leid, daß ich bei den Feierlichkeiten nicht anwesend war, Majestät. Meine alten Beine sind schwach geworden, ich kann nicht mehr stundenlang stehen. Aber ich bin glücklich, dich wohlbehalten wiederzusehen.»

«Spendierst du mir jetzt dieses Bier aus Dattelsaft, das du selber zubereitet hast?»

Im Abendfrieden kosteten die beiden Männer das schmackhafte Gebräu.

«Du verhilfst mir zu einem seltenen Vergnügen, Homer: einen Augenblick lang glauben zu dürfen, daß ich ein Mann bin wie jeder andere, fähig, ein bißchen Ruhe zu genießen, ohne an das Morgen zu denken. Bist du mit deiner *Ilias* weitergekommen?»

«Wie meine Erinnerung ist auch sie durchsetzt mit Bildern des Todes, von Leichen, von entschwundenen Freundschaften und göttlichen Fügungen. Aber haben die Menschen eine andere Bestimmung als ihren eigenen Wahn?»

«Der große Krieg, den mein Volk so fürchtet, konnte vermieden werden. Ägyptens Schutzgebiete haben sich uns wieder unterstellt, und ich hoffe, einen unüberwindbaren Wall zwischen uns und den Hethitern errichten zu können.»

«Das bezeugt viel Weisheit bei einem jungen und von einem so heftigen Feuer beseelten Herrscher! Sollten sich in dir etwa Priamos' Vorsicht und Achills Tapferkeit wundersam verbunden haben?»

«Ich bin überzeugt, daß mein Sieg den Hethitern schwer im Magen liegt. Dieser Friede ist nur ein Aufschub ... Morgen wird sich bei Kadesch das Schicksal der Welt entscheiden.»

«Warum kündet ein so milder Abend bereits vom Morgen? Die Götter sind wirklich grausam.»

«Wirst du mein Gast sein beim Festmahl heute nacht?»

«Wenn ich früh heimgehen darf. In meinem Alter ist Schlaf die höchste Tugend.»

«Hat dir schon mal geträumt, daß es den Krieg gar nicht gibt?»

«Ziel meiner *Ilias* ist, ihn in so schrecklichen Farben zu schildern, daß die Menschen vor ihrer Zerstörungswut zurückschrecken. Aber werden Generäle auf die Stimme eines Dichters hören?»

DREIUNDZWANZIG

Tujas grosse mandelförmige Augen, die so streng und bohrend blicken konnten, waren voller Zärtlichkeit, als sie Ramses ansah. Erhaben und betörend schön in dem vollendet geschnittenen Leinenkleid mit Gürtel, dessen gestreifte Zipfel fast bis auf die Knöchel herabfielen, betrachtete sie den Pharao unablässig.

«Hast du wirklich keine Verletzungen erlitten?»

«Glaubst du, ich könnte sie vor dir verbergen? Du siehst prachtvoll aus!»

«Die Falten sind tiefer geworden auf Stirn und Hals, auch die besten Schminkkünstlerinnen können keine Wunder bewirken.»

«Du strahlst immer noch Jugend aus.»

«Die Kraft von Sethos, wer weiß ... Die Jugend ist ein fremdes Land, das nur du bewohnst. Aber warum der Wehmut Raum geben an einem so freudigen Tag? Sei unbesorgt, ich werde beim Festbankett meinen Platz behaupten.»

Der König schloß seine Mutter in die Arme.

«Du bist die Seele Ägyptens.»

«Nein, Ramses, ich bin dein Gedächtnis, der Widerschein des Vergangenen, dem du die Treue wahren mußt. Die Seele Ägyptens, das seid ihr, du und Nefertari. Hast du einen dauerhaften Frieden wiederhergestellt?»

«Einen Frieden, das schon, aber dauerhaft? Nein. Unsere Schutzgebiete einschließlich Amurru beugen sich wieder unserer Herrschaft, aber die Hethiter werden das nicht so einfach hinnehmen, fürchte ich.»

«Du hast daran gedacht, Kadesch anzugreifen, nicht wahr?»

«Acha hat mich davon abgebracht.»

«Er hat recht getan. Dein Vater hatte auf diesen Krieg verzichtet, weil er wußte, daß er uns herbe Verluste zufügen würde.»

«Haben sich die Zeiten nicht geändert? Kadesch ist eine Bedrohung, die wir nicht mehr lange hinnehmen können.»

«Unsere Gäste erwarten uns.»

Kein Mißton trübte die festliche Stimmung des Banketts, bei dem Ramses, Nefertari und Tuja die Gastgeber waren. Romet lief unermüdlich vom Speisesaal in die Küchen und von den Küchen in den Speisesaal, begutachtete jedes Gericht, das aufgetragen wurde, kostete von jeder Sauce und nippte an jedem Wein.

Die Ehrenplätze waren Acha, Setaou und Lotos zugewiesen worden. Der junge Gesandte, der so brillant zu plaudern vermochte, hatte zwei griesgrämige Generäle entzückt, Lotos hatte belustigt zahllose Lobpreisungen ihrer Schönheit angehört, während Setaou seine ganze Aufmerksamkeit auf den Alabasterteller richtete, der unaufhörlich neu gefüllt wurde mit köstlichen Speisen.

In gelöster Stimmung hatten Adel und ranghohe Offiziere das Fest genossen, das sich nun dem Ende zuneigte.

Endlich waren Ramses und Nefertari allein in ihrem Schlafgemach, das Dutzende von Blumengebinden mit Duft erfüllten, wobei Jasmin und duftendes Zypergras hervorstachen.

«Zeichnet sich Königtum dadurch aus, daß man sich ein paar Stunden rauben muß, um sie mit der Frau, die man liebt, zu verbringen?»

«Lange warst du fort, so lange …»

Schulter an Schulter, Hand in Hand streckten sie sich auf dem großen Bett aus und überließen sich der Wiedersehensfreude.

«Es war merkwürdig», sagte sie, «deine Abwesenheit war mir eine Qual, aber daß du an mich dachtest, habe ich gespürt. Jeden Morgen, wenn ich zum Tempel ging, um die Sonnenaufgangsriten zu zelebrieren, trat dein Bildnis aus den Mauern hervor und lenkte meine Gesten.»

«Auch in den schlimmsten Augenblicken dieses Feldzugs war mir dein Antlitz stets gegenwärtig. Ich spürte, daß du um mich warst, als hättest du wie Isis zur Wiederbelebung von Osiris mit den Flügeln geschlagen.»

«Ein Zauber hat uns vereint, und nichts soll ihn je brechen.»

«Wem könnte das gelingen?»

«Von Zeit zu Zeit ist mir, als wäre da ein kalter Schatten … Er kommt näher, entfernt sich, kommt wieder näher und verblaßt.»

«Wenn es ihn gibt, werde ich ihn zerstören. Doch in deinem Blick sehe ich nur ein süßes und zugleich flammendes Licht.»

Ramses richtete sich ein wenig auf und bewunderte den makellosen Körper Nefertaris. Er löste ihr Haar, ließ die Träger des Kleides hinuntergleiten und entblößte sie langsam, so langsam, daß sie fröstelte.

«Frierst du etwa?»

«Du bist zu weit weg von mir.»

Er legte sich über sie, ihre Körper vermählten sich, ihr Verlangen wurde eins.

Nachdem er sich ein Schwallbad gegönnt und den Mund mit Natron gespült hatte, nahm Ameni jetzt in der Frühe in seinem Arbeitszimmer das Frühstück ein: Gerstenbrei, Sauermilch, Frischkäse und Feigen. Er aß hastig, die Augen auf einen Papyrus geheftet.

Das Geräusch von Ledersandalen auf dem gefliesten Boden überraschte ihn. Einer seiner Untergebenen? So früh? Ameni wischte sich die Lippen ab.

«Ramses!»

«Warum hast du am Festmahl nicht teilgenommen?»

«Sieh doch nur, wieviel Arbeit ich habe! Man möchte meinen, die Schriftstücke vermehrten sich von selbst. Außerdem mag ich solche Gesellschaften nicht, das weißt du doch. Ich wollte dich gleich heute um eine Audienz bitten und dir die Ergebnisse meiner Arbeit vorlegen.»

«Ich bin sicher, daß sie tadellos sind.»

Ein angedeutetes Lächeln belebte Amenis ernstes Gesicht. Für ihn gab es nichts Kostbareres als das Vertrauen des Herrschers.

«Sag mal ... wieso besuchst du mich so früh?»

«Wegen Serramanna.»

«Genau das sollte mein erster Punkt sein, über den ich mit dir sprechen wollte.»

«Er hat uns gefehlt in diesem Feldzug. Du hast ihn doch des Verrats beschuldigt, nicht wahr?»

«Die Beweise waren niederschmetternd, allerdings ...»

«Allerdings?»

«Ich habe alles nochmals überprüft.»

«Wieso?»

«Weil ich das Gefühl hatte, hintergangen worden zu sein. Und die berühmten Beweise gegen Serramanna erscheinen mir immer weniger überzeugend. Die, die ihn beschuldigte, ein leichtes Mädchen namens Nenofar, wurde ermordet. Und das Schriftstück, das seine Verschwörung mit den Hethitern beweisen soll, will ich so schnell wie möglich Acha zur Beurteilung vorlegen.»

«Sollen wir ihn gleich wecken?»

Der Verdacht Achas gegenüber Ameni war verflogen. Dieses Glücksgefühl behielt der König allerdings für sich.

Frische Milch mit Honig machte Acha wach. Die Gefährtin der Nacht überließ er den geschulten Händen seines Masseurs und seines Friseurs.

«Stünde nicht Seine Majestät höchstpersönlich vor mir, könnte ich mich noch gar nicht aufraffen, die Augen zu öffnen», bekannte der junge Gesandte.

«Spitz auch die Ohren», riet Ramses.

«Brauchen der König und sein Schreiber denn nie Schlaf?»

«Wenn es um das Schicksal eines zu Unrecht Eingekerkerten geht, ist Wachrütteln erlaubt», bekräftigte Ameni.

«Von wem sprichst du?»

«Von Serramanna.»

«Ja, aber ... hast du den nicht ...?»

«Sieh dir mal diese Holztäfelchen an.»

Acha rieb sich die Augen und las, was Serramanna seinem hethitischen Kumpan mitgeteilt hatte: bei kriegerischer Auseinandersetzung würde er seine Elitetruppen nicht einsetzen gegen den Feind.

«Soll das ein Witz sein?»

«Wieso glaubst du das?»

«Weil jeder Hethiter, der bei Hofe eine hohe

Stellung innehat, äußerst vorsichtig ist. Daß die Form gewahrt wird, selbst in Geheimschreiben, ist ihnen äußerst wichtig. Damit Briefe wie diese überhaupt bis Hattuscha gelangen, müssen Beobachtungen und Anfragen in einer Form abgefaßt sein, die Serramanna nicht kennt.»

«Folglich hat man Serramannas Schrift nachgeahmt!»

«Das ist ja auch kinderleicht: eine grobe Schrift. Und daß solche Sendschreiben nie abgeschickt wurden, davon bin ich überzeugt.»

Nun besah sich auch Ramses die Täfelchen.

«Da ist doch ein Merkmal, das euch hätte in die Augen springen müssen!»

Acha und Ameni dachten nach.

«Ehemalige Schüler des Kap, der hohen Schule von Memphis, hätten es eigentlich gleich finden müssen.»

«So früh am Morgen», entschuldigte sich Acha. «Diesen Text kann natürlich nur ein Syrer verfaßt haben. Er spricht zwar unsere Sprache, aber zwei Redewendungen sind kennzeichnend für seine Muttersprache.»

«Ein Syrer», wiederholte Ameni. «Ich bin überzeugt, daß es derselbe ist, der Nenofar, Serramannas Geliebte, bezahlt hat, damit sie eine Falschaussage macht, gegen ihn! Und da er befürchtete, daß sie es ausplaudern würde, beschloß er, sie umzubringen.»

«Eine Frau umbringen! Ungeheuerlich!» empörte sich Acha.

«Es gibt Tausende von Syrern in Ägypten», erinnerte Ramses.

«Hoffen wir, daß er sich nur geirrt hat, ein schlichtes Versehen», gab Ameni zu bedenken. «Ich werde der Sache nachgehen, und vielleicht finde ich ja die richtige Spur.»

«Dieser Mensch ist vielleicht nicht nur ein Mörder», wandte Ramses ein.

«Was meinst du damit?» fragte Acha.

«Ein Syrer im Bund mit den Hethitern … Vielleicht ein Spionagenetz innerhalb unseres Landes?»

«Nichts läßt auf eine direkte Verbindung zwischen dem Mann, der versucht hat, Serramanna zu beschuldigen, und unserem Hauptfeind schließen.»

«Diesen Einwand machst du nur, mein lieber Freund, weil du gekränkt bist», sagte Ameni und versetzte Acha einen empfindlichen Schlag. «Du, der Oberste unserer Kundschafterdienste, hast nämlich jetzt eine Entdeckung gemacht, die dir nicht gefallen kann!»

«Dieser Tag beginnt schlecht», befand der Gesandte, «und die nun folgenden dürften auch recht stürmisch werden.»

«Macht mir schleunigst diesen Syrer ausfindig!» befahl Ramses.

Auch im Gefängnis kräftigte Serramanna seine Muskeln auf seine Art: Er brüllte, er sei unschuldig, und hämmerte mit Fausthieben gegen die Wände. Am Prozeßtag würde er seinen Anklägern den Schädel einschlagen, wer auch immer sie sein mochten. Dieser ehemalige Seeräuber war so bissig, daß die verschreckten Aufseher es vorzogen, ihm das Essen zwischen den Gitterstäben hindurchzuschieben.

Als das Gitter endlich aufging, wollte sich Serramanna schon auf den Mann stürzen, der so tollkühn war, ihm entgegenzutreten.

«Majestät!»

«Dieser unliebsame Aufenthalt hat dir nicht sonderlich geschadet, Serramanna.»

«Ich habe dich nicht verraten, Majestät!»

«Du bist einem Irrtum zum Opfer gefallen, und ich bin hier, um dich zu befreien.»

«Ich komme also wirklich raus aus diesem Käfig?»
«Zweifelst du etwa am Wort des Königs?»
«Hast du noch ... Vertrauen zu mir?»
«Du bist der Vorsteher meiner Leibwache.»
«Dann, Majestät, werde ich dir auch alles sagen. Alles, was ich gehört habe, alles, was ich vermute, alles, weswegen man mich zum Schweigen bringen wollte.»

VIERUNDZWANZIG

MAN HATTE ES sich bequem gemacht im Speisesaal des Palastes. Ramses, Ameni und Acha sahen Serramanna zu, wie er seinen Heißhunger stillte: Taubenpastete, Rinderbraten vom Rost, Saubohnen in Gänsefett, Gurken in Rahm, Wassermelone, Ziegenkäse – er verschlang alles. Er zeigte unstillbaren Appetit und nahm sich kaum die Zeit, den kräftigen Rotwein zu kosten, sondern kippte ihn gierig hinunter.

Als er endlich satt war, warf er einen bösen Blick auf Ameni.

«Warum hast du mich ins Gefängnis gesteckt, Schreiberling?»

«Ich bitte dich um Entschuldigung. Zum einen hatte man mich getäuscht, und zum anderen hatte ich mich hinreißen lassen zu überstürztem Handeln, weil das Heer ja am selben Tag gen Norden ausrückte. Mir war wichtig, den König zu schützen.»

«Ausflüchte ... Geh du mal ins Gefängnis, dann wirst du schon sehen! Wo ist Nenofar?»

«Tot», erwiderte Ameni. «Ermordet.»

«Für die habe ich kein Mitleid. Wer hat das alles eingefädelt, und wer hat versucht, mich aus dem Feld zu schlagen?»

«Das wissen wir noch nicht, aber wir werden es herausfinden.»

«Ich weiß es!»

Der Sarde kippte noch eine Schale Wein hinunter und wischte sich den Schnurrbart ab.

«Sprich!» verlangte der König.

Serramannas Ton wurde schulmeisterlich.

«Ich habe es schon angedeutet, Majestät. Als Ameni mich festnehmen ließ, war ich auf dem Wege, dir gewisse Dinge zu enthüllen, die dir vielleicht nicht sonderlich gefallen hätten.»

«Wir hören, Serramanna.»

253

«Der Mann, der mich beiseite schaffen wollte, ist Romet, Majestät, der Haushofmeister, den du dir ausgesucht hast. Als damals der Skorpion auf deiner Schlafstatt auf dem Schiff entdeckt wurde, habe ich Setaou verdächtigt, und das war ein Irrtum gewesen, denn als dein Freund mich verarztet hat, habe ich ihn kennengelernt. Das ist ein rechtschaffener Mann, gar nicht fähig, zu lügen, zu betrügen oder jemandem zu schaden. Romet hingegen ist hinterhältig. Wer hätte Nefertaris Schal leichter entwenden können als er? Und er ist es auch – oder einer seiner Helfershelfer –, der den Krug Trockenfische beiseite geschafft hat.»

«Wieso hätte er so etwas tun sollen?»

«Das weiß ich auch nicht.»

«Ameni glaubt, daß ich von Romet nichts zu befürchten habe.»

«Ameni ist nicht unfehlbar!» trumpfte der Sarde auf. «Bei mir hat er sich ja auch geirrt ... Ebenso irrt er sich bei Romet!»

«Ich werde ihn selbst ausfragen», erklärte Ramses. «Verteidigst du Romet immer noch, Ameni?»

Der Schreiber schüttelte den Kopf.

«Noch weitere Enthüllungen, Serramanna?»

«Ja, Majestät.»

«Und wen betreffen die?»

«Deinen Freund Moses. Was ihn betrifft, da gibt's für mich keinen Zweifel. Da es immer noch meine Aufgabe ist, dich zu beschützen, muß ich aufrichtig sein.»

Der schneidende Blick, der ihn traf, hätte so manch einen umgehauen. Serramanna nahm noch einen kräftigen Schluck von dem starken Wein, bevor er sich aufraffte, sein Gewissen zu erleichtern.

«In meinen Augen ist Moses ein Verräter und ein Ränkeschmied. Sein Ziel war es, das Volk der Hebräer um sich zu scharen und im Delta ein unabhängiges Hoheitsgebiet zu schaffen. Mag sein, daß er Freundschaft für dich empfindet, aber auf lange Sicht wird er – sofern er noch am Leben ist – dein unerbittlichster Feind sein.»

Ameni befürchtete, nun würde der König aber wirklich aufbrausen. Doch Ramses blieb merkwürdig ruhig.

«Eine schlichte Vermutung oder das Ergebnis von Nachforschungen?»

«Ich habe nachgeforscht, so gut es ging. Und dabei habe ich auch erfahren, daß Moses sich mehrmals mit einem Fremden traf, der sich als

Baumeister ausgab. Diesem Mann war Moses offenbar behilflich. Dein hebräischer Freund war die Drehscheibe einer Verschwörung gegen Ägypten.»

«Hast du diesen Baumeister entlarvt?»

«Ameni hat mir dazu keine Zeit mehr gelassen.»

«Vergessen wir diesen Zwist, selbst wenn du der Leidtragende warst. Wir müssen zusammenhalten.»

Nach längerem Zögern umarmten sich Ameni und Serramanna. Eine eher ruppige Umarmung. Der Schreiber glaubte zu ersticken unter dem Druck des Sarden.

«Eine schlimmere Vermutung könnte es nicht geben», befand schließlich der König. «Moses ist ein Dickkopf; wenn du recht hast, Serramanna, dann wird er nicht ablassen von seinem Ziel. Aber wer will schon wissen, welches Ziel er jetzt verfolgt? Weiß er es selbst? Bevor man ihn des Hochverrats anklagt, muß man ihn erst anhören. Und um ihn anzuhören, muß man ihn erst einmal finden.»

«Dieser angebliche Baumeister», gab Acha, sichtlich verstört, zu bedenken, «könnte ja ein hochkarätiger Drahtzieher sein.»

«Bevor wir uns eine endgültige Meinung bilden», entschied Ameni, «muß noch vieles aufgeklärt werden, was im dunkeln liegt.»

Ramses legte dem Sarden die Hand auf die Schulter.

«Deine Offenheit ist eine seltene Tugend, Serramanna. Bewahre sie dir.»

In der Woche, die auf Ramses' triumphale Rückkehr folgte, hatte Chenar seinem Bruder nur Gutes zu berichten über die Fremdländer. Die Hethiter hatten keinerlei offiziellen Protest erhoben und schienen sich den Tatsachen zu beugen. Die Schlagkraft der ägyptischen Armee und ihre schnelle Vorgehensweise schienen sie überzeugt zu haben, daß es ratsam war, sich an die von Sethos durchgesetzte Nichtangriffsvereinbarung zu halten.

Bevor Acha erneut aufbrach, um in den Schutzgebieten nach dem Rechten zu sehen, lud Chenar noch zu einem Festmahl, bei dem sein ehemaliger Mitarbeiter der Ehrengast war. Er saß zur Rechten des Hausherrn, dessen Empfänge die höheren Kreise von Pi-Ramses stets in Entzücken versetzten. Auch der junge Gesandte fand Gefallen an den Darbietungen der drei jungen Tänzerinnen, die fast nackt waren, wenn man absah von der bunten Schärpe, die das tiefschwarze Schamhaar auch nicht verhüllte. Anmutig bewegten sie sich im Rhythmus der mal lebhaften, dann wieder schmachtenden Musik, die die Musikantinnen, eine Harfenistin, drei Flötistinnen und eine Oboistin, spielten.

«Welche wünschst du dir für die Nacht, mein lieber Acha?»

«Ich muß dich enttäuschen, Chenar, aber ich habe eine anstrengende Woche hinter mir mit einer unersättlichen Witwe und hege nur den einen Wunsch, zwölf Stunden zu schlafen, bevor ich mich aufmache gen Kanaan und Amurru.»

«Bei dieser Musik und dem Geplauder meiner Gäste können wir beide unbesorgt reden.»

«Ich bin zwar nicht mehr in deinem Amt tätig, aber mein neues Aufgabengebiet dürfte dir auch nicht mißfallen.»

«Etwas Besseres konnten wir beide uns doch gar nicht wünschen.»

«Doch, Chenar. Ramses hätte getötet, verwundet oder entehrt werden können.»

«Ich konnte mir nicht vorstellen, daß er, abgesehen von seiner angeborenen Kraft, so überragende Fähigkeiten als Feldherr besitzt. Aber wenn man's recht bedenkt, ist sein Sieg auch nur bedingt als solcher zu werten. Was hat er schon groß geleistet? Nur unsere Schutzgebiete zurückerobert. Daß die Hethiter sich nicht rühren, überrascht mich.»

«Sie überdenken die Lage. Wenn das erste Erstaunen vorbei ist, werden sie zuschlagen.»

«Wie gedenkst du jetzt vorzugehen, Acha?»

«Da Ramses mich in bezug auf unsere Schutzgebiete mit allen Vollmachten ausgestattet hat, hat er mir eine entscheidende Waffe in die Hand gegeben. Unter dem Vorwand, unser Verteidigungssystem neu aufzubauen, werde ich es Stück für Stück abbauen.»

«Fürchtest du nicht, entlarvt zu werden?»

«Ich habe Ramses bereits zu bereden vermocht, die Fürsten von Kanaan und Amurru in ihrem Amt als Provinzvorsteher zu belassen. Die sind an Machenschaften und Bestechungen gewöhnt und dürften sich auch weiterhin meistbietend verschachern. Die werde ich leicht ins hethitische Lager hinüberziehen können, und dann wird sich der berühmte Schutzwall, von dem Ramses träumt, schnell als Hirngespinst entpuppen.»

«Sei nicht unvorsichtig, Acha. Der Einsatz ist hoch.»

«Wir können die Partie nicht gewinnen, wenn wir nichts wagen. Die Pläne der Hethiter werden am schwierigsten einzuschätzen sein, doch was das betrifft, bin ich nicht ganz unbedarft.»

Ein riesiges Herrschaftsgebiet, von Nubien bis hinauf in die Berge des Nordens, ein Reich, über das er herrschen würde ... Chenar wagte nicht daran zu glauben, aber nun schien es doch, als würde sein Traum allmählich Wirklichkeit. Ramses war ungeschickt in der Wahl seiner Freunde: Moses, ein Mörder und Aufrührer; Acha, ein Verräter; Setaou, ein Kauz ohne Gewicht. Blieb nur Ameni, unnachgiebig und unbestechlich, aber völlig ohne Ehrgeiz.

«Man müßte Ramses zu einem wahnwitzigen Krieg bewegen», fuhr Acha fort. «Dann würde Ägypten Schiffbruch erleiden, und du wärest der Retter: dieses Ziel dürfen wir nicht aus dem Auge verlieren.»

«Hat Ramses dir noch einen anderen Auftrag erteilt?»

«Ja, ich soll Moses wiederfinden. Der König huldigt der Freundschaft. Selbst wenn der Sarde Moses des Hochverrats beschuldigt, wird der Pharao ihn nicht verurteilen, bevor er ihn nicht angehört hat.»

«Keine ernstzunehmende Spur?»

«Keine. Entweder ist der Hebräer in der Wüste verdurstet, oder er versteckt sich bei einem der unzähligen Stämme, die zwischen dem Berg Sinai und dem Negeb umherziehen. Sollte er sich in Kanaan oder Amurru verkriechen, werde ich es herausfinden.»

«Falls Moses bei einem der Stämme einen Aufstand anzettelt, könnte er uns doch nützlich sein.»

«Eines ist in der Tat verwirrend», betonte Acha. «Laut Serramanna hat Moses sich in geheimen Zusammenkünften mit einem Fremden getroffen.»

«Hier, in Pi-Ramses?»

«Ja.»

«Und hat man den entlarvt?»

«Nein, man weiß nur, daß er sich als Baumeister ausgab.»

Chenar gab sich unbeteiligt.

Also war Ofir nicht mehr völlig unbekannt. Der Magier war zwar nur eine Schattengestalt, aber er wurde zu einer möglichen Bedrohung. Keinerlei Verbindung durfte hergestellt werden zwischen ihm und Chenar. Schwarze Magie einzusetzen gegen den Pharao, darauf stand die Todesstrafe.

«Ramses verlangt, daß dieser Mann entlarvt wird», fuhr Acha fort.

«Bestimmt ein Hebräer ohne Aufenthaltsbefugnis ... Vielleicht hat er ja Moses ins Exil mitgenommen. Ich wette, daß wir weder den einen noch den anderen je wiedersehen.»

«Möglich ... Überlassen wir es Ameni, Licht in diese Angelegenheit zu bringen, vor allem nach seinem gewichtigen Irrtum.»

«Glaubst du, daß Serramanna ihm verzeiht?»

«Der Sarde scheint mir eher nachtragend.»

«Ist der nicht auch in eine Art Hinterhalt geraten?» fragte Chenar.

«Ein Syrer hat sich die Mittäterschaft einer Dirne erkauft und sie dann erwürgt, damit sie nicht mehr reden konnte, nachdem sie den Sarden beschuldigt hatte. Und das ist der gleiche Fremde, der Serramannas Schrift nachgeahmt hat, um glauben zu machen, er sei ein Spion im Sold der Hethiter. Ein Lügengespinst, das nicht schlecht ausgeklügelt ist, aber zu durchsichtig.»

Chenar hatte Mühe, die Ruhe zu bewahren.

Raia, der syrische Händler und Hauptverbündete Chenars, war also in Gefahr. Und Acha, sein anderer gewichtiger Verbündeter, sollte ihn entlarven und festnehmen!

«Wäre es dir recht, wenn meine Leute Nachforschungen anstellten über diesen Syrer?»

«Das übernehmen Ameni und ich. Wir wollen möglichst unauffällig vorgehen, um das Wild nicht aufzuscheuchen.»

Chenar nahm einen kräftigen Schluck Weißwein. Acha würde niemals erfahren, wie nützlich er ihm war.

«Ein Amtsinhaber wird erhebliche Schwierigkeiten bekommen», verriet der junge Gesandte belustigt.

«Wer denn?»

«Der dicke Romet, der herrische Haushofmeister des Palastes. Serramanna hat ihn unter Aufsicht gestellt, weil er überzeugt ist, daß Romet ins Gefängnis gehört.»

Chenar verspürte ein Reißen im Rücken, wie ein erschöpfter Ringkämpfer, aber er hielt sich dennoch tapfer.

Er mußte jetzt schnell handeln, ganz schnell, um das Gewitter abzuwenden, dessen Grollen schon vernehmbar war.

FÜNFUNDZWANZIG

Das Ende der Überschwemmungszeit nahte. Die Bauern hatten ihre Schwingpflüge instand gesetzt, die, von zwei Ochsen gezogen, flache Furchen durch den lockeren Schlamm ziehen würden, bevor man mit der Aussaat begann. Da die Nilschwemme genau zur rechten Zeit eingetreten und nicht zu stark und nicht zu gering ausgefallen war, konnte die Saat aufgehen und gedeihen. Die Götter waren Ramses wohlgesinnt: auch in diesem Jahr würden sich die Speicher füllen, und jeder Untertan des Pharaos konnte seinen Hunger stillen.

Romet, der Palastverwalter, mochte diese milden Tage vor Winterbeginn nicht sonderlich, da immer mal wieder Stürme aufkamen. Wenn er sich Sorgen machte, wurde Romet dicker. Und da mehr und mehr auf ihn einstürmte, kam er vor lauter Leibesfülle leicht außer Atem und mußte sich ein Weilchen setzen, bevor er seine Arbeit, die eine Last war, wiederaufnehmen konnte.

Wohin er auch ging, überall folgte ihm dieser Serramanna und ließ ihm keine Zeit zum Verschnaufen. Und wenn es nicht der Sarde persönlich war, war es einer seiner Schergen, deren bullige Gestalt nirgendwo unbemerkt blieb, weder im Palast noch auf den Märkten, wo Romet alles in Augenschein nahm, was für die königlichen Küchen eingekauft wurde.

Früher hatte es Romet noch Spaß gemacht, neue Gerichte zu erfinden: Lotoswurzeln und bittere Lupine, die, getrennt gekocht, mit länglichen Kürbissen, Kichererbsen, süßem Knoblauch, Mandeln und kleinen Stücken gebratenem Barsch vermischt wurden. Aber selbst wenn er an so etwas Köstliches dachte, konnte er die Tatsache, daß er ständig verfolgt und beobachtet wurde, nicht verdrängen.

Seit er wieder in Amt und Würden war, glaubte dieses Ungeheuer von Serramanna, ihm sei alles erlaubt. Und Romet konnte nicht einmal dagegen aufbegehren. Wie soll man seinen Frieden finden, wenn es einem bang ist ums Herz und Gewissensbisse an einem nagen?

Serramanna besaß die Geduld eines Seeräubers. Er belauerte seine Beute, wartete, daß dieser Fettwanst mit dem schwammigen Gesicht und der schwarzen Seele einen Fehler machte. Sein Gespür hatte ihn nicht getäuscht: Seit Monaten schon hegte er den Verdacht, dieser Romet sei treulos, und solche Menschen waren zu allem fähig. Obwohl er einen wichtigen Posten bekleidete, litt dieser Romet an einem tödlichen Übel: der Raffgier. Seine Stellung genügte ihm nicht, das bißchen Macht, über das er verfügte, wollte er durch Wohlstand krönen.

Indem er ihn ständig überwachte, machte Serramanna den Haushofmeister allmählich zu einem Nervenbündel. Der würde schon eine Dummheit begehen, vielleicht sogar seine Verbrechen zugeben.

Wie Serramanna vorhergesehen hatte, wagte der Haushofmeister keinerlei Beschwerde. Wäre er unschuldig gewesen, hätte er nicht gezögert, sich an den König zu wenden. In seinem täglichen Bericht unterstrich der Sarde daher auch diesen bedeutsamen Punkt.

Er würde diese Belagerung noch ein paar Tage fortsetzen und dann seine Männer beauftragen, ihn weiterhin zu beobachten, sich aber unsichtbar zu machen. Und dann würde Romet wieder aufatmen, sich dieses Halseisens entledigt wähnen und vermutlich seinen Kumpan wieder aufsuchen, der ihn für seine Gaunereien entlohnt hatte.

Lange nach Sonnenuntergang suchte der Sarde Ameni auf, der gerade dabei war, die Papyrusrollen mit den Tageseintragungen in einem großen Schrank aus Sykomorenholz zu verstauen.

«Gibt's war Neues, Serramanna?»

«Noch nichts. Romet ist zäher, als ich vermutet hatte.»

«Grollst du mir immer noch?»

«Na ja ... Was du mir da angetan hast, vergißt sich nicht so leicht.»

«Daß ich mich nochmals entschuldige, wäre sinnlos, ich mache dir einen besseren Vorschlag: Komm mit mir, sehen wir uns die Grundbucheintragungen an.»

«Du beziehst mich in deine Nachforschungen ein?»

«Ja.»

«Dann soll mein Groll verfliegen wie schlechte Laune! Ich begleite dich.»

Die Beamten im Grundbuchamt hatten etliche Monate gebraucht, bis sie auf demselben Stand waren wie ihre Amtsbrüder in Memphis. Die

Gewöhnung an eine neue Hauptstadt, die Registrierung von Grundbesitz und Häusern, die Erfassung von Besitzern und Mietern erforderte immer wieder Überprüfungen. Daher hatte es lange gedauert, bis Amenis Anfrage, obgleich als eilig gekennzeichnet, befriedigend zu beantworten war.

In Serramannas Augen war der kahlköpfige und hagere Sechzigjährige, der diesem Amt vorstand, noch düsterer als Ameni. An seiner fahlen Haut war abzulesen, daß er sich nie der Sonne oder der frischen Luft aussetzte. Der Beamte empfing seine Besucher mit eisiger Höflichkeit und führte sie zwischen Stapeln von Holztafeln hindurch, an Fächern voller Papyrusrollen entlang.

«Hab Dank, daß du uns noch empfängst zu solch später Stunde», sagte Ameni.

«Ich dachte mir, daß du auf größtmögliche Verschwiegenheit Wert legst.»

«In der Tat.»

«Ich verhehle dir nicht, daß euer Ansuchen uns viel zusätzliche Arbeit verursacht hat, aber nun ist es uns endlich gelungen, den Besitzer des fragwürdigen Hauses ausfindig zu machen.»

«Um wen handelt es sich?»

«Um einen aus Memphis stammenden Kaufmann namens Renuf.»

«Kennst du seinen Hauptwohnsitz in Pi-Ramses?»

«Er bewohnt ein Landhaus im Süden der Altstadt.»

Die Fußgänger stoben beiseite, als der von Serramanna gelenkte Zweispänner dahinjagte. Ameni hielt die Augen geschlossen, ihm war speiübel. Der Wagen donnerte mit unverminderter Geschwindigkeit über die erst kürzlich fertiggestellte Brücke über den Kanal, der die neuen Viertel der Hauptstadt von der alten Stadt Auaris trennte.

Die alte Stadt beherbergte prachtvolle Kaufmannshäuser mit gepflegten Gärten und bescheidene zweistöckige Wohnbauten.

«Hier ist es», sagte Serramanna.

Ameni hatte sich so fest angeklammert an einen der Riemen, daß er seine Hand nicht losbekam.

«Schaffst du's nicht?»

«Doch, doch ...»

«Na, dann wollen wir mal hineingehen! Ist

der Vogel im Nest, haben wir die Sache schnell hinter uns gebracht.»

Ameni konnte sich endlich befreien, mit schlotternden Beinen trottete er hinter dem Sarden her.

Renufs Türhüter hockte vor dem Eingang der Umfriedungsmauer aus rohen Ziegeln, die mit Kletterpflanzen bewachsen war. Der Mann aß Käse und Brot.

«Wir wollen den Kaufmann Renuf sprechen», sagte Serramanna.

«Er ist nicht da.»

«Wo können wir ihn finden?»

«Er ist unterwegs in Mittelägypten.»

«Wann ist er zurück?»

«Keine Ahnung.»

«Kennt sich hier jemand aus?»

«Tja ... ich glaube nicht.»

«Melde es uns, sobald er zurück ist.»

«Warum sollte ich?»

Mit bösem Blick hob Serramanna den Kerl unter den Achseln hoch.

«Weil der Pharao es verlangt. Wenn du auch nur eine Stunde zu spät kommst, wirst du's mit mir zu tun bekommen.»

Chenar litt unter Schlaflosigkeit und Sodbrennen. Da Raia nicht in Pi-Ramses war, mußte er so schnell wie möglich nach Memphis reisen, um den syrischen Händler vor der drohenden Gefahr zu warnen, aber auch um mit Ofir zu reden. Aber wenn er, Chenar, in die ehemalige Hauptstadt reisen wollte, mußte er Grund dazu haben. Zum Glück konnte er darauf verweisen, daß er etliche Verfügungen, die die Verwaltung betrafen, mit den hohen memphitischen Beamten zu besprechen hatte. Und so trat Chenar also im Namen des Pharaos an Bord eines Schiffes, das viel zu langsam fuhr für seinen Geschmack, eine Dienstreise an.

Entweder wußte Ofir eine Lösung, um Romet zum Schweigen zu bringen, oder er, Chenar, müßte sich des Libyers entledigen, obgleich dessen Versuche als Magier noch nicht beendet waren.

Chenar bereute es nicht, zwischen seinen Verbündeten Mauern errichtet zu haben; was jetzt geschehen war, bewies, wie nützlich seine Strategie gewesen war. Ein so feinsinniger und gefährlicher Mensch wie Acha wäre nicht erfreut gewesen, festzustellen, welche Bande zwischen Chenar und einem Spionagenetz bestanden, das für die Hethiter arbeitete und von dem der junge Gesandte nichts wußte. Ein ausgekochter und grausamer Kerl wie Raia, der glaubte, den älteren Bruder von Ramses in der Hand zu haben, hätte es nicht ertragen, daß er neben seiner Hethitertreue noch ein so persönliches Spiel trieb. Und Ofir blieb sowieso besser Gefangener seiner zwielichtigen Mächte und seines unbestreitbaren Wahns.

Acha, Raia, Ofir ... Drei wilde Tiere, die Chenar zu zähmen vermochte, um sich eine rosige Zukunft zu sichern, sofern es ihm gelang, die Bedrohung, die durch Unvorsichtigkeiten der anderen auf ihm lastete, abzufangen.

Am ersten Tag seines Aufenthalts in Memphis empfing Chenar die hohen Beamten, die er zu sprechen hatte, und veranstaltete in seinem Landhaus eine jener prachtvollen Gesellschaften, für die er bekannt war. Bei dieser Gelegenheit hatte er seinem Verwalter aufgetragen, den Kaufmann Raia kommen zu lassen, da dieser ihm seltene Vasen zum Schmuck des Festsaals anzubieten habe.

Als die Kälte zu schneidend wurde, verließen die Gäste den Garten und begaben sich ins Haus.

«Der Kaufmann ist da», sagte der Verwalter.

Wäre er gläubig gewesen, hätte Chenar den Göttern gedankt. Gespielt lässig ging er auf das Portal seines Landhauses zu. Der Mann, der ihn dort grüßte, war aber nicht Raia.

«Wer bist du?»

«Der Leiter seines Geschäfts in Memphis.»

«Ach so ... Ich pflege nur mit deinem Herrn zu verhandeln.»

«Er ist nach Theben und Elephantine gereist, um über eine Lieferung erlesener und haltbar gemachter Köstlichkeiten zu verhandeln. Obwohl er abwesend ist, kann ich dir ein paar schöne Vasen vorführen.»

«Zeig sie her.»

Chenar begutachtete sie.

«Nichts Außergewöhnliches ... Zwei werde ich dennoch nehmen.»

«Der Preis ist durchaus angemessen, Herr.»

Chenar feilschte, weil sich das gut machte, und ließ die Vasen durch seinen Haushofmeister bezahlen.

Es fiel ihm nicht leicht, zu lächeln, zu plaudern und Nichtigkeiten zu erzählen, aber er erwies sich dieser Aufgabe dennoch gewachsen. Niemand wäre auf den Gedanken gekommen, daß dieser wie üblich charmante und beredte Gastgeber in Wirklichkeit angstgepeinigt war.

«Du siehst blendend aus», sagte er zu seiner Schwester Dolente.

«Ein wundervoller Empfang, Chenar.»

Er reichte ihr den Arm und zog sie in die Vorhalle, die sich neben dem Festsaal erstreckte.

«Morgen früh werde ich Ofir aufsuchen. Er soll sein Haus nicht verlassen: Er ist in Gefahr.»

SECHSUNDZWANZIG

DOLENTE ÖFFNETE SELBST die Tür ihres Hauses.

Chenar wandte sich um. Ihm war niemand gefolgt.

«Komm herein, Chenar.»

«Ist alles ruhig?»

«Ja, sei unbesorgt. Ofirs Künste machen Fortschritte. Lita verhält sich mustergültig, aber ihre Gesundheit ist gefährdet, deswegen dürfen wir nichts überstürzen. Warum bist du so besorgt?»

«Ist der Magier wach?»

«Ich werde ihn holen.»

«Huldige ihm nicht allzusehr, Schwester-chen.»

«Er ist ein wunderbarer Mensch, der dem wahren Gott wieder zur Herrschaft verhelfen wird. Und er ist überzeugt, daß du die Geschicke lenken wirst.»

«Hol ihn her, ich hab's eilig.»

Der Libyer, in einem langen schwarzen Magiergewand, verneigte sich vor Chenar.

«Du mußt noch heute hier ausziehen, Ofir.»

«Was ist los, Hoher Herr?»

«Man hat dich in Pi-Ramses mit Moses reden sehen.»

«Hat man mich genau beschrieben?»

«Es hat nicht den Anschein, aber die Spürhunde wissen, daß du dich als Baumeister ausgegeben hast und Fremder bist.»

«Das ist doch zuwenig, Herr. Ich kann mich unsichtbar machen, sofern es nötig ist.»

«Du bist unvorsichtig gewesen.»

«An Moses heranzutreten war unerläßlich. Morgen werden wir uns zu diesem Schachzug vielleicht beglückwünschen.»

«Ramses ist wohlbehalten zurückgekehrt von

seiner Expedition in unsere Schutzgebiete, er will Moses unbedingt wiederfinden und weiß jetzt, daß es dich gibt. Wenn Zeugen dich entlarven, wirst du festgenommen und verhört werden.»

Ofir lächelte, und Chenar gefror das Blut in den Adern.

«Glaubst du wirklich, daß man jemanden wie mich festnehmen kann?»

«Ich fürchte, daß du einen verhängnisvollen Fehler begangen hast.»

«Welchen?»

«Du hast Romet vertraut.»

«Wieso glaubst du, daß ich ihm vertraut habe?»

«Auf deinen Befehl hin hat er Nefertaris Schal und den Krug Fische aus dem Lebenshaus von Heliopolis geraubt, weil du sie brauchtest für deine Zauberei.»

«Ein scharfsinniger Schluß, Hoher Herr, aber er ist nicht ganz zutreffend: Romet hat den Schal entwendet, und einer seiner Freunde, ein Lieferant aus Memphis, hat das mit dem Krug übernommen.»

«Ein Lieferant? … Ja, und wenn der nun redet?»

276

«Dieser Unglücksmensch ist an einem Herzanfall gestorben.»

«Eines ... natürlichen Todes?»

«Jeder Tod ist letztlich natürlich, Hoher Herr, wenn das Herz verstummt.»

«Bleibt noch der fette Romet ... Serramanna ist von seiner Schuld überzeugt und bedrängt ihn unaufhörlich. Wenn Romet redet, wird er dich verraten. Auf Magie, die den König treffen soll, steht die Todesstrafe.»

Ofir lächelte immer noch.

«Gehen wir in meine Hexenküche.»

Der Raum war angefüllt mit Papyrusrollen, beschrifteten Elfenbeintäfelchen, Näpfen voller Farbmischungen und dünnen Schnüren. Keinerlei Unordnung, ein wohltuender Weihrauchduft. Das Ganze wirkte eher wie eine Werkstatt oder wie eine Schreibstube, nicht wie ein Raum, in dem Schwarze Magie betrieben wurde.

Ofir breitete die Hände über einen Kupferspiegel, der auf einem Dreifuß auflag. Dann goß er etwas Wasser darüber und rief Chenar heran.

Im Spiegel zeichnete sich allmählich ein Gesicht ab.

«Romet!» rief Chenar.

«Der Haushofmeister des Pharaos ist ein

tüchtiger Kerl, aber schwach, habgierig und leicht zu beeinflussen», erklärte Ofir. «Um den gefügig zu machen, bedurfte es keiner großen Zauberkunst. Der Diebstahl, den er begangen hat, wenn auch widerstrebend, nagt an ihm wie Säure.»

«Wenn Ramses ihn ausfragt, wird Romet reden.»

«Nein, Hoher Herr.»

Ofir beschrieb mit der Linken einen Kreis über dem Spiegel. Das Wasser begann zu kochen, und das Kupfer zeigte Risse.

Beeindruckt wich Chenar zurück.

«Wird dieser Zauberkniff Romet zum Schweigen bringen können?»

«Erachte diesen Fall als gelöst. Ich glaube nicht, daß ich umziehen muß, denn Besitzerin dieses Hauses ist doch deine Schwester?»

«Ja.»

«Jedermann sieht sie kommen und gehen. Lita und ich sind ihre fleißigen Dienstboten und haben keinerlei Lust, in der Stadt herumzuspazieren. Solange wir den magischen Schutz, der das königliche Paar umgibt, nicht zerstört haben, werden weder sie noch ich dieses Haus verlassen.»

«Und die Anhänger Atons?»

«Deine Schwester ist unsere Vermittlerin. Auf meinen Befehl hin wahren sie mustergültige Verschwiegenheit in Erwartung eines großen Ereignisses.»

Chenar ging, in gewisser Weise beruhigt. Dieser Haufen schwärmerischer Vergangenheitsträumer konnte ihm gestohlen bleiben, ihn ärgerte vor allem, daß er diesen Romet nicht eigenhändig beseitigen durfte. Man konnte nur hoffen, daß dieser Magier kein Prahlhans war.

Er mußte noch weitere Vorkehrungen treffen.

Der Nil war ein wundervoller Fluß. Dank seiner mächtigen Strömung, die ein Schnellboot mit mehr als dreifacher Fußgängergeschwindigkeit vorantrieb, legte Chenar die Strecke von Memphis nach Pi-Ramses in weniger als zwei Tagen zurück.

Der ältere Bruder des Königs betrat kurz seine Amtsräume, wickelte hastig eine Besprechung mit seinen wichtigsten Mitarbeitern ab, nahm Einsicht in die Sendschreiben aus den Fremdländern und die Botschaften der in den Schutzgebieten tätigen Gesandten. Dann ließ er sich in einem Tragsessel zum königlichen Palast bringen. Der Himmel war bedeckt und voller Regenwolken.

Pi-Ramses war eine schöne Stadt, der nur die Patina von Memphis und der Zauber der Vergangenheit fehlten. Wäre er erst an der Macht, würde er sie nicht mehr als Residenzstadt nehmen, vor allem weil Ramses ihr seinen Stempel aufgedrückt hatte. Lebhaft und fröhlich ging jedermann seinen Alltagsgeschäften nach, als sei der Friede ewig und das riesige Hethiterreich bereits untergegangen und in Vergessenheit geraten. Einen Augenblick lang ließ auch Chenar sich betören vom Trugbild des einfachen Lebens im Rhythmus der Jahreszeiten. Müßte er nicht auch, wie das gesamte Volk Ägyptens, die Oberhoheit von Ramses anerkennen?

Nein, er war kein Untergebener.

Er besaß das Zeug zum König, der in die Geschichte eingehen würde, er wäre ein Herrscher mit weiter gespanntem Horizont als Ramses oder dieser hethitische «große Anführer». Er würde eine neue Weltordnung ersinnen und der alleinige Herrscher sein.

Der Pharao ließ seinen Bruder nicht warten. Ramses brach sein Gespräch mit Ameni ab, dem Wächter fürsorglich das Gesicht geleckt hatte.

Der Schreiber und Chenar wechselten einen eisigen Gruß, und der goldgelbe Hund legte sich auf einen spärlichen Sonnenfleck.

«War's eine angenehme Reise, Chenar?»

«Blendend. Du wirst mir verzeihen, aber ich liebe Memphis.»

«Wer wollte es dir versagen? Eine außergewöhnliche Stadt, der Pi-Ramses nie gleichkommen wird. Hätte die hethitische Bedrohung nicht solche Ausmaße angenommen, wäre ich nicht genötigt gewesen, eine neue Hauptstadt zu errichten.»

«Die memphitische Verwaltung ist und bleibt mustergültig in ihrer Gewissenhaftigkeit.»

«Auch die verschiedenen Ämter in Pi-Ramses machen ihre Sache gut. Ist dein Amtssitz nicht Beweis genug?»

«Ich mühe mich redlich, das kannst du mir glauben: kein beunruhigendes Sendschreiben, weder amtlich noch halbamtlich. Die Hethiter hüllen sich in Schweigen.»

«Keinerlei Erklärung unserer Gesandten?»

«Die Bergvölker hast du mit deinem Einschreiten aus dem Feld geschlagen, sie hätten sich nie vorstellen können, daß die ägyptische Armee so schnell und schlagkräftig ist.»

«Möglich.»

«Wieso dieser Zweifel? Wären sie überzeugt, unbesiegbar zu sein, hätten die Hethiter doch wenigstens lautstark Einspruch erhoben.»

«Daß sie die von Sethos errichtete Grenze achten ... das glaube ich nicht.»

«Wirst du jetzt zum Schwarzseher, Majestät?»

«Oberstes Ziel der Hethiter ist die Ausweitung ihres Lebensraums.»

«Ist Ägypten nicht ein zu dicker Brocken, selbst für einen Heißhungrigen?»

«Wenn Soldaten den Angriff suchen, lassen sie sich weder durch Weisheit noch durch Vernunft davon abhalten», befand Ramses.

«Nur ein starker Gegner wird die Hethiter zum Rückzug zwingen.»

«Rätst du jetzt etwa zu einer Verstärkung unserer Streitkräfte, Chenar?»

«Gibt es eine bessere Lösung?»

Der Sonnenstrahl war verschwunden. Wächter sprang dem König auf den Schoß.

«Ist das nicht eine Art Kriegserklärung?»

«Die Hethiter verstehen nur die Sprache der Gewalt. So denkst du doch auch im Grunde deines Herzens, wenn ich mich nicht irre.»

«Mir liegt aber auch an der Befestigung unseres Verteidigungsgürtels.»

«Ich weiß, du willst aus unseren Schutzgebieten einen Puffer machen ... Eine schwere Aufgabe für deinen Freund Acha, auch wenn er ein ehrgeiziger Mensch ist.»

«Scheint sie dir übertrieben?»

«Acha ist jung, du hast ihn ausgezeichnet und zu einem ‹Großen› im Staat gemacht. Eine so schnelle Beförderung könnte ihm zu Kopfe steigen ... Niemand bestreitet seine gewaltigen Fähigkeiten, aber wäre Vorsicht nicht ratsam?»

«Ich weiß, daß die militärischen Ränge sich nicht genügend geehrt fühlten. Aber Acha ist der Mann der Stunde.»

«Da gibt es noch etwas, das zwar nicht so gewichtig ist, worüber ich dich aber pflichtgemäß in Kenntnis setzen muß. Du weißt, daß die Palastbediensteten dazu neigen, alles auszuplaudern. Aber was da so insgeheim geschwätzt wird, sollte man vielleicht nicht unbedingt unbeachtet lassen. Mein Haushofmeister, der deutlich Zuneigung empfindet zu einer der Dienerinnen der Königin, berichtet, daß besagte Dienerin behaupte, gesehen zu haben, wie Romet Nefertaris Schal gestohlen hat.»

«Würde sie das bezeugen?»

«Romet bedroht sie. Sie fürchtet, von deinem Haushofmeister gequält zu werden, wenn sie ihn beschuldigt.»

«Leben wir etwa unter Gaunern oder in einem von der Maat regierten Land?»

«Vielleicht müßtest du zuerst Romet das Geständnis entlocken, anschließend wird die Kleine es schon bestätigen.»

Die angedeutete Kritik an Acha, vor allem aber die Beschuldigung Romets und die Beschleunigung eines Eingreifens durch Ramses waren drei heikle Punkte in Chenars gefährlichem Spiel, erhöhten aber auch seine Glaubwürdigkeit in den Augen des Pharaos.

Sollten sich Ofirs finstere Machenschaften als unwirksam erweisen, würde Chenar ihn eigenhändig erwürgen.

SIEBENUNDZWANZIG

Um sich von der Angst zu befreien, die ihn immer dicker werden ließ, war Romet nur eine Lösung eingefallen: Er würde eine ganz neue Marinade erfinden und sie «Ramses-Gaumenfreude» nennen, und jeder Meisterkoch würde sie seinen Schülern beibringen. Er schloß sich also ein in der geräumigen Palastküche und verlangte, in Ruhe gelassen zu werden. Höchstselbst hatte er die Zutaten ausgewählt: süßen Knoblauch, Zwiebeln erlesenster Güte, einen erstklassigen Rotwein aus den Oasen, Olivenöl aus Heliopolis, Essig, dem das beste Salz aus dem Landstrich Seths beigegeben worden war, verschiedene Kräuter, um den Geschmack zu verfeinern, Streifen von Nilbarsch, die auf der Zunge zergingen, und Rindfleisch, das der Götter würdig gewesen wäre. Die in diese Marinade eingelegten Speisen würden unvergleichlich duften, den König erfreuen und ihn, Romet, unersetzlich machen.

Trotz der eindeutigen Anordnungen, die er getroffen hatte, ging plötzlich die Küchentür auf.

«Ich hatte befohlen ... Majestät! Majestät, dein Platz ist nicht hier!»

«Gibt es einen Platz im Königreich, der mir verboten wäre?»

«Das wollte ich nicht sagen. Verzeih mir...»

«Darf ich mal kosten?»

«Meine Marinade ist noch nicht fertig, ich bin erst bei den Vorbereitungen. Aber es wird etwas ganz Besonderes werden und in die Annalen der Kochkunst Ägyptens eingehen!»

«Liebst du das Geheimnisvolle, Romet?»

«Nein, nein ... Aber Kochkunst erfordert Verschwiegenheit. Ich gebe zu, daß ich meine Erfindungen eifersüchtig hüte.»

«Hast du nicht noch anderes zuzugeben?»

Ramses' hohe Gestalt machte Romet zum Zwerg. Er sank in sich zusammen und schlug die Augen nieder.

«Mein Leben ist nicht geheimnisvoll, Majestät. Es spielt sich im Palast ab, in deinen Diensten, nur zu deinem Wohlbehagen.»

«Bist du dir da so sicher? Jeder Mensch hat Schwächen, heißt es. Wo sind deine schwachen Seiten?»

«Ich ... ich weiß es nicht. Die Naschsucht, vielleicht?»

«Bist du mit deinem Lohn etwa nicht zufrieden?»

«O doch! Gewiß!»

«Das Amt des Haushofmeisters ist beneidenswert und viel beneidet, aber Reichtum verschafft es nicht.»

«Das ist ja gar nicht mein Ziel, das schwöre ich dir!»

«Wer würde schon ein verlockendes Angebot ausschlagen als Gegenleistung für ein paar Handreichungen?»

«Majestät zu dienen ist soviel beglückender als ...»

«Lüg nicht noch mehr, Romet. Entsinnst du dich des bedauerlichen Vorfalls mit dem Skorpion in meinem Schlafgemach?»

«Zum Glück hat er dich verschont!»

«Man hatte dir versprochen, daß er mich nicht töten und du niemals angeklagt werden würdest, nicht wahr?»

«Das stimmt nicht, Majestät, ganz und gar nicht!»

«Du hättest dich nicht darauf einlassen sollen, Romet. Man hat nämlich noch einmal auf deine Habsucht gesetzt, als man von dir verlangte, den Schal der Königin zu entwenden.

Und am Diebstahl des Krugs mit den Fischen bist du gewiß auch nicht unbeteiligt.»

«Doch, Majestät, doch ...»

«Es hat dich jemand gesehen.»

Romet glaubte zu ersticken. Auf seiner Stirn perlten dicke Schweißtropfen.

«Unmöglich ...»

«Hast du eine schwarze Seele, Romet, oder bist du zum Spielball anderer geworden?»

Romet verspürte einen stechenden Schmerz in der Brust. Am liebsten hätte er dem König alles gestanden, um die Gewissensbisse loszuwerden, die ihn plagten.

Er sank auf die Knie, seine Stirn schlug gegen die Tischkante, dort oben standen alle Zutaten seiner neuen Marinade.

«Nein, ich bin kein böser Mensch ... Ich war nur schwach, zu schwach. Du mußt mir vergeben, Majestät.»

«Sofern du mir endlich die Wahrheit sagst, Romet.»

Romets Blick vernebelte sich, Ofirs Gesicht erschien ihm. Ein Geiergesicht mit gekrümmtem Schnabel, der sich in sein Fleisch bohrte und sein Herz verschlang.

«Wer hat dich zu diesen Untaten angestiftet?»

Romet wollte sprechen, aber Ofirs Name kam ihm nicht über die Lippen. Beklemmende Angst raubte ihm den Atem, eine Angst, die ihn ins Nichts gleiten ließ, um der Bestrafung zu entgehen.

Romet blickte flehend zu Ramses hoch, seine rechte Hand klammerte sich an die Schüssel, in der er seine Marinade gerührt hatte, die Schüssel kippte, und die würzige Marinade floß ihm übers Gesicht, er brach zusammen und war tot.

«Der ist aber dick», sagte Kha und schaute auf Schlächter, Ramses' Löwen.

«Hast du Angst vor ihm?» fragte der König seinen Sohn.

Der neunjährige Kha, der Sohn von Ramses und Iset der Schönen, war schon so ernsthaft wie ein alter Schreiber. Spiele, die seinem Alter entsprachen, langweilten ihn, seine ganze Liebe galt dem Lesen und Schreiben, und daher verbrachte er die meiste Zeit im Lesesaal des Palastes.

«Ein bißchen Angst macht er mir schon.»

«Du hast recht, Kha. Schlächter ist ein höchst gefährliches Tier.»

«Aber du, du hast keine Angst, weil du der Pharao bist.»

«Dieser Löwe und ich, wir haben uns angefreundet. Als er noch ganz klein war, hatte eine Schlange ihn gebissen, in Nubien. Ich habe ihn gefunden, Setaou hat ihn geheilt, und seitdem haben wir einander nicht mehr verlassen. Schlächter hat mir seinerseits das Leben gerettet.»

«Ist er mit dir immer lieb?»

«Immer. Aber nur mit mir.»

«Redet er mit dir?»

«Ja, mit den Augen, den Pranken und den Lauten, die er von sich gibt ... Und er versteht auch, was ich zu ihm sage.»

«Ich möchte ihm mal über die Mähne streichen.»

In Sphinxpose beobachtete der riesige Löwe den Mann und das Kind. Als er ein dumpfes, tiefes Grollen hören ließ, drängte der kleine Kha sich an des Vaters Bein.

«Ist er jetzt böse?»

«Nein, er ist einverstanden, daß du ihn streichelst.»

Die Gelassenheit des Vaters machte dem Kleinen Mut. Er trat näher. Seine winzige Hand strich zunächst zögernd über die Haare der prachtvollen Mähne, wurde dann aber kühner, und der Löwe schnurrte.

«Kann ich ihm auch auf den Rücken klettern?»

«Nein, Kha. Schlächter ist ein Krieger und ein stolzes Wesen. Er hat dir eine große Gunst erwiesen, aber mehr darfst du nicht von ihm verlangen.»

«Ich werde seine Geschichte aufschreiben und sie meiner Schwester Merit-Amun erzählen. Zum Glück ist sie bei der Königin im Palastgarten geblieben ... Ein kleines Mädchen wäre entsetzt gewesen über einen so großen Löwen.»

Ramses schenkte seinem Sohn eine neue Schreiberpalette und eine Pinselmappe. Der Knabe war entzückt über das Geschenk, nahm das Schreibgerät sofort zur Hand und vertiefte sich in Schriftzeichen. Sein Vater störte ihn nicht dabei, denn Ramses war glücklich über solch seltene Augenblicke, hatte er doch soeben noch den schrecklichen Tod seines Haushofmeisters Romet miterlebt, dessen Gesicht urplötzlich ledern ausgesehen hatte wie das eines Greises.

Der Dieb war vor Entsetzen gestorben und hatte den Namen dessen, der ihn angestiftet hatte, sich selbst zu vernichten, nicht preisgegeben.

Eine Macht der Finsternis kämpfte gegen den

Pharao. Und dieser Feind war nicht weniger gefährlich als die Hethiter.

Chenar jubelte.

Romets plötzlicher Tod nach Herzstillstand unterbrach die zu Ofir führende Spur. Der Magier hatte nicht geprahlt. Seine Zauberkunst hatte den Fettwanst beseitigt, der einem gezielten Verhör nicht standgehalten hatte. Im Palast wunderte sich niemand über diesen Tod, in seiner Freßgier war Romet ja sichtbar dicker geworden. Das verfettete Herz, an dem auch die ständige Nervenanspannung zehrte, hatte aufgegeben.

Dieser heikle Fall war nun zu Chenars Zufriedenheit gelöst. Und noch eine Freude stand ihm bevor: Raia, der syrische Händler, war nach Pi-Ramses zurückgekehrt und ersuchte darum, von Chenar empfangen zu werden, um ihm eine besonders schöne Vase zu zeigen. Man hatte ein Treffen am späten Vormittag eines dieser milden und sonnigen Spätherbsttage vereinbart.

«War deine Reise in den Süden angenehm?»

«Sehr anstrengend, Hoher Herr, aber auch sehr ertragreich.»

Das Spitzbärtchen des Syrers war sorgfältig gestutzt. Seine kleinen, lebhaften braunen Augen huschten durch den Säulensaal, in dem Chenar seine Kunstwerke ausstellte.

Raia lüftete den Schleier über einer bauchigen Bronzevase, die mit Weinranken und -blättern kunstvoll verziert war.

«Sie stammt aus Kreta. Ich habe sie einer reichen Thebanerin abgekauft, die keinen Gefallen mehr daran fand. So etwas wird heute nicht mehr hergestellt.»

«Wunderbar! Das Geschäft ist gemacht, lieber Freund!»

«Das freut mich, Herr, aber ...»

«Sollte die edle Dame Bedingungen stellen?»

«Nein, aber der Preis ist recht hoch ... Es handelt sich um ein einmaliges Stück, ein wirklich einzigartiges.»

«Stell dieses Wunderwerk auf einen Sockel und komm dann in meine Schreibstube. Wir werden uns schon einig werden, dessen bin ich mir ganz sicher.»

Die schwere Sykomorentür schloß sich. Niemand konnte sie hören.

«Einer meiner Gehilfen teilte mir mit, daß du in Memphis gewesen bist, um von mir eine Vase zu kaufen. Ich habe meine Reise daher abgebrochen und bin so schnell wie möglich nach Pi-Ramses zurückgekehrt.»

«Das war auch unerläßlich.»

«Was ist los?»

«Serramanna ist wieder auf freiem Fuß und erfreut sich erneut des Vertrauens von Ramses.»

«Mißlich.»

«Dieser Schnüffler Ameni hegte Zweifel an der Echtheit der Beweisstücke, und dann hat Acha sich noch eingeschaltet.»

«Sei auf der Hut vor diesem jungen Gesandten, er ist intelligent und kennt die Nordländer gut.»

«Zum Glück arbeitet er nicht mehr im Außenamt. Ramses hat ihn ausgezeichnet und in unsere Schutzgebiete geschickt, um unseren Verteidigungsgürtel zu stärken.»

«Eine äußerst heikle, fast unmögliche Aufgabe.»

«Acha und Ameni sind zu höchst unangenehmen Schlußfolgerungen gelangt: Jemand soll Serramannas Schrift nachgeahmt haben, um glauben zu machen, er stehe in Schriftverkehr mit den Hethitern, und dieser Jemand sei ein Syrer.»

«Höchst mißlich», beklagte Raia.

«Man hat Nenofars Leichnam gefunden, Serramannas Geliebte, die du gegen den Sarden benutzt hast.»

«Es war nötig, sie zu beseitigen, diese dumme Gans hatte gedroht, alles auszuplaudern.»

«Ich gebe dir ja recht, aber unvorsichtig hast du gehandelt.»

«Wieso?»

«Deine Wahl des Tatorts.»

«Ich habe ihn nicht ausgesucht. Sie wollte das ganze Viertel zusammentrommeln, ich mußte schnell handeln und mich aus dem Staub machen.»

«Ameni sucht nach dem Besitzer dieses Hauses, um ihn zu verhören.»

«Es gehört einem Kaufmann, der viel auf Reisen ist. Ich bin ihm in Theben begegnet.»

«Wird er deinen Namen nennen?»

«Ich fürchte es, denn ich bin sein Mieter.»

«Das ist ein Verhängnis, Raia! Ameni ist überzeugt, daß sich ein hethitisches Spionagenetz auf unserem Boden eingenistet hat. Obwohl er Serramanna festgenommen hatte, scheinen die beiden sich wieder versöhnt zu haben und arbeiten jetzt Hand in Hand. Die Suche nach dem, der den Sarden zu Unrecht beschuldigt und dessen Geliebte umgebracht hat, ist zu einer Staatsangelegenheit geworden. Und etliche Hinweise zielen auf dich.»

«Noch ist nichts verloren.»

«Was hast du vor?»

«Ich werde den ägyptischen Händler abfangen.»

«Und ...»

«Beseitigen, was sonst?»

ACHTUNDZWANZIG

DER WINTER NAHTE, die Tage wurden kürzer, die Sonne verlor an Kraft. Dem Pharao waren die Macht des Sommers und die Glut seines Schutzgestirns, das nur er anblicken konnte, ohne sich die Augen zu verbrennen, zwar lieber, doch dieser Herbsttag, der betörend mild war, bescherte ihm eine seltene Freude: einen ausklingenden Nachmittag in den Palastgärten mit Nefertari, ihrer Tochter Merit-Amun und seinem Sohn Kha.

König und Königin saßen auf Faltstühlen an einem Wasserbecken und sahen dem Treiben der Kinder zu. Kha bestand darauf, daß Merit-Amun einen schwierigen Text über die Lauterkeit las, während Merit-Amun dem Bruder das Rückenschwimmen beibringen wollte. Der Junge hatte, trotz seines Eigensinns, schließlich nachgegeben, beteuerte aber immer wieder, das Wasser sei zu kalt und er werde einen Schnupfen bekommen.

«Merit-Amun ist genau so wie ihre Mutter», sagte Ramses. «Sie wird die ganze Welt betören.»

«Kha ist der geborene Zauberer ... Sieh nur, wie er nicht lockerläßt, sie muß, ob sie will oder nicht, den Papyrus lesen.»

«Sind die Lehrer mit ihnen zufrieden?»

«Kha ist ein außergewöhnliches Kind. Laut Nedjem, der über seine Erziehung wacht, könnte er die Prüfung für angehende Schreiber schon mitmachen.»

«Hat er diesen Wunsch geäußert?»

«Lernen geht ihm über alles.»

«Geben wir ihm die Nahrung, nach der er verlangt, damit seine wahre Natur sich entfalten kann. Er wird viele Prüfungen zu bestehen haben, denn die Mittelmäßigen trachten immer danach, Wesen, die anders sind, zu ersticken. Für Merit-Amun wünsche ich mir ein friedvolleres Dasein.»

«Sie hat nur Augen für ihren Vater.»

«Und ich widme ihr sowenig Zeit ...»

«Ägypten hat Vorrang vor unseren Kindern, das ist rechtmäßig.»

Der Löwe und der goldgelbe Hund lagen am Eingang des Gartens und hielten aufmerksam Wache. Niemand hätte sich unbemerkt nähern können.

«Komm, Nefertari.»

Die junge Königin mit dem gelösten Haar ließ sich auf Ramses' Schoß gleiten und legte ihren Kopf auf seine Schulter.

«Du bist der Duft des Lebens, und du schenkst mir das Glück. Wir könnten ein Paar wie alle anderen sein, zahlreiche Stunden wie diese auskosten ...»

«Es ist berückend, in diesem Garten zu träumen, aber die Götter und dein Vater haben dich zum Pharao gemacht, und du hast dein Leben deinem Volk geweiht. Was man gegeben hat, darf man nicht zurücknehmen.»

«In diesem Augenblick gibt es für mich nur

das duftende Haar einer Frau, in die ich unsterblich verliebt bin, Haare, die im Abendwind tanzen und meine Wange streicheln.»

Ihre Lippen vereinten sich in einem stürmischen Kuß wie bei jung Verliebten.

Raia mußte selbst handeln.

Daher begab er sich zum Hafen, der in Pi-Ramses zwar kleiner war als in Memphis, wo aber ebenso reges Treiben herrschte. Für Ordnung beim Anlegen und Entladen der Schiffe sorgte die Flußwache, sie duldete keinerlei Widerspruch.

Raia wollte seinen Kumpan Renuf zu einem üppigen Mittagessen in ein gutes Wirtshaus einladen, wo genug Menschen saßen, die notfalls bezeugen konnten, sie hier scherzend und tafelnd gesehen zu haben, so daß an ihren ausgezeichneten Beziehungen kein Zweifel bestand. Am Abend würde Raia sich dann in Renufs Haus schleichen und ihn erwürgen. Und sollte sich ein Diener einmischen, würde ihn dasselbe Schicksal ereilen. Bei den hethitischen Ausbildern im nördlichen Syrien hatte der Händler das Töten gelernt. Dieses neue Verbrechen würde selbstverständlich Nenofars Mörder angelastet werden. Aber was kümmerte das ihn? Wäre Renuf erst einmal beseitigt, wäre Raia außer Gefahr.

Im Hafenbereich tummelten sich kleine Händler jeglicher Art, sie verkauften Obst, Gemüse, Sandalen, Stoffe, billige Halsketten und Armbänder. Die Käufer feilschten wie besessen, der Spaß am Reden und Schachern gehörte ganz wesentlich zu einem guten Geschäft.

Der Syrer wandte sich an einen der Hafenaufseher.

«Ist Renufs Schiff schon da?»

«Steg fünf, neben dem Schlepper.»

Raia beschleunigte seine Schritte.

An Deck des Schiffes schlief ein Seemann. Der Syrer lief den Landesteg hinauf und weckte den Wächter.

«Wo ist dein Herr?»

«Renuf? ... Keine Ahnung.»

«Wann seid ihr angekommen?»

«Heute früh.»

«Seid ihr bei Nacht gefahren?»

«Sondergenehmigung, wegen dem Frischkäse aus der großen Molkerei von Memphis. Gewisse Adlige von hier wollen keinen anderen.»

«Nach Erledigung der Landeformalitäten ist dein Herr wohl nach Hause gegangen.»

«Das würde mich wundern.»

«Wieso?»

«Weil der sardische Riese ihn gezwungen hat, seinen Wagen zu besteigen. Nicht gerade zimperlich, dieser Kerl.»

Über Raia stürzte der Himmel ein.

Renuf war ein leutseliger, wohlbeleibter Mann, Vater von drei Kindern, Nachkomme einer Familie von Flußschiffern und Händlern. Als Serramanna ihn gleich nach seiner Ankunft in Pi-Ramses lauthals angeherrscht hatte, war Renuf im höchsten Grade erstaunt gewesen. Aber da der Sarde äußerst schlecht gelaunt wirkte, hatte der Händler es vorgezogen, ihm zu folgen, damit das Mißverständnis, dessen Opfer er ja war, möglichst schnell aufgeklärt werde.

Serramanna fuhr mit ihm schnurstracks zum Palast und brachte ihn zu Amenis Schreibstube. Zum erstenmal sah Renuf sich dem Obersten königlichen Schreiber gegenüber, der allgemein gerühmt wurde. Man pries seine Gewissenhaftigkeit, seinen Arbeitseifer und seine Ergebenheit dem König gegenüber. Er lenkte im Schatten die Geschicke des Staates mit vorbildlicher Rechtschaffenheit und lechzte nicht nach Auszeichnungen oder gesellschaftlicher Anerkennung.

Amenis blasse Gesichtsfarbe beeindruckte Renuf, obgleich auch er schon gehört hatte, der Schreiber verlasse seinen Arbeitsraum so gut wie nie.

«Diese Begegnung ist eine Ehre für mich», sagte Renuf, «wenn mir auch der Grund dafür nicht klar ist. Ich gebe zu, daß diese barsche Vorladung mich erstaunt.»

«Verzeih mir, aber wir bearbeiten da einen schwerwiegenden Vorfall.»

«Einen Vorfall ... der mich betrifft?»

«Vielleicht.»

«Wie kann ich dir dabei helfen?»

«Indem du meine Fragen ehrlich beantwortest.»

«Dann frag mich.»

«Kennst du eine gewisse Nenofar?»

«Ein recht häufiger Name ... Ich kenne mindestens ein Dutzend!»

«Die, von der wir reden, ist jung, sehr hübsch, unverheiratet, keck, wohnhaft in Pi-Ramses, wo sie ihre Reize feilbietet.»

«Eine … Dirne?»

«Eine unauffällige.»

«Ich liebe meine Frau, Ameni. Trotz meiner vielen Reisen habe ich sie nie betrogen. Ich versichere dir, wir verstehen uns bestens. Befrag meine Freunde und Nachbarn, wenn du mir nicht glaubst.»

«Würdest du unter Eid und vor der Maat beschwören, daß du besagte Nenofar niemals getroffen hast?»

«Ich schwöre», sagte Renuf feierlich.

Diese Erklärung machte Eindruck auf Serramanna, der dem Verhör schweigend beiwohnte. Der Kerl schien aufrichtig.

«Merkwürdig», sagte Ameni irgendwie verstört.

«Wieso merkwürdig? Wir Kaufleute haben zwar keinen guten Ruf, aber ich bin ein ehrlicher Mensch und bin stolz darauf! Meine Angestellten werden gut entlohnt, mein Schiff ist sorgfältig gewartet, ich ernähre meine Familie, meine Rechnungslisten sind in Ordnung, ich zahle meine Steuer, von der Seite kam noch nie ein Vorwurf … Ist es das, was dir merkwürdig erscheint?»

«Männer wie du sind eine Seltenheit, Renuf.»

«Das ist bedauerlich.»

«Was mir merkwürdig erscheint, ist der Ort, wo Nenofars Leichnam gefunden wurde.»

Der Händler fuhr hoch.

«Der Leichnam ... Du willst sagen ...»

«Sie wurde ermordet.»

«Wie entsetzlich!»

«Sie ist zwar nur eine Dirne, doch auf Mord jedweder Art steht die Todesstrafe. Das Merkwürdige ist, daß der Leichnam sich in einem Haus in Pi-Ramses befand, das dir gehört.»

«Bei mir, in meinem Haus?»

Renuf war einer Ohnmacht nahe.

«Nicht in deinem Landhaus», berichtigte Serramanna, «aber in diesem Haus hier.»

Der Sarde zeigte mit dem Finger auf einen bestimmten Punkt auf dem Stadtplan von Pi-Ramses, den Ameni vor ihm ausgerollt hatte.

«Ich verstehe nicht, ich ...»

«Gehört es dir, ja oder nein?»

«Ja, aber das ist doch kein Haus.»

Ameni und Serramanna sahen sich an; hatte Renuf den Verstand verloren?

«Das ist kein Haus», betonte er nochmals, «nur ein Schuppen. Den habe ich mal gekauft, weil ich glaubte, einen Lagerraum zu benötigen für meine Waren. Aber da habe ich mich verschätzt. In meinem Alter will ich mein Geschäft gar nicht mehr erweitern. So bald wie möglich werde ich mich zur Ruhe setzen, aufs Land ziehen, in die Nähe von Memphis.»

«Hast du die Absicht, dieses Lager wieder zu verkaufen?»

«Ich habe es vermietet.»

Ein Hoffnungsschimmer blitzte auf in Amenis Augen.

«An wen?»

«An einen anderen Kaufmann namens Raia. Ein reicher, sehr rühriger Mann, der mehrere Schiffe und mehrere Geschäfte in ganz Ägypten besitzt.»

«Womit handelt er?»

«Er importiert erlesene Dinge, die lange haltbar sind, aber auch seltene Vasen, die er an die bessere Gesellschaft verkauft.»

«Weißt du, woher er stammt?»

«Er ist Syrer, lebt aber lange schon in Ägypten.»

«Danke, Renuf, deine Hilfe war uns von Nutzen.»

«Braucht ... braucht ihr mich jetzt nicht mehr?»

«Ich glaube nicht, aber bewahre Schweigen über unser Gespräch.»

«Mein Ehrenwort.»

Raia, ein Syrer ... Wäre Acha dagewesen, hätte er seine Schlußfolgerungen als richtig gewertet. Ameni blieb nicht einmal die Zeit, aufzustehen, der Sarde rannte schon auf seinen Wagen zu.

«Serramanna, warte auf mich!»

NEUNUNDZWANZIG

TROTZ DER KALTEN Luft war Uriteschup nur mit einem Schurz aus grober Wolle bekleidet, der Oberkörper war nackt. Stürmisch galoppierte er und zwang seine Reiter, ihren Pferden höchste Anstrengung abzuverlangen. Der große, kräftige Uriteschup, Sohn des hethitischen Herrschers Muwatalli, trug sein langes Haar und seine fuchsrot behaarte Brust zur Schau, denn er war stolz, nach dem gescheiterten Aufstand in den ägyptischen Schutzzonen zum Obersten Heerführer ernannt worden zu sein.

Daß Ramses so schnell und so kraftvoll zurückgeschlagen hatte, konnte Muwatalli nur in Erstaunen versetzen. Laut Baduk, dem ehemaligen Obersten Heerführer, der diesen Aufstand hatte vorbereiten, überwachen und nach gelungenem Streich die Schutzgebiete besetzen sollen, hätte dies alles nicht sonderlich schwierig sein dürfen. Der seit Jahren in Ägypten ansässige syrische Spion hatte allerdings nicht ganz so beruhigende Nachrichten übermittelt. Nach seinem Bekunden war Ramses ein großer Pharao von starkem Charakter und unbeugsamem Willen. Baduk hatte eingewendet, die Hethiter hätten nichts zu befürchten von einem unerfahrenen König und einer aus Söldnern, Angsthasen und Versagern zusammengewürfelten Armee. Der von Sethos erzwungene Friede war für Hatti segensreich gewesen, so hatte Muwatalli Zeit gehabt, sein Ansehen zu festigen und sich der Ehrgeizlinge zu entledigen, die auf seinen Thron lauerten. Jetzt regierte er allein.

Jetzt konnte man erneut an Landnahme denken. Und wenn es ein Land gab, das die Bergvölker an sich reißen wollten, um die ganze Welt zu beherrschen, dann war dies das Ägypten der Pharaonen.

Laut Baduk war die Zeit reif. Waren Amurru und Kanaan erst in Händen der Hethiter, brauchte man nur noch ins Delta einzufallen, die Festungen, die den Königswall bildeten, zu erstürmen und Unterägypten zu besetzen.

Ein großartiger Plan, der die hethitische Führung begeistert hatte.

Nur ein Punkt war vernachlässigt worden: Ramses.

In Hattuscha, der hethitischen Hauptstadt, fragte sich jeder, womit man die Götter beleidigt hatte. Nur Uriteschup stellte sich eine solche Frage nicht: der Verantwortliche für diesen Mißerfolg war der dumme und unfähige Baduk. Daher jagte der Sohn des Herrschers durchs Land, er wollte nicht nur seine Festungen in Augenschein nehmen, sondern Baduk treffen, der noch nicht wieder aufgetaucht war in der Hauptstadt.

Er glaubte ihn im Südwesten zu finden, in jener Festung, die hoch oben auf einem Hügel stand, der zur ersten Bergkette am Rande der Hochebene gehörte. Drei Riesengestalten, Soldaten in voller Bewaffnung, bezeugten die Kriegslust des hethitischen Reiches, die dem Gegner nur die Wahl ließ, sich zu ergeben oder sich töten zu lassen. Entlang den Wegen, in die Felsen entlang den Flußläufen, aber auch auf Gesteinsbrocken mitten im Land hatten Steinmetze marschierende Fußtruppen in Drohgebärden eingemeißelt: den Wurfspeer in der rechten Hand, den Bogen über der linken Schulter. Im gesamten Hethiterreich liebte man den Krieg mehr als alles andere.

In gestrecktem Galopp hatte Uriteschup die von Walnußbäumen gesäumten fruchtbaren Ebenen hinter sich gebracht. Auch durch die von Sümpfen unterbrochenen Ahornwälder war er nicht langsamer geritten. Mochten Männer und Tiere ihre Kräfte verzehren, der Sohn des Herrschers hatte es sich in den Kopf gesetzt, auf schnellstem Wege die Festung Masat zu erreichen. Nur dort noch konnte Baduk sich versteckt halten.

Obwohl sie scharf gedrillt und erstaunlich ausdauernd waren, kamen die hethitischen Reiter erschöpft in Masat an, das inmitten einer zwischen Bergketten gelegenen Ebene auf einer kleinen Anhöhe errichtet war. Von diesem Aussichtspunkt ließ sich die Gegend ringsum gut überwachen. Tag und Nacht standen Bogenschützen auf den Zinnen der Wachtürme. Die adligen Offiziere sorgten hier unerbittlich für Zucht und Ordnung.

Etwa zweihundert Ellen vor dem Eingang zur Festung machte Uriteschup halt. Ein Wurfspeer rammte sich in den Boden, unmittelbar vor seinem Pferd.

Der Sohn des Herrschers sprang zu Boden und ging zu Fuß weiter.

«Macht auf!» brüllte er. «Habt ihr mich nicht erkannt?»

Das Festungstor öffnete sich einen Spaltbreit. Auf der Schwelle standen zehn Soldaten, die ihre Lanzen dem Ankömmling entgegenstreckten.

Uriteschup schob sie zur Seite.

«Der Sohn des Herrschers verlangt den Statthalter zu sehen.»

Der hastete bereits in halsbrecherischer Eile den Wehrgang herab: «Welche Ehre, mein Prinz!»

Die Soldaten hoben ihre Lanzen und bildeten Spalier.

«Hält General Baduk sich hier auf?»

«Ja, ich habe ihm meine Räume zur Verfügung gestellt.»

«Bring mich zu ihm.»

Die beiden Männer stiegen die hohen und glitschigen Stufen einer steinernen Treppe hinauf.

Hoch oben über der Festung wirbelte der Wind. Mächtige unbehauene Steinblöcke bildeten die Mauern der Räumlichkeiten des Statthalters. Öllampen, die dicken Rauch verbreiteten, hatten die Decken geschwärzt.

Als er Uriteschup gewahrte, erhob sich ein beleibter fünfzigjähriger Mann.

«Prinz Uriteschup …»

«Geht es dir gut, General Baduk?»

«Das Mißlingen meines Plans ist unerklärlich. Hätte die ägyptische Armee nicht so schnell zum Gegenschlag ausgeholt, hätten die Aufständischen in Kanaan und Amurru sich neu formieren können. Aber noch ist nicht alles verloren … Die Ägypter haben sie nur scheinbar wieder in der Hand. Die Machthaber, die dem Pharao Treue bekunden, träumen in Wirklichkeit davon, sich unserem Schutz zu unterstellen.»

«Und warum hast du unseren bei Kadesch stationierten Truppen nicht befohlen, das ägyptische Heer anzugreifen, als es in Amurru einfiel?»

311

Der General schien verwundert.

«Das hätte einer formgerechten Kriegserklärung bedurft ... dazu bin ich nicht befugt! Nur der Herrscher hätte eine solche Entscheidung treffen können.»

Baduk, der früher genauso stürmisch und draufgängerisch war wie Uriteschup, wirkte nunmehr wie ein alter, erschöpfter Mann. Haar und Bart waren grau geworden.

«Hast du deinen Rechenschaftsbericht fertig?»

«Deswegen verweile ich ja hier ein paar Tage ... Ich schreibe einen genauen und nicht beschönigenden Bericht.»

«Kann ich mich zurückziehen?» fragte der Festungsvorsteher, der die militärischen Geheimnisse, die der obersten Führung vorbehalten waren, nicht hören wollte.

«Nein», erwiderte Uriteschup.

Es betrübte den Mann, der Demütigung des Generals beiwohnen zu müssen, denn er war ein seinem Lande ergebener großer Soldat. Aber Befehlsgehorsam war oberstes Gesetz bei den Hethitern, und gegen die Forderungen des Prinzen erhob man keinen Einspruch. Jede Gehorsamsverweigerung wurde unverzüglich mit dem Tode geahndet, weil es kein anderes Mittel gab, den Zusammenhalt einer Armee, die ständig auf Kriegsfuß war, zu sichern.

«Die kanaanäischen Festungen haben dem ägyptischen Ansturm standgehalten», erklärte Baduk. «Ihre Soldaten haben sich geweigert, sich zu ergeben.»

«Das ändert nichts am Ergebnis», befand Uriteschup. «Die Aufständischen wurden niedergemacht, und Kanaan befindet sich erneut unter ägyptischer Vorherrschaft. Das gleiche gilt für Megiddo: ein Fehlschlag!»

«Leider, in der Tat! Dabei waren unsere Verbündeten von unseren Männern bestens ausgebildet worden. Dem Willen des Herrschers gemäß hatten sie sich nach Kadesch zurückgezogen, damit keine Spur darauf hindeutete, daß in Kanaan und Amurru Hethiter gewesen waren.»

«Reden wir doch gleich über Amurru! Wie oft hast du beteuert, der Fürst fresse dir aus der Hand und würde sich niemals mehr Ramses unterwerfen?»

«Mein gröbster Fehler», sagte Baduk zerknirscht. «Das Vorgehen der ägyptischen Armee war beispielhaft: anstatt den Weg entlang der Küste zu nehmen, der unausweichlich in die von unseren neuen Verbündeten gestellte Falle geführt hätte, sind sie durchs Inland gekommen. So fielen sie dem Fürsten von Amurru in den Rücken und ließen ihm keine andere Wahl, als sich zu ergeben.»

«Sich zu ergeben, sich zu ergeben!» wetterte Uriteschup. «Du führst überhaupt kein anderes Wort mehr im Mund! Sollte die von dir gepredigte Strategie nicht darauf abzielen, die ägyptische Armee zu schwächen, ihre Fuß- und Streitwagentruppen zu vernichten? Statt eines solchen Erfolges bescherst du uns die Erkenntnis, daß die Soldaten des Pharaos kaum Verluste erlitten haben und sich ihrer Kampfkraft und ihres siegreichen Ramses brüsten!»

«Ich weiß um mein Versagen und suche es auch nicht zu beschönigen. Ich habe zu Unrecht dem Fürsten von Amurru getraut, dem Ehrlosigkeit lieber war als Kampf.»

«Niederlagen gehören nicht in die Laufbahn eines hethitischen Heerführers.»

«Meine Männer haben keine Niederlage erlitten, Prinz, nur der Plan, die ägyptischen Schutzgebiete aus dem Gleichgewicht zu bringen, ist mißlungen.»

«Du hast Angst bekommen vor Ramses, nicht wahr?»

«Seine Streitkräfte waren gewaltiger, als wir uns vorgestellt hatten, und mein Auftrag lautete, Aufruhr zu schüren, nicht aber, den Ägyptern die Stirn zu bieten.»

«Manchmal muß man sich auch etwas einfallen lassen, Baduk.»

«Ich bin Soldat, Prinz, und habe Befehlen zu gehorchen!»

«Und warum hast du dich hierher geflüchtet, anstatt nach Hattuscha zurückzukehren?»

«Ich sagte es bereits: Ich wollte etwas Abstand gewinnen, um meinen Bericht zu verfassen. Und ich habe auch schon eine gute Nachricht: Dank unserer Verbündeten in Amurru wird der Aufstand wieder aufflammen.»

«Du träumst, Baduk.»

«Nein, Prinz ... Laß mir nur etwas Zeit, es wird mir gelingen.»

«Du bist nicht mehr Oberster Anführer des hethitischen Heeres. Der Herrscher hat entschieden: Ich bin dein Nachfolger.»

Baduk tat ein paar Schritte auf den großen Kamin zu, in dem ganze Eichenstämme brannten.

«Mein Glückwunsch, Uriteschup. Du wirst uns zum Sieg führen.»

«Ich habe noch eine weitere Mitteilung für dich, Baduk.»

Der ehemalige General wärmte sich die Hände und wandte dabei dem Sohn des Herrschers den Rücken zu.

«Ich höre, Prinz.»

«Du bist ein Feigling.»

Uriteschup zog sein Schwert aus der Scheide und rammte es Baduk in den Rücken.

Der Statthalter stand wie versteinert.

«Dieser Feigling war auch ein Verräter», beteuerte Uriteschup. «Er hat sich geweigert, seine Absetzung hinzunehmen, und mich angegriffen. Du warst Zeuge.»

Der Statthalter verneigte sich.

«Hiev dir den Leichnam auf die Schultern, trag ihn in die Mitte des Hofes und verbrenn ihn dann ohne das den Kriegern vorbehaltene Bestattungsritual. So verenden besiegte Generäle.»

Während Baduks Leichnam unter den Augen sämtlicher Soldaten verbrannte, schmierte Uriteschup eigenhändig mit Hammelfett die Achsen seines Kampfwagens, der ihn in die Hauptstadt zurückbringen würde, wo er den erbarmungslosen Krieg gegen Ägypten auszurufen gedachte.

DREISSIG

Eine schönere Hauptstadt konnte Uriteschup sich nicht erträumen.

Erbaut auf dem kargen, zerklüfteten Ödland einer Hochebene, erlebte Hattuscha, das Herzstück des Hethiterreiches, den stürmischen Wechsel zwischen glühenden Sommern und eisigen Wintern. Diese Stadt inmitten der Berge, auf felsigem Gelände, war ein Meisterwerk der Baukunst. Der Burgberg mit dem Palast des Herrschers überragte Unter- und Oberstadt. Auf den ersten Blick meinte man eine riesige steinerne Festungsanlage vor sich zu haben. Mit den für einen Angreifer unüberwindlichen Bergschranken ringsum glich die hethitische Hauptstadt einem wehrhaften Bollwerk.

Hattuscha, die Stolze und Wilde, Hattuscha, die Kriegerische und Unbesiegbare, wo Uriteschups Name bald bejubelt werden würde!

Die von Türmen und Zinnen bekrönte, zwei Meilen lange Stadtmauer entzückte jedes Soldatenherz. Sie folgte dem zerklüfteten Gelände, überwand Bergspitzen und überragte Steilhänge. Hier hatte der Mensch die Natur bezwungen, ihr das Geheimnis ihrer Kraft entrissen.

Zwei Tore führten in die Unterstadt, drei in die Oberstadt. Uriteschup verschmähte das Löwen- und das Königstor und wandte sich gleich dem höchstgelegenen Sphingentor zu, wo ein fünfzig Schritt langer unterirdischer Gang nach außen führte.

Gewiß, die untere Stadt prunkte mit einem großartigen Bauwerk, dem Tempel des Wettergottes und der Sonnengöttin, und der ganze Tempelbezirk umfaßte nicht weniger als einundzwanzig Bauwerke unterschiedlicher Größe, aber Uriteschups Sinnen galt der Oberstadt und der Königsburg. Von hier aus überblickte man die Terrassen aus geschichtetem Gestein mit all den offiziellen Gebäuden und Wohnhäusern der Würdenträger.

Bei Betreten der Stadt hatte der Sohn des Herrschers drei Brote gebrochen und über einem Stein Wein ausgegossen und dazu die

Worte gesprochen: «Möge dieser Fels ewig sein.»

Die Königsburg thronte auf einem Felssporn, der einem Dreispitz glich. Mauern mit hohen Türmen, auf denen Elitesoldaten Wache standen, schirmten den Herrscherpalast von der übrigen Stadt ab und verhinderten jeden Angriff.

Der vorsichtige und gerissene Muwatalli hatte die Wechselfälle der hethitischen Geschichte nicht vergessen, immer wieder hatte es erbitterte Kämpfe um die Macht gegeben, immer wieder waren Schwert und Gift als Waffen eingesetzt worden, und nur sehr wenige «große Anführer» waren eines natürlichen Todes gestorben. Daher war es ratsamer, daß «die große Festung», wie sie im Volksmund genannt wurde, uneinnehmbar war. Besucher, die nach allen Regeln der Kunst auf ihre Rechtschaffenheit überprüft wurden, erhielten nur Zugang durch einen Tag und Nacht bewachten engen Schlauch.

Auch Uriteschup ließ sich überprüfen, obwohl die Wachen, wie die meisten Soldaten, die Ernennung des Sohns des Herrschers gutgeheißen hatten. Er war jung und tapfer und nicht so ein Zauderer wie General Baduk.

Im Inneren der Palastumfriedung lagen die für die heißen Sommer unentbehrlichen Wasservorratsbehälter. Stallungen, Waffenkammern und Wachstuben gingen auf einen gepflasterten Hof hinaus. Die Anordnung der herrschaftlichen Gemächer glich der aller anderen hethitischen Wohnhäuser: die Räume lagen um ein freies Viereck gruppiert.

Ein Offizier grüßte Uriteschup und geleitete ihn in einen Saal, der auf wuchtigen Pfeilern ruhte und wo der Herrscher seine Besucher zu empfangen pflegte.

Steinerne Löwen und Sphingen bewachten den Eingang und die Schwelle zu den Archiven, wo die Erinnerungsstücke an die Siege des Hethiterheeres aufbewahrt wurden. Hier, wo alles die Unbesiegbarkeit der Hethiter bezeugte, fühlte Uriteschup sich in seinem Amt geadelt und bestärkt.

Zwei Männer betraten den Saal. Der erste war Muwatalli, der Herrscher, etwa fünfzig Jahre alt, mittelgroß, breitschultrig und kurzbeinig. Fröstelnd hatte er sich in einen langen Mantel aus roter und schwarzer Wolle gehüllt. Seine braunen Augen verrieten ständige Wachsamkeit.

Der zweite war Hattuschili, sein jüngerer Bruder. Er war klein, schmächtig, die Haare wurden von einem Band gehalten, um den Hals trug er eine Silberkette, am linken Ellenbogen einen Armreif und um den Leib geschlungen ein mehrfarbiges Stoffgewand, das die Schultern frei ließ. Als Priester der Sonnengöttin hatte er die schöne Puducheba geehelicht, die kluge und einflußreiche Tochter eines Oberpriesters. Uriteschup haßte alle beide, aber der Herrscher hörte bevorzugt auf ihren Rat. In den Augen des neuen Obersten Heerführers war Hattuschili nur ein Drahtzieher, der sich im Schatten der Macht aufhielt, um sie im geeigneten Augenblick an sich zu reißen.

Uriteschup kniete vor seinem Vater nieder und küßte ihm die Hand.

«Hast du General Baduk ausfindig gemacht?»

«Ja, Vater. Er hielt sich in der Festung Masat versteckt.»

«Wie erklärt er sein Verhalten?»

«Er hat mich angegriffen, ich habe ihn getötet. Der Festungsstatthalter war Zeuge.»

Muwatalli wandte sich seinem Bruder zu.

«Ein schrecklicher Tod», befand Hattuschili,

«aber niemand wird diesen besiegten General wieder lebendig machen. Sein Verschwinden wird als Strafe der Götter gedeutet werden.»

Uriteschup konnte sein Erstaunen kaum verhehlen. Zum erstenmal ergriff Hattuschili Partei für ihn!

«Weise gesprochen», erklärte der Herrscher. «Das Hethitervolk schätzt keine Niederlagen.»

«Wir sollten unverzüglich in Amurru und Kanaan einfallen und dann Ägypten angreifen, das ist meine Meinung», sagte Uriteschup.

«Der Königswall ist eine befestigte Verteidigungslinie», wandte Hattuschili ein.

«Hirngespinste! Die Bollwerke sind viel zu weit voneinander entfernt. Wir werden sie voneinander abschneiden und sie in einer einzigen Angriffswelle überrennen.»

«Diese Zuversicht scheint mir übertrieben. Hat Ägypten nicht soeben noch die Schlagkraft seiner Armee bewiesen?»

«Sie hat nur Feiglinge besiegt! Laß die Ägypter erst mal auf die Hethiter stoßen, dann werden sie Reißaus nehmen!»

«Solltest du Ramses vergessen haben?»

Die Frage des Herrschers beunruhigte den Sohn.

«Du wirst eine siegreiche Armee befehligen, Uriteschup, aber dieser Triumph muß vorbereitet werden. Eine Schlacht fernab unserer Stützpunkte wäre ein Fehler.»

«Ja, aber ... wo sollen wir den Angriff denn starten?»

«An einem Ort, wo sie, die Ägypter, fernab ihrer Stützpunkte sind.»

«Du meinst ...»

«Kadesch. Dort wird die große Schlacht geschlagen werden, dort wird Ramses eine Niederlage erleiden.»

«Ich würde lieber die Schutzgebiete des Pharaos angreifen.»

«Ich habe die Berichte unserer Kundschafter genau studiert und meine Schlüsse gezogen aus Baduks Scheitern. Ramses ist ein geborener Kriegsherr, viel gefährlicher, als wir vermutet hatten. Eine lange Vorbereitungszeit wird notwendig sein.»

«Das wäre unnötiger Zeitverlust!»

«Nein, mein Sohn. Wir müssen kraftvoll und zielgenau zuschlagen.»

«Unsere Armee ist einem zusammengewürfelten Haufen ägyptischer Soldaten und Söldner haushoch überlegen! Die Kraft besitzen wir längst, Zielgenauigkeit werde ich beweisen, wenn ich erst meine eigenen Pläne durchführen kann. In meinem Kopf ist alles genau geplant, darüber noch zu reden ist unnütz. Ich brauche mich nur an die Spitze zu setzen, und schon werden meine Truppen nicht mehr aufzuhalten sein!»

«Ich regiere Hatti, Uriteschup. Du wirst nach meinem Befehl handeln, nur nach meinem Befehl. Jetzt bereite dich erst einmal für die Zeremonie vor: ich werde in knapp einer Stunde zum Hof sprechen.»

Der Herrscher verließ den Säulensaal.

Uriteschup stellte sich Hattuschili herausfordernd in den Weg.

«Du versuchst doch, mir Steine in den Weg zu werfen, nicht wahr?»

«Ich habe mit der Armee nichts zu schaffen.»

«Willst du mich zum Narren halten? Ich frage mich oft, ob nicht du das Reich regierst.»

«Beleidige die Erhabenheit deines Vaters nicht, Uriteschup, Muwatalli ist der Herrscher, und ich diene ihm nach bestem Vermögen.»

«Und lauerst auf seinen Tod!»

«Du weißt nicht, was du da redest.»

«Dieser Hof ist ein Verschwörernest, und du

bist der Drahtzieher. Aber hoff nicht darauf, zu triumphieren.»

«Du unterstellst mir Absichten, die ich nicht habe. Könntest du dir vorstellen, daß ein Mann seinen Ehrgeiz zügelt?»

«Das trifft auf dich nicht zu, Hattuschili.»

«Dich überzeugen zu wollen ist, wie mir scheint, ein sinnloses Unterfangen.»

«Völlig sinnlos.»

«Der Herrscher hat dich, und darin hat er recht getan, zum Obersten Heerführer ernannt. Du bist ein hervorragender Soldat, unsere Truppen vertrauen dir. Aber hoffe nicht darauf, nach eigenem Gutdünken und ohne Aufsicht handeln zu dürfen.»

«Du vergißt etwas ganz Wesentliches, Hattuschili: Bei den Hethitern entscheidet die Armee, was Gesetz ist.»

«Weißt du, was die meisten in unserem Lande am höchsten schätzen? Ihr Haus, ihr Feld, ihren Weinberg, die Kopfzahl ihrer Viehherden …»

«Willst du zum Frieden aufrufen?»

«Soweit ich weiß, wurde kein Krieg erklärt.»

«Jeder, der einen Frieden mit Ägypten befürwortet, wird als Verräter gelten.»

«Ich untersage dir, meine Worte zu deuten.»

«Mach mir den Weg frei, sonst wirst du es bereuen.»

«Die Drohgebärde ist die Waffe der Schwachen, Uriteschup.»

Der Sohn des Herrschers faßte nach seinem Schwertknauf. Hattuschili bot ihm die Stirn.

«Solltest du es wagen, die Waffe zu erheben gegen den Bruder Muwatallis?»

Uriteschup stieß einen zornigen Schrei aus und verließ hämmernden Schritts den Säulensaal.

EINUNDDREISSIG

Uriteschup, Hattuschili, Puducheba, der Oberpriester des Wettergottes und der der Sonnengöttin, der Vorsteher der Handwerker, der Aufseher der Märkte und alle anderen hohen Amtsinhaber im Reich waren zusammengekommen, um die Ansprache des Herrschers zu hören.

Daß der Plan, der die ägyptischen Schutzgebiete aus dem Gleichgewicht bringen sollte, mißlungen war, hatte die Gemüter erregt. Und daß der Schuldige General Baduk hieß, der auf tragische Weise zu Tode gekommen war, bezweifelte niemand. Doch welchen Weg würde Muwatalli nun einschlagen? Die vom hitzköpfigen Uriteschup angefeuerten Soldaten wünschten sich einen schnellen Zusammenstoß mit den Ägyptern, die Händler, die über beachtliche Gelder verfügten, bevorzugten den «Weder-Krieg-noch-Frieden-Zustand», durch den sich die Geschäftsbeziehungen ausweiten ließen. Hattuschili hatte ihre Vorsprecher empfangen und dem Herrscher geraten, diesen Gesichtspunkt nicht außer acht zu lassen. Hatti war ein Durchgangsland, wo Karawanen dem hethitischen Staat gewichtige Abgaben zu leisten hatten, die wiederum dem hethitischen Heer zugute kamen. Ein Esel durchschnittlicher Größe schleppte immerhin etliche Säcke mit verschiedenen Waren und noch mehr Ballen Stoff. In Städten und Dörfern hatten die Händler richtige Handels- und Wirtschaftskammern geschaffen, wo Warenlisten geführt wurden, wo es Regeln für den Transport, Verträge, Schuldscheine und Verfahrensvorschriften gab. Wurde ein Händler beispielsweise des Mordes bezichtigt, konnte er sich freikaufen und somit Gericht und Gefängnis umgehen.

Heer und Handel, das waren die beiden Säulen der Macht. Auf keine der beiden konnte der Herrscher verzichten. Da Uriteschup von den Soldaten vergöttert wurde, machte sich Hattuschili zum Fürsprecher der Händler. Die Priesterschaft beherrschte seine Gemahlin Puducheba, die dem reichsten Adelshaus entstammte.

Muwatalli war zu scharfsichtig, als daß ihm der heftige unterschwellige Kampf zwischen seinem Sohn und seinem Bruder entgangen wäre. Indem er jedem von beiden einen begrenzten Einflußbereich zugestand, befriedigte er ihren Ehrgeiz und behielt doch alle Fäden in der Hand. Doch wie lange noch? Bald würde er entscheiden müssen.

Hattuschili war der Eroberung Ägyptens nicht abgeneigt, sofern Uriteschup dadurch nicht zum Helden und künftigen Herrscher gekürt wurde. Folglich mußte er sich in der Armee mehr Freunde schaffen und Uriteschups Macht verringern. Wäre ein schöner Tod im Kampf für den Sohn des Herrschers nicht ein beneidenswertes Los?

Hattuschili schätzte Muwatallis Art zu herrschen und hätte sich damit begnügt, ihm zu dienen, wenn Uriteschup nicht allmählich zu einer Bedrohung für das Gleichgewicht im Lande geworden wäre. Muwatalli durfte von seinem Sohn weder Anerkennung noch Dankbarkeit erwarten, Familienbande boten bei den Hethitern keinen Schutz. Selbst Geschwisterliebe wurde gesetzlich hingenommen, sofern niemandem Unrecht zugefügt wurde, auch Vergewaltigung zeitigte keine schwere Bestrafung, und falls Einverständnis der Frau auch nur vermutet wurde, verzichtete man auf jegliche Art von Ahndung. Wenn ein Sohn seinen Vater ermordete, um die Macht an sich zu reißen, kam es auch zu keiner öffentlichen Entrüstung.

Den Oberbefehl des Heeres Uriteschup überantwortet zu haben war ein genialer Einfall gewesen. So sann der auf Mehrung seines Ansehens bedachte Sohn des Herrschers zumindest in nächster Zukunft nicht darüber nach, wie der Vater zu beseitigen wäre. Aber auf lange Sicht würde die Gefahr wieder aufkeimen. Diese Frist zu nutzen, um Uriteschups Gefährlichkeit zu mindern, war jetzt seine vorrangige Aufgabe.

Ein eisiger Wind pfiff über der Oberstadt und kündigte einen frühen Wintereinbruch an. Die Würdenträger wurden in den Audienzsaal geführt, den mehrere Kohlebecken wärmten.

Die Stimmung war gedrückt und gespannt. Muwatalli schätzte weder Reden noch Versammlungen. Er hielt sich lieber zurück, arbeitete und steuerte jeden einzelnen seiner Untergebenen; eine Ratsversammlung war doch nur eine Last.

Die neue, funkelnde Rüstung Uriteschups in der ersten Reihe stach ab gegen Hattuschilis bescheidene Kleidung, wohingegen Puducheba in ihrem prachtvollen roten Kleid die Würde einer Königin verkörperte. Sie war über und über mit Schmuck behängt, die goldenen Armreife stammten aus Ägypten.

Muwatalli ließ sich auf seinem Thron nieder, einem kargen, schmucklosen Sitz aus Stein.

Er trat selten in Erscheinung, und jedesmal wunderten sich alle, daß dieser farblose, harmlos wirkende Mann der Herrscher eines so kriegerischen Volkes war. Doch wer aufmerksam hinsah, entdeckte in seinem Blick und Verhalten sehr schnell eine nur mühsam gezähmte Angriffslust, die blindwütig ausbrechen konnte.

Muwatalli war nicht nur gewalttätig, er war auch verschlagen und gefährlich wie ein Skorpion.

«Mir und keinem anderen haben der Wettergott und die Sonnenkönigin dieses Land, seine Hauptstadt und seine anderen Städte anvertraut», erklärte er. «Ich, der Herrscher, werde sie schützen, denn Macht und Streitwagen wurden mir und keinem anderen übergeben.»

Mit diesen alten Spruchformeln erinnerte Muwatalli daran, daß er allein entscheidungsbefugt war und sein Sohn und sein Bruder, wie einflußreich sie auch sein mochten, ihm völligen Gehorsam schuldeten. Beim ersten Fehltritt würden sie erbarmungslos beseitigt werden, und niemand würde seine Entscheidung anfechten.

«Im Norden, im Süden, im Osten und Westen ist unser Hochland von Bergen gesäumt, die uns Schutz bieten», fuhr er fort. «Unsere Grenzen sind unverletzlich. Aber es ist unserem Volk nicht bestimmt, sich einzuschließen auf seinem Gebiet. Meine Vorgänger erklärten bereits: Das Hethiterland sei auf der einen wie der anderen Seite vom Meer begrenzt. Und ich erkläre: Die Ufer des Nils sollen uns gehören.»

Muwatalli erhob sich, seine Ansprache war beendet.

In wenigen Worten hatte er den Krieg erklärt.

Der von Uriteschup zur Feier seiner Ernennung gegebene Empfang war glanzvoll und beeindruckend. Festungskommandanten, höhere Offiziere und Elitesoldaten erinnerten an vergangene Glanzleistungen und beschworen zukünftige Siege. Der Sohn des Herrschers verkündete, die Streitwagentruppen würden aufgerüstet und mit neuem Gerät bestückt.

Die Luft war erfüllt vom berauschenden Geruch nach Krieg und Gewalt.

Hattuschili und seine Gemahlin verließen ihre Plätze, als hundert junge Sklavinnen erschienen, die Uriteschups Gästen zu Willen sein mußten. Unter Androhung von Peitschenhieben und Zwangsarbeit in den Salzbergwerken, die den Reichtum des Landes bargen, war ihnen befohlen worden, sich jeder Laune der Gäste zu beugen.

«Ihr geht schon, meine Freunde?» fragte der Sohn des Herrschers erstaunt.

«Uns erwartet morgen viel Arbeit», erwiderte Puducheba.

«Hattuschili sollte sich etwas Entspannung gönnen ... Unter all diesen Mädchen sind auch Sechzehnjährige. Der Verkäufer hat mir außergewöhnliche Leistungen versprochen. Geh ruhig heim, liebe Puducheba, und gönn deinem Gatten diese harmlose Zerstreuung.»

«Nicht alle Männer sind Schweine», entgegnete sie. «Erspar uns in Zukunft derartige Einladungen.»

Hattuschili und Puducheba gingen in den Flügel des Palastes zurück, wo sie wohnten. Ein düsterer Raum, nur ein wenig aufgehellt durch ein paar bunte Wollteppiche. An den Wänden Jagdtrophäen, Bärenköpfe und gekreuzte Lanzen.

Aufgeregt schickte Puducheba ihre Kammerdienerin fort und entledigte sich selbst der Schminke im Gesicht.

«Dieser Uriteschup ist ein gefährlicher Irrer», betonte sie.

«Er ist vor allem der Sohn des Herrschers.»

«Aber du, du bist sein Bruder!»

«In den Augen vieler erscheint Uriteschup bereits als der vorbestimmte Nachfolger Muwatallis.»

«Vorbestimmte Nachfolger ... Sollte der

333

Herrscher einen solchen Fehler begangen haben?»

«Bisher ist es nur ein Gerücht.»

«Sollte man es nicht zerstreuen?»

«Es beunruhigt mich nicht sonderlich.»

«Ist deine Gelassenheit nicht nur gespielt?»

«Nein, meine Liebe, sie beruht auf der logischen Beurteilung der Lage.»

«Wärest du so freundlich, mich ins Bild zu setzen?»

«Uriteschup hat den Posten erlangt, von dem er träumte. Jetzt braucht er keine Verschwörung gegen den Herrscher mehr anzuzetteln.»

«Wirst du plötzlich einfältig? Den Thron will er doch haben!»

«Das springt ins Auge, Puducheba, aber ist er fähig genug?»

Die Priesterin betrachtete ihren Gemahl mit Aufmerksamkeit. Dieser schmächtige und nicht sehr verführerische Hattuschili hatte sie durch seine Klugheit und seinen Scharfsinn erobert. Er besaß das Zeug zu einem großen Staatsmann.

«Uriteschup fehlt der Durchblick», erklärte Hattuschili, «und er macht sich auch keinen Begriff vom Ausmaß seiner Aufgabe. Die hethitische Armee zu befehligen erfordert Erfahrungen, die er nicht besitzt.»

«Ist er nicht ein hervorragender Krieger, der keine Angst kennt?»

«Das schon, aber ein Oberster Heerführer muß abwägen können zwischen verschiedenen, wenn nicht gar einander zuwiderlaufenden Bestrebungen. Und so etwas erfordert Erfahrung und Geduld.»

«Das Bild, das du da zeichnest, ähnelt Uriteschup allerdings nicht!»

«Was könnte uns mehr freuen? Er ist so überspannt, daß es nicht lange dauern wird, bis er schwere Fehler begeht, indem er den einen oder den anderen General vor den Kopf stößt.»

«Der Herrscher hat den Krieg erklärt ... Er räumt Uriteschup eine Spitzenstellung ein!»

«Das scheint nur so.»

«Bist du so sicher?»

«Ich wiederhole: Uriteschup täuscht sich über seine Fähigkeiten. Er wird eine vielschichtige und unbarmherzige Welt entdecken. Seine Träume werden zerschellen an den Schilden der Fußtruppen und von den Rädern der Kampfwagen zerquetscht werden. Aber das ist noch nicht alles ...»

«Spannst du mich auf die Folter, mein geliebter Gemahl?»

«Muwatalli ist ein großer Herrscher.»

«Beabsichtigt er, die Mängel seines Sohnes auszuschlachten?»

Hattuschili lächelte.

«Das Reich ist zwar stark, aber auch zerbrechlich. Stark wegen seiner unbestreitbaren militärischen Kraft, zerbrechlich wegen der Bedrohung von außen, von Neidern, die die geringste Schwäche ausnutzen werden. Ägypten anzugreifen und in seine Gewalt zu bringen ist ein schöner Plan, der – wenn er nicht hinreichend vorbereitet ist – in den Untergang führen kann. Geier würden sich an unseren Eingeweiden laben.»

«Wird Muwatalli einen Kriegslüsternen wie Uriteschup zu bändigen wissen?»

«Uriteschup kennt die wahren Absichten seines Vaters nicht, auch nicht die Art, wie er sie zu verwirklichen gedenkt. Der Herrscher hat ihm nur so viel anvertraut, um ihn in Sicherheit zu wiegen, das Wesentliche hat er ihm aber nicht enthüllt.»

«Und dir … Hat er es dir enthüllt?»

«Ich hatte diese Ehre, Puducheba. Auch mir

hat der Herrscher eine Aufgabe übertragen: seinen Plan in die Tat umzusetzen, ohne seinen Sohn einzuweihen.»

Von der Terrasse seiner Dienstwohnung in der Oberstadt aus betrachtete Uriteschup den jungen Mond. Er barg das Geheimnis der Zukunft, seiner Zukunft. Daher sprach er ausgiebig mit ihm, vertraute ihm seine Sehnsucht an, die hethitische Armee zum Sieg zu führen und dabei jeden, der sich ihr in den Weg stellen würde, zu zertreten.

Der Sohn des Herrschers erhob eine Schale voll Wasser, in dem das Himmelsgestirn sich spiegelte. So hoffte er die Geheimnisse des Himmels zu durchdringen. Jeder Hethiter huldigte auf seine Art den Göttern, aber sich direkt an die Mondgöttin zu wenden barg Gefahren, denen sich nur ganz wenige auszusetzen wagten.

In ihrer Stille gestört, konnte sie zu einem gekrümmten Schwert werden und ihrem Angreifer die Kehle durchschneiden. Wer ihr aber Liebe bezeigte, dem war sie wohlgesinnt, der durfte kämpfen.

Uriteschup huldigte der ungetreuen und herausfordernden Königin der Nacht.

Über eine Stunde lang blieb sie stumm.

Dann kräuselte sich das Wasser und köchelte. Die Schale wurde glühend heiß, doch Uriteschup ließ sie nicht fallen.

Das Wasser beruhigte sich wieder. Auf der glatten Oberfläche zeichnete sich das Antlitz eines Mannes ab. Auf dem Kopf trug er die Doppelkrone Ober- und Unterägyptens. Ramses!

Das verkündete die Schicksalsgöttin also Uriteschup: Er würde Ramses töten und Ägypten zu einer fügsamen Sklavin machen.

ZWEIUNDDREISSIG

IN EINEN DICKEN Umhang gehüllt, das Bärtchen tadellos gestutzt, begab der syrische Kaufmann Raia sich zu Amenis Amtsstube, wo er sofort vorgelassen wurde.

«Man sagte mir, du suchtest mich in der ganzen Stadt», erklärte Raia mit zaghafter Stimme.

«Das ist richtig. Serramanna hatte den Auftrag, dich mit oder ohne dein Einverständnis hierherzubringen.»

«Mit Gewalt ... Ja, aber ... Aus welchem Grund?»

«Ein schwerer Verdacht lastet auf dir.»

Der Syrer schien am Boden zerstört.

«Ein Verdacht ... auf mir?»

«Wo hattest du dich versteckt?»

«Aber ... Ich habe mich doch nicht versteckt! Ich war im Hafen, in einem Lagerhaus, wo ich eine Lieferung haltbarer Lebensmittel zusammengestellt habe. Als mir dieses unverständliche Gerücht zu Ohren kam, bin ich sofort hergekommen! Ich bin ein ehrlicher Kaufmann, seit Jahren in Ägypten ansässig und habe mir noch nie etwas zuschulden kommen lassen. Frag meine Umgebung, meine Kunden ... Ich bin dabei, das sollst du ruhig wissen, meine Geschäfte auszuweiten und ein neues Frachtschiff zu erwerben. Meine Lebensmittel finden Anklang bei den besten Köchen, und meine kostbaren Vasen sind Kunstwerke, die die vornehmsten Häuser von Theben, Memphis und Pi-Ramses zieren ... Ich beliefere sogar den Palast!»

Hastig hatte Raia dies alles vorgebracht.

«Deine kaufmännischen Fähigkeiten ziehe ich gar nicht in Zweifel», sagte Ameni.

«Aber ... Was wirft man mir vor?»

«Kennst du eine gewisse Nenofar, ein leichtes Mädchen, wohnhaft in Pi-Ramses?»

«Nein.»

«Du bist nicht verheiratet?»

«Mich um eine Frau und eine Familie zu kümmern ließe sich mit meinem Beruf nicht vereinbaren.»

«Geliebte wirst du aber doch haben.»

«Mein Privatleben …»

«Antworte mir, es kann dir nur nützen.»

Raia zögerte.

«Ich habe ein paar Freundinnen, da und dort … Aber ehrlich gesagt ist mir bei meiner vielen Arbeit der Schlaf lieber als alles andere.»

«Du leugnest also, dieser Nenofar je begegnet zu sein?»

«Ja.»

«Gibst du zu, in Pi-Ramses ein Lagerhaus zu besitzen?»

«Natürlich! Ich habe im Hafenbereich ein großes Lager angemietet, das aber bald schon zu eng sein wird. Daher habe ich beschlossen, ein weiteres anzumieten, direkt in der Stadt. Schon im nächsten Monat werde ich es nutzen.»

«Wer ist der Eigentümer?»

«Renuf, ein ägyptischer Kaufmann. Ein redlicher Mann, ein ehrlicher Händler, der es in der Hoffnung gekauft hatte, seine Geschäfte auszuweiten, aber da er es doch nicht benötigt, hat er es mir zu einem anständigen Preis angeboten.»

«Ist es im Augenblick noch leer?»

«Ja.»

«Gehst du häufiger hin?»

«Ich bin erst einmal dort gewesen, mit Renuf, um den Mietvertrag zu unterschreiben.»

«In diesem Lager, Raia, wurde Nenofars Leichnam gefunden.»

Der Kaufmann schien wie erschlagen.

«Das arme Mädchen wurde erwürgt», fuhr Ameni fort, «weil es nämlich drauf und dran war, den Namen des Mannes zu verraten, der es gezwungen hatte, eine falsche Aussage zu machen.»

Raias Hände zitterten, das Blut wich ihm aus den Lippen.

«Ein Mord … Ein Mord, hier in der Hauptstadt! Was für eine Schandtat … Wie kann man so gewalttätig sein! Ich bin erschüttert.»

«Woher stammst du?»

«Aus Syrien.»

«Wie unsere Nachforschungen ergaben, war es ein Syrer, der sie umgebracht hat.»

«Es gibt Tausende in Ägypten!»

«Du bist Syrer, und in deinem Lagerhaus wurde Nenofar ermordet. Ein merkwürdiges Zusammentreffen, nicht wahr?»

«Reiner Zufall!»

«Dieses Verbrechen steht in Zusammenhang mit einem anderen sehr schweren Vergehen. Daher hat der König von mir schnellstes Handeln verlangt.»

«Ich bin nur ein Kaufmann, ein einfacher Händler! Sollte mein wachsendes Vermögen der Grund sein für Eifersucht und Verleumdung? Wenn ich zu Reichtum gelange, dann nur, weil ich unermüdlich arbeite! Ich habe niemandem etwas gestohlen!»

Wenn das der Mann ist, den wir suchen, dachte Ameni bei sich, dann ist dieser Raia ein ausgekochtes Schlitzohr.

«Lies das», verlangte der Schreiber und reichte dem Syrer den Bericht über die Auffindung von Nenofars Leichnam, in dem auch der Tag des Verbrechens genannt war.

«Wo warst du an jenem Tag und in jener Nacht?»

«Laß mich nachdenken, ich bin völlig verwirrt … Und bei all meinen Reisen, da kann ich mich leicht irren … Ach ja, ich hab's! Ich war in meinem Geschäft in Bubastis und machte Bestandsaufnahme.»

Bubastis, die hübsche Stadt der katzenköpfigen Göttin Bastet, mit einem Schnellboot und bei günstiger Strömung in wenigen Stunden zu erreichen.

«Hat dich dort jemand gesehen?»

«Ja, mein Lageraufseher und der Mann, der meine Verkäufe tätigt im dortigen Raum.»

«Wie lange hast du dich in Bubastis aufgehalten?»

«Am Abend, bevor das hier geschah, bin ich dort angekommen, und am nächsten Tag bin ich nach Memphis weitergereist.»

«Ein lückenloser Nachweis, Raia.»

«Was heißt Nachweis … Das ist die Wahrheit!»

«Wie heißen diese beiden Männer?»

Raia schrieb die Namen auf ein Stück Papyrus, das schon recht schadhaft war.

«Ich werde es nachprüfen», erklärte Ameni.

«Du wirst sehen, daß ich unschuldig bin!»

«Ich bitte dich, Pi-Ramses nicht zu verlassen.»

«Du … du willst mich verhaften?»

«Es wird vielleicht nötig sein, dich nochmals zu verhören.»

«Aber ... meine Geschäfte! Ich muß über Land fahren, um meine Vasen zu verkaufen!»

«Deine Kunden werden sich ein wenig gedulden müssen.»

Der Kaufmann war den Tränen nahe.

«Und wenn ich dadurch das Vertrauen der reichen Leute verliere? Ich liefere immer am festgesetzten Tag.»

«Ein Fall von höherer Gewalt. Wo schläfst du?»

«In einem kleinen Haus hinter meinem Lager im Hafen ... Wie lange willst du mich noch bedrängen?»

«Wir werden uns bald Klarheit verschafft haben, da kannst du ganz beruhigt sein.»

Mindestens drei Krüge Starkbier waren nötig, um den Zorn des von einem Kurzbesuch in Bubastis zurückgekehrten sardischen Riesen zu besänftigen.

«Ich habe Raias Angestellte befragt», sagte er zu Ameni.

«Bestätigen sie, daß er dort war?»

«Sie bestätigen es.»

«Würden sie das vor Gericht beeiden?»

«Es sind Syrer, Ameni! Was bedeutet denen schon das Totengericht? Sie werden schamlos lügen, wenn sie dafür fetten Lohn bekommen! Sie unterstehen keinem Gesetz. Wenn ich sie auf meine Art verhören dürfte, wie damals, als ich noch Seeräuber war ...»

«Du bist nicht mehr Seeräuber, und die Gerechtigkeit ist Ägyptens höchstes Gut. Einen Menschen schlecht zu behandeln ist ein Vergehen.»

«Und einen Verbrecher, der obendrein noch Spion ist, in Freiheit zu belassen, ist wohl kein Vergehen, was?»

Ihr Wortgefecht wurde von einem Soldaten unterbrochen, der zu melden hatte, Ameni und Serramanna würden von Ramses erwartet.

«Wie weit sind wir?» fragte der König.

«Serramanna ist überzeugt, daß der syrische Kaufmann Raia ein Spion und ein Mörder ist.»

«Und du?»

«Ich glaube das auch.»

Der Sarde warf dem Schreiber einen dankbaren Blick zu. Zwischen ihnen gab es keinerlei Spannung mehr.

«Beweise?»

345

«Keinen einzigen, Majestät», sagte Serramanna kleinlaut.

«Wenn er nur aufgrund von Vermutungen festgenommen wird, wird Raia eine Anhörung vor Gericht verlangen und freigesprochen werden.»

«Das ist uns bewußt», sagte Ameni bedauernd.

«Laß mich weitermachen, Majestät», flehte Serramanna.

«Muß ich den Vorsteher meiner Leibwache daran erinnern, daß jede Grobheit gegenüber einem Verdächtigen eine schwere Bestrafung nach sich zieht ... und zwar für den Angreifer?»

Serramanna seufzte.

«Wir sitzen in der Klemme», gab Ameni zu. «Es ist wahrscheinlich, daß dieser Raia zu einem hethiterfreundlichen Spionagenetz gehört, wenn er nicht gar der Drahtzieher ist. Der Mann ist intelligent, verschlagen und kann sich blendend verstellen. Er läßt sich nichts anmerken, versteht es, zu jammern oder sich zu entrüsten, und gibt sich den Anschein eines ehrenwerten und strebsamen Kaufmanns, der nichts anderes kennt als seine Arbeit. Aber dennoch reist er durch ganz Ägypten, zieht von Stadt zu Stadt und trifft eine Vielzahl von Menschen. Gibt es etwas Besseres, um zu beobachten, was sich in unserem Lande tut?»

«Nenofar hat mit Raia geschlafen», beteuerte Serramanna, «und er hat sie bezahlt, damit sie log. Er glaubte, sie würde den Mund halten, darin hat er sich geirrt. Sie wollte ihn erpressen, und dann hat er sie getötet.»

«Nach deinem Bericht hätte der Syrer dieses Mädchen in einem angemieteten Lagerhaus erwürgt», fuhr Ramses fort. «War das nicht sehr unvorsichtig?»

«Es war nicht auf seinen Namen eingetragen», erinnerte Ameni. «Die Spur bis zum Besitzer, der nicht in Betracht kommt, zurückzuverfolgen und dann bei Raia anzukommen war nicht leicht.»

«Raia hat bestimmt daran gedacht, auch den Besitzer umzulegen», ergänzte Serramanna, «er mußte ja fürchten, daß der seinen Namen preisgab. Aber wir sind rechtzeitig eingeschritten, sonst wäre dieser Syrer im dunkeln geblieben. Meiner Ansicht nach hatte Raia den Mord an Nenofar nicht geplant. An diesem verschwiegenen Ort, wo er sich mit ihr traf, in einem Viertel, wo niemand ihn kannte, bestand für ihn keine Gefahr. Er hat bestimmt gedacht, wenn er ihr eins vor den Bug gibt, würde sie schon das Maul halten. Aber dann wurde die Lage heikel: das Mädchen kam auf den Gedanken, sich sein Schweigen mit einem kleinen Vermögen bezahlen zu lassen. Andernfalls – so dürfte sie ihm gedroht haben – würde sie höheren Orts alles ausplaudern. Raia hat sie umgebracht und ist dann sofort abgehauen, ohne den Leichnam noch fortzuschaffen.»

«Kurz vor einer kriegerischen Auseinandersetzung mit den Hethitern sind die Machenschaften eines Spionagerings in unserem Land in der Tat bedrohlich», befand Ramses. «Eure Darstellung der Ereignisse ist überzeugend, aber noch wichtiger ist, in Erfahrung zu bringen, wie Raia seine Botschaften den Hethitern zukommen läßt.»

«Ein Verhör nach allen Regeln der Kunst ...», riet Serramanna.

«Ein Spion wird nicht reden.»

«Was empfiehlst du, Majestät?» fragte der Schreiber.

«Frag ihn noch einmal aus und laß ihn dann frei. Versuche, ihn davon zu überzeugen, daß wir nichts Belastendes gegen ihn gefunden haben.»

«Darauf wird der nicht hereinfallen!»

«Natürlich nicht», sagte der König. «Aber wenn er spürt, daß er in einen Schraubstock geraten ist, muß er das irgendwie den Hethitern mitteilen. Und wie er das anstellt, das will ich wissen.»

DREIUNDDREISSIG

Es war die Jahreszeit, da das Korn aufzugehen begann und die Saat ihren Sieg über die Mächte der Finsternis verkündete und dem ägyptischen Volk das Leben darbot, das sie in sich trug.

Ramses war Homer behilflich, aus dem Tragsessel zu steigen und sich am Ufer des Kanals vor einen mit Speisen überhäuften Tisch im Schatten von Palmen zu setzen. Unweit von diesem Platz lag eine Furt, die die Herden nutzten, um ans andere Ufer zu gelangen. Die zarte Wintersonne strich dem bejahrten Dichter wohltuend über die Stirn.

«Gefällt dir dieses Mittagessen auf dem Lande?» fragte der König.

«Die Götter haben Ägypten wahrlich mit Gunst überhäuft.»

«Der Pharao baut ihnen ja auch Stätten, wo sie Wohnung finden und Verehrung genießen.»

«Dieses Land ist ein einziges Geheimnis, Majestät, und auch du bist ein Geheimnis. Diese Stille, dieses süße Leben, die Schönheit dieser Palmen, dieses schimmernde Licht, diese köstlichen Speisen ... In alldem ist etwas Übernatürliches. Ihr Ägypter habt eine Wunderwelt geschaffen und lebt in ihrem Zauber. Aber wie lange wird das noch anhalten?»

«So lange, wie das Gesetz der Maat unsere Grundregel ist.»

«Du vergißt die Außenwelt, Ramses, sie schert sich nicht um dieses Gesetz. Glaubst du, daß die Maat das Hethiterheer aufzuhalten vermag?»

«Sie wird unser bester Schutzwall sein gegen den Feind.»

«Ich habe den Krieg mit eigenen Augen gesehen, habe miterlebt, wie grausam Menschen sein können, wie entfesselte Wut und mörderische Raserei auch die scheinbar Maßvollsten be-

350

fielen. Der Krieg … das ist das verborgene Laster im Blut des Menschen, der Makel, der jede Form von Anstand zunichte macht. Das ist die Regel, und die wird auch auf Ägypten zutreffen.»

«Du hast recht, Homer, unser Land ist ein Wunder, aber ein Wunder, das wir Tag für Tag neu erschaffen. Ich werde jeden Eindringling zerschmettern, woher er auch kommen mag.»

Der Dichter schloß die Augen.

«Ich fühle mich nicht mehr als Fremdling, Majestät. Niemals werde ich Griechenland, seine Rauheit und seinen Reiz vergessen, aber hier, auf diesem schwarzen und fruchtbaren Boden, halte ich Zwiesprache mit dem Himmel, einem Himmel, den der Krieg aufreißen wird.»

«Warum so düster in die Zukunft blicken?»

«Die Hethiter träumen nur von Eroberung, kämpfen ist ihr Lebensinhalt, das galt auch für viele Griechen, die nichts anderes im Sinn hatten, als sich gegenseitig die Kehle durchzuschneiden. Dein letzter Sieg wird die Hethiter davon auch nicht abbringen.»

«Meine Armee wird kampfbereit sein.»

«Du ähnelst einer großen Wildkatze, Majestät. Ich dachte an dich, als ich schrieb: «*So wie*

ein Pardel gegen die Jäger sich wirft mit unerschrok-
kenem Herzen, sobald er die Meute vernommen, ...
dennoch, selbst von der Lanze durchbohrt, noch
wehrt er sich tapfer unentwegt, bis im Kampf er ihn
faßt oder fällt von dem Jäger.»

Nefertari las abermals das merkwürdige Sendschreiben, das Chenar ihr soeben hatte zukommen lassen. Berittene Boten hatten es von Hatti
bis ins südliche Syrien gebracht, andere dann
weiter bis nach Ägypten, wo es im Amt für die
Beziehungen zu den Fremdländern abgegeben
worden war.

*An meine Schwester, die vielgeliebte Königin von
Ägypten, Nefertari.*

*Ich, Puducheba, Gemahlin Hattuschilis, Bruder
des Herrschers der Hethiter, übersende freundschaft-
liche Gedanken. Wir sind weit voneinander entfernt,
unsere Länder und unsere Völker sind sehr verschieden, aber sehnen sie sich nicht alle nach demselben Frieden? Wenn es Dir und mir gelingt, das
gute Einvernehmen zwischen unseren Völkern
zu fördern, hätten wir dann nicht eine gute Tat
vollbracht? Ich für mein Teil werde mich darum
bemühen. Darf ich meine verehrte Schwester bitten,
ebenso zu handeln?*

*Ein Brief aus ihrer Hand wäre mir eine Freude
und Ehre. Mögen die Götter Dich beschützen.*

«Was bedeutet diese merkwürdige Botschaft?» fragte die Königin ihren Gemahl.

«Die Form der zwei Siegel aus getrocknetem Lehm und auch die Schrift lassen keinerlei Zweifel an der Echtheit dieses Briefes zu.»

«Soll ich Puducheba antworten?»

«Sie ist nicht Königin, aber seit dem Tod von Muwatallis Gemahlin wird sie als Erste Dame des hethitischen Reiches angesehen.»

«Wird ihr Gemahl Hattuschili der künftige Herrscher sein?»

«Muwatallis Vorliebe gilt seinem Sohn Uriteschup, dem glühenden Verfechter eines Krieges gegen Ägypten.»

«Also hat dieses Sendschreiben im Grunde keinerlei Sinn.»

«Es verdeutlicht, daß es eine Gegenströmung gibt, die aus der Priesterschaft und der Kaufmannschaft Unterstützung erhält, und laut Acha verfügen beide über beachtliche Geldmittel. Sie fürchten einen Krieg, weil er ihren Geschäften abträglich wäre.»

«Reicht ihr Einfluß aus, um einen Krieg zu verhindern?»

«Gewiß nicht.»

«Wenn Puducheba aufrichtig ist, könnte ich ihr ja behilflich sein, oder? Es besteht ja noch ein winziger Hoffnungsschimmer, Tausende von Menschenleben zu retten.»

Beunruhigt zupfte der syrische Händler Raia an seinem Kinnbart.

«Wir haben deine Zeitangaben nachgeprüft», erklärte Ameni.

«Na, um so besser!»

«Für dich sieht's in der Tat gut aus: deine Angestellten haben deine Aussagen bestätigt.»

«Ich habe die Wahrheit gesagt und habe nichts zu verbergen.»

Ameni spielte weiterhin mit einem Pinsel.

«Ich muß bekennen ... daß wir uns vielleicht geirrt haben.»

«Endlich spricht die Stimme der Vernunft!»

«Gib zu, daß die Umstände gegen dich sprachen! Dennoch bitte ich dich um Entschuldigung.»

«Ägyptische Gerechtigkeit ist wahrlich kein hohles Wort.»

«Darüber sind wir alle froh.»

«Steht mir jetzt frei zu reisen?»

«Du kannst in völliger Freiheit deinem Beruf nachgehen.»

«Bin ich reingewaschen von jeglicher Schuld?»

«Du bist es, Raia.»

«Ich schätze deine Ehrlichkeit und hoffe, daß du den Mörder dieses armen Mädchens so bald wie möglich findest.»

In Gedanken ganz woanders, hastete Raia zwischen seinem Lager und seinem Schiff hin und her und tat so, als überprüfte er die Lieferscheine.

Was Ameni ihm da vorgespielt hatte, konnte ihn doch nicht täuschen. Der war doch viel zu hartnäckig, um so schnell lockerzulassen und den Aussagen von zwei Syrern Glauben zu schenken. Weil er keine Gewalt anwenden wollte, stellte der Schreiber ihm eine Falle. Er hoffte wohl, daß Raia sich von jeder Schuld reingewaschen wähnte und seine finsteren Geschäfte gleich wiederaufnehmen und somit Serramanna auf die Fährte seiner Leute führen würde.

Wenn er es richtig bedachte, war die Lage viel ernster, als er vermutet hatte. Was er auch tat, seine Leute würden auffliegen. Ameni würde schnell herausfinden, daß fast alle seine Angestellten für das Königreich Hatti arbeiteten und eine echte Untergrundarmee von gefährlicher Schlagkraft bildeten. Er würde sie vernichten, indem er alle festnehmen ließ.

Mit Feilschen, wie es seine Art war, würde er hier nicht weit kommen.

Er mußte schleunigst Chenar verständigen, ohne den geringsten Verdacht auf sich zu lenken.

Raia lieferte etlichen Würdenträgern von Pi-Ramses kostbare Vasen. Chenar, ein regelmäßiger Käufer, stand auf seiner Liste. Daher begab sich der Syrer zu dessen Haus und meldete sich bei dem Verwalter.

«Der hohe Herr ist abwesend.»

«Ach so ... Wird er bald zurückkommen?»

«Ich weiß es nicht.»

«Ich habe leider nicht die Zeit, auf ihn zu warten, da ich nach Memphis reisen muß. Es gab da ein paar Zwischenfälle in den letzten Tagen, die mich sehr aufgehalten haben. Wärest du so liebenswürdig, deinem Herrn diesen Gegenstand auszuhändigen?»

«Selbstverständlich.»

«Mit einem Gruß von mir, wenn ich bitten darf. Ach, beinahe hätte ich es vergessen: der Preis ist sehr hoch, aber diesem bezaubernden Kunstwerk angemessen. Das werden wir regeln, wenn ich zurück bin.»

Raia besuchte noch drei weitere Stammkunden, bevor er sich einschiffte mit Kurs auf Memphis.

Sein Entschluß war gefaßt: In Anbetracht der Dringlichkeit mußte er sofort seinen Auftraggeber aufsuchen und ihn um Rat fragen, doch erst einmal galt es, Serramannas Leute abzuschütteln, die ihm nicht von den Fersen wichen.

Der Schreiber des Amtes für die Beziehungen zu den Fremdländern, der die Sendschreiben zu verfassen hatte, vergaß Perücke und Würde seines Amtes und rannte zu Chenars Arbeitszimmer, ungeachtet der mißbilligenden Blicke seiner Amtsbrüder. War Selbstbeherrschung nicht die oberste Tugend eines gebildeten Menschen?

Chenar war nicht da.

Schrecklich! Er saß in der Klemme! … Sollte er seine Rückkehr abwarten oder eine Rangstufe überspringen und das Schreiben dem König bringen? Trotz des zu erwartenden Tadels entschloß er sich für den zweiten Weg.

Verblüfft sahen seine Amtsbrüder ihn das Haus verlassen, und das während der Dienststunden und immer noch ohne Perücke, und in den Wagen springen, mit dem er in kürzester Zeit den Palast erreichen würde.

Ameni empfing den Beamten und verstand seine Erregung.

Der übermittelte Brief trug die Siegel Muwatallis, des Herrschers von Hatti.

«Da mein Vorgesetzter nicht da war, glaubte ich mich berechtigt ...»

«Du hast richtig entschieden. Es wird deiner Laufbahn nicht schaden: der König wird deine Einsatzbereitschaft zu schätzen wissen.»

Ameni wog das Sendschreiben in der Hand: ein Holztäfelchen, eingewickelt in ein Stück Stoff, das beschmutzt war durch eine Reihe von Siegeln aus getrocknetem Lehm, die hethitische Schriftzeichen trugen.

Der Schreiber schloß die Augen in der Hoffnung, es handele sich um einen Alptraum. Als er sie wieder öffnete, war das Schriftstück immer noch da und brannte ihm in den Händen.

Die Kehle war ihm wie ausgetrocknet, als er

langsamen Schrittes zum Arbeitszimmer des Königs ging. Ramses hatte den lieben langen Tag mit seinen Beamten Fragen der Felderwirtschaft und Bewässerung erörtert und war nun allein, um einen Erlaß zur verbesserten Pflege der Deiche auszuarbeiten.

«Du wirkst erschüttert, Ameni.»

Auf ausgestreckten Händen hielt der Schreiber dem Pharao das an ihn gerichtete Sendschreiben des Herrschers von Hatti hin.

«Die Kriegserklärung», sagte Ramses tonlos.

VIERUNDDREISSIG

OHNE HAST BRACH Ramses die Siegel, zerriß die Stoffhülle und überflog das Schreiben.

Abermals schloß Ameni die Augen, er wollte die letzten Atemzüge vor Ausbruch der Hölle in Frieden auskosten, diese letzten Atemzüge, bevor der Pharao ihm die Antwort diktieren würde, mit der Ägypten in den Krieg gegen Hatti eintreten müßte.

«Bist du immer noch so enthaltsam, Ameni?»

Die Frage überraschte den Schreiber.

«Ich, enthaltsam? Ja, natürlich!»

«Schade, wir hätten einen Schluck Wein miteinander trinken können. Lies.»

Ameni las:

Muwatalli, der Herrscher von Hatti, an seinen Bruder Ramses, den Sohn des Lichts, den Pharao von Ägypten.

Wie geht es Dir? Ich hoffe Deine Mutter Tuja, Deine Gemahlin Nefertari und die Kinder bei guter Gesundheit. Dein Ansehen und das der Großen königlichen Gemahlin wachsen unaufhörlich, und von Deiner Tapferkeit wissen alle Bewohner von Hatti.

Wie geht es den Pferden? Wir hier hegen und pflegen die unsrigen. Es sind prachtvolle Tiere, die schönsten der Schöpfung.

Mögen die Götter Hatti und Ägypten beschützen.

Ein breites Lächeln verklärte Amenis Gesicht.

«Das ist ... das ist ja wunderbar!»

«Davon bin ich nicht überzeugt.»

«Das sind die üblichen Wendungen, und von einer Kriegserklärung sind wir weit entfernt!»

«Das kann uns nur Acha erläutern.»

«Du hast keinerlei Vertrauen in Muwatalli.»

«Er hat seine Macht auf Gewalt und List begründet. In seinen Augen ist Verhandlungsgeschick nur eine zusätzliche Waffe und kein Weg in Richtung Frieden.»

«Und wenn er kriegsmüde wäre? Deine Rückeroberung von Kanaan und Amurru haben ihm vor Augen geführt, daß das ägyptische Heer ernst genommen werden muß.»

«Muwatalli unterschätzt es ja auch nicht, daher bereitet er sich auf den Zusammenstoß vor und versucht, mit einigen Freundschaftsbeweisen unsere Befürchtungen zu mindern. Homer, dessen Blick in die Ferne reicht, glaubt nicht an einen dauerhaften Frieden.»

«Und wenn er sich irrte, wenn Muwatalli sich verändert hätte, wenn die Kaufmannschaft stärker wäre als die Kriegstreiber? In diese Richtung weist doch Puduchebas Schreiben.»

«Die wirtschaftliche Grundlage des Hethiterreichs ist der Krieg, und das Volk liebt von Natur aus die Gewalt. Die Kaufleute werden das Heer unterstützen und in einem großen Krieg die Gelegenheit zu neuen Geschäften finden.»

«Der Zusammenstoß scheint dir also unvermeidlich.»

«Ich hoffe mich zu irren. Wenn Acha keine auffälligen Truppenbewegungen feststellt, werde ich neue Hoffnung schöpfen.»

Ameni war verwirrt, ein verrückter Gedanke schoß ihm durch den Kopf.

«Achas offizieller Auftrag lautet doch, das Verteidigungssystem in unseren Schutzgebieten neu aufzubauen. Aber müßte er nicht, um die von dir gewünschten Auskünfte liefern zu können, auf ... hethitischen Boden vordringen?»

«Richtig», gab Ramses zu.

«Das ist Wahnsinn! Wenn er geschnappt wird ...»

«Acha stand es frei, den Auftrag anzunehmen oder abzulehnen.»

«Er ist unser Freund, Ramses, unser Jugendfreund, er ist dir treu ergeben wie ich, er ...»

«Ich weiß, Ameni, und ich schätze seinen Mut auch richtig ein.»

«Er hat überhaupt keine Aussicht, lebend zurückzukehren! Selbst wenn es ihm gelingt, ein paar Botschaften zu übermitteln, gefangengenommen wird er sicher.»

Zum ersten Mal empfand der Schreiber Vorbehalte gegenüber Ramses. Er beging zwar keinen Fehler, indem er Ägypten über alles andere setzte, aber er opferte einen Freund, einen hervorragenden Menschen, einen Mann, der es verdient hätte, einhundertzehn Jahre zu leben, wie die Weisen.

«Ich muß dir noch die Antwort diktieren, Ameni. Beruhigen wir unseren Bruder, den Herrscher von Hatti, was die Gesundheit meiner Nächsten und meiner Pferde betrifft.»

Chenar knabberte an einem Apfel und betrachtete die Vase, die sein Haushofmeister vor ihm hingestellt hatte.

«Es ist doch richtig, daß der Kaufmann Raia sie dir persönlich übergeben hat, nicht wahr?»

«Ja, Herr.»

«Wiederhole mir, was er gesagt hat.»

«Er wies auf den hohen Preis dieses Kunstwerks hin und meinte, du würdest alles regeln, sobald er zurück sei in der Hauptstadt.»

«Gib mir noch einen Apfel, und dann will ich nicht mehr gestört werden.»

«Herr, du wolltest noch ein junges Ding vorlassen ...»

«Schick sie fort.»

Chenar starrte auf die Vase.

Eine Fälschung!

Eine unbeholfene und schlechte Nachahmung, die nicht einmal den Preis durchschnitt-

licher Sandalen wert war. Selbst eine Provinz-
lerin hätte sich gescheut, so etwas in ihren Emp-
fangsräumen aufzustellen.

Raias Botschaft war klar. Der Spion war entlarvt worden und würde keinerlei Kontakt mit
Chenar aufnehmen. Damit zerbrach ein ganz
entscheidender Stein in seinem Planspiel. Wie
konnte er weitermachen, wenn er abgeschnitten
war von den Hethitern?

Zwei Punkte beruhigten ihn immerhin.

In einer so entscheidenden Phase würden die
Hethiter niemals auf ihr Spionagenetz in Ägypten verzichten. Sie würden Raia austauschen,
und dessen Nachfolger würde sich ebenfalls an
Chenar wenden.

Und dann war da noch Acha, und der hatte
eine Ausnahmestellung. Er würde das Verteidigungssystem in den Schutzgebieten durch-
löchern, Beziehungen zu den Hethitern knüp-
fen und Chenar davon in Kenntnis setzen.

Und dann gab es ja auch noch Ofir, den Magier, dessen Zauberkräfte vielleicht doch noch
Wirkung zeitigen würden.

Alles in allem war Raias Mißgeschick für Chenar gar nicht so schlimm. Der syrische Spion
würde sich schon aus der Schlinge ziehen.

Warmes ockerfarbenes Licht überflutete die Tempel in Pi-Ramses. Im Anschluß an die Sonnenuntergangsriten trafen Ramses und Nefertari sich vor dem im Bau befindlichen Tempel des Amun. Jeden Tag wurde die Hauptstadt schöner. Sie schien dem Frieden und dem Glück geweiht.

Das königliche Paar schlenderte durch den vor dem Heiligtum angelegten Garten: Persea, Sykomoren und Jujuben standen in Oleanderbeeten. Gärtner bewässerten die jungen Stämme und sprachen sanft auf sie ein, denn sie wußten, daß die Pflanzen sie genauso brauchten wie das nährende Wasser.

«Was hältst du von den Sendschreiben, die wir erhalten haben?»

«Sie sind mir nicht geheuer», erwiderte Nefertari. «Die Hethiter wollen uns blenden mit dem Trugbild eines Waffenstillstands.»

«Ich hatte gehofft, deine Einschätzung würde erbaulicher ausfallen.»

«Dich in die Irre zu führen wäre Verrat an unserer Liebe. Ich muß dir meine Sicht darlegen, selbst wenn sie die beunruhigenden Farben eines Gewitterhimmels trägt.»

«Wie soll man sich einen Krieg vorstellen, in

dem unzählige junge Männer ihr Leben lassen müßten? Eine solche Vorstellung angesichts der Schönheit dieses Gartens.»

«Wir haben nicht das Recht, uns in dieses Paradies zu flüchten und den Sturm zu vergessen, der es zu vernichten droht.»

«Werden meine Truppen in der Lage sein, dem hethitischen Ansturm standzuhalten? Zu viele Altgediente, die von einem ruhigen Alter träumen, zu viele unerfahrene junge Soldaten, zu viele Söldner, die nur an ihren Sold denken … Der Feind kennt unsere schwachen Punkte.»

«Kennen wir nicht auch die seinen?»

«Unsere Kundschafterdienste befinden sich in einer schlechten Verfassung, jahrelange Anstrengungen wären nötig, um sie schlagkräftig zu machen. Wir haben geglaubt, Muwatalli achte die von meinem Vater gesetzte Grenze, als er vor den Toren von Kadesch haltmachte, aber wie seine Vorgänger träumt auch dieser Herrscher nur von Landnahme, und eine schönere Beute als Ägypten läßt sich nicht denken.»

«Hat Acha dir einen Bericht gesandt?»

«Ich bin ohne Nachricht von ihm.»

«Du fürchtest um sein Leben, nicht wahr?»

«Ich habe ihm einen gefahrvollen Auftrag erteilt, der ihn zwingt, auf feindliches Gelände vorzudringen, um soviel wie möglich in Erfahrung zu bringen. Ameni verzeiht mir das nicht.»

«Wer hatte diesen Einfall?»

«Ich werde dich niemals belügen, Nefertari: ich, nicht Acha.»

«Er hätte ablehnen können.»

«Lehnt man einen Vorschlag des Pharaos ab?»

«Acha ist eine starke Persönlichkeit, er weiß sein Geschick zu wählen.»

«Wenn es ihm mißlingt, werde ich verantwortlich sein für seine Festnahme und seinen Tod.»

«Acha lebt für Ägypten, wie du. Wenn er nach Hatti geht, hegt er die Hoffnung, unser Land vor dem Untergang zu retten.»

«Von diesem Wunschbild haben wir eine ganze Nacht lang gesprochen. Wenn er mir entscheidende Auskünfte über die hethitischen Streitkräfte und ihr Vorgehen zukommen läßt, könnte es uns vielleicht gelingen, den Eindringling abzuwehren.»

«Und wenn du als erster angreifen würdest?»

«Auch daran denke ich ... Aber ich muß Acha Handlungsfreiheit lassen.»

«Die Schreiben, die wir erhielten, beweisen, daß die Hethiter Zeit gewinnen wollen, vermutlich wegen innerer Zwistigkeiten. Man darf den richtigen Augenblick nicht verstreichen lassen.»

Mit ihrer wohlklingenden und süßen Stimme bekundete Nefertari die Unbeugsamkeit und Willenskraft einer Königin von Ägypten. Wie Tuja neben Sethos, so formte auch sie die Seele des Königs und stärkte seine Kraft.

«Wie oft ich an Moses denken muß! Wie würde er heute handeln, da es um das Überleben der Beiden Länder geht? Trotz der seltsamen Gedanken, die ihn heimsuchten, würde er mit uns kämpfen, um das Land der Pharaonen zu retten, davon bin ich fest überzeugt.»

Die Sonne war untergegangen, Nefertari fröstelte.

«Mein alter Schal fehlt mir, er hielt mich so schön warm.»

FÜNFUNDDREISSIG

MIDIAN, ÖSTLICH DER Bucht von Akaba und südlich von Edom gelegen, begnügte sich mit einem Leben in Frieden und Abgeschiedenheit. Von Zeit zu Zeit hieß man wandernde Hirten willkommen, die mit ihren Herden über die Sinaihalbinsel zogen. Auch die Bewohner von Midian waren Hirten, aber seßhaft, sie hielten sich fern von den Kämpfen, die zwischen Stämmen in Moab immer wieder aufflammten.

Ein alter Priester, Vater von sieben Töchtern, herrschte über das kleine Gemeinwesen, das weder über Armut noch über das rauhe Klima klagte.

Während der Greis sich gerade mit dem verletzten Fuß eines Mutterschafs befaßte, drang ungewohnter Lärm an sein Ohr.

Pferde!

Pferde und Streitwagen, in gestrecktem Galopp!

Die Vorhut des ägyptischen Heeres ... Die waren noch nie nach Midian gekommen, hier besaß niemand eine Waffe oder hatte je gekämpft. Und weil das Dorf so arm war, zahlte man auch keine Abgaben, die Wüstenaufseher wußten zudem, daß Räuberbanden hier keinen Unterschlupf fanden, weil dem Ort sonst Zerstörung und den Bewohnern Verschleppung drohte.

Als die ägyptischen Streitwagen in das Dorf eindrangen, flüchteten Männer, Frauen und Kinder unter ihre Zelte aus grober Leinwand. Der alte Priester erhob sich und trat den Ankömmlingen entgegen.

«Wer bist du?» fragte ein junger Offizier von oben herab.

«Der Priester von Midian.»

«Bist du der Vorsteher dieses Lumpengesindels?»

«Ich habe die Ehre.»

«Wovon lebt ihr hier?»

«Wir züchten Schafe, essen Datteln und trinken das Wasser unseres Brunnens. Unsere Gärtchen liefern uns etwas Gemüse.»

«Besitzt ihr Waffen?»

«Das ist bei uns nicht Brauch.»

«Ich habe den Befehl, eure Zelte zu durchsuchen.»

«Sie stehen euch offen, wir haben nichts zu verbergen.»

«Es heißt, ihr beherbergt in der Wüste umherstreifende Verbrecher.»

«Wer hält uns denn für so verrückt, den Zorn des Pharaos auf uns zu laden? Selbst wenn dieser Fleck Erde arm und abgelegen ist, er gehört uns und ist uns lieb. Das Gesetz zu brechen würde unseren Untergang bedeuten.»

«Du bist ein Weiser, Alter, dennoch werde ich die Durchsuchung vornehmen.»

«Ich sage nochmals, unsere Zelte stehen dir offen. Würdest du zuvor noch an einem bescheidenen Fest teilnehmen? Eine meiner Töchter hat soeben einen Knaben geboren. Es wird Lamm und Palmwein geben.»

Der ägyptische Offizier zögerte.

«Das entspricht nicht ganz den Regeln ...»

«Laß deine Soldaten ihre Pflicht tun und setz dich zu uns.»

Die verschreckten Midianiter scharten sich wieder um ihren alten Priester, der sie beruhigte und ersuchte, den Ägyptern ihre Aufgabe zu erleichtern.

Der Anführer willigte ein, sich zu ihnen zu setzen und am Festmahl teilzunehmen. Die Mutter lag noch im Kindbett, doch der Vater, bärtig und mit zerfurchtem Gesicht, hielt versunken sein Kind in den Armen und wiegte es.

«Ein Hirte, er fürchtete, keine Kinder zeugen zu können, und dieses Kind wird das Licht seines Alters sein», erklärte der greise Priester.

Die Soldaten entdeckten weder Waffen noch Gauner.

«Sorge weiter für Recht und Ordnung, dann wird dein Volk unbehelligt bleiben», empfahl der Offizier dem Priester.

Wagen und Pferde verschwanden in der Wüste.

Als die Sandwolke sich gelegt hatte, erhob sich der Vater des Neugeborenen. Der Offizier wäre verwundert gewesen, hätte er mit ansehen können, wie ein gebeugter Hirte sich in einen breitschultrigen Riesen verwandelte.

«Wir sind gerettet, Moses», sagte der greise Priester zu seinem Schwiegersohn. «Die kommen nicht mehr wieder.»

Baumeister, Steinhauer und Steinmetze scheuten keine Anstrengung. Hier, am Ufer westlich von Theben, errichteten sie dem Sohn des Lichts seinen Tempel für die Ewigkeit, das Ramesseum. Gemäß der Regel war zuerst der Schrein für den verborgenen Gott gebaut worden, den kein Sterblicher jemals schauen würde. Eine riesige Menge von Sandsteinblöcken, grauem Granit und Basalt lagerte hier, und es herrschte strenge Ordnung. Die Mauern der Säulensäle, der zukünftige königliche Palast, waren bereits zu erkennen. Ramses hatte ein Wunderwerk verlangt, das die Zeiten überdauern sollte. Hier würde dem Andenken seines Vaters gehuldigt werden, hier würden seine Mutter und seine Gemahlin gefeiert werden, hier würde die bleibende Kraft verliehen werden, ohne die eine gerechte Ausübung von Macht nicht möglich war.

Nebou, der Oberpriester von Karnak, trug stets ein Lächeln zur Schau, obwohl er alt, erschöpft und schmerzgeplagt war. Aber es war ihm nun einmal die Aufgabe übertragen worden, das größte und reichste Heiligtum Ägyptens zu verwalten, wenn man auch allgemein überzeugt war, Ramses habe diese Entscheidung aus Hohn und nur der Form halber getroffen. Der greise Nebou konnte doch nur ein Strohmann sein, und bald käme schon der nächste, ebenso alt und dem Herrscher untertan.

Daß Nebou altern würde wie Granit, das

hätte niemand geglaubt. Der kahlköpfige, wortkarge Priester, dem das Gehen schwerfiel, waltete uneingeschränkt seines Amtes. Er war seinem König treu und dachte nicht daran, wie so manch einer seiner Vorgänger, irgendwelche Umtriebe mitzumachen. Ramses zu dienen war sein Quell der Lebensfreude. Aber heute vergaß Nebou seinen gewaltigen Tempel, seine Untergebenen, seinen Rang, seine Ländereien, seine Dörfer ... er beugte sich über eine kleine Akazie, die Ramses in seinem zweiten Regierungsjahr hier, wo sein Tempel für die Ewigkeit stehen sollte, gepflanzt hatte. Der Oberpriester von Karnak hatte dem Herrscher versprochen, über das Wachstum dieses Bäumchens zu wachen. Es wuchs mit erstaunlicher Kraft! Die Magie dieses Ortes ließ es viel schneller gen Himmel steigen als alle anderen Bäume.

«Bist du zufrieden mit meiner Akazie, Nebou?»

Schwerfällig wandte der Oberpriester sich um. «Majestät! ... Ich wußte gar nicht, daß du kommen würdest!»

«Niemand verdient einen Tadel, meine Reise war unangekündigt. Dieser Baum ist großartig.»

«Ich glaube, ich habe noch nie ein so erstaunliches Wachstum erlebt. Hast du ihm vielleicht deine Kraft verliehen? Ich werde seine Kindheit behütet haben, du wirst ihn betrachten können, wenn er ausgewachsen ist.»

«Ich mußte Theben noch einmal sehen, meinen Tempel für die Ewigkeit, meine Grabstätte und diese Akazie ... bevor ich mich in all diese Wirren begebe.»

«Ist der Krieg unvermeidlich, Majestät?»

«Die Hethiter versuchen uns vom Gegenteil zu überzeugen, aber wie könnte man ihren beruhigenden Worten Glauben schenken?»

«Hier ist alles in Ordnung. Die Reichtümer von Karnak gehören dir, und die Gebiete, die du mir anvertraut hast, sind zu Wohlstand gelangt.»

«Und wie steht es um deine Gesundheit?»

«Solange die Herzkanäle nicht verstopft sind, werde ich mein Amt ausüben. Sollte Majestät jedoch beabsichtigen, einen anderen an meine Stelle zu setzen, wäre ich's auch zufrieden. Am geheiligten See zu wohnen und über den Schwalbenflug nachzusinnen würde mich überglücklich machen.»

«Da muß ich dich enttäuschen: ich sehe keinerlei Notwendigkeit, die augenblickliche Rangordnung zu ändern.»

«Meine Beine lassen mich im Stich, meine Ohren werden taub, meine Knochen schmerzen ...»

«Aber dein Denken ist noch immer so lebhaft wie der Flügelschlag des Falken und so genau wie der des Ibis. Mach weiter so, Nebou, und wache auch weiterhin über diese Akazie. Sollte ich nicht zurückkehren, bist du ihr Vormund.»

«Du wirst zurückkehren. Du mußt zurückkehren.»

Ramses besichtigte die Baustelle und entsann sich seines Aufenthaltes unter den Steinhauern und Steinbrucharbeitern. Tag um Tag erbaute er Ägypten, die Männer hier erbauten die Tempel und Wohnstätten für die Ewigkeit, ohne die die Beiden Länder in Unordnung und Niedertracht versunken wären, weil solches in der menschlichen Natur angelegt war. Der Macht des Lichts zu huldigen und das Gesetz der Maat zu achten, das bedeutete, Rechtschaffenheit zu lehren und zu versuchen, den Menschen abzubringen von Ichsucht und Hochmut.

Der Traum des Monarchen wurde allmählich Wirklichkeit. Sein Tempel für die Ewigkeit nahm Gestalt an und begann jetzt schon jene magische Kraft auszuströmen, die nie versiegen würde, denn in die Mauern des Heiligtums waren Schriftzeichen und bildliche Darstellungen bereits eingemeißelt. Ramses schritt durch die Säle mit dem genau festgelegten Grundriß, suchte innere Sammlung in den zukünftigen Kapellen und schöpfte neue Kraft aus dem durch die Vermählung von Himmel und Erde entstandenen Ka. Diese machte er sich zu eigen, nicht um seiner selbst willen, sondern um fähig zu sein, den finsteren Mächten Trotz zu bieten, mit denen die Hethiter das von den Göttern geliebte Land zu überziehen gedachten.

Ramses fühlte sich als Verkörperung aller Herrschergeschlechter, all jener Pharaonen, die Ägypten nach dem Bild des Weltalls geformt hatten.

Einen Augenblick lang wankte der junge Herrscher unter dieser Bürde, aber dann wandelte sich diese Last in eine neue Kraft. In diesem Tempel, der die Zeiten überdauern würde, wiesen all jene, die vorangegangen waren, ihm den Weg.

Raia lieferte seine Vasen in die vornehmen Häuser von Memphis. Bei Befragung seiner Angestellten würden die Spürhunde nur erfahren, der syrische Kaufmann sei darauf bedacht, weiterhin seine Kundschaft zufriedenzustellen und in den adligen Familien seine Käufer zu behalten. Daher behielt Raia auch sein übliches Verfahren bei: er suchte seine Kunden auf, man plauderte, tauschte Schmeicheleien aus, und der Kauf war getätigt.

Dann verließ er die Stadt und begab sich zum großen Harim Mer-Our, wo er seit zwei Jahren nicht gewesen war. Er war überzeugt, dadurch Amenis und Serramannas Spürhunde in die Irre zu führen, denn sie mußten ja zu dem Schluß kommen, der Spion habe selbst in dieser alten und ehrwürdigen Stätte seine Mittelsmänner. Sie würden diese falsche Fährte in alle Richtungen verfolgen und dabei Zeit und Kraft verlieren.

Eine weitere falsche Fährte legte er, als er in einem Dorf, nicht weit vom Harim, verweilte und mit den Bauern, die er gar nicht kannte, längere Gespräche führte. Aus der Sicht der ägyptischen Fahnder konnten das ja auch nur Komplizen sein.

Er überließ sie ihrer Verblüffung und kehrte nach Memphis zurück, um das Verladen und die Beförderung der haltbaren «Gaumenfreuden» zu überwachen, die er nach Pi-Ramses und Theben zu liefern hatte.

Serramanna wütete.

«Dieser Kerl führt uns an der Nase herum! Er weiß, daß wir ihm auf den Fersen sind, und macht sich einen Spaß daraus, uns zum Narren zu halten!»

«Beruhige dich», riet Ameni. «Er wird bestimmt einen Fehler machen.»

«Was für einen Fehler denn?»

«Die Botschaften, die er aus Hatti empfängt, sind bestimmt unter den Lebensmitteln oder in den kostbaren Vasen versteckt. Ich glaube eher, in letzteren, da sie zum großen Teil aus dem südlichen Syrien und den Ostländern stammen.»

«Dann wollen wir sie uns einmal vornehmen!»

«Das wäre ein Schlag ins Wasser. Wichtig für uns ist, wie er seine Botschaften weiterleitet und auf welchen Wegen. So wie es jetzt für ihn aussieht, muß er den Hethitern mitteilen, daß er nicht weitermachen kann wie bisher. Warten wir den Augenblick ab, wo er irgendeine Lieferung nach Syrien abschickt.»

«Ich habe noch eine andere Idee», bekannte Serramanna.

«Im Rahmen des Gesetzes, wie ich hoffe.»

«Wenn ich keinerlei Aufsehen errege und dir die Möglichkeit verschaffe, Raia nach den Buchstaben des Gesetzes festzunehmen, läßt du mir dann freie Hand?»

Ameni nagte an seiner Schreibbinse.

«Wieviel Zeit muß ich dir dafür lassen?»

«Morgen werde ich es erledigt haben.»

SECHSUNDDREISSIG

IN BUBASTIS FEIERTE man das Fest der Trunkenheit. Unter dem wohlwollenden Blick der katzenköpfigen Göttin Bastet durften sich junge Mädchen und junge Männer selbstvergessen dem ersten Taumel der Liebe hingeben, denn Bastet verkörperte das süße Leben. Auf dem Land fanden Wettkämpfe statt, wo die Knaben ihre

Kraft zeigen und die hübschen Zuschauerinnen durch ihren Kampfeifer betören konnten.

Raias Angestellten bescherte dieses Fest zwei freie Tage. Der Lageraufseher, ein hagerer Syrer mit gekrümmtem Rücken, hatte die Tür des Schuppens verriegelt, in dem sich etwa ein Dutzend Vasen durchschnittlicher Güte befanden. Es war ihm nicht unlieb, sich unters Volk zu mischen und bei einem dieser netten Mäuschen, das zwar schon etwas älter war, sein Glück zu versuchen. Raia war ein gestrenger Herr, und die Gelegenheit, sich ein wenig Spaß zu machen, durfte man nicht versäumen.

Allein schon beim Gedanken an dieses Vergnügen lief ihm das Wasser im Munde zusammen. Trällernd bog er in eine Gasse ein, die zu einem kleinen Platz führte, wo die Vergnügungssüchtigen sich bereits sammelten.

Eine Pranke packte ihn an den Haaren und riß ihn zurück. Eine Hand preßte sich auf seine Lippen und erstickte seinen Schrei.

«Halt still, oder ich erwürge dich!» befahl Serramanna.

Der vor Schreck gelähmte Syrer ließ sich in einen Schuppen schleifen, wo Korbwaren gestapelt waren.

«Seit wann arbeitest du für Raia?» fragte der Sarde.

«Seit vier Jahren.»

«Wirst du ordentlich entlohnt?»

«Er ist eher knauserig.»

«Hast du Angst vor ihm?»

«Mehr oder minder ...»

«Raia wird festgenommen und wegen Spionage für die Hethiter zum Tode verurteilt werden», versicherte Serramanna. «Seine Mitverschwörer werden die gleiche Strafe erleiden.»

«Ich bin nur sein Angestellter!»

«Lügen ist ein schweres Vergehen.»

«Mich hat er als Lageraufseher, nicht als Spion eingesetzt!»

«Du hast aber gelogen, als du behauptet hast, er sei hier in Bubastis gewesen, während er in Pi-Ramses einen Mord beging.»

«Einen Mord ... Das ist doch nicht möglich! ... Das wußte ich nicht!»

«Jetzt weißt du es. Hältst du deine Behauptung aufrecht?»

«Nein ... Doch, sonst wird er sich rächen!»

«Du läßt mir keine Wahl, mein Freund: wenn du weiterhin die Wahrheit verschweigst, werde ich dir an der Wand den Schädel zertrümmern.»

«Das wirst du nicht wagen!»

«Feiglinge wie dich habe ich schon zu Dutzenden getötet.»

«Raia ... wird sich rächen ...»

«Du wirst ihn nie mehr wiedersehen.»

«Ist das sicher?»

«Sicher.»

«Na ja, dann ... Er hat mich für die Aussage, daß er hier war, bezahlt.»

«Kannst du schreiben?»

«Nicht sehr gut.»

«Wir gehen jetzt miteinander zum Stadtschreiber. Er wird deine Aussage aufnehmen. Anschließend kannst du den Schürzenjäger spielen.»

Iset die Schöne, die Mutter des kleinen Kha, hatte nichts von ihrer jugendlichen Schönheit eingebüßt. Ihre Augen waren funkelnd grün, die Lippen sorgfältig geschminkt, sie war anmutig, lebhaft und fröhlich. An diesem kühlen Winterabend hatte sie sich einen wollenen Schal um die Schultern geschlungen.

Ein heftiger Wind fegte übers Land bei Theben. Dennoch begab Iset sich zu dem in einem merkwürdigen Brief genannten Treffpunkt:

«Die Schilfhütte. Die gleiche wie in Memphis, suche sie am westlichen Ufer, gegenüber dem Tempel von Luxor, am Saum eines Kornfeldes.»

Seine Schrift ... Sie konnte sich nicht irren. Aber warum diese merkwürdige Aufforderung und die Erinnerung an eine so beglückende Vergangenheit?

Iset die Schöne ging an einem Bewässerungskanal entlang, entdeckte das Kornfeld, das die untergehende Sonne golden färbte, und erblickte die Hütte. Als sie gerade hineingehen wollte, fuhr ein Windstoß in den Saum ihres Kleides, das sich in einem Strauch verfing.

Sie bückte sich, damit der Stoff nicht riß, da faßte eine Hand nach ihr und hob sie auf.

«Ramses ...»

«Du bist entzückend wie eh und je. Ich danke dir für dein Kommen.»

«Deine Botschaft hat mich völlig verwirrt.»

«Ich wollte dich treffen, aber fern vom Palast.»

Wie gebannt sah sie den König an.

Seine Kraft, sein vornehmes Gebaren, sein bezwingender Blick weckten in ihr das gleiche Verlangen wie ehedem. Nie hatte sie aufgehört, ihn zu lieben, obgleich sie sich für unfähig hielt, ihn

Nefertari streitig zu machen. Ramses' Herz war erfüllt von der Großen königlichen Gemahlin, das war unbestreitbar. Und Iset die Schöne war weder eifersüchtig noch neidisch. Sie wahrte ihren Rang und empfand Stolz, dem König einen Sohn geschenkt zu haben, dessen außergewöhnliche Begabung sich bereits abzeichnete.

Doch als Ramses Nefertari heiratete, war Haß in ihr aufgestiegen, aber dieses heftige Gefühl war nichts anderes gewesen als der besonders schmerzliche Ausdruck ihrer Liebe. Als die Verschwörung, für die man auch sie gewinnen wollte, für den König bedrohlich wurde, hatte Iset sich aufgelehnt: Niemals würde sie den Mann verraten, der ihr so viel Glück geschenkt, Herz und Leib mit Licht erfüllt hatte.

«Warum diese Verschwiegenheit ... und die Erinnerung an unsere ersten Begegnungen in einer Hütte wie dieser hier?»

«Nefertari wollte es so.»

«Nefertari? ... Ich verstehe nicht ...»

«Sie besteht darauf, daß wir einen weiteren Sohn zeugen, um dem Königreich Dauer zu verleihen, falls Kha etwas zustoßen sollte.»

Iset die Schöne taumelte und sank Ramses in die Arme.

«Ein Traum», murmelte sie, «ein wundervoller Traum. Du bist nicht der König, ich bin nicht Iset, wir sind nicht in Theben, wir werden uns nicht lieben, um Kha einen Bruder zu schenken, nein, es ist nur ein Traum, aber den will ich auskosten von ganzem Herzen und für die Ewigkeit bewahren.»

Ramses nahm seinen Umhang ab und legte ihn auf den Boden. Fiebernd ließ Iset sich entkleiden.

Ein wahnsinniges Glück, dieser Augenblick, da ihr Leib ein Kind für Ramses schuf, eine wilde Wonne, die sie schon gar nicht mehr erhofft hatte.

Vom Schiff aus, das ihn nach Pi-Ramses zurückbrachte, betrachtete der König, der große Einsame, den Nil. Nefertaris Antlitz stand ihm stets vor Augen. Gewiß, Isets Liebe war aufrichtig, und sie war immer noch reizvoll, aber er empfand für sie nicht dieses Gefühl, das so ungestüm war wie die Sonne und so unendlich wie die Wüste, das sein Ich erfüllt hatte, als er Nefertari zum ersten Mal sah: Das war eine Liebe, die von Tag zu Tag größer wurde. Wie das Ramesseum und seine Hauptstadt immer größer wurden dank des unermüdlichen Eifers der Bauleute, so wurde die Liebe, die Ramses für seine Gemahlin empfand, auch immer größer und stärker.

Der König hatte es unterlassen, Iset Nefertaris wahre Forderungen anzuvertrauen: die Königin wünschte, daß Iset tatsächlich die Rolle der Nebenfrau übernahm und dem Herrscher mehrere Kinder schenkte, deren Stärke und überragende Persönlichkeit etliche denkbare Nachfolger von vornherein mundtot machen würde. Es sollte Ägypten nicht noch einmal so ergehen wie unter Pepi II., der, als er mit über hundert Jahren starb, seine Kinder überlebt und bei seinem Tode das Land einer Leere ausgesetzt hatte, die es in eine schwere Krise stürzte. Was würde aus dem Königreich, wenn Ramses alt würde und Kha oder Merit-Amun, aus welchen Gründen auch immer, nicht in der Lage wären, seine Nachfolge anzutreten?

Einem Pharao war es nicht gestattet, das Leben eines normalen Menschen zu führen. Selbst seine Geliebten und seine Familie mußten dafür sorgen, daß das Amt, das er verkörperte, von Dauer war.

Aber da war Nefertari, *die* Frau unter all den

Frauen, und die himmlische Liebe, die sie ihm entgegenbrachte. Ramses wollte weder sein Amt verraten noch sein Verlangen teilen mit einer anderen, nicht einmal mit Iset der Schönen.

Der Nil wußte Rat, der Nil, dessen Lebenskraft die beiden Ufer befruchtete, wenn er mit unerschöpflicher Fülle das Land überschwemmte.

Im großen Audienzsaal von Pi-Ramses war der Hof versammelt, und Gerüchte aller Art machten die Runde. Wie schon sein Vater Sethos geizte auch Ramses mit Feierlichkeiten dieser Art. Auch ihm war es lieber, mit jedem Amtsträger einzeln zu arbeiten, anstatt das müßige Geplauder im großen Kreis anzuhören, wobei man ihn ja auch nur beweihräucherte.

Als der Pharao erschien, in der Rechten einen Stab, um den eine Schnur gewickelt war, hielten viele einen Augenblick lang den Atem an. Dieser Stab deutete darauf hin, daß Ramses einen Erlaß verkünden würde, der sofort rechtskräftig war. Der Stab stand für das Wort, die Schnur für die Verbindung mit der Wirklichkeit, die der König jetzt herstellen würde, indem er einen reiflich überdachten Beschluß verkündete.

Aufregung und Beklemmung befiel die Versammelten. Kein Zweifel: Ramses würde den Kriegszustand mit den Hethitern erklären. Ein Gesandter würde nach Hatti geschickt, um die Botschaft des Pharaos dem Herrscher zu überbringen, und selbst der Tag des Beginns der Kriegshandlungen würde genannt sein.

«Die Worte, die ich jetzt spreche, sind ein königlicher Erlaß», verkündete Ramses. «Er wird eingemeißelt werden in die Stelen, Ausrufer werden ihn in Städten und Dörfern verkünden, jeder Bewohner der Beiden Länder wird davon Kunde erhalten. Vom heutigen Tage an und bis zu meinem letzten Atemzug erhebe ich Kinder, die in der Palastschule erzogen werden und den gleichen Unterricht wie mein Sohn Kha und meine Tochter Merit-Amun erhalten, in den Rang von ‹Söhnen des Königs› und ‹Töchtern des Königs›. Ihre Zahl ist unbegrenzt, und unter ihnen werde ich meinen Nachfolger wählen, ohne daß er davon Kenntnis erhält, bevor der Augenblick gekommen ist.»

Der Hof war sprachlos und entzückt. Jeder Vater und jede Mutter hegte die Hoffnung, dem eigenen Kind werde diese Würde zuteil. Einige sannen sogar schon darauf, wie sie die Fähigkeiten ihres Sprößlings ins rechte Licht rücken könnten, um Ramses' und Nefertaris Wahl zu beeinflussen.

Ramses umhüllte Nefertari, die gerade erst von einer Erkältung genas, mit einem großen Schal.

«Er stammt aus der besten Weberei von Sais. Die Tempelvorsteherin hat ihn eigenhändig gefertigt.»

Das Lächeln der Königin erhellte den düsteren Himmel über dem Delta.

«Ich wäre so gern in den Süden gereist, aber ich weiß, daß es nicht möglich ist.»

«Ich bedaure es auch, Nefertari, aber ich muß die Truppenübungen überwachen.»

«Iset wird dir doch einen weiteren Sohn schenken, nicht wahr?»

«Das werden die Götter entscheiden.»

«Das ist gut so. Wann wirst du sie wiedersehen?»

«Ich weiß es nicht.»

«Aber ... aber du hattest mir doch versprochen ...»

«Ich habe soeben einen Erlaß verkündet.»

«Was hat das mit Iset zu tun?»

«Dein Wunsch wurde erhört, Nefertari: Wir

390

werden mehr als hundert Söhne und Töchter haben, und meine Nachfolge wird gesichert sein.»

SIEBENUNDDREISSIG

Ich habe den Beweis, daß Raia gelogen hat», verkündete Serramanna begeistert.

Ameni blieb ungerührt.

«Hast du mich verstanden?»

«Ja, ja», erwiderte der Oberste Schreiber des Königs.

Der Sarde begriff, warum Ameni so unbeteiligt war: bestimmt hatte er wieder nur zwei oder drei Stunden geschlafen und kam jetzt schwer zu sich.

«Hier hast du die Aussage von Raias Lagerverwalter, unterschrieben und von Zeugen für richtig befunden. Der Angestellte erklärt deutlich, daß sein Herr, der am Tag der Ermordung von Nenofar sich nicht in Bubastis befand, ihn für die Falschaussage bezahlt hat.»

«Meinen Glückwunsch, Serramanna, du hast

gute Arbeit geleistet. Und ist der Lageraufseher auch ... unversehrt?»

«Als wir den Stadtschreiber verließen, hatte er ganz offensichtlich den glühenden Wunsch, am großen Stadtfest teilzunehmen und dort ein paar nicht ganz unwillige junge Frauen zu treffen.»

«Wirklich, gute Arbeit ...»

«Du begreifst immer noch nicht: Raias Aussage fällt in sich zusammen, wir können ihn festnehmen und verhören!»

«Nicht möglich.»

«Nicht möglich? Wer würde denn dagegen etwas einzuwenden haben?»

«Raia ist seinen Verfolgern entkommen und in einer der Gassen von Memphis verschwunden.»

Nachdem Chenar benachrichtigt und außer Gefahr war, mußte Raia untertauchen. Er war überzeugt, daß Ameni jede Lieferung ins südliche Syrien überprüfen ließ, selbst wenn es sich nur um einen Krug Lebensmittel handelte, und so hatte er keine Möglichkeit mehr, die Hethiter zu verständigen. Einem seiner Mittelsmänner eine Botschaft anzuvertrauen schien ihm zu gewagt. Einen von den Wachen des Pharaos gesuchten Flüchtling zu verraten war doch zu verlockend! Die einzige Lösung, die ihm ja schon beim ersten Verdacht eingefallen war, blieb die, sich trotz des ausgesprochenen Verbots mit dem Mann in Verbindung zu setzen, der die ganze Untergrundbewegung leitete.

Die Wachen abzuhängen, die ihm ständig auf den Fersen waren, war schon kein Kinderspiel gewesen. Dank des Wettergottes, der bei Einbruch der Nacht seinen Zorn über Memphis ausgeschüttet hatte, war es ihm gelungen, ihnen ein Schnippchen zu schlagen, indem er in einer Werkstatt verschwand, die einen zweiten Ausgang besaß. Über die Dächer schlüpfte er dann ins Haus seines Auftraggebers. Der Donner grollte, Blitze zuckten über den Himmel, und der Sturm wirbelte Staubwolken auf in den menschenleeren Gassen.

Das Haus war ins Dunkel getaucht und schien verlassen. Als Raia sich an die Finsternis gewöhnt hatte, huschte er lautlos bis zu dem Raum, wo Gäste empfangen wurden. Ein Wimmern drang an sein Ohr.

Verstört ging er weiter.

Wieder ein Klagelaut, der starken, aber ver-

haltenen Schmerz auszudrücken schien. Da ...
ein Lichtstrahl unter einer Tür!

War der Mann festgenommen und gefoltert
worden? Nein, das war undenkbar! Es kannte
ihn ja nur Raia.

Die Tür ging auf, die Flamme einer Fackel
blendete den Syrer, er kreuzte die Hände, um
die Augen zu schützen, und wich zurück.

«Raia ... Was machst du denn hier?»

«Verzeih, aber mir blieb keine andere Wahl.»

Der syrische Händler hatte seinen Auftraggeber erst ein einziges Mal gesehen, das war am
Hofe Muwatallis gewesen, aber vergessen hatte
er ihn nicht, diesen großen, hageren Mann mit
den vorspringenden Wangenknochen, den tiefgrünen Augen und dem Raubvogelgesicht.

Plötzlich fürchtete Raia, Ofir würde ihn auf
der Stelle umbringen. Aber der Libyer blieb erstaunlich ruhig.

Die blonde Lita wimmerte immer noch im
hinteren Raum.

Ofir schloß die Tür und erklärte:

«Ich war gerade dabei, sie vorzubereiten für
eine weitere Sitzung.»

Raia geriet in Panik: war das nicht ein Ort für
Schwarze Magie?

«Hier können wir in Ruhe sprechen. Du hast die Befehle mißachtet.»

«Ich weiß, aber Serramannas Männer waren drauf und dran, mich zu fassen.»

«Wie ich vermute, sind sie noch immer in der Stadt.»

«Ja, aber ich habe sie abgehängt.»

«Wenn sie dir gefolgt sind, werden sie ja bald hier auftauchen. In dem Falle werde ich gezwungen sein, dich zu töten und zu erklären, ein Dieb habe mich angegriffen.»

Dolente, die unter Einwirkung eines Schlafmittels im oberen Stockwerk schlief, würde Ofirs Aussage bestätigen.

«Ich verstehe mein Handwerk, sie sind mir nicht gefolgt.»

«Hoffen wir es, Raia. Was ist vorgefallen?»

«Eine Verkettung von Mißlichkeiten.»

«Nicht eher eine ganze Reihe von Ungeschicklichkeiten?»

Der Syrer erklärte alles bis ins einzelne. Im Angesicht von Ofir war es ratsamer, nicht nach Ausflüchten zu suchen. Hieß es nicht, der Magier könne Gedanken lesen?»

Ein langes Schweigen folgte auf Raias Bericht. Ofir dachte nach, bevor er sein Urteil sprach.

«Du hast wirklich Pech gehabt. Aber Tatsache ist, daß dein Vorgehen aufgeflogen ist.»

«Meine Geschäfte, meine Lagerhäuser, mein angesammeltes Vermögen ...»

«Die wirst du wiederbekommen, wenn das Königreich Hatti erst Ägypten erobert haben wird.»

«Mögen die Dämonen des Krieges dich erhören!»

«Solltest du an unserem Sieg zweifeln?»

«Keinen Augenblick lang! Die ägyptische Armee ist nicht hinreichend gerüstet. Wie ich jüngst erfuhr, läßt die Bewaffnung noch viel zu wünschen übrig, und die höheren Offiziere fürchten ohnehin einen Zusammenstoß mit den hethitischen Streitkräften. Soldaten, die Angst haben, sind von vornherein besiegt.»

«Zu großes Vertrauen kann in den Untergang führen», orakelte Ofir. «Wir dürfen nichts unversucht lassen, um Ramses in den Abgrund zu ziehen.»

«Hast du Chenar noch in der Hand?»

«Verdächtigt ihn der Pharao?»

«Er mißtraut seinem Bruder, kann sich aber nicht vorstellen, daß Chenar mit uns im Bunde steht. Wie soll man sich auch vorstellen, daß ein

Ägypter, der zur königlichen Familie gehört und dem Amt für die Beziehungen zu den Fremdländern vorsteht, sein eigenes Land verraten könnte? Meiner Ansicht nach ist und bleibt Chenar für uns eine entscheidende Figur. Wer wird meine Rolle übernehmen?»

«Das geht dich nichts an.»

«Du mußt einen Bericht abliefern über mich, Ofir ...»

«Er wird des Lobes voll sein. Du hast dem Herrscher von Hatti treue Dienste geleistet, das wird er zu würdigen wissen und dich angemessen entlohnen.»

«Wie lautet mein neuer Auftrag?»

«Ich werde Muwatalli einen Plan unterbreiten, er wird dann entscheiden.»

«Dieser Atonkult ... Ist der ernst zu nehmen?»

«Die Atonjünger sind mir ebenso gleichgültig wie andere Gläubige auch, aber sie sind Schafe, die man leicht zur Schlachtbank treiben kann. Warum sollte ich mir ihre bedingungslose Ergebenheit nicht zunutze machen?»

«Dieses Mädchen, das du bei dir hast ...»

«Eine schwachsinnige Schwärmerin, aber ein ausgezeichnetes Medium. Durch sie kann ich wertvolle Auskünfte einholen, die ich ohne ihre Mithilfe nicht bekommen würde. Und damit hoffe ich Ramses ganz entscheidend zu schwächen.»

Ofirs Gedanken wanderten bereits zu Moses, dem möglichen Verbündeten, dessen Flucht und Verschwinden er damals schon bedauert hatte. Doch er wußte dank Lita, die in Trance auf seine Fragen geantwortet hatte, daß der Hebräer noch am Leben war.

«Kann ich mich hier nicht ein paar Tage ausruhen?» fragte der Syrer. «Meine Nerven sind arg strapaziert worden in letzter Zeit.»

«Das ist zu gefährlich. Lauf sofort zum Hafen, zum südlichsten Zipfel, und schiff dich ein auf dem Frachter, der nach Pi-Ramses ausläuft.»

Ofir gab dem Syrer noch das Losungswort mit auf den Weg, nannte ihm die Namen derer, die er brauchte, um aus Ägypten herauszukommen und durch Kanaan und das südliche Syrien in hethitisches Einflußgebiet zu gelangen.

Sofort nachdem Raia gegangen war, überprüfte der Magier noch schnell, daß Lita auch wirklich tief schlief, und dann verließ auch er die Stadt.

Das anhaltend schlechte Wetter kam ihm zupaß. Er würde unerkannt durchkommen, Raias Nachfolger schnell das Startsignal geben und auch schon wieder in seiner Höhle verschwunden sein.

Chenar schlang sein Essen hinunter. Obwohl er durch Nachdenken ruhiger geworden war, mußte er gegen seine Angst anessen. Er vertilgte gerade eine gebratene Wachtel, als ihm der Besuch Mebas gemeldet wurde, der vor ihm das Amt des Obersten Gesandten gehabt und den er glauben gemacht hatte, nur Ramses sei für seine Absetzung verantwortlich.

Meba war einer jener salbungsvoll und gestelzt auftretenden hohen Würdenträger, die sich – Schreiber seit Generationen – auf den verworrenen Pfaden der Behörden zurechtfanden und es verstanden, Alltagssorgen von sich fernzuhalten und sich nur um das eigene berufliche Vorankommen zu kümmern. Als ihm sein früheres Amt übertragen worden war, hatte Meba den Gipfel seiner Träume erreicht, auf dem er bis zum Ruhestand zu verharren gedachte, doch Chenars unerwartetes Einschreiten, von dem er nie etwas erfahren würde, hatte ihn dieses Postens beraubt. Zu Müßiggang verurteilt, hatte der Gesandte sich auf sein Landgut in Memphis zurückgezogen, um sich nur noch ab und zu am Hofe in Pi-Ramses zu zeigen.

Chenar wusch sich die Hände, spülte den Mund, rieb sich mit Riechwasser ein und besah noch schnell seine Haartracht. Er kannte die Eleganz seines Besuchers und würde ihm in nichts nachstehen.

«Mein lieber Meba! Welche Freude, dich mal wieder hier in der Hauptstadt zu sehen ... Wirst du mir die Ehre erweisen, heute abend beim Empfang mein Gast zu sein?»

«Mit Vergnügen.»

«Ich weiß, daß es nicht der richtige Augenblick ist für Festlichkeiten, aber man darf ja auch nicht in Trübsal versinken. Nicht einmal der König wünscht Änderungen des Lebens am Hofe.»

Meba mit dem breiten und vertraueneinflößenden Gesicht, den eleganten Gebärden und der klangvollen Stimme vermochte immer noch zu betören.

«Bist du zufrieden in deinem Amt, Chenar?»

«Leicht ist es nicht, aber ich tue mein Bestes, zum Wohle meines Landes.»

«Kennst du Raia, den syrischen Kaufmann?»

Chenar erstarrte.

«Er verkauft mir kostbare Vasen erlesenster Güte, aber auch zu einem eher hohen Preis.»

«Und über anderes redet ihr nicht bei euren Zusammenkünften?»

«Was meinst du damit, Meba?»

«Von mir hast du nichts zu befürchten, Chenar, ganz im Gegenteil.»

«Zu befürchten ... was willst du sagen?»

«Du hast doch auf Raias Nachfolger gewartet, nicht wahr? Hier bin ich.»

«Du, Meba ...»

«Ich kann Untätigkeit nicht ertragen. Als die hethitischen Spione an mich herantraten, habe ich die Gelegenheit, mich an Ramses zu rächen, beim Schopf ergriffen. Daß der Feind dich als Nachfolger ausersehen hat, will ich hinnehmen, sofern du mir, sobald du an der Macht bist, das Amt des Obersten Gesandten zurückgibst.»

Der Bruder des Königs schien wie vor den Kopf geschlagen.

«Dein Wort darauf, Chenar!»

«Du hast es, Meba, du hast es ...»

«Ich werde die Aufträge unserer Freunde an dich weiterleiten, und wenn du eine Botschaft für sie hast, wendest du dich an mich. Da du mich jetzt sofort an Achas Stelle als rechte Hand einsetzen wirst, werden wir uns häufig sehen können. Niemand wird mich beargwöhnen.»

ACHTUNDDREISSIG

Ein eisiger Regen ging nieder auf Hattuscha, die Hauptstadt des Hethiterreiches. Es fror Stein und Bein, man machte Feuer aus Torf und Holz, um sich zu wärmen. Es war die Zeit, da viele Kinder starben; wer von den Knaben überlebte, würde einen hervorragenden Krieger abgeben. Den Mädchen, die keinerlei Erbrecht besaßen, blieb nur die Hoffnung auf eine einträgliche Heirat.

Trotz der rauhen Witterung hatte Uriteschup, der Sohn des Herrschers und neue Befehlshaber der Truppen, den Drill noch verschärft. Da die Fußsoldaten noch nicht genügend Ausdauer bewiesen, zwang er sie zu stundenlangen Märschen, wobei sie Waffen und Lebensmittel schleppen mußten, als wäre dies der Beginn eines langen Feldzugs. Einige waren schon vor Erschöpfung zusammengebrochen. Uriteschup hatte sie am Wegrand zurückgelassen, da seiner Meinung nach Schlappschwänze ohnehin keine Grabstätte verdienten. Die Geier würden sich an ihren Leichen weiden.

Den Streitwagenbesatzungen erging es nicht besser. Der Sohn des Herrschers befahl ihnen, die Pferde und Wagen zu größtmöglicher Schnelligkeit anzutreiben. Zahlreiche tödliche Unfälle hatten ihn davon überzeugt, daß etliche Lenker mit den neuen Wagen nicht umzugehen wußten und in der schon viel zu lange währenden Friedenszeit zu Dickwänsten geworden waren.

Niemand erhob Einspruch in den Reihen der Soldaten. Jeder spürte, daß Uriteschup die Truppen auf den Krieg vorbereitete und der Sieg von seiner Hartnäckigkeit abhängen würde. In seiner Befriedigung über sein wachsendes Ansehen vergaß der Heerführer jedoch nicht, daß der Oberste Anführer des Heeres immer noch Muwatalli war. Er war fernab vom Hofe, befehligte die Truppenübungen in den gottverlassensten Gegenden des Hochlandes, und das war eine Gefahr. Daher hatte Uriteschup ein paar Höflinge gedungen, die ihm möglichst viele Auskünfte liefern sollten über das Tun und Lassen seines Vaters und seines Onkels Hattuschili.

Als man ihm mitteilte, letzterer sei zu einer Inspektionsreise in die hethitischem Einfluß unterworfenen Nachbarländer aufgebrochen, war Uriteschup zunächst erstaunt, dann aber fand er es eher beruhigend. Selten verließ der Bruder des Herrschers die Hauptstadt, daher war das jetzt erstaunlich. Doch beruhigend war, daß er bei Abwesenheit auch keinen Schaden anrichten konnte durch seine hinterhältigen Ratschläge, die er den Kaufleuten zukommen ließ.

Uriteschup verabscheute Kaufleute. Wenn er erst Ramses besiegt hätte, würde er Muwatalli verjagen, den Thron besteigen in Hatti, Hattuschili in die Salzgruben verbannen, dessen hochmütige und ränkesüchtige Gattin Puducheba in ein Freudenhaus in der Provinz schikken und die Händler unter Zwang ins Heer eingliedern.

Die Zukunft Hattis war vorgezeichnet: ein Kriegerstaat mit Uriteschup als unbestrittenem Alleinherrscher.

Jetzt schon dem Herrscher zuwiderzuhandeln, der nach so langen Jahren geschickter und unerbittlicher Staatsführung in hohem Ansehen stand, wäre übereilt gewesen. Daher war Urite-schup trotz seiner Hitzköpfigkeit darauf bedacht, Geduld zu zeigen und auf den ersten Fehler zu lauern, den sein Vater beging. Dann müßte Muwatalli in seine Abdankung einwilligen, oder der Sohn wäre gezwungen, ihn zu töten.

Eingehüllt in einen dicken Wollmantel, saß der Herrscher vor dem Kamin, dessen Feuer ihn kaum wärmte. Mit zunehmendem Alter vertrug er die rauhen Winter immer weniger gut, doch das großartige Schauspiel, das die verschneiten Berge boten, wollte er auch nicht missen. Manchmal war er versucht, die Eroberungspolitik aufzugeben, um sich ganz der Gewinnung der Bodenschätze zu widmen, aber diesen Wunschtraum mußte er schnell wieder aufgeben, da das Überleben seines Volkes nur durch Landnahme zu sichern war. Ein erobertes Ägypten wäre ein Füllhorn in seiner Hand, das er, um das Volk zu beruhigen, in der ersten Zeit durch den ehrgeizigen Chenar, Ramses' älteren Bruder, verwalten lassen würde. Dann aber würde er sich dieses Verräters entledigen und die Beiden Länder hethitischer Verwaltung unterstellen, die jeden Hang zur Auflehnung schnell erstickte.

Die größte Gefahr war sein eigener Sohn Uriteschup. Der Herrscher brauchte ihn, um den Truppen wieder Stärke und Kampfgeist einzubleuen, aber dann mußte er ihn daran hindern, die Ergebnisse eines Triumphs zu seinen eigenen Gunsten auszuschlachten. Uriteschup war ein unerschrockener Krieger, aber Gespür für das Staatswesen und wie man es lenkte, besaß er nicht.

Der Fall Hattuschili lag anders. Der Bruder des Herrschers, obgleich von schwächlicher Gestalt und Gesundheit, besaß Führungseigenschaften, wenn er sich auch lieber im Schatten hielt und seinen tatsächlichen Einfluß vergessen zu machen suchte. Was beabsichtigte er wirklich? Muwatalli konnte sich diese Frage nicht beantworten und begegnete ihm daher mit wachsendem Argwohn.

Hattuschili trat vor den Herrscher.

«Hattest du eine gute Reise, mein Bruder?»

«Die Ergebnisse entsprechen unseren Erwartungen.»

Hattuschili nieste mehrmals.

«Hast du dich erkältet?»

«Die Herbergen, wo wir die Pferde wechseln mußten, waren alle schlecht geheizt, aber meine Gemahlin hat mir schon Glühwein bereitet, und mit heißen Fußbädern werde ich diesem Schnupfen wohl beikommen.»

«Haben unsere Verbündeten dich gut aufgenommen?»

«Mein Besuch hat sie überrascht. Sie fürchteten, ich wäre gekommen, um erhöhte Abgaben einzutreiben.»

«Unsere Vasallen sollen uns ruhig fürchten. Wer nicht genügend Rückgrat beweist, neigt bald zu Ungehorsam.»

«Daher habe ich auch auf die verschiedentlichen Irrungen dieses oder jenes Fürsten deutlich hingewiesen und die Langmut des Herrschers hervorgehoben, bevor ich zum eigentlichen Grund meines Besuches überging.»

«Erpressung ist und bleibt die Geheimwaffe der diplomatischen Kunst, Hattuschili, und mir scheint, daß du sie mit viel Fingerspitzengefühl meisterst.»

«Eine schwierige Kunst, die man niemals vollends beherrscht, deren Auswirkungen sich aber immer als günstig erweisen. All unsere Vasallen, ohne Ausnahme, haben unsere … Einladung angenommen.»

«Das freut mich in höchstem Maße, wie du siehst, lieber Bruder. Wann werden ihre Vorbereitungen abgeschlossen sein?»

«In drei bis vier Monaten.»

«Müssen unbedingt offizielle Schriftstücke abgefaßt werden?»

«Es wäre günstiger, es zu unterlassen», erwog Hattuschili. «Wir selbst haben Spione ins feindliche Gebiet eingeschleust, und vielleicht haben die Ägypter ja das gleiche bei uns getan.»

«Nicht sehr wahrscheinlich, aber Vorsicht ist geboten.»

«Für unsere Verbündeten steht der Zusammenbruch Ägyptens an erster Stelle. Indem sie dem offiziellen Vertreter des Reiches Hatti ihr Wort gaben, haben sie es dem Herrscher gegeben. Sie werden bis zum Ausbruch der Kampfhandlungen Schweigen bewahren.»

Hattuschili, dessen Augen fiebrig glänzten, labte sich an der Wärme des Raumes mit den stoffüberzogenen Holzläden, die die Fensteröffnungen verschlossen hielten.

«Wie verläuft die Vorbereitung unserer Truppen?»

«Uriteschup macht seine Sache glänzend», erwiderte Muwatalli. «Die Schlagkraft unserer Truppen wird bald unübertrefflich sein.»

«Glaubst du, dein Schreiben und das meiner Gemahlin werden den Argwohn des königlichen Paares gemindert haben?»

«Ramses und Nefertari haben sehr liebenswürdig geantwortet, und wir halten diese Art Briefwechsel aufrecht. Das wird sie zumindest verwirren. Was ist mit unserem Spionagenetz?»

«Das des Kaufmanns Raia ist zerrissen, und seine Leute haben sich aus dem Staub gemacht. Aber unser Hauptverbündeter, der Libyer Ofir, wird uns weiterhin wertvolle Auskünfte zukommen lassen.»

«Was machen wir jetzt mit diesem Raia?»

«Ihn beiseite zu schaffen schien mir eine gute Lösung, aber Ofir hatte einen besseren Einfall.»

«Gönne dir nun die verdiente Ruhe unter Fürsorge deiner liebreizenden Gemahlin.»

Der gewürzte Glühwein besänftigte das Fieber und machte Hattuschilis Nase wieder frei, und das heiße Fußbad bescherte ihm ein Wohlbehagen, das ihn für die endlosen Stunden auf den holprigen Straßen entschädigte. Eine Dienerin massierte ihm Schultern und Nacken unter Puduchebas Aufsicht, und ein Mann schabte ihm den Bart.

«Konntest du deine Aufgabe erfüllen?» fragte sie ihn, als sie allein waren.

«Ich glaube schon, meine Liebe.»

«Auch ich habe die meine erfüllt.»

«Deine Aufgabe ... Wovon sprichst du?»

«Untätigkeit liegt mir nicht.»

«Erkläre dich, ich bitte dich darum!»

«Hast du, dessen Geist doch so findig ist, noch nicht begriffen?»

«Sag bloß nicht ...»

«O doch, vielgeliebter Verhandlungskünstler! Während du die Befehle des Herrschers ausführtest, habe ich mich deines Rivalen, deines einzigen Widersachers, angenommen.»

«Meinst du Uriteschup?»

«Wer sonst behindert deinen Aufstieg und versucht, deinen Einfluß zu schmälern? Seine Ernennung ist ihm zu Kopfe gestiegen. Er sieht sich schon als Herrscher!»

«Muwatalli zieht die Fäden, nicht umgekehrt!»

«Er und du, ihr unterschätzt die Gefahr.»

«Du irrst, Puducheba: der Herrscher ist hell-

410

sichtig. Wenn er seinem Sohn diese Aufgabe übertragen hat, dann nur, um die Kampfkraft des Heeres zu stärken, damit es am entscheidenden Tag auch sein Bestes gibt. Aber Herrscher von Hatti zu werden, diese Fähigkeit traut Muwatalli Uriteschup nicht zu.»

«Hat er dir das angedeutet?»

«Ich spüre es.»

«Das genügt mir nicht! Uriteschup ist gewalttätig und gefährlich, er haßt uns, dich und mich, er hat nichts anderes im Sinn, als uns die Macht streitig zu machen. Weil du der Bruder des Herrschers bist, wagt er es nicht, dich offen anzugreifen, aber er wird dir in den Rücken fallen.»

«Hab Geduld, Uriteschup wird in sein Verderben rennen.»

«Zu spät.»

«Was heißt zu spät?»

«Ich habe getan, was zu tun war.»

Hattuschili fürchtete sich vor der Wahrheit.

«Ein Vertreter der Kaufmannschaft ist bereits auf dem Weg zu Uriteschups Hauptquartier. Er wird das Gespräch mit ihm suchen und, um sein Mißtrauen zu zerstreuen, ihm vertraulich mitteilen, daß viele reiche Kaufleute es gerne sähen, wenn Muwatalli durch seinen Sohn abgelöst würde. Unser Mann wird Uriteschup erdolchen, und wir sind dieses Ungeheuer endlich los.»

«Hatti braucht ihn aber noch ... Es ist zu früh, viel zu früh! Uriteschup muß unbedingt unsere Truppen noch kampfbereit machen.»

«Willst du vielleicht versuchen, ihn noch zu retten?» fragte Puducheba spöttisch.

Schmerzgeplagt, fiebernd und mit starren Knien raffte Hattuschili sich auf.

«Ich muß sofort wieder los.»

NEUNUNDDREISSIG

DEN ELEGANTEN UND vornehmen Acha unter dem abgewetzten und groben Mantel eines Sendboten wiederzuerkennen war völlig unmöglich. Auf einem stämmigen Esel, der zwei weiteren, die mit Packtaschen voller Schriftstücke beladen waren, als Leittier voranging, war er durch das nördliche Syrien geritten und nun in hethitisches Einflußgebiet vorgestoßen.

Ein paar Wochen lang hatte er sich in Kanaan und Amurru aufgehalten, um die Verteidigungssysteme der beiden ägyptischen Schutzgebiete zu überprüfen, hatte mit den ägyptischen Offizieren verhandelt, die Vorsorge treffen sollten, um einen hethitischen Überfall erfolgreich abzuwehren, und hatte die Liste seiner Liebschaften um ein gutes Dutzend phantasiebegabter junger Frauen verlängert.

Benteschina, der Fürst von Amurru, hatte großes Gefallen gefunden an Achas Benehmen. Der Ägypter war ein taktvoller Gast, liebte gutes Essen, hatte keine unangenehme Forderung gestellt und sich damit begnügt, den Fürsten höflich zu bitten, er möge Ramses verständigen, sobald er von seiten der Hethiter etwas wahrnehme, was auf Angriff hindeutete.

Dann hatte Acha den Rückweg gen Ägypten eingeschlagen. So schien es zumindest: in Wirklichkeit zog seine Begleitmannschaft vereinbarungsgemäß auf der Küstenstraße in Richtung Süden ab, während der Gesandte seine ägyptischen Gewänder zerriß, in die Kleidung eines Boten schlüpfte und mit einem geradezu glänzend gefälschten hethitischen Beglaubigungsschreiben gen Norden ritt.

Wie sollte man sich bei all diesen widersprüchlichen Berichten und undurchschaubaren Verflechtungen ein der Wirklichkeit entsprechendes Bild machen von den tatsächlichen Absichten des Gegners? Man mußte das Land erforschen. Da Ramses und Acha in diesem Punkte einig waren, hatte Acha diesen Auftrag ohne zu zögern übernommen. Mit Auskünften aus erster Hand würde er die Spielregeln vorgeben.

War die große Stärke der Hethiter nicht die, daß sie alle Welt glauben machten, sie seien unbesiegbar und könnten, wenn sie nur wollten, die ganze Welt erobern? Das war anhand der tatsächlichen Gegebenheiten erst einmal nachzuprüfen.

Der hethitische Grenzübergang war mit etwa dreißig bewaffneten Galgenvögeln bestückt. Die vier Soldaten, die Acha und seine Esel in Augenschein nahmen, ließen sich Zeit. Der falsche Sendbote stand unbeweglich, gab sich verschreckt.

Die Spitze einer Lanze kitzelte Achas linke Wange.

«Dein Beglaubigungsschreiben?»

Acha zog ein Täfelchen mit hethitischen Schriftzeichen aus seinem Mantel hervor.

Der Soldat las und gab es an den nächsten weiter, der ebenfalls las.

«Wohin willst du?»

«Ich habe Briefe und Rechnungen für die Kaufleute von Hattuscha.»

«Zeig her.»

«Sie sind vertraulich.»

«Nichts ist vertraulich für das Heer.»

«Ich möchte aber keinen Ärger bekommen mit den Empfängern.»

«Wenn du mir nicht gehorchst, wirst du eine Menge Ärger bekommen.»

Mit kältestarren Fingern löste Acha die Verschnürungen der Säcke mit den Schriftstücken.

«Kaufmannsgefasel», befand der Soldat. «Wir wollen lieber dich durchsuchen.»

Der Bote war unbewaffnet. Die Hethiter waren enttäuscht, sie hatten ihm nichts vorzuwerfen.

«Melde dich immer erst beim Wachposten, bevor du ein Dorf betrittst.»

«Das ist aber neu.»

«Du hast nichts zu bekritteln. Wenn du dich nicht bei jedem Wachposten meldest, wirst du als Feind gelten und einen Kopf kürzer gemacht.»

«Es gibt doch keine Feinde auf hethitischem Boden!»

«Du hast zu gehorchen, das ist alles.»

«Schon gut, schon gut …»

«Hau ab, wir haben dich satt!»

Acha entfernte sich gemächlich und seelenruhig wie jemand, der nichts Ungesetzliches getan hat. Er ging neben seinem Leittier her, trottete mit diesem im Gleichschritt und schlug den Weg nach Hattuscha ein, der Hauptstadt im Hochland.

Es fiel ihm schwer, sich an diese wilde Landschaft zu gewöhnen, die keinerlei Ähnlichkeit hatte mit dem vom göttlichen Strom bewässerten Tal in all seiner Schlichtheit. Acha fehlte diese scharfe Trennung zwischen Feldern und Wüste, grünen Wiesen und goldenem Sand, er sehnte sich nach den Sonnenuntergängen in den tausenderlei Farbschattierungen. Aber das alles mußte er vergessen und sich ganz auf dieses Hatti einstellen, diese kalte und abweisende Erde, deren Geheimnisse er ergründen wollte.

Der Himmel hing tief, heftige Gewitter gingen nieder. Die Esel vermieden die Wasserpfützen und blieben urplötzlich stehen, wenn es ihnen paßte, um feuchtes Gras abzurupfen.

Diese Landschaft hatte nichts Friedvolles. Überall war eine Wildheit spürbar, die die Menschen dazu trieb, das Leben als Kampf und die Zukunft als Vernichtung anderer anzusehen. Wie viele Lebensalter hätte es gebraucht, um diese trostlosen, von zerklüfteten Bergen überwachten Täler fruchtbar und die Soldaten zu Bauern zu machen? Hier wurde man geboren, um zu kämpfen, und würde dies für immer tun.

Daß jedes Dorf jetzt einen Wachposten erhalten hatte, machte Acha stutzig. Fürchteten die Hethiter, es könnten sich Spione einschleichen in ihr von einem ganzen Netz von Sicherheitskräften überzogenes Land? Diese ungewohnte Maßnahme durfte als ein Hinweis gewertet werden. Fanden vielleicht großangelegte Truppenübungen statt, die neugierigen Blicken verborgen bleiben mußten?

Gleich zweimal überprüften zudem berittene Streifen die Schriftstücke, die Acha mit sich führte, und fragten, wohin er wolle. Seine Antworten befriedigten sie, und so durfte er weiterziehen. Aber gleich beim ersten Dorf wurde er von den Wachposten abermals am ganzen Leib durchsucht. Da die Kerle nervös und reizbar schienen, verzichtete er auf jeglichen Widerspruch.

Nachdem er eine Nacht in einem Schafstall geschlafen hatte, aß er etwas und setzte seine Reise fort. Er war glücklich, daß man ihm den Sendboten offenbar glaubte. In der zweiten Tageshälfte entdeckte er einen Pfad, der ins Unterholz führte: dort würde er einige Schriftstücke wegwerfen, die an Händler gerichtet waren, die es nicht gab. Je näher er der Hauptstadt kam, desto mehr Ballast mußte er abwerfen.

Das Wäldchen stand über einem Abhang, in dessen Tiefen gewaltige Gesteinsbrocken lagen, die eine von Regen und Schnee ausgewaschene Felsnase hinuntergedonnert waren. Wurzeln von knorrigen Eichen klammerten sich in den Hang.

Als er einen der Säcke, die der Leitesel trug, öffnete, hatte Acha das Gefühl, ausgespäht zu werden. Die Tiere wurden unruhig. Rotkehlchen fühlten sich gestört und flogen davon.

Der Ägypter griff nach einem Stein und einem Knüppel – einem Angreifer gegenüber lächerliche Waffen. Als er deutlich Pferdegetrappel wahrnahm, warf sich Acha bäuchlings hinter einen Baumstumpf.

Vier Reiter kamen aus dem Wäldchen und umzingelten die Esel. Es waren keine Soldaten, sondern mit Bogen und Dolchen ausgerüstete Straßenräuber. Selbst in Hatti wurden Karawanen ausgeraubt, obwohl die Plünderer, wenn man sie schnappte, sofort hingerichtet wurden.

Acha preßte sich noch tiefer in den Schlamm. Wenn die vier ihn entdeckten, würden sie ihm die Kehle durchschneiden.

Ihr Anführer, ein Bärtiger mit verwittertem Gesicht, hielt wie ein Jagdhund witternd die Nase in die Höhe.

«Schau», sagte einer seiner Kumpane, «keine fette Beute, nichts als Schrifttafeln ... Kannst du lesen?»

«Keine Zeit, das zu lernen.»

«Ist das was wert?»

«Nicht für uns.»

Wütend zerbrach der Kerl die Tafeln und schleuderte die Stücke in den Abgrund.

«Aber der, dem diese Esel gehören ... Der dürfte nicht weit sein, und der hat bestimmt Zinn bei sich.»

«Ausschwärmen!» befahl der Anführer. «Wir werden den Kerl schon schnappen.»

Acha, obgleich starr vor Angst und vor Kälte,

war auf der Hut. Nur einer der vier kam in seine Richtung. Der Ägypter klammerte sich an eine Wurzel und robbte vorwärts. Der Anführer ritt um ihn herum, sah ihn aber nicht.

Mit einem dicken Stein zertrümmerte Acha ihm das Genick. Der Mann stürzte mit dem Gesicht in den Schlamm.

«Da drüben!» brüllte ein anderer, der den Vorfall gesehen hatte.

Acha griff nach dem Dolch seines Opfers, zielte und warf ihn mit voller Wucht. Die Waffe bohrte sich dem Dieb in die Brust.

Die beiden Überlebenden spannten ihre Bogen.

Acha blieb nur mehr die Flucht. Ein Pfeil sirrte an seinen Ohren vorbei, als er den Hang in die Schlucht hinunterlief. Schier atemlos suchte er ein Dickicht zu erreichen, wo Buschwerk und Dornengestrüpp ihm Deckung geben würden.

Ein weiterer Pfeil streifte seine rechte Wade, aber dennoch gelang es ihm, das schützende Dickicht zu erreichen. Mit aufgerissenen, blutigen Händen kämpfte er sich durch das Dornengestrüpp, stürzte, raffte sich wieder auf und hastete weiter, bis er atemlos zusammenbrach.

Angsterfüllt verharrte Acha bis zum Einbruch der Nacht in der Schlucht. Dann kletterte er den Hang hinauf und kehrte zu der Stelle zurück, wo er seine Esel ihrem Schicksal überlassen hatte. Während er noch am Rande des Hangs entlangkroch, sah er, daß die Tiere verschwunden waren.

Da lagen nur die Leichen der beiden Strolche.

Seine Wunden schmerzten, obwohl sie nur oberflächlich waren. Er fand eine Quelle, wusch sich und rieb die wunden Stellen mit einem Kraut ein, das er am Wegrand gerupft hatte, kletterte dann bis in den Wipfel einer stämmigen Eiche, machte es sich in einer Astgabel bequem und schlief ein.

Acha träumte von einem Bett in einem jener herrschaftlichen Landhäuser, die Chenar ihm als Gegenleistung für seine Mitarbeit geschenkt hatte, er träumte von einem Weiher unter Palmen, von edlem Wein in einer prunkvollen Schale, von einer liebreizenden Lautenspielerin, die seine Ohren betörte, bevor sie ihm ihren Leib darbot.

Eisiger Regen weckte ihn noch vor Morgengrauen, und er zog weiter gen Norden.

Da er nun keine Esel und keine Schriftstücke mehr mit sich führte, mußte er sich neu verkleiden. Ein Sendbote ohne Schriftstücke und ohne Lasttiere würde gleich Verdacht erregen. Daher konnte er sich keinem Dorf nähern und sich beim Wachposten melden.

Würde er sich durch die Wälder schlagen, wäre er zwar gefeit vor berittenen Wachen, nicht aber vor Bären, Luchsen und Räubern, die sich dort versteckt hielten. Wasser gab es genug, doch schwierig war es, etwas Eßbares zu finden. Wenn er Glück hatte, konnte er vielleicht einen fliegenden Händler berauben und dessen Rolle übernehmen.

Seine Lage war alles andere als rosig, doch nichts würde ihn davon abhalten, bis Hattuscha vorzudringen und die tatsächliche Schlagkraft der hethitischen Armee zu erkunden.

VIERZIG

NACHDEM ER EINEN ganzen Tag auf dem Rücken des Pferdes verbracht hatte, um die Geländeübungen der Wagenlenker zu befehligen, wusch Uriteschup sich im kalten Wasser. Der zunehmend schärfere Drill erbrachte befriedigende Ergebnisse, die dem Sohn des Herrschers aber immer noch nicht genügten. Das Hethiterheer durfte den ägyptischen Truppen keine Chance lassen und vor allem in den verschiedenen Kampfphasen niemals zaudern.

Während er sich im Winde trocknete, wurde ihm gemeldet, ein aus Hattuscha eingetroffener Kaufmann wünsche den Oberbefehlshaber zu sprechen.

«Er soll sich gedulden», entgegnete Uriteschup, «ich werde ihn morgen früh empfangen. Kaufleute sind auf der Welt, um zu gehorchen. Wie schaut er aus?»

«So wie er gekleidet ist, dürfte er ein einflußreicher Mann sein.»

«Dennoch muß er warten. Und laßt ihn unter einem möglichst karg ausgestatteten Zelt schlafen.»

«Und wenn er sich beklagt?»

«Dann laßt ihn jammern.»

Hattuschili und seine Leibwache waren im Galopp durch die Nacht geritten. Der Bruder des Herrschers scherte sich weder um seinen Schnupfen noch um sein Fieber. Er war nur von einem Gedanken besessen: Uriteschups Befehlsstand zu erreichen, bevor etwas geschah, das nicht wiedergutzumachen war.

Als in tiefer Nacht endlich das Heerlager in Sicht kam, schien dort alles ruhig. Hattuschili meldete sich bei den Wachen, die ihm das Holztor öffneten. Der für die Sicherheit verantwortliche Offizier ging ihm voran zum Zelt Uriteschups.

Als dieser die Augen aufschlug, schien er übel gelaunt. Hattuschilis Anblick war für ihn alles andere als ein Vergnügen.

«Was ist der Grund für diesen unerwarteten Besuch?»

«Dein Leben.»

«Was soll das heißen?»

«Gegen dich wurde eine Verschwörung angezettelt. Man trachtet dir nach dem Leben.»

«Redest du im Ernst?»

«Ich habe eine anstrengende Reise hinter mir, habe Fieber und sehne mich nach nichts anderem als Ruhe … Glaubst du, ich wäre in Windeseile hierhergekommen, wenn es nicht ernst wäre?»

«Wer trachtet mir nach dem Leben?»

«Du kennst meine Verbindungen zur Kaufmannschaft … Während meiner Abwesenheit hat aus diesen Kreisen jemand meiner Gemahlin anvertraut, ein Verrückter beabsichtige dich zu töten, damit der Krieg gegen Ägypten vermieden und sein Wohlstand dadurch bewahrt werde.»

«Sein Name?»

«Ich kenne ihn nicht, wollte dich nur unverzüglich unterrichten.»

«Du würdest diesen Krieg doch auch gern verhindern …»

«Du irrst, Uriteschup, er erscheint mir notwendig. Nach deinem Sieg wird unser Reich sich immer weiter ausdehnen können. Wenn der Herrscher dich an die Spitze des Heeres berufen hat, dann trug er deinen Fähigkeiten als Krieger und Führungsgestalt damit Rechnung.»

Hattuschilis Worte erstaunten Uriteschup, zerstreuten aber nicht seinen Argwohn. Der Bruder des Herrschers verstand sich auf Schmeichelei.

Indes … es war ja ein Kaufmann gewesen, der um ein Gespräch ersucht hatte. Hätte Uriteschup ihn sofort vorgelassen, wäre er jetzt vielleicht schon nicht mehr am Leben. Es gab ein einfaches Mittel, die Wahrheit herauszufinden und Hattuschilis Ehrlichkeit zu prüfen.

Der Händler hatte eine schlaflose Nacht hinter sich, ständig vergegenwärtigte er sich, was er zu tun hatte: Er mußte Uriteschup den Dolch durch die Kehle bohren, damit er nicht mehr schreien konnte, dann gemessenen Schrittes wie ein Ehrenmann das Zelt verlassen, aufs Pferd steigen und in ruhigem Trab aus dem Lager reiten. Dann aber dem Pferd die Sporen geben bis zu dem Wäldchen, wo das Ersatzpferd stand.

Kein ganz ungefährliches Vorhaben, aber der Händler haßte Uriteschup. Ein Jahr zuvor hatte dieser Kriegstreiber bei einer unmenschlichen Truppenübung zwanzig junge Menschen, darunter seine beiden Söhne, in den Tod getrieben. Sie waren vor Erschöpfung zusammengebrochen. Als nun Puducheba ihm den Plan darlegte, hatte er sich begeistert gezeigt. Das Geld, das Hattuschilis Gemahlin ihm versprach, war ihm unwichtig. Selbst wenn er gefaßt und geköpft würde, hätte er seine beiden Söhne doch wenigstens gerächt und ein Ungeheuer aus der Welt geschafft.

Als der Morgen graute, kam ein Bote von Uriteschup und geleitete den Händler zum Feldherrnzelt. Er mußte seine Erregung zügeln und mit flammender Überzeugung von seinen Freunden sprechen, die den Herrscher vertreiben und dem Sohn zur Macht verhelfen wollten.

Der Wachsoldat tastete ihn ab und fand keine Waffe. Der zweischneidige kurze Dolch war unter der harmlosen Wollmütze versteckt, die die Kaufleute in der kalten Jahreszeit zu tragen pflegten.

«Geh hinein, der General erwartet dich.»

Über eine Karte gebeugt, wandte Uriteschup seinem Besucher den Rücken zu.

«Danke, daß du mich empfängst, General.»

«Mach's kurz.»

«Die Kaufmannschaft ist gespalten. Die einen hängen am Frieden, die anderen nicht. Ich gehöre zu denen, die die Eroberung Ägyptens wünschen.»

«Red weiter.»

Die Gelegenheit war zu günstig: Uriteschup zeichnete kleine Kreise auf die Karte und drehte sich nicht um.

Der Händler nahm seine Mütze ab, ergriff

den Schaft des kurzen Dolchs und näherte sich Uriteschup, wobei er ständig weiterredete.

«Ich und meine Freunde, wir sind überzeugt, daß der Herrscher nicht fähig ist, uns zu dem erhofften Sieg zu verhelfen. Du hingegen, du, der glänzende Krieger, du ... sollst krepieren, krepiere, du Mörder meiner Söhne!»

In dem Augenblick, als der Händler zustach, drehte Uriteschup sich um. Auch er hielt in der Linken einen Dolch. Die Klinge des Händlers fuhr seinem Opfer in den Hals, die des Generals traf den Angreifer ins Herz. Tot fiel der eine über den anderen, die Gliedmaßen überkreuzten sich.

Der echte Uriteschup hob einen Zipfel der Zeltplane an.

Um die Wahrheit herauszufinden, hatte es also genügt, einen einfachen Soldaten mit ähnlichen Körpermaßen zu opfern. Der Dummkopf hätte den Händler nur nicht töten sollen, liebend gern hätte der General ihn verhört. Aber er hatte genug gehört, um Hattuschili nicht der Lüge zu bezichtigen.

Der Bruder des Herrschers, den Tatsachen ins Auge blickend und auch vorausschauend, schlug sich also auf seine Seite, in der Hoffnung, daß Uriteschup, der siegreiche Feldherr und zukünftige Herrscher über Hatti, sich dankbar erweisen würde.

Darin irrte Hattuschili.

Acha hatte weder einen Händler noch einen Reisenden ausgeplündert, da er einen weit besseren Verbündeten ausfindig gemacht hatte: eine arme Witwe von rund zwanzig Jahren. Der Mann, bei den Fußtruppen in Kadesch eingesetzt, war bei der Überquerung des Hochwasser führenden Orontes tödlich verunglückt. Allein und kinderlos, bestellte sie mühsam ein karges Stück Land.

Als er todmüde über die Schwelle ihres Häuschens gestolpert war, hatte Acha ihr erklärt, Räuber hätten ihn überfallen, ihm alles genommen, und er sei mit knapper Not durch Dornengestrüpp und Dickicht entkommen. Nun, da er alles verloren habe, flehe er sie an, ihn zumindest für eine Nacht zu beherbergen.

Nachdem er sich mit lauwarmem Wasser aus einem irdenen Kessel, der auf der Feuerstelle stand, gewaschen hatte, änderten sich schlagartig die Gefühle der Bäuerin dem Fremdling gegenüber. War sie vorher eher abweisend gewesen, empfand sie plötzlich das unbändige Verlangen, diesen herrlichen Männerkörper zu streicheln. Da sie seit Monaten nicht geliebt worden war, hatte sie sich blitzschnell ausgezogen. Und als diese Bauersfrau mit den üppigen Formen Acha die Arme um den Hals geschlungen und die Brüste gegen seinen Rücken gepreßt hatte, war er nicht ausgewichen.

Zwei Tage lang hatten die Liebenden den Hof dann nicht mehr verlassen. Sie hatte nicht viel Erfahrung, war aber heißblütig und freigebig. Sie würde eine der wenigen Geliebten sein, an die Acha auch später noch gewisse Erinnerungen hatte.

Draußen regnete es. Acha und die Frau saßen nackt vor dem Feuer. Die Hand des Gesandten folgte über Berg und Tal den Formen der jungen Frau, die vor Wonne stöhnte.

«Wer bist du wirklich?»

«Ich habe es dir gesagt, ein ausgeraubter Händler, der alles verloren hat.»

«Ich glaube dir nicht.»

«Wieso?»

«Weil du zu vornehm bist, zu elegant. Es paßt nicht zu einem Händler, wie du dich bewegst und wie du sprichst.»

430

Das war ihm eine Lehre. Die Jahre an der Hohen Schule in Memphis und in den Schreibstuben des Amts der Gesandtschaften hatten wohl unauslöschliche Spuren hinterlassen.

«Du bist kein Hethiter, dafür bist du nicht grob genug. Wenn du mich liebst, denkst du an mich, mein Mann dachte nur an sein Vergnügen. Wer bist du also?»

«Versprichst du mir, daß du schweigst?»

«Beim Wettergott: ich schwöre!»

Ihr Blick funkelte vor Aufregung.

«Eine heikle Sache …»

«Du kannst mir wirklich vertrauen! Habe ich dir nicht Beweise meiner Liebe gegeben?»

Er küßte sie auf die Brust.

«Ich bin der Sohn eines syrischen Adligen», erklärte Acha, «und mein Traum ist es, in die hethitische Armee einzutreten. Aber mein Vater hat es mir verboten, weil der Drill so hart ist. Ich bin von daheim weggelaufen, um auf eigene Faust das Königreich Hatti zu erkunden, allein, ohne Begleitschutz, um mich selbst zu beweisen und aufgenommen zu werden.»

«Das ist Wahnsinn! Die Soldaten sind blutrünstige Bestien.»

«Ich möchte aber gegen die Ägypter kämpfen. Wenn ich nichts tue, werden sie mir meine Ländereien wegnehmen und mich meines gesamten Hab und Guts berauben.»

Sie legte ihm den Kopf auf die Brust.

«Ich verabscheue den Krieg.»

«Ist er nicht unvermeidlich?»

«Jeder ist überzeugt, daß er stattfinden wird.»

«Weißt du, wo die Soldaten gedrillt werden?»

«Das ist geheim.»

«Hast du hier in der Gegend Truppenbewegungen wahrgenommen?»

«Nein, diese Gegend ist zu abgelegen.»

«Würdest du mich nach Hattuscha begleiten?»

«Ich? In die Hauptstadt? … Dort war ich noch nie!»

«Eine gute Gelegenheit. Dort werde ich auf die höheren Ränge treffen und mich als Freiwilliger melden.»

«Tu das nicht, ich flehe dich an! Ist der Tod etwa so verlockend?»

«Wenn ich nichts tue, wird mein Land zerstört. Man muß das Übel bekämpfen, und das Übel heißt Ägypten.»

«Die Hauptstadt ist weit …»

«In deinem Schuppen liegt ein ganzer Haufen gebrannter Tongefäße. Hat dein Mann die gemacht?»

«Er war Töpfer, bevor sie ihn zwangen, Soldat zu werden.»

«Die können wir verkaufen und dann in Hattuscha wohnen. Es soll eine unvergleichliche Stadt sein.»

«Aber mein Feld ...»

«Es ist Winter, das Land braucht Ruhe. Morgen ziehen wir los.»

Sie legte sich ganz nah ans Feuer und reckte die Arme, um ihren Geliebten zu umfangen.

EINUNDVIERZIG

IM HAUS DES Lebens von Heliopolis, dem ältesten Ägyptens, verrichtete jedermann seine Arbeit wie eh und je. Die Vorlesepriester legten die Spruchsammlungen zurecht für die Feier der Osirismysterien, die vereidigten Magier taten ihr Bestes, um den bösen Blick und all die anderen gefährlichen Mächte zu bannen, die Sterndeuter machten ihre Voraussagen für die nächsten Monate so genau wie möglich, und die Heilkundigen trafen ihre Vorbereitungen für all die Arzneitränke. Nur eines war anders: Der Leseraum mit Tausenden von Papyri, darunter die Pyramidentexte und Das Ritual der Wiedergeburt des Pharaos, blieb bis zum nächsten Morgen verschlossen.

Der Lesesaal beherbergte einen Leser ganz besonderer Art: Ramses persönlich. Der Herrscher war in der Nacht angekommen und hatte sich sofort in dem steinernen Gebäude eingeschlossen, das die wichtigsten Schriften über das Sichtbare und Unsichtbare barg. Da Nefertaris Gesundheit ihn beunruhigte, hatte Ramses die Notwendigkeit verspürt, sich hier in den Archiven Rat zu holen.

Die Große königliche Gemahlin wurde zusehends schwächer. Weder der Leibarzt noch Setaou hatten vermocht, die Ursache zu ergründen. Dann hatte die Mutter des Königs eine Vermutung ausgesprochen, und die war beunruhigend: ein Angriff der Mächte der Finsternis, der mit den üblichen Arzneimitteln nicht zu bekämpfen war. Daher durchforschte der König jetzt die Archive, wie so viele Herrscher vor ihm, die sich hier Rat geholt hatten.

Nach Stunden der Suche sah er eine Lösung. Er reiste sofort nach Pi-Ramses zurück.

Nefertari hatte den Vorsitz geführt bei der Zusammenkunft der Weberinnen aus allen Tempeln Ägyptens und hatte die notwendigen Anweisungen erteilt für die Herstellung der Ritualgewänder bis zur nächsten Überschwemmungsperiode. Dann opferte die Königin den Göttern rote, weiße, blaue und grüne Stoffstreifen und verließ, von zwei Priesterinnen gestützt, den Tempel. Es gelang ihr auch noch, die Sänfte zu besteigen, die sie in den Palast zurückbrachte.

Der Leibarzt Pariamakhou stürzte ans Krankenbett der Großen königlichen Gemahlin und flößte ihr einen Stärkungstrank ein, hatte jedoch keine große Hoffnung, diese lähmende Mattigkeit zu vertreiben, die sich jeden Tag deutlicher bemerkbar machte. Als Ramses das Gemach betrat, zog sich der Arzt zurück.

Der König küßte Nefertari auf Stirn und Hände.

«Ich bin so schwach.»

«Du darfst dir nicht zuviel zumuten.»

«Es ist keine vorübergehende Mattigkeit …

Ich spüre, wie das Leben aus mir schwindet wie ein Wasserstreif, der immer schmaler wird.»

«Tuja glaubt nicht an eine wirkliche Erkrankung.»

«Sie hat recht.»

«Es bekämpft uns jemand aus dem Dunkel heraus.»

«Mein Umschlagtuch ... Mein Lieblingsschal! Ein Magier verwendet ihn gegen mich.»

«Zu diesem Schluß bin auch ich gelangt und habe Serramanna angewiesen, alles daranzusetzen, um den Schuldigen zu entlarven.»

«Er soll sich beeilen, Ramses, beeilen ...»

«Wir haben noch andere Waffen, Nefertari, aber schon morgen müssen wir Pi-Ramses verlassen.»

«Wohin bringst du mich?»

«An einen Ort, wo du vor unserem unsichtbaren Feind geschützt bist.»

Stunden verbrachte Ramses noch mit Ameni. Sein Sandalenträger und Oberster Schreiber hatte keinen bemerkenswerten Vorfall zu melden im Ablauf der Staatsgeschäfte, doch da allein schon der Gedanke an eine längere Abwesenheit des Herrschers ihn beklommen machte, bestand er darauf, alles noch einmal durchzusprechen, damit auch nichts das Wohlergehen des Landes beeinträchtige. Wieder einmal erkannte Ramses, mit welch vorbildlicher Sorgfalt Ameni jedem Fall nachging und mit welch bewundernswertem Ordnungssinn er Auskünfte zu bündeln wußte, die ihm wichtig schienen.

Der König traf verschiedene Entscheidungen und wies Ameni an, sie durch die jeweiligen Beamten in die Tat umsetzen zu lassen. Auch Serramanna wurde in seinen Aufgabenbereichen bestätigt, insbesondere in der Überwachung des Ausbildungsstandes der in Pi-Ramses zusammengezogenen Elitetruppen.

Dann begab sich der Herrscher zu Tuja und schlenderte mit seiner Mutter durch den Garten, in dem sie ihre Gedanken zu sammeln pflegte. Tuja trug einen gefältelten Umhang über den Schultern, Ohrringe in Form von Lotosblüten und um den Hals eine Amethystkette, die ihre strengen Gesichtszüge sanfter erscheinen ließ.

«Ich reise mit Nefertari in den Süden, Mutter. Hier ist sie zu großer Gefahr ausgesetzt.»

«Du hast recht. Solange wir dem Bösen, der im dunkeln verharrt, nicht das Handwerk legen können, ist es ratsamer, die Königin fernzuhalten.»

«Wache über das Königreich, in dringlichen Fällen wird Ameni deine Befehle ausführen.»

«Was ist mit der Kriegsdrohung?»

«Alles ist ruhig, auffallend ruhig … Die Hethiter reagieren nicht. Muwatalli beschränkt sich auf hohle, floskelhafte Worte.»

«Zeugt das nicht von inneren Spannungen? Bevor er die Macht an sich riß, hat Muwatalli viele seiner Gegner kaltblütig aus dem Feld geschlagen, die ihm heute noch grollen dürften.»

«Das ist kein Grund zur Beruhigung», warf Ramses ein. «Was gibt es Wirksameres als einen Krieg, um Unstimmigkeiten zu bereinigen und die Einheit wiederherzustellen?»

«Wenn das so ist, dann bereiten die Hethiter einen Angriff größten Ausmaßes vor.»

«Wie gern würde ich mich irren … Vielleicht ist Muwatalli des Kämpfens und des Blutvergießens ja auch überdrüssig.»

«Denk nicht wie ein Ägypter, mein Sohn: Glück, Seelenruhe und Friede sind für die Hethiter keine Werte. Wenn der Herrscher von Hatti nicht für Eroberung und Landnahme eintritt, verliert er ganz schnell seinen Thron.»

«Sollten sie während meiner Abwesenheit angreifen, darfst du meine Rückkehr nicht abwarten, bevor du dem Heer befiehlst auszurükken.»

Tujas kleines eckiges Kinn verhärtete sich.

«Kein Hethiter wird die Grenze des Deltas überwinden!»

Der Tempel der Göttin Mut, der «Mutter», barg dreihundertfünfundsechzig Bildnisse der Löwengöttin Sachmet für die allmorgendlichen Besänftigungsriten und nochmals dreihundertfünfundsechzig für die Abendriten. Dorthin begaben sich die großen Ärzte des Reiches, um die Geheimnisse von Krankheit und Heilung zu ergründen.

Nefertari sprach die Ritualgebete, um die Wildheit der Löwin in Schöpfungskraft zu verwandeln. War ihr Wüten gebannt, vermochte sie die Elemente in Schach zu halten, die das Leben ausmachten. Die sieben Sachmet-Priesterinnen richteten all ihr Sinnen auf die Königin, die, indem sie sich als Opfer darbrachte, in der Finsternis der Kapelle, wo die gefürchtete Göttin thronte, Licht aufflammen ließ.

Die Oberpriesterin goß Wasser über den Kopf

der aus hartem und glänzendem Diorit gemeißelten Löwin. Das Naß floß den Körper der Göttin hinab und wurde von einer Helferin in einer Schale aufgefangen.

Nefertari trank das heilende Wasser, nahm die magischen Kräfte Sachmets in sich auf, die ihr helfen würden, die Mattigkeit, die sich in ihre Glieder eingeschlichen hatte, zu bekämpfen. Dann verweilte die Große königliche Gemahlin noch einen Tag und eine Nacht bei der Löwin mit dem Frauenkörper, allein in dieser Stille und Dunkelheit.

Als sie später, zärtlich an Ramses' Schulter gelehnt, über den Nil fuhr, fühlte Nefertari sich schon nicht mehr so beklommen wie in all den letzten Wochen. Die Magie, die ihr aus der Liebe des Königs zuwuchs, war ebenso wirkungsvoll wie die der Göttin. Ein Wagen brachte sie dann zum «Herrlichsten der Herrlichsten», dem an einen Felsen gelehnten Terrassentempel der Königin Hatschepsut, die als Pharao regiert hatte. Vor dem Tempel erstreckte sich ein Garten, der mit Weihrauchbäumen aus Punt prunken konnte. Hier herrschte die Göttin Hathor, Göttin der Sterne, der Schönheit und der Liebe. War sie nicht die Verwandlung von Sachmet?

In einem der Gebäude der Tempelanlage suchten Kranke Genesung, indem sie mehrmals am Tag ein Bad nahmen oder sich in Dauerschlaf versenken ließen. Die Inschriften auf den Sockeln der Wannen, die das lauwarme Wasser enthielten, vertrieben die Krankheiten.

«Du mußt dir jetzt eine Weile Ruhe gönnen.»

«Aber meine Pflichten als Königin ...»

«Deine erste Pflicht ist die, zu überleben, damit das königliche Paar Ägyptens tragende Säule bleibt. Die uns in die Knie zwingen wollen, versuchen uns zu trennen, um das Land zu schwächen.»

Der Garten des Tempels von Deir-el-Bahri schien einer anderen Welt anzugehören. Das Blattwerk der Weihrauchbäume leuchtete unter der zarten Wintersonne. Ein ganzes Netz von Wasserrinnen, knapp unter der Oberfläche, sorgte für ständige, auf die Witterung abgestimmte Bewässerung.

Nefertari hatte das Gefühl, daß ihre Liebe zu Ramses immer noch größer wurde, daß sie sich ausspannte wie ein grenzenloser Himmel. Und der Blick des Königs bewies ihr, daß er ebenso verzückt war. Doch dieses Glück war zerbrechlich, so zerbrechlich ...

«Du darfst meinetwegen nicht Ägypten opfern, Ramses. Sollte ich sterben, nimm Iset zur Großen königlichen Gemahlin.»

«Du lebst, Nefertari, und du bist es, die ich liebe.»

«Schwör es mir, Ramses, schwöre mir, daß einzig und allein Ägypten dein Handeln bestimmen wird. Ihm hast du dein Leben geweiht, nicht einem menschlichen Wesen, wer immer es sein mag. Von deinem Einsatz hängt das Leben eines ganzen Volkes ab und darüber hinaus noch der Bestand der von unseren Ahnen begründeten Kultur. Was würde denn ohne sie aus dieser Welt? Ausgeliefert wäre sie den Barbarenhorden, dem Gewinnstreben und der Ungerechtigkeit. Ich liebe dich mit all meinen Kräften, und mein letzter Gedanke wird dieser Liebe gelten, aber ich habe nicht das Recht, dich an mich zu fesseln, denn du bist der Pharao.»

Sie setzten sich auf eine Steinbank, Ramses preßte Nefertari an sich.

«Du bist die, die Horus und Seth im selben Wesen schaut», sprach er gemäß der seit der ersten Dynastie überkommenen Ritualformel für die Königin. «Durch deinen Blick lebt der Pharao, wird er zum Auffangbecken des Lichts, das er über die vereinten Beiden Länder breitet. Die Herrschaft meiner Vorgänger nährte sich aus dem Gesetz der Maat, aber keine war der anderen gleich, weil die Menschen ständig Hindernisse aufbauen. Dein Blick ist einzigartig, Nefertari: Ägypten und der Pharao brauchen dich.»

Noch eine Facette der Liebe, die ihr da enthüllt wurde, in dieser Zeit der schwersten aller Prüfungen.

«Ich habe die Archive des Lebenshauses von Heliopolis durchgesehen und Möglichkeiten gefunden, um dem unsichtbaren Angreifer zu wehren. Durch das Zusammenwirken von Sachmet und Hathor und die Ruhe, die du dir in diesem Tempel gönnen wirst, werden deine Kräfte nicht weiter schwinden. Doch das ist noch nicht ausreichend.»

«Fährst du nach Pi-Ramses zurück?»

«Nein, Nefertari, denn es gibt noch ein Heilmittel, das vielleicht entscheidend sein wird.»

«Welches?»

«Die Archive erwähnen einen Stein in Nubien, der unter dem Schutz der Göttin Hathor steht. An einem abgelegenen, seit Jahrhunderten vergessenen Ort.»

443

«Weißt du, wo er liegt?»

«Ich werde ihn finden.»

«Das könnte eine lange Reise werden ...»

«Wenn es mir glückt, den Ort schnell zu finden, werde ich nur kurz abwesend sein.»

«Die Hethiter ...»

«Meine Mutter regiert. Im Falle eines Angriffs wird sie dich sofort verständigen, und dann werdet ihr gemeinsam handeln.»

Sie umarmten sich lange. Wie gerne hätte sie den Rest ihrer Tage mit ihm verbracht in der Stille des Tempels. Aber sie war die Große königliche Gemahlin und er der Pharao von Ägypten.

ZWEIUNDVIERZIG

LITA WARF DEM Magier Ofir einen flehenden Blick zu.

«Es muß sein, mein Kind.»

«Nein, es tut zu weh ...»

«Das beweist, daß die Beschwörung Wirkung zeitigt. Wir müssen weitermachen.»

«Meine Haut ...»

«Die Schwester des Königs wird dich pflegen, du wirst keine Brandspur zurückbehalten.»

Lita, die Nachfahrin Echnatons, drehte dem Magier den Rücken zu.

«Nein, ich will nicht mehr, ich ertrage diesen Schmerz nicht mehr!»

Ofir riß sie an den Haaren.

«Jetzt reicht's, du launisches Wesen! Du gehorchst jetzt, oder ich sperre dich in den Keller.»

«Das bitte nicht, bloß nicht!»

Da sie unter Platzangst litt, fürchtete die blonde Lita diese Strafe am meisten.

«Dann komm herüber, entblöße deine Brust und leg dich auf den Rücken.»

Dolente, Ramses' Schwester, beklagte zwar den rauhen Ton des Magiers, gab ihm aber recht. Die letzten Nachrichten vom Hof waren erfreulich: Nefertari, die an einer geheimnisvollen und unheilbaren Krankheit litt, war nach Theben gereist, wo sie im Hathor-Heiligtum von Deir-el-Bahri ihr Leben aushauchen würde. Dieses langsame Dahinsiechen würde Ramses das Herz brechen, der seinerseits dann vor Kummer sterben würde.

Dann könnte Chenar ungehindert den Weg zur Macht beschreiten.

Gleich nachdem Ramses abgereist war, hatte Serramanna jede der vier Kasernen in Pi-Ramses aufgesucht und die höheren Offiziere angeherrscht, der Drill müsse verschärft werden. Die Folge war, daß die Söldner sofort höheren Sold forderten und die ägyptischen Soldaten anstachelten, gleiches zu verlangen.

Der Sarde berichtete es Ameni, der die Mutter des Königs unterrichtete. Deren Antwort ließ nicht auf sich warten: Entweder gehorchten Soldaten und Söldner, oder sie würden sofort ersetzt durch junge, frisch angeworbene Rekruten. Sollte Serramanna befriedigende Fortschritte bei den Truppenübungen melden, sei sie, Tuja, möglicherweise bereit, einen Zuschlag zu gewähren.

Die Soldaten beugten sich, und der Sarde machte sich an seinen zweiten Auftrag: den Magier aufzustöbern, für den Romet Nefertaris Schal gestohlen hatte. Ramses hatte ihm seinen Verdacht nicht verhehlt, und Romets seltsamer Tod und die nicht weniger seltsame Erkrankung der Königin schienen ihn nur zu erhärten.

Hätte dieser verfluchte Haushofmeister bloß noch ein Weilchen gelebt! Dem ehemaligen Seeräuber wäre es nicht schwergefallen, ihn zum

Sprechen zu bringen. Gewiß, die Folter war in Ägypten verboten, aber entzog ein geheimer Anschlag auf das königliche Paar sich nicht auch allen Gesetzen?

Romet war tot und hatte sein Geheimnis mitgenommen in ein von Dämonen bevölkertes Nichts, und die Spur zu seinem Auftraggeber schien unterbrochen. Und wenn das nur scheinbar so wäre? Romet war leutselig und schwatzhaft, vielleicht hatte er Helfershelfer – oder eine Helferin – gehabt?

Man müßte seine Angehörigen und Angestellten ausfragen, dabei würde man schon etwas herausbekommen, sofern man die Fragen nur mit einer gewissen Überzeugungskraft stellte … Serramanna lief zu Ameni. Er mußte den Schreiber von seiner Strategie überzeugen!

Die gesamte Dienerschaft des Palastes wurde in die nördliche Kaserne bestellt. Wäschebeschließerinnen und Zimmermädchen, Schmink- und Haarkünstlerinnen, Köche, Besenschwinger und andere dienstbare Geister wurden in einem Waffensaal versammelt, wo Serramannas Bogenschützen Wache hielten, während er eine undurchdringliche Miene zur Schau trug.

Schon bei seinem Erscheinen in voller Bewaffnung und Helm war jedem beklommen ums Herz.

«Im Palast wurde erneut Diebstahl begangen», hob er an. «Wir wissen, daß der Dieb mit Romet im Bunde stand, mit diesem nichtswürdigen und ruchlosen Wesen, das der Himmel bestraft hat. Ich werde jetzt jeden einzelnen von euch verhören. Wenn ich die Wahrheit nicht erfahre, werdet ihr allesamt in die Oase Charga verbannt, dort wird der Schuldige dann schon reden.»

Serramanna hatte sehr viel Überzeugungskraft aufwenden müssen, bis Ameni ihm gestattete, diese Lüge und diese völlig ungesetzliche Drohung anzuwenden. Jeder dieser Dienstboten konnte gegen das Vorgehen des Sarden Einspruch erheben und sich an ein Gericht wenden, das den Sarden verurteilen würde.

Doch das furchteinflößende Aussehen dieses Obersten Leibwächters ihres Königs, sein gebieterischer Ton und dieser beklemmende Ort ließen jeden Einspruch im Keim ersticken.

Serramanna hatte Glück: die dritte, die den Raum betrat, in dem er das Verhör abhielt, war auskunftsbereit.

448

«Meine Aufgabe besteht darin, die verwelkten Blumen durch frisch geschnittene Sträuße zu ersetzen», erklärte sie. «Ich haßte diesen Romet.»

«Aus welchem Grunde?»

«Er hat mich in sein Bett gezerrt. Wenn ich mich geweigert hätte, wäre ich meine Stelle los gewesen.»

«Wenn du Klage erhoben hättest, wäre er seine los gewesen.»

«Das ist leicht gesagt ... Außerdem hatte Romet mir ein kleines Vermögen versprochen, wenn ich ihn heiraten würde.»

«Und wie hätte er das zusammengetragen?»

«Er wollte nicht viel darüber sagen, aber im Bett habe ich dann doch so einiges aus ihm herausgekitzelt.»

«Und was hat er dir anvertraut?»

«Daß er einen Haufen Geld bekommen würde für einen bestimmten kostbaren Gegenstand.»

«Und wie wollte er sich den beschaffen?»

«Über eine Dienerin, über eine, die aushilfsweise in der Wäschekammer eingesetzt war.»

«Und um welchen Gegenstand handelte es sich?»

«Das weiß ich nicht. Ich weiß nur, daß der dicke Romet mir nie etwas geschenkt hat, nicht einmal ein Amulett! Jetzt habe ich alles gesagt, bekomme ich jetzt eine Belohnung?»

Eine Aushilfe in der Wäschekammer … Serramanna stürzte in Amenis Schreibstube, der sofort den Dienstplan jener Woche kommen ließ, in deren Verlauf der Schal der Königin entwendet worden war.

In der Tat: eine gewisse Nany hatte ersatzweise unter Aufsicht eines Zimmermädchens der Königin in der Wäschekammer gearbeitet. Die junge Frau konnte Nany beschreiben und bestätigte auch, daß sie Zugang gehabt hatte zu den Privatgemächern und somit am Diebstahl des Schals beteiligt gewesen sein konnte.

Die junge Frau nannte auch die Adresse, die Nany angegeben hatte, als sie eingestellt worden war.

«Verhör sie», sagte Ameni zu Serramanna, «aber ohne jegliche Gewaltanwendung und in Achtung der Gesetze.»

«Das entspricht genau meiner Absicht», bekräftigte der Sarde voller Ernst.

Vor besagtem Haus im Ostteil der Hauptstadt saß eine alte Frau und hielt ihr Schläfchen. Serramanna tippte ihr auf die Schulter.

«Wach auf, Großmütterchen.»

Sie öffnete ein Auge und verjagte mit schwieliger Hand eine Fliege.

«Wer bist du denn?»

«Serramanna, der Vorsteher von Ramses' Leibwache.»

«Ich hab schon von dir gehört ... Bist du nicht ein ehemaliger Seeräuber?»

«Man ändert sich nie ganz, Großmütterchen. Ich bin noch genauso erbarmungslos wie früher, vor allem, wenn man mich belügt.»

«Und wieso sollte ich dich belügen?»

«Weil ich dir Fragen stellen werde.»

«Schwatzhaftigkeit ist eine Sünde.»

«Das kommt auf die Umstände an. Heute ist Schwatzhaftigkeit eine Pflicht.»

«Geh deines Weges, Seeräuber. In meinem Alter hat man keine Pflichten mehr.»

«Bist du Nanys Großmutter?»

«Wieso sollte ich?»

«Weil sie hier wohnt.»

«Sie ist fort.»

«Wieso flieht man, wenn man das Glück hat,

451

im Palast in der Wäschekammer arbeiten zu dürfen?»

«Ich habe nicht gesagt, daß sie geflohen ist, sondern daß sie fort ist.»

«Und wohin?»

«Keine Ahnung.»

«Ich erinnere dich, daß ich Lügen verabscheue.»

«Würdest du eine alte Frau schlagen, Seeräuber?»

«Um Ramses zu retten, ja.»

Verdutzt schaute sie zu Serramanna hoch.

«Ich verstehe nicht recht ... Ist der Pharao etwa in Gefahr?»

«Deine Enkelin ist eine Diebin, vielleicht sogar eine Verbrecherin. Wenn du schweigst, machst du dich zur Mitverschwörerin.»

«Wie sollte Nany denn in eine Verschwörung gegen den Pharao verwickelt sein?»

«Sie ist es, ich habe den Beweis.»

Wieder belästigte die Fliege die alte Frau. Serramanna machte ihr den Garaus.

«Der Tod ist eine Freude, Seeräuber, wenn er einen von zu großem Leid befreit. Ich hatte einen guten Mann und einen guten Sohn, doch letzterer hat die Unklugheit begangen, ein gräß-

452

liches Weib zu heiraten, das ihm eine gräßliche Tochter bescherte. Mein Mann ist tot, mein Sohn geschieden, und ich habe dieses verfluchte Geschöpf großgezogen … Was habe ich nicht alles getan, um sie zu erziehen, zu ernähren, um ihr Anstand beizubringen! Du sagst's ja selbst: Eine Diebin und Verbrecherin ist dabei rausgekommen!»

Die alte Frau rang nach Luft. Serramanna schwieg in der Hoffnung, daß sie auch noch das letzte sagen würde. Sagte sie aber nichts mehr, würde er gehen.

«Nany ist nach Memphis gezogen. Stolzgeschwellt und verächtlich hat sie zu mir gesagt, sie könnte in einem schönen Landhaus gleich hinter der Schule für Heilkunde wohnen, und ich würde in diesem elenden Haus krepieren!»

Serramanna überbrachte Ameni das Ergebnis seiner Nachforschungen.

«Wenn du dich dieser alten Frau gegenüber ungehörig benommen hast, wird sie Klage gegen dich erheben.»

«Meine Männer können es bezeugen: Ich habe sie nicht angefaßt.»

«Was schlägst du vor?»

«Sie hat mir von Nany eine genaue Beschreibung geliefert, die mit der des Zimmermädchens der Königin übereinstimmt. Ich werde sie erkennen, sobald ich sie sehe.»

«Und wie willst du sie finden?»

«Indem ich jedes der Häuser in dem Viertel von Memphis, wo sie wohnt, durchsuche.»

«Und wenn die Alte dich belogen hätte, um Nany zu schützen?»

«Diese Unwägbarkeit muß ich in Kauf nehmen.»

«Memphis ist zwar nicht weit, aber deine Anwesenheit hier in Pi-Ramses ist erforderlich.»

«Du sagst es selbst, Ameni: Memphis ist nicht weit. Nimm einmal an, ich kriegte diese Nany zu fassen und käme durch sie an den Magier heran: glaubst du nicht, daß das in Ramses' Sinne wäre?»

«Im Sinne ... ist fast zu schwach ausgedrückt.»

«Dann laß mich handeln.»

DREIUNDVIERZIG

Staunend erblickten Acha und seine Geliebte Hattuscha. Das war also Hattuscha, die Hauptstadt des Hethiterreiches, wo dem Krieg und der Gewalt gehuldigt wurde. Da es den Händlern untersagt war, durch eines der drei Stadttore – Königstor, Löwentor, Sphingentor – in die Oberstadt einzutreten, blieben auch ihnen nur die beiden von lanzenbewehrten Wachen gehüteten Tore der Unterstadt.

Acha zeigte bereitwillig all die Gefäße aus gebranntem Ton und machte sogar das Angebot, eines zu günstigem Preis an die Wache zu verkaufen. Doch der Bärbeißige versetzte ihm nur einen Ellbogenhieb und befahl ihm, sich davonzumachen. Das Paar schlug also gemächlich den Weg zum Handwerker- und Händlerviertel ein.

All diese Felssporne, die sich reihenden Steinterrassen, diese riesigen Gesteinsbrocken, mit denen man den Tempel des Wettergottes erbaut hatte! Die Bäuerin war ebenso beeindruckt wie ihr Begleiter. Wie wenig reizvoll und elegant war doch diese grobe Bauweise, dachte Acha bei sich, ein einziger Festungsring, der diese in die zerklüftete Bergwelt des Nordens eingepflanzte Hauptstadt uneinnehmbar machte. Hier, wo in jedem Stein Gewalt widerhallte, konnten Friede und süßes Leben nicht gedeihen. Vergebens hielt der Ägypter Ausschau nach Gärten, Bäumen, Teichen, der scharfe Wind ließ ihn frösteln. Welch Paradies war doch seine Heimat!

Mehrmals mußten er und seine Begleiterin sich eiligst gegen die Ziegelmauern pressen, um einen Wachtrupp vorbeizulassen. Wer nicht rechtzeitig beiseite trat, egal, ob Frau, Greis oder Kind, wurde gestoßen oder gar zu Boden geworfen von diesen im Laufschritt daherkommenden Fußsoldaten.

Die Armee war allgegenwärtig. An jeder Straßenecke standen Soldaten und versahen ihren Dienst.

Einem Großhändler für Haushaltsgeräte bot Acha einen Krug an. Wie es üblich war bei den Hethitern, stand seine Frau schweigend hinter ihm.

«Ordentliche Arbeit», sagte der Händler begutachtend. «Wie viele machst du davon in einer Woche?»

«Ich habe einen kleinen Vorrat, den ich auf dem Land gefertigt habe. Ich würde mich gern hier niederlassen.»

«Hast du eine Wohnung?»

«Noch nicht.»

«Ich vermiete, in der Unterstadt. Ich kaufe deinen Vorrat auf, und dafür kannst du einen Monat lang dort wohnen. Dann hast du Zeit, deine Werkstatt einzurichten.»

«Einverstanden, wenn du noch drei Stück Zinn dazutust.»

«Du bist sehr geschäftstüchtig!»

«Ich muß Nahrungsmittel kaufen.»

«Das Geschäft ist gemacht.»

Acha und seine Geliebte bezogen ein kleines, feuchtes, stickiges Haus mit gestampftem Lehmboden.

«Mein Hof war mir lieber», sagte die Bäuerin. «Dort war es wenigstens warm.»

«Wir werden nicht lange bleiben. Nimm ein Stück Zinn und kaufe Decken und Nahrung.»

«Und wo gehst du hin?»

«Mach dir keine Sorgen, ich bin im Laufe der Nacht zurück.»

Dank seiner ausgezeichneten Sprachkenntnisse gelang es Acha, mit den Händlern zu plaudern und sich eine Schenke nennen zu lassen, die jedermann aufsuchte und die im Untergeschoß eines der Wachtürme lag. Händler und Handwerker verkehrten hier, in dieser von Öllampen verräucherten Spelunke.

Acha kam mit zwei bärtigen und redseligen Männern ins Gespräch, die Ersatzteile für Kampfwagen verkauften. Von Beruf Schreiner, hatten sie ursprünglich Stühle hergestellt, doch dies hier war ein viel einträglicheres Geschäft.

«Was für eine prachtvolle Stadt ihr habt», rief Acha schwärmerisch aus. «So großartig hatte ich sie mir nicht vorgestellt.»

«Bist du zum ersten Mal hier, Kumpel?»

«Ja, ich möchte eine Werkstatt eröffnen.»

«Dann arbeite für die Armee! Sonst wirst du karge Kost essen und nur Wasser trinken.»

«Hier soll ein Krieg vorbereitet werden, kam mir zu Ohren ...»

Die Schreiner lachten schallend.

«Du bist aber auch wirklich hinter dem Mond! In Hattuscha ist das jedem sonnenklar. Seit Uriteschup, der Sohn des Herrschers, zum Heerführer ernannt worden ist, finden überhaupt nur noch Truppenübungen statt. Diesmal geht es Ägypten an den Kragen!»

«Um so besser!»

«Für die Händler zumindest ist das nicht so rosig. Hattuschili, der Bruder des Herrschers, war gegen den Krieg, aber er hat sich herumkriegen lassen und unterstützt jetzt Uriteschup. Für uns springt dabei nur Gewinn heraus, langsam werden wir sogar reich! Wenn so weitergearbeitet wird wie bisher, hat Hatti bald dreimal so viele Kampfwagen wie zuvor. Bald wird es schon mehr Wagen als Lenker geben!»

Acha kippte seinen Becher mit dem schweren Wein hinunter und spielte den Betrunkenen.

«Es lebe der Krieg! Hatti wird ganz Ägypten verschlingen ... Das wird ein Fest werden!»

«Ein bißchen wirst du dich schon noch gedulden müssen, Kumpel. Ganz so eilig scheint's der Herrscher nicht zu haben, den Krieg vom Zaun zu brechen.»

«Ach so? ... Worauf wartet er denn?»

«Wir sind ja nicht eingeweiht in die Geheimnisse des Palastes! Da mußt du schon Hauptmann Kensor fragen.»

Die beiden Schreiner lachten über ihren gelungenen Scherz.

«Wer ist dieser Kensor?»

«Der Verbindungsoffizier zwischen dem

Heerführer und dem Herrscher … Vor allem aber, das kannst du uns glauben, ist er ein geiler Bock. Wenn der in Hattuscha ist, herrscht unter den Hübschen helle Aufregung. Der ist bekannt wie ein bunter Hund.»

«Es lebe der Krieg! Ein Hoch auf die Weiber!»

Jetzt drehte sich das Gespräch nur noch um die Reize der Weiblichkeit und die Freudenhäuser, die es in der Hauptstadt gab. Die beiden Schreiner, die an Acha Gefallen gefunden hatten, bezahlten die Zeche.

Jeden Abend ging Acha in eine andere Schenke, knüpfte Kontakte, ließ sich auf schlüpfrige Gespräche ein und ließ auch immer mal wieder den Namen Kensor fallen. Endlich schnappte er eine wertvolle Auskunft auf: Hauptmann Kensor, der Verbindungsoffizier, war nach Hattuscha zurückgekommen.

Wenn er den befragen könnte, würde er viel Zeit gewinnen. Er mußte ihn ausfindig machen, unter einem Vorwand ansprechen und ihm ein Angebot unterbreiten, das er nicht ausschlagen würde … Der Einfall kam wie gerufen.

Acha ging nach Haus, ein Kleid, einen Mantel und Sandalen über dem Arm.

Die Bäuerin war entzückt.

«Ist das für mich?»

«Gibt's sonst noch eine Frau in meinem Leben?»

«Das muß aber teuer gewesen sein!»

«Ich hab gehandelt.»

Sie wollte die neue Kleidung gleich anlegen und sich herausputzen.

«Nein, nicht sofort!»

«Ja, aber ... wann denn?»

«Das ist für einen ganz besonderen Abend, an dem ich dich in Muße bewundern möchte. Den muß ich aber erst vorbereiten.»

«Wie du meinst.»

Sie fiel ihm um den Hals und küßte ihn stürmisch.

«Weißt du, daß du nackt auch sehr hübsch bist?»

Setaou schien immer jünger zu werden, je weiter das königliche Schiff gen Süden fuhr. Er preßte Lotos an sich und entdeckte von neuem und mit Entzücken die Landschaften Nubiens, über denen ein so reines Licht lag, daß der Nil mit seinem schillernden Blau einem Himmelsfluß glich.

Mit seiner Axt hatte Setaou sich einen gegabelten Stock zurechtgeschnitten, um Kobras zu fangen, deren Gift er in ein Kupfergefäß füllen wollte. Die hübsche Lotos mit den nackten Brüsten und dem kurzen, im Winde flatternden Schurz um die Hüften atmete genüßlich die dufterfüllte Luft ihrer Heimat ein.

Ramses stand selbst am Steuer. Die erfahrene Besatzung ruderte schnell.

Zu den Essenszeiten löste der Schiffsführer den König ab. Dann aßen Ramses, Lotos und Setaou getrocknetes Rindfleisch, würzigen Salat und Papyruswurzeln mit Süßzwiebeln.

«Du bist ein wahrer Freund, Majestät», sagte Setaou anerkennend. «Daß du uns mitgenommen hast, ist ein echtes Geschenk.»

«Ich konnte auf deine und Lotos' Fähigkeiten nicht verzichten.»

«Obwohl wir in unserer Arzneikammer im Palast so abgeschieden leben, sind doch auch an unsere Ohren recht unangenehme Gerüchte gedrungen. Steht wirklich Krieg bevor?»

«Ich fürchte, ja.»

«Ist es dann nicht gefährlich, in solch wirren Zeiten Pi-Ramses zu verlassen?»

«Das wichtigste ist, Nefertari zu retten.»

462

«Das ist mir leider auch nicht besser gelungen als unserem alten Pariamakhou.»

«Nubien birgt ein Wundermittel, nicht wahr?» fragte Lotos.

«Ja, so steht es in den Archiven im Haus des Lebens: ein von der Göttin Hathor geschaffener Stein, an einem abgeschiedenen Ort.»

«Weißt du Genaueres, Majestät?»

«Nur soviel stand geschrieben: ‹Im Herzen Nubiens, in einer Bucht mit goldenem Sand, wo der Berg sich trennt und sich wieder eint.›»

«Eine Bucht ... also ganz nahe am Nil!»

«Wir müssen uns beeilen», sagte Ramses. Sachmets Kraft und die Heilkundigen des Tempels in Deir-el-Bahri werden zwar verhindern, daß Nefertari ihre gesamte Lebenskraft einbüßt, aber die Mächte der Finsternis sind immer noch am Werk. Dieser Stein ist unsere ganze Hoffnung.»

Lotos blickte in die Ferne. «Dieser Landstrich liebt dich, Majestät, wie du ihn liebst. Sprich mit ihm, dann wird auch er mit dir sprechen.»

Ein Pelikan flog über das königliche Schiff hinweg. War dieser wunderbare Vogel mit den weitgespannten Schwingen nicht auch eine Verkörperung von Osiris, der den Tod besiegte?

VIERUNDVIERZIG

Hauptmann Kensor hatte zuviel getrunken.

Drei Tage Urlaub in der Hauptstadt! Das war die Gelegenheit, das harte Soldatenleben zu vergessen und sich zu berauschen, zu betäuben an Wein und Weibern. Der hochgewachsene, schnauzbärtige Kerl mit der heiseren Stimme verachtete die Weiber, sie waren nur dazu da, ihm Vergnügen zu verschaffen.

Sobald der Wein seinen Verstand benebelte, empfand Kensor das unwiderstehliche Bedürfnis, seinen Trieben freien Lauf zu lassen. Und heute abend, nach diesem würzigen Wein, brauchte er etwas Deftiges, und zwar sofort. Schwankend verließ er die Schenke und ging in Richtung Freudenhaus.

Der Hauptmann spürte die schneidende Kälte nicht einmal. Hoffentlich war eine Jungfrau verfügbar, so eine ganz scheue! Die zu entjungfern wäre um so vergnüglicher.

Ein Mann sprach ihn an, auffallend höflich.

«Darf ich dich mal sprechen, Hauptmann?»

«Was willst du denn?»

«Dir ein Angebot machen», erwiderte Acha.

Kensor lächelte.

«Was hast du denn zu verkaufen?»

«Eine blutjunge Jungfrau.»

Hauptmann Kensors Augen funkelten.

«Wieviel?»

«Zehn Stück Zinn erster Güte.»

«Das ist teuer!»

«Die Ware ist aber auch außergewöhnlich.»

«Ich will sie sofort.»

«Sie ist verfügbar.»

«Ich habe aber nur fünf Stück Zinn dabei.»

«Dann zahlst du mir den Rest morgen früh.»

«Du traust mir?»

«Nach dieser da hab ich noch andere, die ich dir anbieten könnte.»

«Du bist ja eine Fundgrube ... Los, gehen wir, ich hab's eilig.»

Kensor war so erregt, daß die beiden Männer einen schnellen Schritt anschlugen.

In den schlafenden Gassen der Unterstadt war keine Menschenseele.

Acha stieß die Tür zu seiner bescheidenen Behausung auf. Die Bäuerin war hübsch frisiert und hatte die neuen Kleider angelegt, die Acha für sie gekauft hatte. Lüsternen Blicks musterte Kensor die Frau.

«Hör mal, du Kaufmann ... Ist sie nicht ein bißchen zu alt, um noch Jungfrau zu sein?»

Mit einem heftigen Hieb schleuderte Acha Kensor gegen die Wand. Halb benommen, konnte der Hauptmann sich kaum auf den Beinen halten. Der Ägypter nutzte diese Schwäche, entriß ihm das Kurzschwert und setzte ihm die Spitze der Klinge an den Hals.

«Wer ... wer bist du?» stammelte der Hethiter.

«Du bist der Verbindungsoffizier zwischen dem Heer und dem Palast. Du beantwortest mir jetzt meine Fragen, oder ich bringe dich um.»

Kensor versuchte sich zu befreien, doch da bohrte sich ihm die Spitze seines Schwerts auch schon ins Fleisch, und Blut spritzte hervor. Der übermäßige Weingenuß tat ein übriges, der Hauptmann war seinem Angreifer ausgeliefert.

Verschreckt flüchtete die Bäuerin sich in einen Winkel.

«Wann wird der Angriff auf Ägypten stattfinden?» fragte Acha. «Und warum bauen die Hethiter so viele Kampfwagen?»

Kensor verzog das Gesicht. Der Kerl hatte ja schon allerlei in Erfahrung gebracht.

«Der Angriff ... Militärisches Geheimnis.»

«Wenn du schweigst, nimmst du das Geheimnis mit ins Grab.»

«Das wirst du nicht wagen ...»

«Du irrst, Kensor. Ich werde nicht zögern, dich umzulegen und so viele Offiziere zu töten wie nötig, um die Wahrheit herauszubekommen.»

Die Schwertspitze bohrte weiter, der Offizier schrie auf vor Schmerz. Die Frau wandte den Blick ab.

«Den Zeitpunkt des Angriffs kennt nur der Herrscher ... Ich bin nicht eingeweiht.»

«Aber du weißt, warum das hethitische Heer so viele Kampfwagen benötigt.»

Der Nacken schmerzte, die Trunkenheit umnebelte ihn, Hauptmann Kensor murmelte etwas, als spräche er zu sich selbst.

Achas Gehör war fein genug, noch einmal brauchte der andere die schreckliche Erklärung nicht zu wiederholen.

«Bist du verrückt geworden?» herrschte er Kensor an.

«Nein, das ist die Wahrheit!»

«Unmöglich!»

«Es ist die Wahrheit.»

Acha war wie vor den Kopf geschlagen. Was

er da gehört hatte, übertraf seine schlimmsten Befürchtungen und konnte das Schicksal der Welt umkrempeln.

Zielgenau und erbarmungslos stach der Ägypter zu. Kensor fiel unter seiner eigenen Waffe und war sofort tot.

«Dreh dich um», befahl Acha der Frau.

«Nein, laß mich, hau ab!»

Mit erhobenem Schwert ging er auf seine Geliebte zu.

«Bedaure, meine Schöne, aber ich kann dich nicht am Leben lassen.»

«Ich habe nichts gesehen, nichts gehört!»

«Bist du dir ganz sicher?»

«Er hat doch nur gemurmelt, ich habe wirklich nichts gehört, das schwöre ich dir!»

Sie fiel auf die Knie. «Töte mich nicht, ich flehe dich an! Ich werde dir nützlich sein, um aus der Stadt herauszukommen!»

Acha zögerte. Sie hatte nicht unrecht. Da die Stadttore nachts verschlossen blieben, würde er den Morgen abwarten müssen, um in Begleitung seiner Frau die Stadt zu verlassen. Mit ihr würde das kein Aufsehen erregen, umbringen könnte er sie dann immer noch, in einem Hohlweg.

Acha setzte sich neben den Toten. An Schlaf war nicht zu denken. Er mußte so schnell wie möglich nach Ägypten zurück und aus dem, was er erfahren hatte, Nutzen ziehen.

War die morgendliche Kühle erst abgeklungen, war der Winter in Nubien ein Traum. Am Uferhang hatte Ramses einen Löwen mit seinen Weibchen entdeckt. Affen, die in die Wipfel der Dumpalmen geklettert waren, hatten das vorüberfahrende königliche Schiff mit ihren schrillen Schreien begrüßt.

Bei einer Zwischenlandung hatten Dorfbewohner dem Herrscher und seinen Begleitern Bananen und Milch angeboten. Es war ein improvisiertes Fest, und Ramses hatte sich mit dem Stammesältesten unterhalten, einem neunzigjährigen Medizinmann mit schlohweißer Mähne.

Als der Greis vor ihm niederknien wollte, faßte Ramses ihn am Arm, um ihn daran zu hindern.

«Du bringst Licht in meine alten Tage ... Die Götter haben mir gestattet, den Pharao zu sehen! Ist es nicht meine Pflicht, mich vor ihm zu verneigen und ihm zu huldigen?»

«Ich muß deiner Weisheit huldigen.»

«Ich bin nur ein Dorfmagier!»

«Wer das Gesetz der Maat sein Leben lang geachtet hat, verdient mehr Hochachtung als ein falscher, verlogener und ungerechter Weiser.»

«Bist du denn nicht Herr über Beide Länder und über Nubien? Ich herrsche nur über ein paar Familien.»

«Aber ich brauche dein Erinnerungsvermögen.»

Der Pharao und der Magier setzten sich in den Schatten einer Palme, die dem Greis als Sonnenschirm diente, wenn die Sonne zu stark brannte.

«Meine Erinnerung ... ist angefüllt mit blauen Himmeln, spielenden Kindern, lächelnden Frauen, springenden Gazellen und wohltätigen Nilschwemmen. Für all dies bist du, Pharao, jetzt verantwortlich! Ohne dich gäbe es meine Erinnerungen nicht mehr und würden zukünftige Generationen herzlose Wesen hervorbringen.»

«Erinnerst du dich an einen geweihten Ort, wo die Göttin der Liebe einen Wunderstein geschaffen hat, einen verlassenen Ort im Herzen Nubiens?»

Der Alte zeichnete mit seinem Stock eine Art Landkarte in den Sand.

«Der Vater meines Vaters hat einmal einen solchen Stein in mein Dorf heimgebracht. Wenn sie ihn berührten, wurden die Frauen wieder gesund. Leider haben die Nomaden ihn mitgenommen.»

«Woher stammte er?»

Er deutete mit dem Stock auf einen bestimmten Punkt des Nils.

«Von diesem geheimnisvollen Ort, wo die Provinz Kusch beginnt.»

«Was wünschst du dir für dein Dorf?»

«Nichts anderes, als was es schon besitzt. Aber ist das nicht zuviel verlangt? Beschütze uns, Pharao, und erhalte uns Nubien.»

«Nubien hat mit deiner Stimme gesprochen, und ich habe es gehört.»

Das königliche Schiff verließ die Provinz Wawat und erreichte die Provinz Kusch, wo dank Sethos' und Ramses' Einschreiten ein Friede herrschte, den die stets kampffreudigen Stämme aus Angst vor den Soldaten des Pharaos nicht mehr zu stören wagten.

Dies war ein wilder, beeindruckender Landstrich, der nur vom Nil gespeist wurde. Zu beiden Seiten des Flusses lag lediglich ein schmaler Streifen Ackerland, aber den Bauern, die hier gegen die Wüste ankämpften, spendeten Palmen und Dumpalmen Schatten.

Da waren sie ja, die Felsklippen!

Ramses hatte das Gefühl, als würde der Nil hier jedem menschlichen Wesen den Zutritt versagen und die Natur sich abkapseln in einem herrschaftlich umschlossenen Rund.

Betörender Mimosenduft milderte indes dieses Gefühl, das Ende der Welt erreicht zu haben.

Zwei fast gleich gemaserte Bergnasen kragten vor in den Fluß, dazwischen war eine mit Sand gefüllte Furche. Zu Füßen dieser Sandsteinfelsen blühten Akazien. «Eine Bucht voll goldenem Sand, wo der Berg sich trennt und sich wieder eint …»

Als träte er heraus aus einem langen Schlaf, einem Zauber, der schon viel zu lange seinen Blick getrübt hatte, erkannte Ramses den Ort. Warum hatte er daran nicht früher gedacht?

«Anlegen!» befahl er. «Hier ist's, es kann nur hier sein …»

Lotos sprang nackt in den Fluß und schwamm ans Ufer. Silbrige Tropfen funkelten auf ihrem Körper. Geschmeidig wie eine Gazelle lief sie auf einen Baum zu, unter dem friedlich ein Nubier schlief. Sie weckte ihn, fragte ihn etwas, rannte auf den Berg zu, packte einen Gesteinsbrocken und schwamm zum Schiff zurück.

Ramses ließ den Felsen nicht aus den Augen.

Abu Simbel ... Natürlich, dies war Abu Simbel, die Einheit von Kraft und Magie, der Ort, wo er Tempel hatte bauen wollen, das Reich Hathors, das er vernachlässigt und vergessen hatte.

Setaou half Lotos, an Bord zu klettern. In ihrer Rechten hielt sie ein Stück Sandstein.

«Das ist der magische Stein der Göttin, aber seine Heilkräfte weiß heute niemand mehr zu nutzen.»

FÜNFUNDVIERZIG

EIN SCHMALER LICHTSTREIF drang durch den Fensterspalt des feuchtkalten Hauses. Die Bäuerin hörte Schritte. Die Wachen waren auf

Streife! Sie zuckte zusammen, als sie den Leichnam des Hauptmanns sah.

«Da liegt er ja immer noch!»

«Erwache aus deinem Alptraum», sagte Acha. «Dieser Offizier wird nicht gegen uns aussagen.»

«Ich habe nichts getan!»

«Du bist meine Frau. Wenn man mich schnappt, wirst du umgelegt, genau wie ich.»

Die Frau stürzte sich auf Acha und trommelte ihm mit geballten Fäusten gegen die Brust.

«Ich habe nachgedacht, diese Nacht», sagte er.

Entsetzt hielt sie inne. Im eisigen Blick ihres Geliebten sah sie ihren Tod.

«Nein, dazu hast du nicht das Recht …»

«Ich habe nachgedacht», wiederholte er. «Entweder töte ich dich jetzt gleich, oder du hilfst mir.»

«Dir helfen? … Aber wie denn?»

«Ich bin Ägypter.»

Die Frau sah ihn an, als wäre er ein Geschöpf aus einer anderen Welt.

«Ich bin Ägypter und muß so schnell wie möglich zurück in meine Heimat. Sollte ich daran gehindert werden, mußt du über die

Grenze und den verständigen, in dessen Diensten ich stehe.»

«Wieso sollte ich mich in solche Gefahr begeben?»

«Im Austausch für ein Leben in Wohlstand. Das Täfelchen, das ich dir mitgeben werde, gibt dir Anrecht auf eine Wohnung in der Stadt, auf eine Dienerin und eine lebenslange Unterhaltszahlung. Mein Herr wird sich großzügig zeigen.»

So etwas hatte die Bäuerin sich nicht einmal in ihren kühnsten Träumen vorzustellen gewagt.

«Einverstanden.»

«Jeder von uns beiden wird die Stadt durch ein anderes Tor verlassen», forderte Acha.

«Und wenn du vor mir in Ägypten ankommst?» fragte sie besorgt.

«Erfüll deinen Auftrag und kümmere dich um nichts weiter.»

Acha schrieb ein paar Zeilen in hieratischer Schrift, der vereinfachten Hieroglyphenschrift, und übergab der Frau das dünne Holztäfelchen.

Als er sie umarmte und küßte, hatte sie nicht den Mut, ihn zurückzuweisen.

«Wir werden uns in Pi-Ramses wiedersehen», versprach er.

Als Acha sich der Unterstadt näherte, geriet er in den Strudel der Händler, die wie er aus der Stadt hinausstrebten.

Überall aufgeregte Soldaten.

Umzukehren war unmöglich: Eine Schwadron Bogenschützen teilte die Leute in mehrere Gruppen ein und zwang sie, sich einer Überprüfung zu unterziehen.

Es wurde nachgeprüft, Klagen wurden laut, Gedränge herrschte, Esel und Maultiere gaben ihrem Unmut Laut, doch die Wachen am Tor ließen sich von der allgemeinen Erregung nicht anstecken.

«Was ist denn los?» fragte Acha einen der Händler.

«Niemand darf in die Stadt herein, und hinauszukommen ist auch schwierig ... Sie suchen angeblich einen verschwundenen Offizier.»

«Und was haben wir damit zu tun?»

«Ein hethitischer Offizier verschwindet nicht. Es muß ihn jemand überfallen, wenn nicht gar umgebracht haben ... Mal wieder so eine Palastrangelei. Jetzt suchen sie hier den Schuldigen.»

476

«Haben sie einen bestimmten Verdacht?»

«Jemand vom Heer, das ist doch klar ... Bei dem ewigen Streit zwischen dem Sohn und dem Bruder des Herrschers. Eines schönen Tages wird der eine den anderen umbringen.»

«Aber die Wachen durchsuchen doch alle hier ...»

«Sie wollen sichergehen, daß der Mörder, ein bewaffneter Soldat, sich nicht als Händler verkleidet aus der Stadt hinausschleicht.»

Acha atmete auf.

Langsam und mit peinlicher Sorgfalt wurde hier jedermann durchsucht. Ein etwa Dreißigjähriger wurde zu Boden geworfen, seine Freunde empörten sich, er verkaufe Stoffe und sei niemals Soldat gewesen. Der Mann wurde freigelassen.

Nun war Acha an der Reihe.

Ein Soldat mit eckigem Gesicht legte ihm die Hand auf die Schulter.

«Und wer bist du?»

«Ein Töpfer.»

«Warum verläßt du die Stadt?»

«Ich muß Nachschub holen auf meinem Hof.»

Der Soldat vergewisserte sich, daß der Handwerker keine Waffen bei sich trug.

«Kann ich jetzt gehen?»

Eine verächtliche Handbewegung war die Antwort.

Nur noch wenige Meter bis zum Tor der hethitischen Hauptstadt, dahinter die Freiheit, der Weg nach Ägypten!

«Einen Augenblick!»

Jemand hatte etwas gesagt, zur Linken von Acha.

Ein mittelgroßer Mann mit verschlagenem Blick und wieselartigem Gesicht, das ein Spitzbärtchen zierte. Er trug einen roten wollenen Umhang mit schwarzen Streifen.

«Nehmt diesen Mann fest», gebot er den Wachen.

«Ich gebe die Befehle hier», erwiderte ein Offizier hochmütig.

«Mein Name ist Raia», sagte der Spitzbärtige. «Ich gehöre zur Palastwache.»

«Und was soll dieser Händler verbrochen haben?»

«Er ist weder Hethiter noch Töpfer. Er ist Ägypter, heißt Acha und hat hohe Ämter inne an Ramses' Hof.»

Dank der mächtigen Strömung legte Ramses' Schiff die Strecke zwischen Abu Simbel und Elephantine, dem südlichsten Vorposten Ägyptens, in nur zwei Tagen zurück. Zwei weitere Tage waren nötig, um Theben zu erreichen. Die Bootsleute hatten sich unglaublich ins Zeug gelegt, als wisse jeder, wie ernst es war.

Die ganze Zeit hatten Setaou und Lotos sich mit Gesteinsproben befaßt. Dieser Sandstein der Göttin war von einzigartiger Güte. Doch als die Landestelle von Karnak in Sicht kam, verhehlten sie ihre Enttäuschung nicht länger.

«Ich kann das Geheimnis dieses Steins beim besten Willen nicht entschlüsseln», bekannte Setaou. «Er besitzt Eigenschaften, die ich nicht kenne, Säure kann ihm nichts anhaben, er verfärbt sich urplötzlich und scheint Kräfte zu besitzen, die ich nicht ermessen kann. Wie sollen wir die Königin behandeln, wenn wir die Formel nicht kennen, um aus dem Stein Arznei zu machen, wenn wir nicht wissen, in welchen Mengen er zu verabreichen ist?»

Als der Herrscher den Tempelbereich betrat, entstand Verwirrung. Eiligen Schrittes begab er sich in Begleitung von Setaou und Lotos zur Arzneikammer, der größten von Karnak, wo die beiden den Heilkundigen das Ergebnis ihrer Proben darlegten.

Unter Aufsicht des Königs wurde hier nun weitergeforscht. Anhand der wissenschaftlichen Aufzeichnungen über die Bodenschätze Nubiens wurde eine Liste von Substanzen erstellt, die mit dem Stein der Göttin von Abu Simbel zu vermischen waren, wenn man die Dämonen vertreiben wollte, die einem Menschen das Blut aus dem Leib saugten, damit er an Erschöpfung starb.

Aber was waren die richtigen Beigaben? Und in welchen Mengen? Monate wären nötig, um das herauszufinden! Der Vorsteher der Arzneikammer war bekümmert und ratlos.

«Legt alles auf einen Steintisch und laßt mich allein», gebot Ramses.

Der König sammelte sich und griff nach der Wünschelrute, mit der sein Vater in seinem Beisein das Wasser in der Wüste entdeckt hatte.

Er strich mit der Rute über jede einzelne Substanz, und sobald sie den Stab hochschnellen ließ, legte er sie beiseite. Um seine Wahl zu überprüfen, strich er nochmals darüber hinweg, und dann bestimmte er mit der gleichen Methode die Dosierung.

Akazienharz, Anis, Saft aus Sykomorenfrüchten, Koloquinte, Kupfer und bestimmte Stückchen aus dem Stein der Göttin – das war die Arzneiformel!

Nefertari war kunstvoll geschminkt, lächelte und schien fröhlich. Als Ramses auf sie zuging, las die Königin die berühmten Abenteuer Sinuhes in einer besonders schön geschriebenen Fassung. Sie rollte den Papyrus zusammen, erhob sich und schmiegte sich in seine Arme. Lange und leidenschaftlich küßten sie sich, gewiegt vom Gesang der Haubenlerchen und Nachtigallen, umhüllt vom Duft der Weihrauchsträucher.

«Ich habe den Stein der Göttin gefunden, und die Arzneikammer von Karnak hat das Heilmittel für dich auch schon zubereitet.»

«Wird es nützen?»

«Ich habe die Wünschelrute meines Vaters benutzt, um die vergessene Formel wiederzufinden.»

«Beschreibe mir den Ort, wo die Göttin Nubiens thront.»

«Eine Bucht mit goldenem Sand, zwei Felsen, die sich vereinen ... Abu Simbel, das ich vergessen hatte. Abu Simbel, wo ich für ewig unserer Liebe hatte huldigen wollen.»

Ramses' warmer und kräftiger Körper gab das Leben zurück, das sie zunehmend floh.

«Heute noch werden ein Vorarbeiter und ein Trupp Steinhauer nach Abu Simbel aufbrechen», fuhr Ramses fort. «Diese Felsen sollen zwei Tempel werden, untrennbar für ewig, wie du und ich.»

«Werde ich dieses Wunder erleben?»

«Ja! Du wirst es erleben!»

«Möge der Wille des Pharaos in Erfüllung gehen.»

«Wäre ich noch würdig zu regieren, wenn es nicht so käme?»

Ramses und Nefertari setzten über den Nil, um sich nach Karnak zu begeben. Gemeinsam huldigten sie Gott Amun in seinem Heiligtum, dann hielt die Königin noch Zwiesprache mit der Göttin Sachmet in ihrer Kapelle, wobei es ihr so vorkam, als lächle die steinerne Göttin jetzt milder.

Eigenhändig überreichte der Pharao der Großen königlichen Gemahlin die Schale mit der Arznei, der einzigen, die den bösen Zauber, der sie umgab, zu bannen vermochte.

Der lauwarme Saft schmeckte süßlich.

Schwindel befiel Nefertari, sie legte sich hin und schloß die Augen. Ramses würde nicht weichen von ihrem Lager, würde mit ihr kämpfen, die endlose lange Nacht, da der Stein der Göttin versuchen würde, den blutsaugenden Dämon zu vertreiben.

SECHSUNDVIERZIG

Ameni, zerzaust, auffallend blaß, redete stockend und verhedderte sich in seinen Erklärungen.

«Beruhige dich», riet Tuja, die Mutter des Königs.

«Krieg, Majestät! Der Krieg ist ausgebrochen!»

«Wir haben keinerlei offizielle Nachricht erhalten.»

«Die Generäle sind in heller Aufregung, in den Kasernen brodelt es, ein Wirbel von widersprüchlichen Befehlen ...»

«Was ist die Ursache solcher Unruhe?»

«Ich weiß es nicht, Majestät, aber ich bekomme die Lage nicht in Griff ... Die Offiziere hören nicht mehr auf mich!»

Tuja ließ den Obersten Vorlesepriester kommen, aber auch zwei Haarmacherinnen. Um hervorzuheben, daß sie ein heiliges Amt ausübte, ließ sie sich die Geierperücke mit den von der Stirn schräg auf die Schultern herabfallenden Flügeln aufsetzen. Da das Geierweibchen die sorgende Mutter schlechthin verkörperte, würde Tuja unter dieser Geierhaube als Beschützerin Beider Länder angesehen werden.

An Hand- und Fußgelenken trug sie Goldreife und um den Hals eine siebenreihige Halbedelsteinkette. In dem langen, in der Mitte von einem Gürtel mit breiten Zipfeln gehaltenen feingefältelten Leinenkleid verkörperte sie die höchste Autorität.

«Begleite mich zur nördlichen Kaserne», sagte sie zu Ameni.

«Geh dort nicht hin, Majestät! Warte ab, bis sich die Aufregung gelegt hat.»

«Das Böse und das Chaos gehen nie von selbst zugrunde. Eilen wir uns.»

Ganz Pi-Ramses war erfüllt von Getöse und Gerede. Einige behaupteten, die Hethiter stünden kurz vor dem Delta, andere beschrieben bereits die Kämpfe, und wieder andere schickten sich schon an, in den Süden zu fliehen.

Vor dem Tor der Kaserne des Nordens stand schon keine Wache mehr. Der Wagen mit Ameni und der Mutter des Königs fuhr in den großen Hof ein, wo von Ordnung nichts mehr zu erkennen war.

Die Pferde blieben in der Mitte des weiten Raumes stehen.

Ein Offizier der Wagenmeisterei erkannte die Mutter des Königs und verständigte einige seiner Amtsbrüder, die wiederum ein paar Soldaten zusammentrommelten. Es dauerte nicht lange, da standen Hunderte von Männern vor Tuja, um ihren Worten zu lauschen.

Da stand sie, die zierliche, nicht gerade große Tuja, mitten unter all den bewaffneten Kolossen, die sie in Windeseile hätten zertrampeln können … Ameni zitterte am ganzen Leib. Das war ja Selbstmord, was die Königin da vorhatte. Sie wäre besser im Palast geblieben, unter dem Schutz ihrer Leibwache. Beruhigende Worte könnten bestenfalls die Spannung ein wenig lindern, sofern sie es geschickt anstellte.

Schweigen herrschte.

Mißbilligend blickte die Mutter des Königs in die Runde.

«Ich sehe nur Feiglinge und Versager», erklärte sie mit harscher Stimme, die wie ein Donnerschlag an Amenis Ohr hallte. «Feiglinge und Dummköpfe, die nicht fähig sind, ihr Land zu verteidigen, da sie dem erstbesten Gerücht Glauben schenken.»

Ameni schloß die Augen. Weder Tuja noch er würden der Wut der Soldaten entkommen.

«Wieso beleidigst du uns, Majestät?» fragte ein junger Offiziersanwärter der Wagenmeisterei.

«Ist es eine Beleidigung, wenn man die Zustände beschreibt? Euer Benehmen ist lächerlich und verachtenswert, die Offiziere sind noch mehr zu tadeln als die Truppen. Wer entscheidet über unseren Einsatz im Krieg gegen die Hethiter, wenn nicht der Pharao? Und während seiner Abwesenheit wer sonst außer mir?»

Die Stille wurde belastend. Was die Mutter des Königs jetzt sagen würde, wäre kein Gerücht. Dabei ginge es um das Schicksal des gesamten Landes.

«Ich habe keinerlei Kriegserklärung vom Herrscher aus Hatti erhalten», betonte sie.

Jubel war die Antwort auf diese Worte. Tuja hatte nie gelogen. Die Soldaten beglückwünschten sich gegenseitig.

Da die Mutter des Königs weiterhin unbeweglich auf ihrem Wagen stand, begriffen die Umstehenden, daß ihre Rede noch nicht beendet war. Erneut machte sich Schweigen breit.

«Ich kann nicht behaupten, daß der Friede von Dauer sein wird, und bin überzeugt, daß die Hethiter kein anderes Ziel verfolgen als den erbarmungslosen Kampf, dessen Ausgang dann von euch abhängen wird. Sobald Ramses wieder hier in der Hauptstadt ist, und das wird bald sein, soll er stolz sein können auf seine Armee und Vertrauen haben in ihre Fähigkeit, den Feind zu besiegen.» Beifall schlug ihr entgegen.

Ameni öffnete wieder die Augen, auch er war beeindruckt von der Überzeugungskraft, die Sethos' Witwe zu entfalten vermochte.

Der Wagen ruckte an, die Soldaten traten beiseite und riefen einstimmig Tujas Namen.

«Kehren wir jetzt in den Palast zurück, Majestät?»

«Nein, Ameni. Ich vermute, daß die Arbeiter in der Gießerei auch aufgehört haben, sich noch Mühe zu geben.»

Der Oberste Schreiber des Königs schlug die Augen nieder.

Weil Tuja den Anstoß dazu gab, nahmen auch die Waffenschmiede die Arbeit wieder auf. In gewohntem Einklang fertigten sie Lanzen, Bogen, Pfeilspitzen, Schwerter, Schilde, Waffenröcke und Streitwagenteile. Niemand zweifelte mehr daran, daß der Krieg kurz bevorstand, aber nun gab es neuen Ansporn: Man mußte besser gerüstet sein als die Hethiter!

Die Mutter des Königs besuchte die Kasernen und sprach mit Offizieren und einfachen Soldaten. Sie versäumte es auch nicht, sich zu jener Halle zu begeben, wo die soeben gebauten Kampfwagen abgestellt wurden, und dort beglückwünschte sie die Handwerker zu ihrer Arbeit.

Die Angst schien wie verflogen, jeder fühlte sich wieder stark für den Kampf.

Wie süß sie war, diese zierliche Hand mit den feingliedrigen langen Fingern, die fast unwirklich schienen. Ramses küßte einen Finger nach dem anderen und umschloß sie dann fest mit seiner eigenen Hand, um sie niemals zu verlieren. Es gab keinen Körperteil Nefertaris, der nicht Liebe eingeflößt hätte. Die Götter, die Ramses die schwerste Last aufbürdeten, hatten ihm aber auch die himmlischste aller Frauen geschenkt.

«Wie fühlst du dich heute morgen?»

«Besser, viel besser ... Ich spüre das Blut wieder durch meine Adern strömen.»

«Hast du Lust zu einem Ausflug aufs Land?»

«Davon träume ich schon lange.»

Ramses wählte zwei alte, besonders ruhige Pferde aus, die er selbst vor den Wagen spannte. In langsamem Schritt zogen sie das Westufer entlang, immer schön brav neben den Bewässerungskanälen.

Nefertari sog den Anblick der kräftigen Palmen und der grünenden Felder in sich ein. Sie hielt Zwiesprache mit den Kräften der Erde und setzte willentlich alles daran, das Böse zu verjagen, das sie ausgezehrt hatte. Als sie vom Wagen stieg und mit wehendem Haar den Nil entlangging, wußte Ramses, daß der Stein der Göttin die Große königliche Gemahlin gerettet hatte und sie die beiden Tempel von Abu Simbel, mit denen er ihrer ewigen Liebe huldigen wollte, sehen würde.

Die blonde Lita schenkte Dolente, der Schwester von Ramses, ein klägliches Lächeln, während diese die mit Honig, getrocknetem Akazienharz und zerstoßener Koloquinte getränkten Umschläge abnahm. Die Brandspuren waren fast völlig verschwunden.

«Ich leide», klagte die Nachfahrin Echnatons.

«Deine Wunden heilen.»

«Lüg nicht, Dolente ... Sie werden nicht spurlos verschwinden.»

«Du irrst, unsere Heilkunst ist wirkungsvoll.»

«Bitte Ofir, endlich aufzuhören ... Ich kann nicht mehr!»

«Durch deine Opferbereitschaft werden wir Nefertari und Ramses besiegen, und dann mußt du nie mehr leiden.»

Lita machte keinen weiteren Versuch, Ramses' Schwester zu überzeugen. Die war genauso verbissen wie der libysche Magier. Sie gab sich zwar liebenswürdig, hatte aber nur ihre Rache im Sinn. Der Haß in ihr war stärker als jedes andere Gefühl.

«Ich werde also durchhalten bis zum Ende», versprach die junge Frau.

«Das wußte ich doch! Ruh dich aus, bevor

Ofir dich wieder in sein Reich hinüberholt. Nany wird dir zu essen bringen.»

Nany war die einzige Dienerin, die Litas Zimmer betreten durfte, sie war folglich ihre einzige Hoffnung. Als die Dienerin ihr Feigenmus und gebratenes Rindfleisch brachte, packte Lita sie am Gürtel.

«Hilf mir, Nany!»

«Was willst du?»

«Ich will weg von hier, fliehen!»

Die Dienerin zog einen Schmollmund.

«Das ist gefährlich.»

«Mach die Tür zur Straße hin auf.»

«Da gefährde ich aber meine Stellung.»

«Hilf mir, ich flehe dich an!»

«Wieviel zahlst du mir dafür?»

«Meine Anhänger besitzen Gold ... Ich werde großzügig sein.»

«Ofir ist nachtragend.»

«Die Jünger Atons werden uns beschützen, dich und mich.»

«Ich verlange ein Haus und eine Herde Milchkühe.»

«Du sollst es bekommen.»

Die raffgierige Nany hatte sich schon eine schöne Belohnung geben lassen, als sie dem Magier Nefertaris Schal besorgt hatte. Aber was Lita ihr da versprach, übertraf alle ihre Erwartungen.

«Wann willst du fort?»

«Nach Einbruch der Nacht.»

«Ich will's versuchen.»

«Es muß dir gelingen! Dein Vermögen bekommst du nur um diesen Preis, Nany.»

«Es ist wirklich sehr gefährlich ... Ich verlange noch zwanzig Stück Stoff erster Güte.»

«Du hast mein Wort.»

Seit dem Morgen war Lita von einer Vision besessen: Eine Frau von himmlischer Schönheit schritt lächelnd, strahlend den Nil entlang und streckte einem hochgewachsenen, kräftigen Mann die Hand entgegen.

Lita wußte, daß Ofirs Untat erfolglos geblieben war und der Libyer sie vergeblich weiterquälte.

Serramanna und seine Männer durchforsteten das Viertel hinter der Schule für Heilkunde und befragten der Reihe nach sämtliche Bewohner. Der Sarde zeigte ihnen eine Zeichnung von Nanys Gesicht und drohte ihnen schreckliche Strafen an, wenn sie die Unwahrheit sagen sollten. Eine überflüssige Maßnahme, denn schon

492

der Anblick des Riesen führte zu ausufernden Bekenntnissen, die leider alle unbrauchbar waren.

Doch der ehemalige Seemann ließ nicht locker, er witterte, daß die Beute nicht weit sein konnte. Als man ihm einen fliegenden Händler, der kleine runde Brote verkaufte, vorführte, verkrampfte sich Serramannas Magen, ein untrügliches Zeichen, daß der entscheidende Augenblick gekommen war.

Der Sarde hielt das Bild hoch.

«Kennst du dieses Mädchen?»

«Ich habe es in diesem Viertel gesehen … Eine Dienstmagd. Sie ist noch nicht lange hier in dieser Gegend.»

«In welchem Haus arbeitet sie?»

«In einem von den großen da, nicht weit vom alten Brunnen.»

Eine Hundertschaft Bewaffneter umzingelte sofort die verdächtigen Häuser. Aus diesem Netz kam niemand mehr heraus.

Der Magier, der sich des versuchten Mordes an der Königin von Ägypten schuldig gemacht hatte, würde Serramanna nicht entkommen.

SIEBENUNDVIERZIG

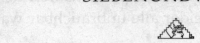

Die Sonne neigte sich dem Horizont zu.

Lita blieb nicht mehr viel Zeit bis zur Flucht, sonst würde sie doch wieder von Ofir eingesperrt werden. Wieso war Nany noch nicht zur Stelle?

Das Antlitz einer schönen, glücklichen und strahlenden Frau stand ihr ständig vor Augen ... Das Antlitz der Königin von Ägypten. Lita fühlte sich schuldig ihr gegenüber, diese Schuld mußte sie abtragen, um wieder frei zu werden.

Die blonde junge Frau huschte durch die Stille des Hauses. Wie immer saß Ofir über seinen Zauberformeln, und Dolente, müde wie immer, schlief.

Lita hob den Deckel einer Holztruhe, in der sich der letzte Fetzen von Nefertaris Schal befand. Noch zwei oder drei Beschwörungen, und er wäre restlos verkohlt. Lita versuchte ihn zu zerreißen, aber er war zu dicht gewebt, und ihr fehlte es an Kraft.

Da! Ein Geräusch in der Küche!

Lita ließ das Stück Stoff in ihrem Ärmel verschwinden. Es brannte auf ihrer Haut.

«Bist du's, Nany?»

«Bist du bereit?»

«Ich komme … einen Augenblick noch.»

«Beeil dich.»

Lita legte den Rest des Schals über eine brennende Öllampe.

Ein Sirren, dann ein Schwall schwarzer Rauch – nun war der böse Zauber, der die magischen Abwehrkräfte des königlichen Paars hatte schwächen sollen, in sich zusammengefallen.

«Wie schön das ist, wie schön das ist!»

Lita erhob die Arme gen Himmel und rief Aton an, der ihr ein neues Leben schenken würde.

«Gehen wir», befahl Nany, die alle Kupferplättchen, die sie im Haus hatte finden können, an sich genommen hatte.

Die beiden Frauen hasteten auf die rückwärtige Tür zu, die auf eine Gasse hinausführte.

Da prallte Nany mit Ofir zusammen, der unbeweglich mit verschränkten Armen dastand.

«Wo willst du hin?»

Nany wich zurück. Hinter ihr war Lita, zu Tode erschrocken.

«Lita … Was macht sie mit dir?»

«Sie … sie ist krank», erwiderte Nany.

«Wolltet ihr etwa fliehen?»

«Sie war's, Lita, die mich gezwungen hat ...»

«Was hat sie dir verraten, Nany?»

«Nichts, überhaupt nichts!»

«Du lügst, Kleine!»

Ofirs Hände umklammerten den Hals der Dienstmagd. Sie preßten so fest, daß jeder Protest in der Kehle steckenblieb. Vergeblich versuchte Nany sich zu befreien, doch dieser Schraubstock ließ nicht locker. Sie verdrehte die Augen, sie erstickte, sie starb, und der Magier versetzte dem Leichnam, der vor ihm zusammensackte, nur noch einen Fußtritt.

«Lita ... Was ist mit dir los, mein Kind?»

Ofir gewahrte neben einer Öllampe die Überbleibsel eines verkohlten Stücks Stoff.

«Lita! Was hast du da angerichtet?»

Der Magier ergriff den Schaft eines Fleischmessers.

«Du hast es gewagt, Nefertaris Schal zu vernichten, du hast es gewagt, unsere ganze Arbeit zunichte zu machen!»

Die junge Frau versuchte zu fliehen. Sie stieß gegen eine Öllampe und verlor das Gleichgewicht. Wie ein Raubvogel stieß der Magier auf sie nieder und packte sie bei den Haaren.

«Du hast mich betrogen, Lita. Ich kann dir nicht mehr vertrauen. Morgen wirst du mich wieder betrügen.»

«Du bist ein Ungeheuer!»

«Schade … du warst ein hervorragendes Medium.»

Lita fiel auf die Knie und flehte: «Aton erschafft das Leben und wehrt dem Tod, er …»

«Ich pfeife auf Aton, du dummes Ding. Du bist schuld, daß mein Plan mißlang.»

Mit sicherer Hand schnitt Ofir Lita die Kehle durch. Plötzlich stand Dolente im Raum, mit wirrem Haar und zerfurchtem Gesicht.

«Die Gasse ist voll von Soldaten … Oh, Lita! Lita …»

«Sie hat den Verstand verloren und ging plötzlich mit einem Messer auf mich los», erklärte Ofir. «Ich war gezwungen, mich zu verteidigen, und habe sie versehentlich getötet. Soldaten, sagtest du?»

«Ich habe sie von meinem Zimmerfenster aus gehört.»

«Verlassen wir dieses Haus.»

Ofir zog Dolente mit sich zu einer Falltür, die sich unter einer Matte verbarg. Sie führte zu einem Gang, der in einem Lagerraum endete. Lita und Nany würden den Mund nicht mehr aufmachen.

«Es ist nur noch ein Haus übrig», sagte ein Wachsoldat zu Serramanna. «Wir haben geklopft, aber niemand antwortet.»

«Brechen wir die Tür auf.»

«Das ist nicht Rechtens!»

«Ein Fall von höherer Gewalt.»

«Da muß man erst den Besitzer verständigen und um Erlaubnis fragen.»

«Ich gebe die Erlaubnis!»

«Ich brauche aber erst eine Entlastung, ich will keinen Ärger bekommen.»

Serramanna verlor gut eine Stunde, bis die Sache gemäß den Anforderungen der Wachstuben von Memphis geregelt war. Endlich brachen vier kräftige Männer die Riegel auf und verschafften sich Zugang zu dem Haus.

Der Sarde ging als erster hinein. Er entdeckte den leblosen Körper einer blonden jungen Frau und den der Dienerin Nany.

«Ein echtes Gemetzel», murmelte einer der Soldaten zutiefst erschüttert.

«Zwei kaltblütig ausgeführte Verbrechen», stellte der Sarde fest. «Durchsucht das Haus.»

Die Untersuchung der Behausung ergab, daß es sich tatsächlich um die Höhle des Magiers handelte. Obwohl er zu spät gekommen war, machte Serramanna einen Fund, der ihn frohgemut stimmte: Reste von verkohltem Stoff – gewiß die Überbleibsel vom Schal der Königin.

Ramses und Nefertari kehrten zurück in ihre Hauptstadt, die so lebhaft war wie immer, aber nicht mehr so fröhlich. Die Stimmung war geprägt von militärischem Gehorsam, und fast jedermann war eingebunden in die Herstellung von Waffen und Streitwagen. Diese Stadt, die der Lebenslust geweiht war, hatte sich in eine von Unrast und Angst gepeitschte Stätte gewandelt.

Das königliche Paar begab sich unverzüglich zu Tuja, die in einen Bericht der Gießerei vertieft war.

«Haben die Hethiter klar und deutlich die Feindseligkeiten eröffnet?»

«Nein, mein Sohn, aber ich bin überzeugt, daß dieses Schweigen nichts Gutes verheißt. Nefertari ... bist du geheilt?»

«Dieses Leiden ist nur mehr eine böse Erinnerung.»

«Die Zeit eurer Abwesenheit hat an meinen Kräften gezehrt. Ich habe nicht mehr die Kraft, dieses große Land zu regieren. Redet mit dem Hof und mit dem Heer, sie brauchen euren Lebensodem.»

Ramses sprach ausführlich mit Ameni und empfing dann Serramanna, der aus Memphis zurück war. Was er ihm berichtete, deutete doch wohl darauf hin, daß die magische Bedrohung, die das königliche Paar gefährdet hatte, endgültig abgewendet war. Dennoch befahl der Herrscher dem Sarden, seine Nachforschungen fortzusetzen und den Besitzer des finsteren Hauses ausfindig zu machen. Und wer war eigentlich die blonde junge Frau, der mit solcher Kaltblütigkeit die Kehle durchgeschnitten worden war?

Der Pharao hatte andere Sorgen. Auf seinem Tisch stapelten sich beunruhigende Sendschreiben aus Kanaan und Amurru. Die Statthalter der ägyptischen Festungen meldeten zwar keinen einzigen ernstzunehmenden Zwischenfall, sprachen aber von sich hartnäckig haltenden Gerüchten über großangelegte Truppenübungen des hethitischen Heeres.

Von Acha war leider kein Bericht dabei, nicht einmal eine knappe Mitteilung, die Ramses hätte helfen können, die Lage zu durchschauen. Vom Ort des Zusammenstoßes mit den Hethitern hing doch der Ausgang einer Schlacht ab. Ohne genaue Angaben wußte der König nicht, ob er die Verteidigungslinien verstärken oder einen Vormarsch für eine Schlacht weiter im Norden unternehmen sollte. Im zweiten Falle müßte er den Befehl geben. Aber sollte er seinem Instinkt nachgeben und sich blindlings einer solchen Gefahr aussetzen?

Die Anwesenheit des königlichen Paars verlieh den Streitkräften, vom General bis zum einfachen Soldaten, neues Vertrauen und neue Kraft. Würde Ramses, der einen unsichtbaren Feind besiegt hatte, mit hethitischen Barbaren etwa nicht fertig werden? Angesichts der Menge neuer Waffen wurde allen klar, daß sie doch über ungeheure Schlagkraft verfügten und den Zusammenstoß mit dem Feind nicht sonderlich zu fürchten hätten. Im Beisein der besten Wagenbauer hatte Ramses mehrere Streitwagen ausprobiert, sie waren leicht, gut lenkbar und schnell. Dank des Geschicks der Zimmerleute war so allerlei verbessert worden.

Auch die Königin hatte ihre Pflichten wiederaufgenommen und beruhigend eingewirkt auf den Hof. Diejenigen, die Nefertari im Geiste schon begraben hatten, beglückwünschten sie zu ihrer Beherztheit und versicherten, wer so etwas durchgestanden habe, dem sei ein langes Leben beschieden.

Solches Geschwätz ließ die Große königliche Gemahlin kalt. Sie kümmerte sich um die beschleunigte Herstellung von Soldatenbekleidung und anhand der ausführlichen Berichte Amenis um tausenderlei Kleinigkeiten, die das wirtschaftliche Wohlergehen des Landes betrafen.

Chenar begrüßte den König.

«Du bist dicker geworden», befand Ramses.

«Aber nicht aus Mangel an Arbeit», erwiderte der Oberste Gesandte. «Angst bekommt mir nicht. Dieser Kriegslärm, auf Schritt und Tritt nur Soldaten ... Ist das jetzt Ägypten?»

«Die Hethiter werden uns bald angreifen, Chenar.»

«Du hast vermutlich recht, aber mein Amt verfügt noch über keine einzige verläßliche Nachricht, die diese Befürchtung untermauert. Bekommst du nicht nach wie vor liebenswürdige Sendschreiben von Muwatalli?»

«Heucheleien.»

«Wenn wir den Frieden bewahren, retten wir unzählige Leben.»

«Glaubst du nicht, dies sei auch mein innigster Wunsch?»

«Sind Mäßigung und Vorsicht nicht die besten Ratgeberinnen?»

«Predigst du Tatenlosigkeit, Chenar?»

«Gewiß nicht, aber ich fürchte einen gefährlichen Vorstoß durch einen ruhmgierigen Heerführer.»

«Sei beruhigt, mein Bruder, ich habe meine Armee fest in der Hand, so etwas wird nicht vorkommen.»

«Ich freue mich, das von dir zu hören.»

«Bist du mit den Diensten von Meba, deinem neuen Mitarbeiter, zufrieden?»

«Er ist so glücklich, wieder in seinem früheren Amt tätig sein zu dürfen, daß er sich wie ein gelehriger und eifriger Anfänger benimmt. Ich bedaure es nicht, ihn seinem Müßiggang entrissen zu haben, manchmal muß man jemandem, der seinen Beruf von Grund auf kennt, die Gelegenheit zu einem Neubeginn geben. Ist Großmut nicht die edelste aller Tugenden?»

ACHTUNDVIERZIG

Chenar schloss sich mit Meba in seinen Amtsräumen ein. Damit es nach einer Arbeitssitzung aussah, hatte sein Mitarbeiter vorsorglich ein paar Rollen Papyrus mitgebracht.

«Ich habe den König gesprochen», erklärte Chenar. «Er weiß noch nicht so recht, wie er sich verhalten soll, da vertrauenswürdige Auskünfte fehlen.»

«Hervorragend!» befand Meba.

Chenar konnte seinem Verbündeten nicht sagen, daß Achas Schweigen ihn überraschte. Wieso teilte der junge Gesandte ihm nichts über sein Vorgehen mit, das doch entscheidend war, um Ramses' Sturz zu beschleunigen? Vermutlich war ihm etwas zugestoßen. Und wegen dieses beunruhigenden Schweigens hatte auch er, Chenar, keinerlei Anhaltspunkte.

«Wie steht's um unsere Pläne, Meba?»

«Unser Spionagenetz hat den Befehl erhalten, nichts mehr zu unternehmen und sich schlafend zu stellen. Mit anderen Worten: Unsere Stunde naht. Was der Pharao auch beschließen mag, er hat keine Aussicht mehr auf Sieg.»

«Woher beziehst du diese Gewißheit?»

«Die hethitischen Streitkräfte werden gerüstet sein, wie es besser nicht geht, davon bin ich überzeugt. Und jede Stunde, die verstreicht, bringt dich dem Gipfel der Macht nur näher. Sollte man diesen Zeitraum nicht nutzen, um den Kreis deiner Freunde in den verschiedenen Verwaltungsämtern zu erweitern?»

«Dieser verfluchte Ameni hat seine Augen überall ... Vorsicht ist geboten.»

«Denkst du an eine ... Gewaltlösung?»

«Zu früh, Meba. Der Zorn meines Bruders wäre fürchterlich.»

«Beherzige meinen Rat: Die Wochen werden schnell verstreichen, und du mußt bereit sein, zu regieren, mit Zustimmung unserer hethitischen Freunde.»

«Auf diesen Augenblick warte ich schon so lange ... Sei unbesorgt, ich werde bereit sein.»

Dolente war Ofir gefolgt, ohne zu wissen, wohin. Der grauenvolle Tod der blonden Lita, die Soldaten, diese überstürzte Flucht ... Sie konnte nicht mehr vernünftig denken, wußte nicht mehr ein noch aus. Als Ofir ihr den Vorschlag gemacht hatte, sich als seine Frau auszugeben und den Kampf zur Wiedereinführung des Kults von Aton, dem einzigen Gott, fortzusetzen, hatte sie begeistert zugestimmt.

Das Paar hatte den von Wachen abgesicherten Hafen von Memphis umgangen, sich einen Esel gekauft, sich wie Bauern gekleidet – Ofir ohne Bart und Dolente ohne Schminke – und den Weg nach Süden eingeschlagen. Der Spion wußte, daß man im Norden von Memphis und in Grenznähe nach ihnen suchte. Den Straßensperren und Flußwachen zu entgehen war fast aussichtslos, es sei denn, sie verhielten sich so, wie es niemand erwartete.

War es nicht sinnvoll, bei den glühenden Anhängern Echnatons, des abtrünnigen Königs, Unterschlupf zu suchen? Die meisten von ihnen hatten sich in Mittelägypten zusammengeschart, in der Nähe seiner aufgegebenen Hauptstadt, die der Sonnenscheibe geweiht war. Ofir bereute nicht, allen etwas vorgegaukelt zu haben, das war doch jetzt recht nützlich. Glaubte doch auch Dolente, er sei von Liebe zu diesem einzigen Gott erfüllt, daher war sie ihm treu ergeben. Und so konnte er, bis die Hethiter in Ägypten einfielen, auf einen sicheren Hort im Kreise dieser Schwärmer zählen.

Zum Glück hatte Ofir, bevor er untertauchte, noch eine wichtige Botschaft erhalten und Meba in Kenntnis gesetzt: der von Muwatalli entworfene Plan würde bald in Taten umgesetzt werden. Nun brauchte man nur noch die entscheidende Schlacht abzuwarten.

Sobald die Botschaft von Ramses' Tod das Land erreichte, würde Chenar Nefertari und Tuja aus dem Felde schlagen und den Thron besteigen, um die Hethiter würdig zu empfangen. Chenar wußte nicht, daß es nicht Muwatallis Art war, die Macht zu teilen. Ramses' älterer Bruder wäre nur ein Übergangspharao, und die Beiden Länder würden zur Kornkammer der Hethiter.

Entspannt genoß Ofir die sanfte Schönheit des ägyptischen Landes.

Seinem Rang und seinem Stand gemäß war Acha nicht in einem der finsteren und feuchten Verliese der Unterstadt gelandet, wo man im Durchschnitt nicht länger als ein Jahr überlebte, sondern in einem aus Quadersteinen gemauerten Kerker der Oberstadt, der Gefangenen von Bedeutung vorbehalten war. Das Essen war zwar eher ein Fraß und die Schlafstatt ein Pfuhl, doch der junge Gesandte nahm es hin und hielt sich bei Kräften, indem er mehrmals täglich Bewegungsübungen machte.

Seit seiner Festnahme war es zu keinem Verhör gekommen. Seine Haft konnte also kurzerhand in einer Hinrichtung enden.

Endlich öffnete sich doch die Tür seiner Zelle.

«Wie geht es dir?» fragte Raia.

«Bestens.»

«Die Götter haben dich im Stich gelassen, Acha. Wäre ich nicht gewesen, wärst du auf und davon.»

«Ich hatte doch nicht die Absicht zu fliehen.»

«Die Tatsachen lassen sich schwerlich leugnen!»

«Der Schein trügt manchmal.»

«Du bist Acha, der Jugendfreund von Ramses! Ich habe dich in Memphis und auch in Pi-Ramses gesehen und deiner Familie sogar kostbare Vasen verkauft. Der König hat dich mit einer besonders gewagten Kundschaftertätigkeit betraut, und an Mut und Geschick hast du es auch nicht fehlen lassen.»

«In einem entscheidenden Punkt irrst du dich. Ramses hat mir in der Tat diesen Auftrag erteilt, aber ich diene einem anderen Herrn.

Ihm und nicht dem Pharao hätte ich die tatsächlichen Ergebnisse meiner Nachforschungen mitgeteilt.»

«Von wem redest du?»

«Von Chenar, Ramses' älterem Bruder und dem zukünftigen Pharao von Ägypten.»

Raia zupfte an seinem Kinnbart und zerzauste die vom Barbier so kunstvoll hergestellte Ordnung. Dann wäre Acha also ein Verbündeter der Hethiter ... Nein, ein entscheidendes Detail widersprach dieser Behauptung.

«Warum hättest du dich dann, wenn dem so wäre, als Töpfer verkleidet?»

Der junge Gesandte lächelte.

«Als ob du das nicht wüßtest!»

«Erkläre es mir dennoch.»

«Muwatalli regiert, das ist gewiß, aber auf welche Gruppierung stützt er sich und wie weit reicht seine Macht wirklich? Kämpfen sein Sohn und sein Bruder nicht verbissen gegeneinander, oder ist der Erbfolgekrieg vielleicht schon ausgefochten?»

«Schweig!»

«Das sind doch wichtige Fragen, und auf die sollte ich eine Antwort geben ... Jetzt verstehst du, warum ich unerkannt bleiben mußte. Übrigens … könntest du mir das nicht beantworten?»

Verwirrt schlug Raia die Tür zu.

Vielleicht war es nicht richtig gewesen, den Syrer herauszufordern, aber indem Acha sein Geheimnis verriet, hoffte er, seinen Kopf zu retten.

Von seiner Leibwache geschützt und abgeschirmt gegen neugierige Blicke von der Straße oder einen auf dem Dach eines Gebäudes versteckten Bogenschützen, verließ Muwatalli seinen Herrscherpalast. Er war prunkvoll gekleidet, und durch Ausrufer wußte jedermann, daß der Herrscher von Hatti sich zum großen Tempel in der Unterstadt begab, um die Gunst des Wettergottes zu erbitten.

Feierlicher konnte man den Kriegszustand nicht einleiten im Lande Hatti, damit bündelte man alle Kräfte im Hinblick auf den endgültigen Triumph.

Von seiner Zelle aus hörte Acha den Jubel, der dem Herrscher auf seinem Weg entgegenschlug. Auch ihm wurde klar, daß eine gewichtige Entscheidung getroffen worden war.

Sämtliche hethitischen Gottheiten hatten sich

dem Wettergott untergeordnet. Die Priester wuschen die Standbilder, um den Zorn des Himmels abzuwenden. Kein Hethiter durfte mehr Zweifel oder Einwände erheben: die Zeit, zur Tat zu schreiten, war gekommen.

Die Priesterin Puducheba sprach die Formeln, die die Göttinnen der Fruchtbarkeit in gefährliche Kriegerinnen verwandelten. Dann schlug sie sieben Nägel aus Eisen, sieben aus Bronze und sieben aus Kupfer in ein Schwein, damit den Wünschen des Herrschers eine rosige Zukunft beschieden sein möge.

Während die Anrufungsformeln gesprochen wurden, heftete Muwatalli seinen Blick auf seinen Sohn Uriteschup, der zum Kampf gerüstet dastand und seine wahnsinnige Freude, bald den Gegner niedermachen zu dürfen, kaum verhehlen konnte. Hattuschili blieb ruhig, und von seinem Gesicht war nichts abzulesen.

Beide hatten nach und nach all jene verdrängt, die um die Gunst des Herrschers buhlten, und so bildeten sie mit Puducheba den engsten Kreis um Muwatalli. Aber Uriteschup haßte Hattuschili und Puducheba, die es ihm auch gebührlich heimzahlten.

Die Kriegsvorbereitungen gegen Ägypten er-

möglichten es Muwatalli, die inneren Spannungen zu überwinden und seine Herrschaft zu festigen, bevor er angriff. War ihm der Himmel
nicht hold?

Als die Zeremonie beendet war, lud der Herrscher Generäle und höhere Offiziere zu einem
Festmahl, das mit vier Opfergaben von Speisen
eröffnet wurde: Die erste brachte der Ober-
mundschenk auf dem königlichen Thron dar,
die zweite neben der Feuerstelle, die dritte auf
dem Ehrentisch und die vierte auf der Schwelle
zum Speisesaal. Anschließend durften die Gäste sich den Magen vollschlagen und sich be-
trinken, als wäre dieses ihre letzte Mahlzeit.

Als Muwatalli sich erhob, verstummten die
munteren Gespräche. Selbst die Betrunkensten
wahrten noch einen Anschein von Würde.

Nur ein Ereignis, ein einziges, konnte den
Kampf noch verzögern.

Der Herrscher und sein Gefolge verließen die
Stadt durch das Sphingentor, das im oberen Teil
lag, und schritten auf eine Felskuppe zu, deren
Gipfel Muwatalli, Uriteschup und Puducheba
zu erklimmen hatten.

Unbeweglich verharrten sie dort oben, den
Blick auf die Wolken gerichtet.

«Da sind sie!» rief Uriteschup.

Der Sohn des Herrschers spannte seinen Bogen und zielte auf einen der Geier, die die Stadt überflogen. Zielgenau durchbohrte der Pfeil den Hals des Raubvogels.

Ein Offizier brachte dem Heerführer das tote Tier, dieser schlitzte ihm mit einem Messer den Bauch auf und riß mit beiden Händen die dampfenden Eingeweide heraus.

«Deute sie», gebot Muwatalli Puducheba, «und sag uns, ob das Schicksal es gut mit uns meint.»

Die Priesterin waltete ihres Amtes und untersuchte und deutete die Eingeweide des Geiers.

«Das Schicksal ist uns hold.»

Uriteschups Kriegsgeheul ließ die Berge ringsum erbeben.

NEUNUNDVIERZIG

DIE GROSSE RATSVERSAMMLUNG, zu der zahlreiche Persönlichkeiten des Hofes hinzugebeten worden waren, nahm einen lebhaften Anfang.

Die Oberschreiber, die die höchsten Staatsämter bekleideten, blickten unwirsch drein, die hohen Beamten beklagten das Fehlen eindeutiger Richtlinien, die Sterndeuter verhießen eine militärische Niederlage, Ameni und seine Leute konnten Ramses kaum mehr hinreichend schützen, denn jedermann forderte Erklärungen.

Als der Pharao auf dem Thron Platz nahm, war der Audienzsaal so voll wie nie. Der Rangälteste der Würdenträger hatte die eingesammelten Fragen vorzutragen, damit kein Tumult entstand und die eherne Würde des Pharaonenamtes gewahrt blieb. Nur Barbaren leisteten sich Wortgefechte, schrien durcheinander und fielen einander ins Wort. Am ägyptischen Hof sprach man der Reihe nach, und jeder hörte dem anderen zu.

«Majestät», hob der Älteste an, «das Land ist besorgt und möchte wissen, ob ein Krieg mit den Hethitern bevorsteht.»

«So ist es», antwortete Ramses.

Langes Schweigen folgte auf diese knappe und erschreckende Erklärung.

«Ist er unvermeidbar?»

«Unvermeidbar.»

«Ist unser Heer kampfbereit?»

«Die Waffenschmiede haben mit unermüdlichem Eifer gearbeitet und lassen nicht nach in ihren Anstrengungen. Ein paar zusätzliche Monate wären willkommen gewesen, aber die werden uns nicht vergönnt sein.»

«Aus welchem Grund, Majestät?»

«Weil unsere Armee so schnell wie möglich gen Norden ausrücken muß. Die Schlacht wird fern von Ägypten stattfinden. Da unsere Schutzgebiete Kanaan und Amurru befriedet wurden, werden wir dort gefahrlos durchziehen können.»

«Wen ernennst du zum Obersten Heerführer?»

«Ich selbst werde die Führung übernehmen. Während meiner Abwesenheit wird Nefertari, die Große königliche Gemahlin, die Beiden Länder regieren, mit Unterstützung meiner Mutter Tuja.»

Der Älteste vergaß alle weiteren Fragen, sie waren nebensächlich geworden.

Homer rauchte seine Schneckenhauspfeife, die er mit Salbeiblättern gestopft hatte. Er saß unter seinem Zitronenbaum und genoß die Frühlingssonne, die seine Gliederschmerzen lin

515

derte. Sein langer weißer Bart, den der Barbier mit Duftöl besprüht hatte, verlieh seinem scharfgeschnittenen und gefurchten Gesicht noch eine besondere Würde. Auf seinem Schoß schnurrte Hektor, sein schwarz-weißer Kater.

«Ich hatte gehofft, dich noch zu sehen, bevor du losziehst, Majestät. Das wird der große Krieg sein, nicht wahr?»

«Das Überleben Ägyptens steht auf dem Spiel, Homer.»

«Ich habe es so gesagt: *Wie ein Mann den schwellenden Sprößling vom Stamm der Olive hegt am einsamen Ort, dem Wasser genügend entsprudelt. Stattlich wächst er empor, und sanft bewegt ihn die Kühlung aller Winde, die wehn, und schimmernd prangt er von Blüten. Aber ein jählings nahender Sturm mit gewaltigem Wirbel reißt aus der Grube den Stamm und streckt ihn lang auf die Erde.*»

«Und wenn der Baum dem Sturm standhielte?»

Homer bot dem König eine Schale Rotwein, gewürzt mit Anis und Koriander, und nahm selbst einen kräftigen Schluck.

«Ich werde über deine Heldentaten schreiben, Ramses.»

«Wird dein Werk dir denn dafür Zeit lassen?»

«Ich bin bestimmt, von Kriegen und Reisen zu singen, und ich liebe die Helden. Als Sieger wirst du unsterblich.»

«Und wenn ich besiegt werde?»

«Siehst du schon die Hethiter meinen Garten stürmen, meinen Zitronenbaum absäbeln, mein Schreibzeug zerbrechen und Hektor entsetzen? Ein solches Unheil würden die Götter nicht dulden. Wo wirst du die entscheidende Schlacht schlagen?»

«Das ist zwar ein militärisches Geheimnis, aber dir kann ich es ja anvertrauen: in Kadesch.»

«Die Schlacht von Kadesch ... Ein guter Titel. So manches Geplänkel wird verschwinden, das kannst du mir glauben, aber dieses Werk wird im Gedächtnis der Menschheit fortleben. Ich werde meine gesamte Kunst darauf verwenden. Noch etwas, Majestät: Ein glücklicher Ausgang wäre mir lieb.»

«Ich will versuchen, dich nicht zu enttäuschen.»

Ameni war ratlos. Er hatte Ramses tausend Fragen zu stellen, hundert Schriftstücke vorzulegen, zehn Gewissensentscheidungen zu unterbreiten ... Nur der Pharao konnte entscheiden. Er war kreidebleich, atemlos, die Hände zitterten – er schien wirklich am Ende seiner Kräfte.

«Du solltest dich ausruhen», riet der König.

«Aber ... du ziehst doch ins Feld! Und für wie lange? Ich könnte doch Fehler machen und das Königreich schwächen.»

«Du hast mein Vertrauen, Ameni, und die Königin wird dir helfen, die richtigen Entscheidungen zu treffen.»

«Sag mir die Wahrheit, Ramses: Hast du Aussicht, die Hethiter zu besiegen?»

«Würde ich meine Männer in den Kampf führen, wenn ich mich von vornherein geschlagen gäbe?»

«Es heißt aber doch, diese Wüstlinge seien unbesiegbar.»

«Wenn man den Feind erst kennt, kann man ihn niederringen. Trag Sorge für unser Land, Ameni.»

Chenar aß Lammrippen vom Rost, angerichtet mit Petersilie und Sellerie. Da sie ihm etwas fade erschienen, streute er Gewürze über das Fleisch. Auch der Rotwein, der eigentlich besonders gut war, schien ihm heute mittelmäßig.

Er rief nach seinem Mundschenk, aber statt dessen betrat ein unerwarteter Gast den Speisesaal.

«Ramses! Möchtest du diese Mahlzeit mit mir teilen?»

«Ehrlich gesagt, nein.»

Der knappe Ton verschlug Chenar den Appetit. Er fand es ratsamer, aufzustehen.

«Laß uns in die Laube gehen, was meinst du?»

«Wie du willst.»

Chenar empfand ein leichtes Magendrücken und setzte sich auf einen Gartenstuhl. Ramses blieb stehen und blickte auf den Nil.

«Mein Bruder wirkt gereizt … Der bevorstehende Krieg?»

«Ich habe andere Gründe, verstimmt zu sein.»

«Sollten die mich betreffen?»

«In der Tat, Chenar.»

«Hast du dich über meine Amtsführung zu beklagen?»

«Du hast mich immer gehaßt, stimmt's?»

«Ramses! Die Zeit des Hasses ist doch längst vorbei.»

«Glaubst du?»

«Da kannst du sicher sein!»

«Dein einziges Ziel ist doch, die Macht an dich zu reißen, selbst um den Preis übelster Machenschaften.»

Wie ein Fausthieb traf es Chenar.

«Wer hat mich so verleumdet?»

«Ich höre auf kein Geschwätz. Meine Meinung gründet sich auf Tatsachen.»

«Unmöglich!»

«In einem Haus in Memphis hat Serramanna zwei Frauenleichen und die Werkstatt eines Magiers entdeckt, der seine Zauberkünste an der Königin versucht hat.»

«Und was soll ich mit diesen Schändlichkeiten zu tun haben?»

«Dieses Haus gehört dir, wenn du es auch vorsichtshalber auf den Namen unserer Schwester eingetragen hast. Die Männer im Grundbuchamt lassen daran keinen Zweifel.»

«Ich besitze so viele Häuser, vor allem in Memphis, daß ich schon gar nicht mehr weiß, wie viele es wirklich sind! Wie könnte ich wissen, was darin geschieht?»

«Befand sich unter deinen Freunden nicht ein syrischer Kaufmann namens Raia?»

«Freund ist nicht richtig, er lieferte mir ausgefallene Vasen.»

«In Wirklichkeit ist er ein von den Hethitern bezahlter Spion.»

«Das ist ... Das ist ja unerhört! Wie hätte ich das wissen sollen? Hunderte von Persönlichkeiten waren seine Kunden!»

«Du verteidigst dich recht geschickt, aber ich weiß, daß dein maßloser Ehrgeiz dich dazu geführt hat, dein Land zu verraten und mit unseren Feinden zusammenzuarbeiten. Die Hethiter benötigten Verbündete auf unserem Boden, und ihr wichtigster Verbündeter warst du, mein eigener Bruder!»

«Was ist denn das für ein Hirngespinst, Ramses!? Nur der Abschaum der Menschheit könnte so etwas tun!»

«Du bist dieser Abschaum, Chenar.»

«Es macht dir Spaß, mich grundlos zu beleidigen.»

«Du hast einen verhängnisvollen Fehler begangen, indem du geglaubt hast, jeder sei bestechlich. Du hast nicht gezögert, dich an meine Umgebung, an meine Jugendfreunde heranzupirschen, aber du wußtest nicht, daß Freundschaft so unzerstörbar sein kann wie Granit. Daher bist du in die Falle getappt, die ich gestellt hatte.»

Chenars Blick wurde haltlos.

«Acha hat mich nicht verraten, Chenar, er hat nie für dich gearbeitet.»

Der ältere Bruder des Königs klammerte sich an die Armlehnen seines Sessels.

«Mein Freund Acha hat mich über deine Pläne und dein Tun stets auf dem laufenden gehalten», fuhr Ramses fort. «Du bist ein von Grund auf verdorbener Mensch, Chenar, und du wirst dich nicht ändern.»

«Ich … Ich habe Anrecht auf einen Richterspruch!»

«Den sollst du haben, und der wird auf Tod wegen Hochverrats lauten. Da wir uns im Kriegszustand befinden, wirst du erst einmal im großen Gefängnis von Memphis eingesperrt, später dann, in Erwartung des Prozesses, im Straflager der Oase Charga. Wie das Gesetz es befiehlt, muß ein Pharao, bevor er an die Front zieht, erst die Feinde im Inneren bändigen.»

Eine Grimasse entstellte Chenars Mund.

«Du wagst nicht, mich zu töten, weil ich dein Bruder bin … Die Hethiter werden dich besiegen! Und wenn du tot bist, werden sie mir die Macht übergeben!»

«Für einen König ist es heilsam, dem Bösen

begegnet zu sein und sein Gesicht zu kennen. Dir, Chenar, verdanke ich es, daß ich nun besser kämpfen werde.»

FÜNFZIG

DIE HETHITISCHE BÄUERIN hatte Ramses erzählt, wie Acha und sie sich durchgeschlagen hatten und wie sie dann nach Ägypten gelangt war, wo sie, dank des Sendschreibens des Gesandten, gut aufgenommen und unverzüglich zum Pharao gebracht worden war.

Wie von Acha versprochen, hatte Ramses der Hethiterin eine Unterkunft in Pi-Ramses sowie lebenslangen Unterhalt und eine Dienstmagd zugestanden. Aus grenzenloser Dankbarkeit hätte sie dem Herrscher ja nur allzugern von Achas weiterem Los berichtet, aber sie wußte leider nicht, was aus ihm geworden war.

Nur soviel schien Ramses deutlich zu sein: Der Freund war festgenommen und vermutlich hingerichtet worden. Eine letzte List hatte Acha vielleicht noch ausspielen können: die anderen glauben machen, er arbeite für Chenar und somit für die Hethiter. Aber hatte man ihm die Zeit gelassen, Erklärungen abzugeben und überzeugend zu wirken?

Wie dem auch sei, Acha hatte seinen Auftrag nach bestem Vermögen erfüllt. Seine knappe Botschaft bestand aus nur drei Wörtern, doch diese hatten Ramses bewogen, in den Krieg zu ziehen:

Kadesch — Schnell — Gefahr

Mehr hatte Acha nicht geschrieben, aus Angst, die Botschaft könne abgefangen werden, und der Bäuerin hatte er sich auch nicht anvertraut, aus Furcht, sie könne ihn verraten. Aber diese drei Worte waren ja auch aufschlußreich genug.

Als Meba zur großen Ratsversammlung einbestellt wurde, mußte er sich vor Schreck übergeben. Er behalf sich, um seinen Mundgeruch zu übertünchen, mit den aufdringlichsten Duftölen, wobei das Rosenöl aus den Nordländern vorherrschte. Seit Chenars Festnahme, die man sich bei Hofe nicht zu erklären vermochte, rechnete er, der doch sein engster Mitarbeiter im Amt gewesen war, schon jeden Augenblick damit, ins Gefängnis geworfen zu werden. Eine Flucht wäre ein Eingeständnis der Mitwisserschaft, der Verstrickung in Chenars Machenschaften gewesen, und Ofir konnte er nicht einmal mehr verständigen, denn der war geflohen.

Auf dem Weg zum Palast versuchte Meba seine Gedanken zu sammeln. Und wenn Ramses ihn gar nicht verdächtigte? Er galt allgemein nicht als Freund Chenars, der ihm ja seine Stellung streitig gemacht, ihn lange Zeit im Abseits hatte stehenlassen und, das war ja offensichtlich, ihn nur mit der Absicht, ihn zu demütigen, zurückgeholt hatte. So dachte man bei Hofe, und so dachte ja vielleicht auch Ramses. Erschien Meba nicht wie ein Opferlamm, dem das Schicksal nun Gerechtigkeit widerfahren ließ, indem es seinen Verfolger Chenar strafte?

Meba mußte sich in Zurückhaltung üben und nicht das frei gewordene Amt für sich fordern. Das einzig Richtige war, Würde zu wahren, sich in Vergessenheit zu bringen und den Augenblick abzuwarten, da das Schicksal sich zugunsten von Ramses oder der Hethiter entscheiden würde. In letzterem Fall würde er die Lage für sich zu nutzen wissen.

Sämtliche Generäle und höheren Offiziere wohnten der großen Ratsversammlung bei. Der Pharao und die Große königliche Gemahlin nahmen Seite an Seite auf dem Thron Platz.

«Aufgrund von Mitteilungen, die uns erreicht haben», sagte Ramses, «erklärt Ägypten dem Land Hatti den Krieg. Unter meinem Oberbefehl werden unsere Truppen gleich morgen früh gen Norden ausrücken. Dem Herrscher Muwatalli haben wir ein Sendschreiben geschickt, daß die Feindseligkeiten hiermit eröffnet sind. Möge es uns gelingen, die Mächte der Finsternis zu besiegen und in unserem Land die Gesetze der Maat zu wahren.»

Auf diese seit Ramses' Regierungsantritt kürzeste Ratsversammlung folgte keinerlei Aussprache. Höflinge und Offiziere zogen sich schweigend zurück.

Serramanna ging an Meba vorbei und schien ihn gar nicht wahrzunehmen.

Als er wieder in seinem Amtszimmer war, trank der Gesandte erst einmal einen ganzen Krug Weißwein aus den Oasen.

Ramses küßte seine Kinder Kha und Merit-Amun, die mit Wächter, dem Hund des Königs, herumtollten. Unter der Anleitung Nedjems, des ehemaligen Gärtners und jetzigen Obersten Verwalters der Felder und Haine, machten sie schöne Fortschritte im Hieroglyphenschreiben und spielten mit Vorliebe das Schlangenspiel, bei dem man die Kästchen der Finsternis vermeiden mußte, um ins Lichtland zu gelangen. Für den Jungen und das Mädchen war dieser Tag wie jeder andere. Fröhlich liefen sie hinter dem sanften Nedjem her, der ihnen wohl oder übel eine Geschichte vorlesen mußte.

Ramses und Nefertari saßen im Gras, genossen diesen Augenblick der Zweisamkeit und betrachteten die Akazien, die Granatapfelbäume, die Tamarisken, die Weiden und Jujubenbäume, die die Beete voller Kornblumen, Iris und Rittersporn hoch überragten. Die Frühlingssonne erweckte die verborgenen Kräfte der Erde zu neuem Leben. Der König trug nur einen Schurz um die Hüften und die Königin ein kurzes Trägerkleid, das die Brust frei ließ.

«Wie erträgst du den Verrat deines Bruders?»

«Das Gegenteil hätte mich gewundert. Ich hoffe, das Ungeheuer geköpft zu haben, dank Achas Mut und Geschick, aber da sind auch noch dunkle Punkte. Den Magier haben wir noch nicht ausfindig gemacht, und Chenar hatte sicher auch noch andere Verbündete, Ägypter und Fremde. Sei äußerst wachsam, Nefertari.»

«Ich werde nur an das Königreich, nicht an mich denken, während du dein Leben einsetzt, um es zu verteidigen.»

«Ich habe Serramanna befohlen, in Pi-Ramses zu bleiben und für deinen Schutz zu sorgen. Er schnaubt vor Zorn, da er doch so gerne Hethiter abgeschlachtet hätte.»

Nefertari lehnte ihren Kopf an seine Schulter, ihr offenes Haar liebkoste die Arme des Königs.

«Kaum bin ich aus dem Abgrund heraus, begibst du dich in Gefahr ... Werden uns wenigstens ein paar Jahre in Frieden und Glück beschert sein, wie deinem Vater und deiner Mutter?»

«Vielleicht, sofern es uns gelingt, die Hethiter zu besiegen. Würden wir diesen Kampf nicht führen, wäre Ägypten dem Untergang geweiht. Wenn ich nicht zurückkehre, Nefertari, mußt du Pharaonin werden, regieren und dem Feinde trotzen. Bisher hat Muwatalli alle besiegten Völker zu Sklaven gemacht. Niemals dürfen die Bewohner der Beiden Länder derart erniedrigt werden.»

«Was das Schicksal uns auch bringen mag, eines haben wir erlebt: das Glück, dieses Glück, das jeden Augenblick von neuem aufkeimt, das flüchtig ist wie der Duft oder das Wispern des Windes in den Blättern eines Baumes. Ich bin dein, Ramses, wie die Woge auf dem Meer, wie die erschlossene Blume auf dem von der Sonne beschienenen Feld.»

Der linke Träger ihres Kleides glitt die Schulter hinab. Die Lippen des Königs küßten die warme und duftende Haut, während er den hingebungsvollen Körper der Königin allmählich ganz entblößte.

Ein Schwarm Wildgänse überflog den Palastgarten, während Ramses und Nefertari sich in der Glut ihres Verlangens vereinten.

Kurz vor Sonnenaufgang betrat Ramses den «reinen Platz» des Amun-Tempels und weihte die Speisen und Getränke, die für die Feier der Rituale bestimmt waren. Dann sah er der Geburt der Sonne zu, die die Himmelsgöttin beim Untergang verschlungen hatte, um sie, nach einem harten Kampf gegen die Mächte der Finsternis, neu zu gebären. Die Sonne war seine Schutzmacht, und war es nicht der gleiche

Kampf, den Sethos' Sohn jetzt gegen die Hethiter-Horden zu führen hatte? Das wiedergeborene Gestirn erschien zwischen den beiden Hügeln des Horizonts, auf denen, wie von alters her überliefert, zwei riesige Bäume wuchsen, die auseinandertraten, um das Licht hindurchzulassen.

Wie alle seine Vorgänger sprach nun auch Ramses das Bekenntnis: «Anbetung dir, Licht, das aus den Urmeeren entsteht, das auf dem Rücken der Erde erscheint, das mit seiner Schönheit die Beiden Länder erhellt. Du bist der Lebenshauch, der aus sich selbst entsteht, ohne daß jemand seinen Ursprung kennt. Du fährst über den Himmel in Gestalt eines buntgefiederten Falken und wendest das Übel ab. Die Barke der Nacht zu deiner Rechten, die Barke des Tags zu deiner Linken, und alle, die in deiner Lichtbarke sind, jauchzen.»

Vielleicht würde Ramses diese Botschaft nie mehr weiterreichen, falls ihn in Kadesch der Tod erwartete. Aber dann würde eine andere Stimme es ihm gleichtun, und die lichten Worte wären nicht verloren.

In den vier Kasernen der Hauptstadt fanden die letzten Überprüfungen statt vor dem Abmarsch. Da der Herrscher in den vergangenen Wochen ständig anwesend war, herrschte trotz der Aussicht auf erbitterte Kämpfe Hochstimmung unter den Soldaten. Güte und Menge der Waffen beruhigten selbst die Ängstlichsten.

Während die Truppen in Richtung auf das Haupttor der Stadt ausrückten, fuhr Ramses in seinem Wagen vom Amun-Tempel zum Tempel des Seth im ältesten Teil der Stadt, wo sich vor vielen, vielen Jahren die einfallenden Hyksos niedergelassen hatten. Um das Übel an der Wurzel zu packen, hatten die Pharaonen dort der mächtigsten Macht des Alls ein Heiligtum errichtet, das ständig gepflegt wurde. Sethos, der Mann des Gottes Seth, hatte diese Macht zu bändigen vermocht und seinem Sohn das Geheimnis vermacht.

Heute kam Ramses nicht, um Gott Seth die Stirn zu bieten, sondern um einen magischen Akt zu vollziehen, bei dem er Seth dem Wettergott der Syrer und Hethiter gleichsetzte, um sich die Kraft des Blitzes anzueignen und seine Feinde damit zu schlagen.

Die Gegenüberstellung war schnell und heftig.

Ramses bohrte seinen Blick in die roten Augen des Standbildes, das einen aufrechten Mann mit einer Art Hundekopf mit langer Schnauze und langen Ohren darstellte.

Der Sockel erbebte, die Beine des Gottes schienen voranzuschreiten.

«Seth, du, der du die Kraft bist, laß mich teilhaben an deinem Ka und verleihe mir deine Kraft.»

Das Funkeln in den roten Augen wurde schwächer. Seth hatte dem Ansuchen des Pharaos entsprochen.

Der Priester von Midian und seine Tochter waren besorgt. Moses, der die größte Schafherde des Stammes auf die Weiden führte, hätte seit zwei Tagen zurück sein müssen. Der scheue, sich häufig absondernde Schwiegersohn des Greises pflegte in den Bergen seinen Gedanken nachzuhängen, sprach manchmal über merkwürdige Erscheinungen, weigerte sich jedoch, auf die Fragen zu antworten, die seine Gattin ihm stellte, spielte aber hingebungsvoll mit seinem Söhnchen, das er «Fremdling» getauft hatte.

Der Priester wußte, daß Moses unaufhörlich an Ägypten dachte, an dieses wundervolle

Land, in dem er geboren war und hohe Ämter bekleidet hatte.

«Wird er wohl dorthin zurückkehren?» fragte ihn die Tochter besorgt.

«Ich glaube nicht.»

«Warum hat er sich hierher geflüchtet?»

«Ich weiß es nicht. Moses ist ein ehrenwerter und strebsamer Mann, was will man mehr?»

«Mein Mann scheint mir immer so abwesend, er ist so verschwiegen ...»

«Nimm ihn, wie er ist, meine Tochter, dann wirst du glücklich sein.»

«Falls er zurückkehrt, Vater.»

«Vertraue auf ihn und sorge für den Kleinen.»

Moses kehrte zurück, doch sein Gesicht hatte sich verändert. Falten hatten sich eingegraben, und sein Haar war weiß geworden.

Seine Frau fiel ihm um den Hals.

«Was ist geschehen, Moses?»

«Ich sah eine Flamme aus einem Busch hervorlodern. Der ganze Busch loderte, brannte aber nicht nieder. Und aus dem Busch heraus hat Gott zu mir gesprochen. Er hat Seinen Namen genannt und mir einen Auftrag erteilt. Gott ist Derjenige, der ist, und ich habe Ihm zu gehorchen.»

«Ihm zu gehorchen ... Bedeutet das, daß du uns verlassen wirst, mich und mein Kind?»

«Ich werde meinen Auftrag ausführen, denn niemand darf Gott den Gehorsam verweigern. Seine Gebote übersteigen unser Fassungsvermögen, deines und meines. Was sind wir denn anderes als der Stab im Dienste Seines Willens?»

«Wie lautet dieser Auftrag, Moses?»

«Das wirst du erfahren, wenn die Zeit gekommen ist.»

Der Hebräer zog sich unter sein Zelt zurück und durchlebte noch einmal seine Begegnung mit Jahwe, dem Gott Abrahams, Isaaks und Jakobs.

Schreie störten seine innere Einkehr. Ein Reiter war im Lager aufgetaucht und berichtete überstürzt und hastig von einer gewaltigen Heeresmacht, die unter dem Befehl des Pharaos gen Norden zog, um die Hethiter zu bekämpfen.

Moses dachte an Ramses, an seinen Jugendfreund, und die ungeheure Kraft, die ihn beseelte. In diesem Augenblick wünschte er ihm den Sieg.

EINUNDFÜNFZIG

Die hethitische Armee nahm Aufstellung vor den Zwingmauern der Hauptstadt. Von einem der Wachtürme herab blickte die Priesterin Puducheba auf die sich reihenden Kampfwagen, dann kamen die Bogenschützen, dann die Fußtruppen. In dieser tadellosen Ordnung verkörperten sie die Unbesiegbarkeit dieses Reiches, die das Ägypten von Ramses bald zu einer unterworfenen Provinz machen würde. Muwatalli hatte, wie es sich gehörte, auf die Kriegserklärung von Ramses mit einem gleichlautenden, in förmlichen Worten abgefaßten Schreiben geantwortet.

Puducheba hätte ihren Gemahl lieber bei sich behalten, doch der Herrscher hatte die Anwesenheit seines engsten Beraters Hattuschili auf dem Schlachtfeld verlangt.

Mit einer Fackel in der Hand schritt der Heerführer Uriteschup auf seine Soldaten zu. Er entzündete einen gewaltigen Scheiterhaufen und ließ einen Streitwagen heranrollen, der noch nie benutzt worden war. Den hieb er mit einer Axt in Stücke und warf diese ins Feuer.

«So wird es jedem Soldaten ergehen, der vor dem Feind zurückweicht, der Wettergott wird ihn im Feuer vernichten!»

Durch diese magische Handlung verlieh Uriteschup seinen Truppen einen Zusammenhalt, den auch der erbittertste Kampf nicht zu schwächen vermöchte.

Nun hielt, als Zeichen seiner Unterwürfigkeit, der Sohn des Herrschers Muwatalli sein Schwert hin.

Der Kampfwagen des Herrscherhauses gab die Richtung vor: Kadesch, das künftige Gräberfeld der ägyptischen Armee.

An der Spitze eines Heeres, das mit seinen vier Kampfeinheiten von je fünftausend Mann dem Schutze der Gottheiten Amun, Re, Ptah und Seth anvertraut war, rollte der königliche Streitwagen mit Ramses, gezogen von seinen prachtvollen Pferden «Sieg in Theben» und «Göttin Mut ist zufrieden». Den Generälen der jeweiligen Einheiten unterstanden Truppenführer, hohe Offiziere und Feldzeichenträger. Die fünfhundert Kampfwagen waren in fünf Hundertschaften eingeteilt. Die Ausrüstung der Soldaten bestand aus Waffenrock, ledernen Beinschienen, Helmen, kleinen zweischneidigen Äxten und einer Vielzahl anderer Waffen, die die Schreiber der Versorgungseinheit von Fall zu Fall verteilen würden.

Für Ramses' Pferde war Menna zuständig, ein erfahrener Soldat, der sich in Syrien auskannte. Daß aber Schlächter, der riesige nubische Löwe, mit fliegender Mähne neben dem Wagen herlief, das gefiel ihm ganz und gar nicht.

Obwohl Ramses sie gewarnt hatte, waren Setaou und Lotos nicht davon abzubringen gewesen, die Führung des Sanitätstrosses zu übernehmen, ja, sogar bis ins Schlachtgetümmel hinein. Da die Gegend um Kadesch Neuland für sie war, hofften sie dort ein paar ungewöhnliche Schlangen zu entdecken.

Im Frühling von Ramses' fünftem Regierungsjahr hatte das Heer die Hauptstadt verlassen und war dank der milden Witterung zügig und unbehindert vorangekommen. Nachdem sie die Grenze bei Sile überwunden hatten, war Ramses die Küste entlanggezogen, an all den von Bollwerken bewachten Wasserstellen vorbei, und dann durch Kanaan und Amurru.

In der Nähe von Byblos, beim Weiler mit dem

Namen «Stadt im Tal der Zedern», hatte der König den dort stationierten dreitausend Soldaten, die den Zugang zu den Schutzgebieten abriegelten, den Befehl erteilt, gen Norden, bis auf die Höhe von Kadesch zu ziehen und von Nordosten her sich am Kampfplatz einzufinden. Die Generäle hatten sich diesem Plan widersetzt, mit dem Einwand, diese Hilfstruppen würden auf heftigen Widerstand stoßen und schon an der Küste aufgehalten werden. Aber Ramses hatte ihre Einwände nicht gelten lassen.

Die Marschroute, für die der König sich entschieden hatte, um Kadesch zu erreichen, verlief durch die Bekaa-Ebene, jene Senke zwischen den beiden Bergzügen des Libanon, wo allein schon die wilde und beklemmende Landschaft auf die ägyptischen Soldaten großen Eindruck machte. Einige wußten zudem, daß es in den schlammigen Wasserläufen von Krokodilen wimmelte und daß sich in den Bergen mit den dichten Wäldern Bären, Hyänen, Wildkatzen und Wölfe aufhielten.

Die Kronen von Zypressen, Tannen, Zedern standen so dicht beieinander, daß die Soldaten, wenn sie durch bewaldetes Gebiet zogen, die Sonne nicht mehr sahen und von Entsetzen gepackt wurden. Einer der Generäle bemühte sich, aufkeimende Angst einzudämmen und die Soldaten davon zu überzeugen, daß ihnen hier kein Erstickungstod drohte.

Die Amun-Einheit zog an der Spitze, dann kamen die Einheiten Re und Ptah, und den Schluß bildete die Einheit Seth. Einen Monat nachdem sie ausgerückt waren, näherten sich die ägyptischen Truppen der mächtigen Festung Kadesch auf dem linken Ufer des Orontes, wo die Bekaa-Ebene einmündete. Diese Festung markierte die Grenze des Hethiterreiches, und von hier aus zogen immer wieder Stoßtrupps los, die versuchen sollten, Amurru und Kanaan in Aufruhr zu versetzen.

In den letzten Tagen dieses Monats hatte es häufig geregnet, und die Soldaten klagten über die Feuchtigkeit. Da sie aber mehr als reichlich mit guter Nahrung versorgt wurden, verdrängten volle Mägen die Erinnerung auch an solche Mißlichkeiten.

Als es nicht mehr weit war bis Kadesch, kurz bevor der dichte und dunkle Wald von Labwi begann, ließ Ramses sein Heer haltmachen. Diese Gegend eignete sich für einen Hinterhalt, die Streitwagen kämen nicht mehr voran, und auch die Fußtruppen hätten keinen Handlungsspielraum. Da ihm Achas Botschaft *Kadesch – Schnell – Gefahr* immer vor Augen stand, war der König gefeit gegen überstürztes Handeln.

Hinter einer schützenden Linie von Streitwagen und Bogenschützen ließ er ein Lager aufschlagen, das aber nicht endgültig sein sollte, und berief dann seinen Kriegsrat ein, an dem auch Setaou teilnahm, der bei den Soldaten, deren tausenderlei Wehwehchen er mit Hilfe von Lotos erfolgreich behandelte, sehr beliebt war.

Ramses rief nach seinem Knappen Menna.

«Entrolle die große Landkarte.»

«Hier sind wir», zeigte Ramses, «am Saum des Waldes von Labwi, am östlichen Ufer des Orontes. Gleich hinter dem Wald gibt es eine erste Furt, dort könnten wir den Fluß überqueren und von hethitischen Bogenschützen auf den Festungstürmen nicht erreicht werden. Die zweite Furt hingegen, die weiter nördlich liegt, ist viel zu nah an der Festung. Folglich werden wir einen weiten Bogen schlagen und unser Lager im Nordosten errichten, um die Festung von hinten anzugreifen. Findet dieser Plan eure Zustimmung?»

Die Generäle nickten.

Der Blick des Königs schlug Funken.

«Seid ihr denn verblödet?»

«Dieser Wald ist in der Tat ein wenig hinderlich», sagte der Anführer der Amun-Einheit vorsichtig.

«Wie scharfsichtig! Und glaubt ihr vielleicht auch, daß die Hethiter uns seelenruhig durch die Furt ziehen, vor der Festung ausschwärmen und unser Lager aufbauen lassen? Dies ist der Plan, den ihr, meine Generäle, mir vorgelegt habt, doch einen Punkt habt ihr dabei außer acht gelassen: die Anwesenheit der hethitischen Armee.»

«Die dürfte sich in der Festung verschanzt haben, im Schutze dieser Mauern verharren», meinte der Anführer der Einheit Ptah.

«Wäre Muwatalli ein mittelmäßiger Krieger, dann würde er in der Tat so handeln. Aber er ist der Herrscher des Reiches Hatti! Er wird uns im Wald, in der Furt und vor der Festung gleichzeitig angreifen, unsere Einheiten zersprengen und uns am Zurückschlagen hindern. Die Hethiter werden den Fehler, in Verteidigungsstellung zu verharren, nicht begehen, niemals würden sie ihre Angriffsmacht in einer Festung verschanzen! Gebt zu, daß eine solche Entscheidung Irrsinn wäre!»

«Die Wahl des Kampfplatzes ist entscheidend», meinte der Anführer der Einheit Seth. «Ein Kampf im Wald ist wahrlich nicht unsere Stärke, flaches, offenes Land wäre geeigneter für uns. Überqueren wir doch den Orontes noch vor dem Wald von Labwi.»

«Das geht nicht, da gibt es keine Furt.»

«Dann brennen wir diesen verdammten Wald doch einfach nieder!»

«Erstens könnten die Winde sich gegen uns wenden, und zweitens würden verkohlte und gefällte Baumstämme uns am Vormarsch hindern.»

«Es wäre ratsamer gewesen, weiter an der Küste entlangzumarschieren», meinte nun der Anführer der Einheit Re, wobei er sich selbst widersprach. «Dann hätten wir Kadesch von Norden her angegriffen.»

«Albern», befand sein Waffenbruder von der Einheit Ptah. «Bei aller Hochachtung, die ich Seiner Majestät schulde: die Hilfstruppen haben keinerlei Aussicht, sich mit uns zusammenzuschließen. Die Hethiter sind argwöhnisch, sie werden eine Kette von Soldaten aufgestellt haben, dort, wo die Küstenstraße ankommt, um einen Angriff gleich im Vorfeld abzuschmettern. Die beste Strategie ist immer noch die, für die wir uns entschieden hatten.»

«Gewiß», spottete der Anführer der Einheit Seth, «aber wir kommen nicht vom Fleck! Ich schlage vor, tausend Fußsoldaten in den Wald auszusenden und die Reaktion der Hethiter zu beobachten.»

«Und was sollen uns tausend Tote lehren?» fragte Ramses.

Der Anführer der Einheit Re war ratlos.

«Sollen wir etwa zurückweichen, bevor wir gekämpft haben? Die Hethiter würden ja über uns lachen, und der Ruf Deiner Majestät wäre stark beschädigt.»

«Und wie wird mein Ruf sein, wenn ich mein Heer in den Untergang führe? Ägypten muß gerettet werden, nicht mein persönlicher Ruhm.»

«Was beschließt du nun, Majestät?»

Setaou hatte seine Zurückhaltung aufgegeben.

«Ich bin Schlangenbeschwörer und handle allein oder mit meiner Gefährtin. Wenn ich immer Hunderte von Soldaten dabeihätte, würde ich keine einzige Kobra sehen.»

«Sag schon, was du meinst», forderte der Anführer der Einheit Seth.

«Schicken wir einen kleinen Trupp in diesen Wald», schlug Setaou vor. «Wenn er durchkommt, soll er die feindlichen Kräfte aufspüren. Dann werden wir wissen, wie wir sie angreifen können.»

Setaou selbst übernahm den Befehl über ein Dutzend junger, gut gedrillter Soldaten, die mit Schleudern, Bogen und Dolchen bewaffnet waren. Sie alle konnten sich lautlos vorwärts bewegen. Sobald sie eingetaucht waren in den Wald von Labwi, wo es selbst am hellichten Tag düster war, schwärmten sie aus und blickten immer wieder in die Wipfel der Bäume, um auch keinen Bogenschützen zu übersehen, der vielleicht bäuchlings auf den oberen Ästen lauerte.

Setaou entging nichts, dennoch konnte er keinen Feind ausmachen. Er kroch als erster aus dem Wald und pirschte sich ins hohe Gras. Bald schon waren auch die anderen bei ihm, überrascht, einen so friedlichen Spaziergang gemacht zu haben. Die erste Furt kam in Sicht.

Weit und breit kein hethitischer Soldat.

In der Ferne erhob sich die Festung Kadesch auf dem Hügel. Vor der Festung erstreckte sich eine Ebene, Ödland. Verdutzt blickten die Ägypter einander an.

Ungläubig verharrten sie hier länger als eine Stunde, dann schien es für sie offensichtlich: Das Hethiterheer befand sich nicht bei Kadesch.

«Dort drüben!» Setaou wies auf drei Eichen in der Nähe der Furt. «Da hat sich etwas bewegt!»

Schnell hatten die Männer den Fleck umzingelt. Einer blieb im Hintergrund: Würden die Gefährten in eine Falle geraten, wollte er sofort den Rückzug antreten, um Ramses zu verständigen. Aber alles lief reibungslos ab, und die Ägypter nahmen zwei Männer gefangen, die ihrer Kleidung nach Anführer von Beduinenstämmen sein konnten.

ZWEIUNDFÜNFZIG

DIE BEIDEN GEFANGENEN waren vor Schreck wie gelähmt.

Der eine war groß und hager, der andere deutlich kleiner, kahlköpfig und bärtig. Keiner von beiden wagte dem Pharao von Ägpyten in die Augen zu schauen.

«Eure Namen?»

«Ich heiße Amos», antwortete der Kahle, «mein Freund heißt Baduk.»

«Wer seid ihr?»

«Anführer von Beduinenstämmen.»

«Und wie erklärt ihr eure Anwesenheit in dieser Gegend?»

«Wir sollten einen hochrangigen Hethiter in Kadesch treffen.»

«Weswegen?»

Amos biß sich auf die Lippen, Baduk senkte den Kopf noch tiefer.

«Antworte!» forderte Ramses.

«Die Hethiter haben uns vorgeschlagen, wir sollten uns im Sinai mit ihnen gegen Ägypten verbünden, um Karawanen anzugreifen.»

«Und ihr wart einverstanden.»

«Nein, das wollten wir besprechen!»

«Und was war das Ergebnis dieser Besprechungen?»

«Es gab keine Besprechungen, Majestät, weil kein hochrangiger Hethiter in Kadesch ist. In der Festung sind nur noch Syrer.»

«Wo befindet sich das hethitische Heer?»

«Es hat vor mehr als zwei Wochen Kadesch verlassen. Laut Aussage des Statthalters hat es sich vor der Stadt Aleppo aufgestellt, fast hundertsechzig Meilen von hier entfernt. Dort wollen sie Hunderte neuer Streitwagen ausprobieren. Wir zögern noch, mein Freund und ich, ob wir diese weite Reise machen sollen.»

«Haben die Hethiter uns nicht hier in Kadesch erwartet?»

«Doch, Majestät ... Aber Nomaden haben ihnen geschildert, wie gewaltig dein Kriegsheer ist. Daß du über eine solch beeindruckende Streitmacht verfügst, hatten sie nicht geahnt und es daher vorgezogen, dich auf günstigeres Gelände zu locken.»

«Du und andere Beduinen habt unsere Ankunft also angekündigt!»

«Wir erflehen deine Verzeihung, Majestät! Wie so viele andere glaubte auch ich an die Überlegenheit der Hethiter ... Und du weißt ja, daß diese Wilden uns keine Wahl lassen: Man muß ihnen gehorchen, oder man wird abgeschlachtet.»

«Wieviel Mann sind in der Festung?»

«Mindestens tausend Syrer, und die sind überzeugt, daß Kadesch uneinnehmbar ist.»

Der Kriegsrat wurde einberufen. In den Augen der Generäle war Setaou zu einer achtbaren Persönlichkeit geworden, einer Auszeichnung würdig.

«Das Heer der Hethiter ist zurückgewichen», erklärte stolz der Befehlshaber der Einheit Re. «Ist das nicht schon ein Sieg, Majestät?»

«Ein recht zweifelhafter Vorteil. Eine Frage stellt sich jetzt: Sollen wir Kadesch belagern?»

Man war geteilter Meinung, doch die Mehrheit befürwortete einen schnellen Vormarsch in Richtung Aleppo.

«Wenn die Hethiter darauf verzichtet haben, uns hier entgegenzutreten», warf Setaou ein, «dann doch nur, um uns auf ihr eigenes Gebiet zu locken. Wäre es nicht klug, diese Festung hier einzunehmen und daraus unseren Nachschubstützpunkt zu machen, anstatt alle unsere Einheiten in die Schlacht zu werfen und damit auf das Spiel des Gegners einzugehen?»

«Dabei könnten wir viel kostbare Zeit verlieren», entgegnete der Befehlshaber der Einheit Amun.

«Der Meinung bin ich nicht: Da die hethitische Armee Kadesch nicht mehr verteidigt, werden wir schnell damit fertig werden. Vielleicht gelingt es uns sogar, die Syrer zur Aufgabe zu bewegen, wenn sie dafür ungeschoren davonkommen.»

«Wir werden Kadesch belagern und einnehmen», entschied Ramses. «Dieser Landstrich untersteht in Zukunft dem Pharao.»

Angeführt von ihrem König, zog die Amun-Einheit durch den Wald von Labwi, dann durch die erste Furt und hinein in die Ebene, wo sie nordwestlich der Festung mit den zinnenbewehrten Mauern und den fünf Wachtürmen haltmachte, während die Syrer mit ansahen, wie die Einheit Re sich genau gegenüber der Festung breitmachte. Die Einheit Ptah verhielt in der Nähe der Furt und die Einheit Seth am Saume des Waldes. Am nächsten Tag, nach einer Nacht und einem halben Tag Rast, würden die ägyptischen Truppen sich zusammenfügen, Kadesch umzingeln und zur Eroberung ansetzen.

Mit großer Geschwindigkeit schlugen die Bautrupps das Lager des Pharaos auf. Nachdem sie mit hohen Schilden ein Viereck gebildet hatten, spannten sie das geräumige Zelt des Herrschers auf, mit Schlafraum, Arbeitsplatz und

Audienzsaal. Eine große Zahl weiterer, bescheidenerer Zelte war den Offizieren vorbehalten. Die Truppe würde unter freiem Himmel schlafen oder, falls es regnen sollte, unter Zeltplanen aus Leinwand. Ein Holztor mit zwei Löwenstatuen rechts und links bildete den Eingang zum Lager, und von dort aus führte, mitten durch das Lager, ein Weg zu einer Kapelle, wo der König den Amun-Kult zu feiern gedachte.

Kaum hatte der General die Erlaubnis erteilt, die Waffen abzulegen, machten die Soldaten sich an ihre verschiedensten Aufgaben, die ihnen zugeteilt worden waren. Man pflegte die Pferde, die Packesel und die Rinder, wusch seine Kleidung, besserte die vom unwirtlichen Gelände beschädigten Räder aus, schärfte die Dolche und Lanzen, verteilte Nahrungsmittel und bereitete Mahlzeiten zu. Essensdüfte verdrängten Kadesch, die Hethiter und den Krieg aus dem Gedächtnis, man begann zu scherzen, Geschichten zu erzählen und den Wehrsold im Spiel zu verwetten. Die Übermütigsten veranstalteten sogar Ringkämpfe mit bloßen Händen.

Ramses fütterte selbst seine Pferde und seinen Löwen, die mit gesundem Appetit fraßen. Schlaf überkam das Lager, die Sterne nahmen vom Himmel Besitz, und der König ließ die gewaltige Festung, von deren Einnahme sein Vater wohlweislich abgelassen hatte, nicht aus den Augen. Wer sie einnahm, würde dem Hethiterreich einen schweren Schlag versetzen. Wenn Ramses sie mit Elitetruppen besetzte, würde er sein Land vor einem Überfall schützen.

Ramses legte sich auf sein Bett, dessen Füße die Form von Löwenpranken hatten. Sein Kopf ruhte auf einem Kissen, dessen Stoffbezug mit Papyrusstauden und Lotosblüten gemustert war. Wie fein dieses Muster doch war! Er mußte lächeln, denn seine liebliche Heimat, die Beiden Länder, lag in weiter Ferne.

Als der König die Augen schloß, erschien ihm das himmlische Antlitz Nefertaris.

«Steh auf, Chenar!»

«Weißt du, mit wem du sprichst, Kerkerknecht?»

«Mit einem Verräter, der den Tod verdient.»

«Ich bin der ältere Bruder des Königs!»

«Du bist gar nichts mehr, dein Name wird für immer ausgelöscht werden. Steh auf, oder du wirst meine Peitsche kennenlernen.»

«Du hast kein Recht, einen Gefangenen zu mißhandeln.»

«Einen Gefangenen nicht, aber dich!»

Chenar nahm die Drohung ernst und stand auf.

Im großen Gefängnis von Memphis hatte er keinerlei Mißhandlung ertragen müssen. Anders als die übrigen Verurteilten, die Fronarbeit auf den Feldern oder Ausbesserungsarbeiten an den Deichen zu verrichten hatten, war dem älteren Bruder des Königs eine Zelle zugewiesen worden, in der er zweimal täglich eine Mahlzeit bekam.

Der Kerkermeister drängte ihn in einen Gang. Chenar war der Meinung, es gehe nun in einem Wagen in Richtung Oasen, aber bärbeißige Wachen schoben ihn in einen Raum, wo er sich dem Mann gegenübersah, den er nach Ramses und Acha am meisten haßte: Ameni, dem getreuen Schreiber, die Unbestechlichkeit in Person!

«Du hast dich für den falschen Weg entschieden, Ameni, den der Besiegten. Dein Triumph wird nur von kurzer Dauer sein.»

«Wann wird die Gehässigkeit endlich aus deinem Herzen verschwinden?»

«Nicht bevor ich dir einen Dolch ins Herz gebohrt habe! Die Hethiter werden Ramses den Garaus machen und mich befreien.»

«Du hast in der Gefangenschaft den Verstand verloren, vielleicht aber nicht das Gedächtnis.»

Chenars Miene verdüsterte sich.

«Was willst du von mir, Ameni?»

«Du hattest notgedrungen Mitwisser.»

«Mitwisser … Ja, die habe ich, und zwar viele! Der ganze Hof, das ganze Land ist mein Mitwisser! Wenn ich erst den Thron besteige, wird man sich mir zu Füßen werfen, und dann werde ich meine Feinde bestrafen.»

«Nenn mir die Namen deiner Mitverschwörer, Chenar.»

«Du bist neugierig, kleiner Schreiberling, zu wißbegierig … Glaubst du nicht, daß ich stark genug war, allein zu handeln?»

«Du wurdest an der Nase herumgeführt, Chenar, und dann haben deine Freunde dich fallenlassen.»

«Du täuschst dich, Ameni. Ramses erlebt seine letzten Tage.»

«Wenn du redest, Chenar, werden deine Haftbedingungen gelockert werden.»

«Ich werde nicht lange in Haft bleiben. Wenn

ich du wäre, Schreiberling, würde ich schon jetzt die Flucht ergreifen! Meiner Rache entgeht niemand, und du ganz bestimmt nicht!»

«Zum letztenmal, Chenar: Bist du bereit, den Namen deiner Mitverschworenen zu nennen?»

«Die Dämonen der Hölle sollen dein Gesicht zerfetzen und deine Eingeweide in Stücke reißen!»

«Das Straflager wird deine Zunge geschmeidiger machen.»

«Du wirst vor mir kriechen, Ameni!»

«Führt ihn ab.»

Die Wachen verfrachteten Chenar auf einen von zwei Ochsen gezogenen Karren. Ein Soldat hielt die Zügel, vier Berittene begleiteten den Gefangenentransport zum Straflager.

Chenar hockte auf den schlecht verfugten Planken und spürte jede Unebenheit der Holperpfade. Aber Schmerz und Unbequemlichkeit scherten ihn wenig; daß er der höchsten Macht so nahe gewesen und nun so tief gefallen war, schürte in ihm unstillbare Rachegelüste.

Bis zur Hälfte der Strecke schlief er und träumte von einer rosigen Zukunft.

Sandkörner peitschten ihm ins Gesicht. Verblüfft reckte er sich auf die Knie und blickte nach draußen.

Eine riesige ockergelbe Wolke verdunkelte den Himmel und legte sich über die Wüste. Mit unglaublicher Geschwindigkeit fegte der Sturm dahin.

Zwei Pferde gingen durch und warfen ihre Reiter ab. Während die beiden anderen Hilfe zu leisten versuchten, schlug Chenar den Karrenlenker nieder, warf ihn nach draußen, nahm seinen Platz ein und jagte das Gespann hinein in den Wirbelsturm.

DREIUNDFÜNFZIG

AM MORGEN WAR es dunstig, und die Festung Kadesch schälte sich nur allmählich aus dem Nebel. Ihre beeindruckende Masse war für die ägyptische Armee nach wie vor eine Herausforderung. Vom Orontes und gleichzeitig von bewaldeten Hügeln geschützt, wirkte sie tatsächlich uneinnehmbar. Von der Anhöhe aus, wo Ramses und die Amun-Einheit Stellung bezogen hatten, konnte man in der Ebene die Einheit Re sehen, die sich jetzt vor der Festung aufstellte, aber auch die Einheit Ptah zwischen dem Wald und der ersten Furt. Bald würde sie, gefolgt von der Einheit Seth, die Furt durchqueren.

Dann würden alle vier gemeinsam zum siegreichen Sturm auf die Festung ansetzen.

Die Soldaten prüften nochmals ihre Waffen: Spieße, Lanzen, Schwerter, Krummsäbel, Keulen, Äxte und Bogen brannten ihnen in den Fingern. Auch die Pferde witterten schon den Kampf. Auf Befehl der Obersten der Versorgungsmannschaft wurde das Lager gereinigt und alles Küchengerät mit reichlich Wasser abgewaschen. Die Offiziere ließen die Truppen antreten und schickten alle, die schlecht rasiert waren, zum Feldscher. Auch wenn an der Kleidung etwas zu beanstanden war, brummten sie den Männern gleich mehrere Tage Strafarbeit auf.

Kurz vor Mittag, als eine warme Sonne sich endlich frei gekämpft hatte, ließ Ramses durch Lichtsignale der Einheit Ptah den Marschbefehl übermitteln. Sie setzte sich in Bewegung und begann mit der Durchquerung der Furt. Von einem Boten verständigt, würde die Einheit Seth in Kürze in den Wald von Labwi vorrücken.

Plötzlich ein Donnerhall.

Ramses hob den Blick, konnte aber keine Wolke am Himmel entdecken.

Geheul stieg aus der Ebene auf. Der Pharao konnte es kaum glauben, als er den wahren Grund für das entsetzliche Gedröhn, das Kadesch umtoste, erkannte.

Eine Welle hethitischer Streitwagen brandete durch die zweite Furt nahe bei der Festung und raste der Einheit Re in die Flanke, eine weitere, blitzschnell und gewaltig, griff die Einheit Ptah an. Hinter den Streitwagen liefen Tausende von Fußsoldaten, die wie ein Heuschreckenschwarm sich über Berg und Tal verbreiteten.

Dieses riesige Heer hatte sich östlich und westlich der Festung im Wald versteckt gehalten und fiel nun genau in dem Augenblick über die ägyptischen Truppen her, da diese am verwundbarsten waren.

Die Zahl der Feinde verwunderte Ramses. Als Muwatalli auftauchte, begriff der Pharao.

Der aufrecht in seinem Streitwagen stehende Herrscher von Hatti war umringt von den Fürsten Syriens, Mitannis, denen von Aleppo, Ugarit, Karkemisch, Arzawa und etlichen anderen kleineren Herrschaftsgebieten, die Hattuschili auf Anordnung seines Bruders überredet hatte, sich den Hethitern anzuschließen, um die ägyptische Armee zu vernichten.

Ein Bündnis … Im größten Bündnis aller Zeiten hatte Muwatalli also alle Fremdländer bis zu den Gestaden des Meeres durch riesige Mengen Gold und Silber vereint.

Vierzigtausend Mann und dreitausendfünfhundert Kampfwagen fielen da über die ägyptischen Streitkräfte her, die noch nicht hinreichend aufgestellt und vor allem vor Schreck wie gelähmt waren.

Hunderte von Fußsoldaten der Einheit Ptah fielen unter den gegnerischen Pfeilen, Kampfwagen wurden umgestürzt und versperrten nun die Furt. Die Überlebenden rannten auf den Wald von Labwi zu, um Unterschlupf zu finden, und behinderten somit jedes Eingreifen der Einheit Seth. Dieser ganze Teil des ägyptischen Heeres konnte am Kampf nicht mehr mitwirken, weil er für die Bogenschützen des verbündeten Feindes eine zu leichte Beute gewesen wäre.

Fast sämtliche Kampfwagen der Einheit Ptah

waren zerstört, und die der Einheit Seth standen wie festgenagelt. In der Ebene wurde die Lage verhängnisvoll. Die in zwei Teile zersprengte Einheit Re war machtlos, die Männer liefen wie kopflos davon. Der übermächtige Feind metzelte die Ägypter nieder, das Eisen ihrer Waffen zerhackte Knochen und bohrte sich in die Leiber, die Lanzen gruben sich in die Flanken, die Dolche durchlöcherten die Bäuche.

Die verbündeten Fürsten beklatschten Muwatalli.

Der ausgeklügelte Plan des Herrschers erwies sich tatsächlich als überaus wirkungsvoll. Wer hätte gedacht, daß dieses hochmütige Heer von Ramses ohne Kampf einfach ausgelöscht werden konnte? Die Überlebenden liefen ja wie aufgescheuchte Hasen davon und verdankten ihr Leben nur ihrer Schnelligkeit.

Nun mußte nur noch zum letzten Vernichtungsschlag ausgeholt werden.

Die Amun-Einheit und das Lager des Pharaos, die beide noch unbeschadet waren, würden den unter Kampfgeheul auf sie zustürmenden Horden auch nicht lange standhalten. Dann hätte Muwatalli auf der ganzen Linie gesiegt, und mit Ramses' Tod würde das Ägypten der Pharaonen endlich sein Haupt neigen und zum Untertan von Hatti werden.

Anders als sein Vater war Ramses bei Kadesch in die Falle gegangen, und diesen Fehler würde er mit seinem Leben bezahlen.

Da stürmte ein besonders zügelloser Krieger heran, versetzte zwei Fürsten einen Ellbogenhieb und bot dem Herrscher von Hatti die Stirn.

«Was ist los, Vater?» fragte Uriteschup. «Wieso wurde mir der Zeitpunkt des Angriffs nicht mitgeteilt, mir, dem Oberbefehlshaber unserer Streitkräfte?»

«Ich hatte dir eine bestimmte Aufgabe zugeteilt: die Verteidigung von Kadesch mit unseren Nachschubkräften.»

«Aber die Festung ist nicht gefährdet!»

«So lauten meine Befehle, Uriteschup, und du vergißt etwas ganz Entscheidendes: Ich habe dir nicht den Befehl über das Verbündetenheer erteilt.»

«Aber wer hat denn ...»

«Wer sonst als mein Bruder Hattuschili vermochte diese heikle Aufgabe zu übernehmen? Er hat langwierige und Geduld erfordernde Verhandlungen geführt, um unsere Verbündeten zu diesem außergewöhnlichen Kriegseinsatz zu überreden, und ihm kam daher die Ehre zu, das Bündnisheer zu befehligen.»

Uriteschup warf Hattuschili einen haßerfüllten Blick zu und umkrallte seinen Schwertknauf.

«Geh wieder auf deinen Posten, mein Sohn», befahl Muwatalli kurz und bündig.

Die hethitischen Reiterhorden stürmten den Schilderwall, der das Lager des Pharaos umgab. Die wenigen ägyptischen Soldaten, die Widerstand zu leisten suchten, brachen unter den Lanzen, die ihre Leiber durchbohrten, zusammen. Ein Offizier der Wageneinheit brüllte den Flüchtenden zu, sie hätten hier Widerstand zu leisten, aber der Pfeil eines hethitischen Bogenschützen fuhr ihm in den Mund, und er starb, während er sich vergeblich mühte, das Geschoß, das ihn des Lebens beraubte, zu zerbeißen.

Mehr als zweitausend Kampfwagen schickten sich zum Sturm auf das königliche Zelt an.

«Herr!» rief der Knappe Menna. «Du, der du Ägypten am Tage des Kampfes schützt, du, der du über die Tapferkeit gebietest, sieh nur! Bald werden wir allein sein inmitten von Tausenden von Feinden! Bleiben wir nicht länger hier … Fliehen wir!»

Ramses warf Menna einen mißbilligenden Blick zu.

«Da Feigheit von deinem Herzen Besitz ergriffen hat, verschwinde mir aus den Augen.»

«Majestät, ich flehe dich an! Das ist nicht mehr Mut, sondern Wahnsinn. Rette dein Leben, das Land braucht dich.»

«Ägypten braucht keinen Besiegten. Ich werde kämpfen, Menna.»

Ramses setzte sich die blaue Krone aufs Haupt und zog den kurzen Waffenrock über, der aus einem Schurz und einem mit Metallplättchen besetzten Oberteil bestand. Die Schließen der Armbänder zeigten Enten aus Lapislazuli mit goldenen Schwanzfedern.

Ruhig, als stünde ein gemächlicher Tag bevor, zog er dann seinen beiden Pferden den Harnisch über: Baumwolldecken, rot, blau und grün. «Sieg in Theben», der Hengst, und «Göttin Mut ist zufrieden», die Stute, bekamen einen herrlichen roten Federbusch mit blauen Spitzen aufgesetzt.

Dann bestieg Ramses seinen drei Schritt

langen Kampfwagen aus vergoldetem Holz, dessen Führerstand auf Deichsel und Achse ruhte. Diese Teile waren im Feuer gebogen, mit Blattgold überzogen und mit Zapfen ineinandergefügt worden. Die Reibungen ausgesetzten Flächen waren mit Leder überzogen. Der nach hinten offene Führerstand hatte seitlich goldbeschlagene Planken und als Boden geflochtene Riemen.

Nach außen zeigten die Seitenteile Darstellungen von knienden und unterworfenen Völkern des Nordens und Nubiens. Traum eines zersplitternden Königreiches, letzte symbolische Darstellung der Macht Ägyptens und seiner Herrschaft über den Norden und den Süden.

Auch zwei Köcher gab es auf dem Wagen, einen für die Pfeile, einen für die Bogen und Schwerter. Mit diesen lächerlichen Waffen wollte der Pharao nun offensichtlich gegen eine ganze Armee antreten.

Ramses knotete sich die Zügel um den Leib, um die Hände frei zu haben. Die beiden Pferde waren klug und beherzt, sie würden sich geradewegs ins Schlachtgetümmel stürzen. Ein tiefes Brüllen machte dem König Mut: Sein Löwe

Schlächter war ihm treu und würde mit ihm kämpfen bis zum Tod.

Ein Löwe und ein Pferdegespann: das waren die letzten Verbündeten des Pharaos von Ägypten. Die Streitwagen und Fußtruppen der Amun-Einheit liefen vor dem Feind auseinander.

«Wenn dir ein Fehler unterläuft», hatte Sethos gesagt, «suche die Schuld nur bei dir, bei keinem anderen, und dann berichtige ihn. Kämpfe wie ein Stier, ein Löwe und ein Falke, schleudere Blitze wie das Gewitter. Sonst wirst du besiegt werden.»

Mit ohrenbetäubendem Lärm, eine Staubwolke aufwirbelnd, stürmten die Streitwagen der Verbündeten die Anhöhe hinauf, auf deren Kuppe, hoch aufgerichtet in seinem Wagen, der Pharao von Ägypten stand.

Ein tiefes Gefühl von Ungerechtigkeit hatte Ramses übermannt. Warum wandte das Schicksal sich gegen ihn, warum sollte Ägypten unter den Hieben der wilden Horden zugrunde gehen?

In der Ebene war von der Einheit Re nichts mehr zu sehen, wer mit dem Leben davongekommen war, war gen Süden geflüchtet. Die verbliebenen Reste der Einheiten Ptah und Seth waren auf dem Ostufer des Orontes festgenagelt. Und die Amun-Einheit, die über die besten Wagenlenker verfügte, hatte sich als feige erwiesen. Gleich beim ersten Ansturm der Verbündeten war sie in sich zusammengebrochen. Kein höherer Offizier war mehr da, kein Schildknappe, kein kampfbereiter Bogenschütze. Ungeachtet ihres Dienstgrades hatten alle nur eines im Sinn, ihr Leben zu retten, und dabei hatten sie Ägypten völlig vergessen. Menna, der Knappe des Königs, lag auf den Knien, das Gesicht in den Händen, um den Feind, der da auf ihn zudonnerte, nicht sehen zu müssen.

Fünf Regierungsjahre, fünf Jahre, in denen Ramses sich bemüht hatte, im Sinne Sethos' zu handeln und Ägypten weiter auszubauen zu einem reichen und glücklichen Land, fünf Jahre, die nun im Unheil enden sollten, dem Vorspiel für die Eroberung der Beiden Länder und die Unterwerfung ihrer Bevölkerung. Nefertari und Tuja dürften dem Schwarm Raubvögel, die im Delta niedergehen und das Niltal verwüsten würden, nur kurz Widerstand leisten können.

Selbst die Pferde trauerten, als errieten sie die Gedanken ihres Herrn.

Da lehnte Ramses sich auf.

Er erhob die Augen zur Sonne und sprach zu Amun, dem im Licht verborgenen Gott, dessen wahre Gestalt kein menschliches Wesen je schauen würde.

«Ich rufe zu dir, mein Vater Amun! Kann ein Vater seinen Sohn im Stich lassen, allein, inmitten einer Horde von Feinden? Was ist geschehen, daß du dich so verhältst, war ich auch nur ein einziges Mal ungehorsam? Sämtliche Fremdländer haben sich gegen mich verbündet, meine Soldaten, die doch so zahlreich waren, haben die Flucht ergriffen, und nun stehe ich hier allein und hilflos. Aber was sind diese Wilden anderes als grausame Wesen, die das Gesetz der Maat nicht achten? Dir, mein Vater, habe ich Tempel erbaut, dir jeden Tag Opfergaben bringen lassen. Du hast den Duft der herrlichsten Blumen genossen, hohe Pylone habe ich für dich errichtet, Masten mit ewigem Feuer aufgestellt, damit sie von deiner Anwesenheit in den Heiligtümern künden, aus den Steinbrüchen bei Elephantine habe ich Obelisken heraushauen lassen, die dir zum Ruhme aufgestellt wurden. Ich rufe zu dir, mein Vater Amun, weil ich allein bin, vollkommen allein. Mit liebendem Herzen habe ich alles für dich getan, handle du in diesem Augenblick der Verzweiflung für den, der handeln muß. Amun ist für mich mehr wert als Millionen Soldaten und hundert Millionen Streitwagen. Die Tapferkeit einer solchen Menge ist nichts gegen dich, Amun ist schlagkräftiger als ein ganzes Heer.»

Die Schanzpfähle, die den Zutritt in das Herzstück des Lagers verwehren sollten, gaben nach und ließen den anstürmenden Kampfwagen freie Bahn. In weniger als einem Augenblick würde Ramses nicht mehr leben.

«Mein Vater», rief der Pharao, «warum hast du mich verlassen?»

VIERUNDFÜNFZIG

Muwatalli, Hattuschili und die verbündeten Fürsten bewunderten das Verhalten des Pharaos.

«Er wird als Krieger sterben», sagte Muwatalli. «Ein Herrscher seines Schlages hätte es verdient, Hethiter zu sein. Unseren Sieg verdanken wir in erster Linie dir, Hattuschili.»

«Die beiden Beduinen haben ihre Rolle hervorragend gespielt. Ihre Lügen haben Ramses überzeugt, daß unsere Truppen fern von Kadesch seien.»

«Uriteschup war unklug, sich deinem Plan zu widersetzen und für eine Schlacht auf dem Gelände vor der Festungsanlage einzutreten. Ich werde mir diesen Fehler merken.»

«Ist das wichtigste nicht der Triumph des Bündnisses? Die Eroberung Ägyptens wird unserem Lande über Jahrhunderte hinweg den Wohlstand sichern.»

«Sehen wir uns das Ende von Ramses an, verraten von seinen eigenen Truppen.»

Plötzlich wurde die Sonne gleißend, sie blendete die Hethiter und ihre Verbündeten. Am blauen Himmel grollte der Donner.

Jedermann glaubte sich Opfer eines Trugbildes ... Erklang da aus dem Blau nicht eine Stimme, weit wie das All? Eine Stimme, deren Botschaft nur Ramses vernahm: «Ich bin dein Vater Amun, meine Hand ist in der deinen, ich bin dein Vater, ich, der Herr des Sieges.»

Ein Lichtstrahl umhüllte den Pharao, ließ seinen Leib funkeln wie von der Sonne beschienenes Gold. Ramses, der Sohn des Re, erhielt die Kraft des Taggestirns und warf sich den mit Blindheit geschlagenen Angreifern entgegen.

Das war kein besiegter und vereinsamter Heerführer mehr, der seinen letzten Kampf focht, das war ein König von unvergleichlicher Kraft und mit unermüdlichem Arm, eine verheerende Flamme, ein funkelnder Stern, ein stürmender Wind, ein wilder Stier mit spitzen Hörnern, ein Falke, der mit seinen Krallen jeden Gegner zerfetzte. Ramses schoß Pfeil um Pfeil und tötete die hethitischen Wagenlenker. Die führerlosen Pferde stiegen und stürzten übereinander, die Wagen kippten und verursachten ein heilloses Durcheinander.

Schlächter, der nubische Löwe, veranstaltete ein Gemetzel. Er warf sein massiges Gewicht in die Schlacht, zerfetzte mit seinen Krallen jeden Gegner, bohrte seine mehr als fingerlangen Zähne in Hälse und Schädel, seine prachtvolle Mähne funkelte, und jeder Prankenhieb kam mit voller Wucht und war genau gezielt.

So brachen Ramses und Schlächter den Schwung des Gegners und schlugen eine Bresche in die feindlichen Linien. Der Anführer der hethitischen Fußtruppen schwang noch seine Lanze, doch es blieb ihm keine Zeit mehr, den Schlag zu führen: Der Pfeil des Pharaos bohrte sich ihm ins linke Auge. Im gleichen Augenblick umschlossen die Kinnbacken des Löwen das entsetzte Gesicht des Anführers der gegnerischen Streitwagentruppen.

Trotz ihrer Zahl wichen die Verbündeten zurück und stolperten den Hang hinunter auf die Ebene zu.

Muwatalli erbleichte.

«Das ist kein Mensch, das ist Gott Seth persönlich», rief er aus, «das einzige Wesen, das die Macht besitzt, Tausende von Kriegern zu besiegen! Seht nur, wer ihn angreifen will, dessen Hand erschlafft, dessen Körper erstarrt, unfähig, Lanze oder Bogen zu benutzen!»

Selbst Hattuschili, der unerschütterlich Kaltblütige, war wie vom Donner gelähmt. Er hätte schwören können, daß aus Ramses Feuer schlug, das jeden, der ihn zu erreichen suchte, verbrannte.

Einem hethitischen Koloß gelang es, den Führerstand des Kampfwagens in den Griff zu kriegen und einen langen Dolch zu schwingen, aber sein Waffenrock schien Feuer zu fangen, er brüllte unter den Brandwunden und starb. Weder Ramses noch der Löwe ermatteten, der Pharao spürte, daß Amun seine Hand führte, daß der Gott der Siege ihm Rückendeckung gab und ihm mehr Schlagkraft verlieh als einer ganzen Armee. Wie ein Sturm fegte der König von Ägypten seine Gegner hinweg, als wären sie nichts als Strohhalme.

«Man muß ihm Einhalt gebieten!» brüllte Hattuschili.

«Das Entsetzen hat unsere Männer gepackt», echote der Fürst von Aleppo.

«Du mußt sie wieder in den Griff kriegen», befahl Muwatalli.

«Ramses ist ein Gott …»

«Er ist auch nur ein Mensch, selbst wenn sein Mut übermenschlich scheint. Tu etwas, Fürst, flöße unseren Soldaten wieder Vertrauen ein, dann wird diese Schlacht bald vorbei sein.»

Zaudernd ritt der Fürst von Aleppo die Anhöhe hinab, auf der die Befehlshaber der Bündnistruppen standen. Man hatte beschlossen, dem wahnsinnigen Wüten von Ramses und seinem Löwen ein Ende zu setzen.

Hattuschili starrte auf die Hügel im Westen. Was er da zu sehen glaubte, ließ ihn versteinern.

«Majestät, dort drüben, man möchte meinen
... Ägyptische Streitwagen in vollem Galopp!»

«Woher kommen die denn?»

«Vermutlich über die Küstenstraße.»

«Wie sind sie denn da durchgekommen?»

«Uriteschup hat sich geweigert, den Durch-
gang zu versperren, er behauptete, kein Ägypter würde es wagen, diesen Weg zu benutzen.»

Die Hilfstruppen stürmten das noch freie Gelände hinunter, rannten, da hier noch kein Gegner war, in voller Breite durch die Ebene und
schnurgerade auf die von Ramses geschlagene
Bresche zu.

«Lauft doch nicht davon!» brüllte der Fürst
von Aleppo. «Tötet Ramses!»

Ein paar Soldaten gehorchten, doch kaum
machten sie kehrt, zerfetzten ihnen die Krallen
des Löwen Gesicht und Brust.

Als der Fürst von Aleppo Ramses' goldenen
Wagen auf sich zustürmen sah, riß er nur noch
die Augen auf und verzichtete ebenfalls auf den
Kampf. Sein Pferd zertrampelte die hethitischen
Verbündeten, um dem Pharao zu entkommen.
In Todesangst ließ der Fürst die Zügel aus der
Hand, das Tier ging durch und stürzte sich in
den Orontes, der schon voller Streitwagen war,

572

die sich übereinandertürmten und allmählich untergingen oder von der Strömung fortgetragen wurden. Soldaten erstickten im Schlamm, die einen ertranken, die anderen versuchten zu schwimmen, jeder schien es vorzuziehen, in den Fluß einzutauchen, anstatt diesem dem himmlischen Feuer ähnlichen und Schrecken verbreitenden Gott die Stirn zu bieten.

Die Hilfstruppen vollendeten somit Ramses' Werk, indem sie viele der hethitischen Bundesgenossen zu Tode trampelten oder die Flüchtenden in den Orontes trieben. Ein Offizier der Streitwagentruppen zog den Fürsten von Aleppo an den Füßen hoch, der das Wasser, das er geschluckt hatte, mühsam ausspuckte.

Ramses kam dem Hügel, auf dem die feindlichen Heerführer standen, immer näher.

«Weichen wir zurück», riet Hattuschili dem Herrscher.

«Wir haben noch die Streitkräfte vom westlichen Ufer.»

«Die werden nicht genügen … Ramses ist fähig, die Furt frei zu kämpfen für die Einheiten Ptah und Seth.»

Der Herrscher wischte sich mit dem Handrücken den Schweiß von der Stirn.

«Was ist los, Hattuschili ... ist ein einziger Mann in der Lage, ein ganzes Heer zu vernichten?»

«Wenn dieser Mann der Pharao ist, wenn er Ramses heißt ...»

«Der eine, der die Vielzahl bändigt ... Das ist doch eine Sage, und hier sind wir auf einem Schlachtfeld!»

«Wir sind besiegt, Majestät, wir müssen abziehen.»

«Ein Hethiter weicht nicht zurück.»

«Wir sollten lieber dein Leben schützen und den Kampf auf andere Weise fortsetzen.»

«Was schlägst du vor?»

«Flüchten wir ins Innere der Festung.»

«Dann sitzen wir in der Falle!»

«Wir haben keine andere Wahl», sagte Hattuschili. «Wenn wir gen Norden fliehen, werden Ramses und seine Truppen uns verfolgen.»

«Dann hoffen wir, daß Kadesch auch wirklich uneinnehmbar ist.»

«Das ist keine Festung wie die anderen, Majestät. Sogar Sethos hat darauf verzichtet, sie zu besetzen.»

«Das wird sein Sohn aber nicht tun!»

«Beeilen wir uns, Majestät!»

Unwillig hob Muwatalli die rechte Hand und hielt sie eine schier endlos scheinende Weile erhoben: Das war das Zeichen für den Rückzug.

Uriteschup, der ohnmächtig der Niederlage beiwohnen mußte, biß sich die Lippen blutig. Die Einheit, die den Zugang zur Furt auf dem Ostufer des Orontes versperrte, zog sich zurück bis zur zweiten. Die Überlebenden der Einheit Ptah wagten nicht zu folgen, aus Furcht, in eine neue Falle zu geraten. Der General zog es vor, sich den Rücken frei zu halten und einen Boten zur Einheit Seth zu schicken, um zu melden, daß der Weg frei war und sie durch den Wald bei Labwi vorrücken konnten.

Der Fürst von Aleppo, der langsam wieder zu sich kam, entwischte dem Soldaten, der ihn gerettet hatte, schwamm durch den Fluß und schloß sich seinen Verbündeten an, die auf die Festung zumarschierten. Die Bogenschützen der Hilfstruppen töteten die Flüchtenden zu Hunderten.

Die Ägypter marschierten über die Leichen und schnitten jedem eine Hand ab. Das Ergebnis dieses makabren Treibens würde in die Annalen eingehen.

Niemand wagte, sich dem Pharao zu nähern.

Vor den Pferden lag in Sphinxhaltung der Löwe. Blutbefleckt stieg Ramses von seinem goldenen Wagen, tätschelte seinen Löwen und seine beiden Pferde. Die Soldaten, die ängstlich abwarteten, was ihr König nun tun werde, würdigte er keines Blickes.

Menna war der erste, der auf den König zukam. Der Knappe zitterte und setzte mit Mühe Fuß vor Fuß.

Jenseits der zweiten Furt hastete das Hethiterheer mit seinen Verbündeten auf das große Tor der Festung Kadesch zu. Die Ägypter hatten keine Zeit mehr, Muwatalli und den Seinen den Weg zu versperren und ihn zu hindern, in Deckung zu gehen.

«Majestät», sagte Menna kläglich, «Majestät … wir haben gesiegt.»

Ramses hatte den Blick auf die Festung geheftet und glich jetzt einer Statue aus Granit.

«Der Anführer der Hethiter ist vor Deiner Majestät gewichen», fuhr Menna fort, «er hat die Flucht ergriffen. Du allein hast Tausende von Männern getötet! Wer vermöchte deinen Ruhm zu besingen?»

Ramses wandte sich um.

Zu Tode erschrocken warf Menna sich zu Boden, als schleuderte die vom Herrscher ausgehende Macht Blitze.

«Bist du's, Menna?»

«Ja, Majestät, ich bin's, dein Knappe, dein getreuer Diener! Vergib mir, vergib deinem Heer. Tilgt der Sieg nicht unsere Verfehlungen?»

«Ein Pharao vergibt nicht, getreuer Diener: er regiert und handelt.»

FÜNFUNDFÜNFZIG

DIE EINHEITEN AMUN und Re hatten schwere Verluste erlitten, die Einheit Ptah war geschwächt, doch unbeschadet geblieben war die des Seth. Tausende Ägypter waren tot, noch mehr Hethiter und Verbündete hatten ihr Leben gelassen, doch eines stand fest: Ramses hatte die Schlacht bei Kadesch gewonnen.

Muwatalli, Hattuschili, Uriteschup und einige ihrer Verbündeten, wie der Fürst von Aleppo, waren zwar noch am Leben und hatten sich in der Festung verschanzt, doch die legendäre Unbesiegbarkeit der Hethiter gehörte der

Vergangenheit an. Viele der Fürsten, die sich auf die Seite des Herrschers von Hatti geschlagen hatten, waren ertrunken oder von Pfeilen niedergestreckt worden. Von nun an wußten große wie auch kleine Fürstentümer, daß Muwatallis Schutzschild nicht genügte, um sie vor Ramses' Zorn zu bewahren.

Der Pharao hatte sämtliche überlebenden Offiziere wie auch die Generäle der Einheiten Ptah und Seth in sein Zelt gebeten.

Trotz der Freude über den Sieg lächelte niemand. Ramses auf seinem Thron aus vergoldetem Holz blickte drein wie ein zorniger Falke, der sich jederzeit auf seine Beute stürzen konnte, das war spürbar.

«Ihr alle hier Versammelten hattet Befehlsgewalt, wart verantwortlich für andere», erklärte er. «Ihr alle habt Vorteil geschlagen aus eurem Rang. Ihr alle habt euch wie Feiglinge benommen! Ihr, die gut genährten, gut untergebrachten, von Abgaben befreiten, angesehenen und beneideten Führer meiner Armee habt euch im Augenblick des Kampfes aus dem Staub gemacht, in Feigheit zusammengefunden.»

Der General der Einheit Seth trat einen Schritt vor.

«Majestät …»

«Wünschst du mir zu widersprechen?»

Der General trat zurück in die Reihe.

«Ich kann euch nicht mehr vertrauen. Morgen werdet ihr wieder fliehen und, sobald Gefahr droht, wie die Spatzen auseinanderstieben. Daher enthebe ich euch eurer Ämter. Ihr könnt euch glücklich preisen, in der Armee verbleiben zu dürfen, als Soldaten eurem Lande zu dienen, Sold und Versorgung im Alter zu erhalten.»

Keiner begehrte auf. Die meisten hatten mit einer strengeren Strafe gerechnet.

Noch am gleichen Tag ernannte der König neue Offiziere, ausgewählt unter den Männern der Hilfstruppen.

Gleich am Tag nach seinem Sieg setzte Ramses zum ersten Sturm auf die Festung Kadesch an. Hoch oben auf den Wehrtürmen flatterten die hethitischen Fahnen.

Die ägyptischen Bogenschützen vermochten nichts auszurichten: die Pfeile zerbrachen an den Zinnen, hinter denen die Belagerten Schutz suchten. Im Gegensatz zu anderen syrischen Festungen waren die Spitzen der Türme von Kadesch nicht zu erreichen.

Um ihren Kampfeswillen unter Beweis zu stellen, erklommen die Fußtruppen den Felssporn, auf dem die Festung errichtet war. Sie lehnten ihre Holzleitern an, doch die hethitischen Bogenschützen mähten sie nieder, und die wenigen Überlebenden waren gezwungen, aufzugeben. Drei weitere Versuche endeten ebenso erfolglos.

Am nächsten und übernächsten Tag gelang es ein paar Tollkühnen, bis zur Hälfte der Mauer hochzuklettern, doch dann beförderte ein Steinhagel sie vom Leben zum Tode.

Kadesch schien uneinnehmbar.

Mit finsterer Miene hatte Ramses seinen neuen Kriegsrat versammelt. Die Neuen, die in den Augen des Königs glänzen wollten, wetteiferten vor Kampfesmut. Ihres Geschwätzes bald überdrüssig, hatte er sie wieder fortgeschickt und war mit Setaou allein geblieben.

«Lotos und ich werden ein paar Dutzend retten können, sofern wir nicht selbst an Erschöpfung sterben», erklärte der Freund. «Doch wenn es so weitergeht, werden wir bald keine Arzneien mehr haben.»

«Versteck dich nicht hinter Worten.»

«Laß uns heimkehren, Ramses.»

«Und die Festung Kadesch einfach vergessen?»

«Der Sieg ist errungen.»

«Solange Kadesch nicht ägyptisch ist, wird die hethitische Bedrohung bestehen bleiben.»

«Diese Eroberung würde zu viel Anstrengung erfordern, und zu viele Männer müßten ihr Leben lassen. Kehren wir heim nach Ägypten, um die Verwundeten zu pflegen und wieder zu Kräften zu kommen.»

«Diese Festung muß fallen, wie die anderen.»

«Und wenn es nicht richtig wäre, sich so zu verbeißen?»

«Die Natur, die uns hier umgibt, birgt große Reichtümer. Lotos und du, ihr werdet die Zutaten schon finden, die zur Arzneibereitung notwendig sind.»

«Und wenn Acha in dieser Festung eingesperrt wäre?»

«Ein Grund mehr, sie zu stürmen und ihn zu befreien.»

Menna kam gelaufen und warf sich zu Boden: «Majestät, Majestät! Eine Lanze kam herabgeflogen hoch oben von den Mauern ... An der metallenen Spitze hing eine Botschaft!»

«Gib her.»

Ramses las:

An Ramses, den Pharao von Ägypten, von seinem Bruder Muwatalli, dem Herrscher von Hatti.

Bevor wir weiterhin einander die Stirn bieten, wäre es nicht gut, wenn wir uns träfen und uns besprächen? Laß ein Zelt aufbauen in der Ebene, auf halbem Wege zwischen Deinem Heer und der Festung.

Ich werde allein hinkommen, mein Bruder wird allein hinkommen, morgen, sobald die Sonne hoch am Himmel steht.

Im Zelt zwei Throne, einander zugewandt. Zwischen den Thronen ein niedriger Tisch mit zwei Schalen und einem kleinen Krug frischen Wassers.

Die beiden Herrscher nahmen gleichzeitig Platz, ohne einander aus den Augen zu lassen. Trotz der Hitze trug Muwatalli einen langen, rot-schwarzen Wollmantel.

«Ich bin glücklich, meinen Bruder, den Pharao von Ägypten, zu treffen, dessen Ruhm ständig größer wird.»

«Der Ruf des Herrschers von Hatti verbreitet in zahlreichen Ländern Schrecken.»

«Was dies betrifft, so steht mein Bruder Ramses mir nicht mehr nach. Ich hatte ein unbesiegbares Bündnis zusammengefügt, du hast es besiegt. Welche Gottheit kam dir zu Hilfe?»

«Mein Vater Amun, der meinen Arm geführt hat.»

«Ich konnte nicht glauben, daß ein Mensch solche Kraft besitzt, selbst wenn er Pharao ist.»

«Du hast dich nicht gescheut, Lüge und List anzuwenden.»

«Kriegswaffen, wie alle anderen! Sie hätten dich auch besiegt, wenn dich nicht überirdische Kräfte beseelt hätten. Die Seele deines Vaters Sethos hat deinen Wahnsinnsmut genährt, sie hat dich Angst und Niederlage vergessen lassen.»

«Bist du bereit, dich zu ergeben, Bruder Muwatalli?»

«Ist es die Gewohnheit meines Bruders Ramses, sich so grob zu zeigen?»

«Tausende Männer sind tot wegen der Eroberungssucht von Hatti. Hohle Worte sind daher nicht mehr angemessen. Bist du bereit, dich zu ergeben?»

«Weiß mein Bruder, wer ich bin?»

«Der Herrscher von Hatti, der in seiner Festung Kadesch in der Klemme sitzt.»

«Bei mir sind mein Bruder Hattuschili, mein

Sohn Uriteschup, meine Vasallen und meine Verbündeten. Das Reich wäre geköpft, wenn wir uns ergäben.»

«Ein Besiegter muß die Folgen seiner Niederlage tragen.»

«Du hast die Schlacht bei Kadesch gewonnen, das stimmt, aber die Festung ist unbeschadet.»

«Früher oder später wird sie fallen.»

«Deine ersten Versuche, sie zu stürmen, sind erfolglos geblieben. Wenn du so weitermachst, wirst du noch viele Männer verlieren, ohne daß die Mauern von Kadesch auch nur einen Kratzer abbekommen.»

«Aus diesem Grunde habe ich mich für einen anderen Plan entschieden.»

«Würdest du ihn mir verraten, da wir Brüder sind?»

«Ahnst du ihn noch nicht? Er beruht auf Geduld ... Ihr seid zahlreich innerhalb der Mauern. Wir werden warten, bis die Nahrungsvorräte erschöpft sind. Wäre es nicht besser, ihr würdet euch sofort ergeben, anstatt endlos zu leiden?»

«Mein Bruder Ramses kennt diese Festung schlecht. Ihre großen Lagerräume enthalten reichlich Nahrung, damit können wir der Bela-

584

gerung monatelang standhalten. Daher sind die Bedingungen für uns günstiger als für das ägyptische Heer.»

«Prahlerei.»

«Gewiß nicht, mein Bruder, gewiß nicht! Ihr Ägypter seid weit entfernt von euren Stützpunkten und werdet es von Tag zu Tag schwerer haben. Jeder weiß, daß ihr höchst ungern weit von eurem Lande entfernt seid und Ägypten auch nur ungern lange auf seinen Pharao verzichtet. Der Herbst wird kommen, dann der Winter, mit Kälte und Krankheiten. Auch Unmut und Überdruß werden sich einstellen. Laß dir's gesagt sein, Bruder Ramses: Uns wird es besser gehen als euch. Und glaub auch nicht, uns könnte Wasser fehlen: Die Zisternen von Kadesch sind gefüllt, und wir haben einen Brunnen mitten in der Festung.»

Ramses trank einen Schluck Wasser, nicht, weil er Durst hatte, sondern weil er das Gespräch unterbrechen wollte, um nachzudenken. Was Muwatalli da vorbrachte, war nicht so einfach von der Hand zu weisen.

«Möchte mein Bruder nicht auch etwas trinken?»

«Nein, ich ertrage die Hitze sehr gut.»

«Fürchtest du dich etwa vor Gift, das am Hofe von Hatti ja häufig verwendet wird?»

«Dieser Brauch ist abgeschafft. Aber mir ist es dennoch lieber, wenn mein Mundschenk jedes Gericht vor mir probiert. Mein Bruder Ramses soll auch noch wissen, daß einer seiner Jugendfreunde, der junge und brillante Gesandte Acha, festgenommen wurde, als er, als Händler verkleidet, einen Spionageauftrag ausführte. Hätte ich unsere Gesetze angewandt, wäre er jetzt schon tot. Aber ich dachte, es würde dich beglücken, einen lieben Menschen zu retten.»

«Da täuschst du dich, Muwatalli. In mir hat der König den Menschen gefressen.»

«Acha ist ja nicht nur dein Freund, er ist der wahre Vorsteher der ägyptischen Gesandtschaften und darüber hinaus der bester Kenner des Nordens und Ostens. Mag der Mann in dir auch nichts mehr empfinden, der Herrscher wird seinen nützlichsten Beamten nicht opfern.»

«Was schlägst du vor?»

«Ist ein wenn auch zeitlich begrenzter Friede nicht besser als ein verheerender Kampf?»

«Friede ... Unmöglich!»

«Denk nach, mein Bruder: Ich habe nicht die ganze hethitische Armee in diese Schlacht geworfen. Hilfstruppen werden nicht mehr lange auf sich warten lassen, und dann wirst du neue Kämpfe zu bestehen haben und gleichzeitig die Belagerung aufrechterhalten müssen. Derartige Anstrengungen übersteigen deine Möglichkeiten an Männern und Waffen, und dein Sieg wird sich in Untergang wandeln.»

«Du hast die Schlacht bei Kadesch verloren, Muwatalli, und du wagst von Frieden zu reden!»

«Ich bin bereit, meine Niederlage schriftlich einzugestehen. Sobald du das Schriftstück in Händen hältst, wirst du die Belagerung aufheben, und dann wird Kadesch endgültig als Grenze meines Reiches bestimmt. Niemals wird meine Armee von Ägypten Besitz ergreifen.»

SECHSUNDFÜNFZIG

Die Tür zu Achas Zelle ging auf.

Trotz seiner Kaltblütigkeit zuckte der junge Gesandte zusammen: Das verschlossene Gesicht der beiden Wachmänner verhieß nichts

Gutes. Seit er hier eingekerkert war, rechnete Acha täglich mit seiner Hinrichtung. Die Hethiter gingen nicht nachsichtig um mit Spionen.

Axt, Dolch oder ein erzwungener Sprung von einem Felsen herab? Der Ägypter wünschte sich einen schnellen Tod, er wollte kein Anlaß sein für ein grausames Schauspiel.

Acha wurde in einen kalten und düsteren Saal geführt, an den Wänden hingen zur Zierde Lanzen und Schilde. Wie immer hatte man in Hatti den Krieg vor Augen.

«Wie geht es dir?» fragte ihn die Priesterin Puducheba.

«Ich habe nicht genügend Bewegung und schätze auch euer Essen nicht sonderlich, aber ich bin noch am Leben. Ist das nicht ein Wunder?»

«In gewisser Weise schon.»

«Ich habe das Gefühl, daß dieses Glück allmählich zu Ende geht … Doch deine Anwesenheit beruhigt mich: Könnte eine Frau so unerbittlich sein?»

«Glaub nur nicht, eine Hethiterin würde Schwäche zeigen.»

«Würde mein Charme nichts ausrichten?»

Wut belebte das Gesicht der Priesterin.

«Bist du dir über deine Lage im klaren?»

«Ein ägyptischer Gesandter weiß lächelnd zu sterben, selbst wenn er zittert.»

Acha dachte an Ramses' Zorn, selbst in der anderen Welt würde er ihm noch vorwerfen, daß es ihm nicht gelungen war, aus Hatti herauszukommen, um ihm das gewaltige Bündnis, das der Herrscher zustande gebracht hatte, zu schildern. Hatte die Bauersfrau seine kurze, aus drei Wörtern bestehende Botschaft überbringen können? Er glaubte es kaum, aber wenn es so war, dann mußte der Pharao den Sinn eigentlich begriffen haben.

War die Mitteilung nicht angekommen, war die ägyptische Armee jetzt in Kadesch längst vernichtet und Chenar auf dem Thron von Ägypten. Nach reiflicher Überlegung war es wohl besser, zu sterben, als die Tyrannei eines solchen Despoten zu ertragen.

«Du hast Ramses nicht verraten», sagte Puducheba, «und du warst auch niemals Chenars Gefolgsmann.»

«Diese Beurteilung überlasse ich dir.»

«Die Schlacht bei Kadesch hat stattgefunden», verriet sie ihm. «Ramses hat die Bündnisarmee besiegt.»

Acha war wie trunken.

«Du machst dich lustig über mich …»

«Ich bin nicht zu Scherzen aufgelegt.»

«Die Bündnistruppen besiegt …»

«Unser Herrscher ist am Leben und frei», fuhr Puducheba fort, «und die Festung Kadesch ist unbeschadet.»

Die Hochstimmung des Gesandten verflog.

«Was hast du mit mir vor?»

«Ich hätte dich gern als Spion verbrannt, aber du bist ein Verhandlungsunterpfand.»

Das ägyptische Heer lagerte vor der Festung, deren Mauern trotz der warmen Sommersonne grau aussahen. Seit dem Treffen zwischen Ramses und Muwatalli hatten die Soldaten des Pharaos keinen neuen Sturmangriff auf Kadesch unternommen. Hoch oben, von den Zwingmauern herab, beobachteten Uriteschup und die hethitischen Bogenschützen ihre Gegner, die friedlichen Beschäftigungen nachgingen. Pferde, Esel und Rinder wurden gepflegt, man übte sich in Gesellschaftsspielen, veranstaltete Ringkämpfe und ergötzte sich an allerlei Speisen, die die Köche der einzelnen Regimenter unter lauten Zurufen zubereiteten.

Den höheren Offizieren hatte Ramses einen einzigen Befehl erteilt: Gehorsam zu wahren. Keiner von ihnen war über den mit Muwatalli ausgehandelten Pakt in Kenntnis gesetzt worden.

Der neue General der Einheit Seth wagte es dennoch, den Herrscher anzusprechen: «Majestät, wir sind ratlos.»

«Seid ihr nicht selig, einen großen Sieg errungen zu haben?»

«Wir wissen sehr wohl, daß nur du, Majestät, der Sieger von Kadesch bist, aber warum greifen wir diese Festung nicht an?»

«Weil wir keinerlei Aussicht haben, sie in Besitz zu nehmen. Mindestens die Hälfte unserer Truppen müßten wir opfern, ohne daß der Erfolg sicher wäre.»

«Wie lange müssen wir denn noch reglos verharren und diese verdammte Festung anschauen?»

«Ich habe eine Abmachung getroffen mit Muwatalli.»

«Du meinst ... Frieden?»

«Bedingungen wurden gestellt. Wenn sie nicht erfüllt werden, nehmen wir den Kampf wieder auf.»

«Und welche Frist hast du gesetzt, Majestät?»

«Sie läuft Ende dieser Woche ab, dann werde ich wissen, ob das Wort des Herrschers von Hatti etwas gilt.»

In der Ferne, auf der Straße, die von Norden kommt, eine Staubwolke! Mehrere hethitische Streitwagen näherten sich Kadesch. Diese Schar von Wagen war vielleicht die Vorhut von Hilfstruppen, die Muwatalli und die Seinen befreien sollten.

Ramses beruhigte die im ägyptischen Lager aufwallende Erregung. Er bestieg seinen Wagen, im Gespann «Sieg in Theben» und «Göttin Mut ist zufrieden», und fuhr in Begleitung seines Löwen dem Hethitertrupp entgegen.

Die hethitischen Bogenschützen hielten die Zügel fest in den Händen, ganz Hatti wußte schließlich inzwischen, wozu Ramses und Schlächter fähig waren.

Ein Mann stieg von einem der Wagen und schritt auf den Pharao zu. Der elegante Acha mit dem geschmeidigen Gang, dem vornehmen Gesicht, dem schmalen und gepflegten Oberlippenbart vergaß plötzlich, was sich gehörte, und rannte auf Ramses zu.

Der König und sein Freund umarmten einander herzlich.

«War meine Botschaft nützlich, Majestät?»

«Ja und nein. Ich habe deiner Warnung nicht genügend Rechnung getragen, aber die Magie des Schicksals hat sich für Ägypten günstig ausgewirkt. Daß ich so schnell eingeschritten bin, habe ich dir zu verdanken, doch den Sieg hat mir Amun verliehen.»

«Ich glaubte schon, Ägypten niemals mehr wiederzusehen. Die hethitischen Gefängnisse sind düster. Ich habe mich redlich bemüht, den Gegner zu überzeugen, daß ich für Chenar arbeitete, und das dürfte mir das Leben gerettet haben. Dann überstürzten sich die Ereignisse. Bei denen dort zu sterben wäre eine unverzeihliche Geschmacksverirrung gewesen.»

«Wir müssen jetzt über Waffenstillstand oder Fortsetzung der Kampfhandlungen entscheiden. Dafür brauche ich deinen Rat.»

Unter seinem Zelt zeigte Ramses dann Acha das Schriftstück, das der Herrscher der Hethiter ihm hatte zukommen lassen.

«*Ich, Muwatalli, bin Dein Diener, Ramses, und ich erkenne Dich an als Sohn des Lichts, hervorgegangen aus ihm, tatsächlich hervorgegangen aus* ihm. Mein Land ist Dein Diener, es liegt Dir zu Füßen. Aber mißbrauche Deine Macht nicht!

Deine Macht ist unbestreitbar, das hast Du bewiesen mit diesem großen Sieg. Aber warum solltest Du fortfahren, das Volk Deines Dieners auszulöschen, warum sollte Dich Gehässigkeit beseelen?

Da Du siegreich bist, gib zu, daß Friede besser ist als Krieg, und schenk den Hethitern die Luft zum Atmen.

«Eine schöne Gesandtensprache», sagte Acha anerkennend.

«Scheint dir die Botschaft hinreichend deutlich für sämtliche Länder der Gegend?»

«Ein wahres Meisterwerk! Daß ein hethitischer Herrscher im Kampf besiegt wurde, ist etwas völlig Neues, und daß er seine Niederlage anerkennt, ist ein weiteres Wunder, das du für dich verbuchen darfst.»

«Es ist mir aber nicht gelungen, Kadesch zu erobern.»

«Nicht so wichtig, diese Festung! Du hast eine entscheidende Schlacht gewonnen. Der unbesiegbare Muwatalli sieht sich von nun an als dein Vasall, zumindest mit Worten … Dieser Anflug erzwungener Demut wird deinem Ansehen dienlich und außergewöhnlich wirksam sein.»

Muwatalli hatte Wort gehalten mit seinem annehmbaren Schreiben und mit der Freilassung Achas. Daher gab Ramses nun seiner Armee den Befehl, das Lager abzubauen und den Rückweg nach Ägypten einzuschlagen.

Bevor er den Ort verließ, wo so viele seiner Männer ihr Leben gelassen hatten, blickte Ramses noch einmal auf die Festung, aus der, frei und unversehrt, Muwatalli, sein Bruder und sein Sohn heraustreten würden. Es war dem Pharao zwar nicht gelungen, dieses Sinnbild hethitischer Macht zu zerstören, aber was würde davon übrigbleiben nach dieser bitteren Niederlage des gesamten Bündnisses? Muwatalli, der sich zu Ramses' Diener erklärte ... Wer hätte sich einen solchen Erfolg vorzustellen gewagt? Niemals würde der König vergessen, daß allein sein göttlicher Vater, den er zu Hilfe gerufen hatte, ihn befähigt hatte, eine verheerende Niederlage in einen Triumph zu verwandeln.

«Es befindet sich kein einziger Ägypter mehr in der Ebene um Kadesch», verkündete der Oberspäher.

«Schick Aufklärer gen Süden, Osten und Westen», befahl Muwatalli seinem Sohn Uriteschup. «Ramses hat vielleicht etwas gelernt und seine Truppen in den Wäldern versteckt, um uns anzugreifen, sobald wir aus der Festung heraustreten.»

«Wie lange sollen wir noch fliehen?»

«Wir müssen nach Hattuscha zurück, um unsere Kräfte neu zu ordnen und unser Vorgehen neu zu bedenken.»

«Ich sprach nicht mit einem besiegten General», brauste Uriteschup auf, «sondern mit dem Herrscher der Hethiter.»

«Beruhige dich, mein Sohn», sagte Muwatalli. «In meinen Augen hat der Oberbefehlshaber des Bündnisheeres durchaus seine Verdienste. Wir alle haben die Kraft, die Ramses eignet, unterschätzt.»

«Wenn ihr mich gelassen hättet, hätten wir gesiegt!»

«Du irrst dich. Die Bewaffnung der Ägypter ist hervorragend, und die Kampfwagen des Pharaos sind den unsrigen ebenbürtig. Der von dir vorgeschlagene Frontalangriff in der Ebene wäre für uns übel ausgegangen, und unsere Truppen hätten schwere Verluste erlitten.»

«Und ihr nehmt diese demütigende Niederlage einfach so hin …»

«Diese Festung gehört nach wie vor uns, Hatti wurde nicht erobert, der Krieg gegen Ägypten wird weitergehen.»

«Wie sollte er weitergehen nach dem schmählichen Schriftstück, das ihr unterzeichnet habt!»

«Es handelt sich nicht um einen Friedensvertrag», erklärte Hattuschili, «es war ein förmliches Schreiben eines Herrschers an einen anderen Herrscher. Daß Ramses sich damit begnügt hat, beweist seine Unerfahrenheit.»

«Muwatalli erklärt doch klar und deutlich, daß er sich als Vasall des Pharaos empfindet.»

Hattuschili lächelte.

«Wenn ein Vasall über genügend Truppen verfügt, hindert ihn nichts, sich aufzulehnen.»

Uriteschup blickte Muwatalli in die Augen.

«Hör nicht weiter auf diesen Schwächling, Vater, übergib mir die militärische Vollmacht! Winkelzüge und List werden zu nichts führen. Ich und nur ich allein bin fähig, Ramses zu beseitigen.»

«Kehren wir nach Hattuscha zurück», beschied der Herrscher. «Die klare Luft unserer Berge wird das Nachdenken erleichtern.»

SIEBENUNDFÜNFZIG

Mit einem mächtigen Satz tauchte Ramses in das Wasserbecken, in dem Nefertari badete. Der König schwamm unter Wasser und umschlang den Leib seiner Gemahlin. Sie spielte die Überraschte, ließ sich untergehen, und eng umschlungen kamen sie langsam wieder an die Oberfläche. Wächter, der goldgelbe Hund, lief bellend um das Becken herum, während Schlächter im Schatten einer Sykomore schlief. Er trug ein schmales goldenes Halsband, das er als Belohnung für seine Tapferkeit geschenkt bekommen hatte.

Immer wenn er Nefertari betrachtete, war Ramses wie betört von ihrer Schönheit. Da war die Anziehungskraft der Sinne, die Vereinigung ihrer Körper, aber darüber hinaus noch dieses geheimnisvolle Band, das stärker war als Zeit und Tod. Die milde Herbstsonne verlieh ihren Gesichtern wohlige Helligkeit, während sie ins grünblaue Naß des Beckens eintauchten. Als sie herauskamen, hörte Wächter auf zu bellen und leckte ihnen die Beine. Der Hund des Königs verabscheute Wasser und verstand überhaupt nicht, warum sein Herr es vergnüglich fand, sich so naß zu machen. Als das königliche Paar ihn wieder und wieder gestreichelt hatte, legte Wächter sich zwischen die Pranken des gewaltigen Löwen zur verdienten Ruhe.

Nefertari war so begehrenswert, daß Ramses' Hände immer kühner wurden. Mit der Begeisterung eines Forschers, der in unbekanntes Gelände vorstößt, glitten sie über den erblühten Körper der jungen Frau, die sich zunächst unbeteiligt, dann aber glücklich über die Eroberung zeigte und dem Drängen ihres Geliebten entgegenkam.

Für das ganze Land war Ramses nun Ramses der Große. Bei seiner Rückkehr nach Pi-Ramses hatte die Menge Kopf an Kopf dem Sieger der Schlacht bei Kadesch Beifall geklatscht, diesem Pharao, dem es gelungen war, die Hethiter in die Knie zu zwingen und auf ihr Gebiet zurückzudrängen. In Dörfern und Städten war dieser großartige Sieg wochenlang festlich gefeiert worden. Da der Alptraum eines Überfalls verflogen war, gab sich Ägypten erneut seiner angeborenen Lebensfreude hin, die noch gekrönt wurde von einer üppigen Überschwemmung, dem Versprechen reicher Ernte.

So ging das fünfte Regierungsjahr des Sohnes von Sethos in allgemeinem Jubel zu Ende. Die neu ernannten Heerführer waren ihm zutiefst ergeben, und der ganze Hof, tief beeindruckt, verneigte sich vor dem Herrscher. Ramses' Jugend ging zu Ende: Dieser Mann von achtundzwanzig Jahren, der über die Beiden Länder gebot, war den größten Herrschern ebenbürtig und prägte seiner Zeit bereits sein unauslöschliches Siegel auf.

Homer, auf seinen Stock gestützt, kam Ramses entgegen.

«Ich bin fertig, Majestät.»

«Möchtest du dich auf meinen Arm stützen und ein paar Schritte gehen oder lieber unter deinem Zitronenbaum sitzen?»

«Gehen wir ein Stück. Mein Kopf und meine Hand haben viel gearbeitet in letzter Zeit, jetzt sind meine Beine dran.»

«Diese neue Arbeit hat dich gezwungen, deine *Ilias* zu unterbrechen.»

«Gewiß, aber du hast mir ein wunderbares Thema geliefert!»

«Und wie hast du es verarbeitet?»

«Ich habe die Wahrheit gesagt, Majestät, weder die Feigheit deiner Armee verschwiegen noch deinen einsamen und verzweifelten Kampf, auch nicht deinen Hilferuf an deinen göttlichen Vater. Die Umstände dieses außergewöhnlichen Sieges haben mich mitgerissen, als wäre ich ein Anfänger, der sein erstes Werk verfaßt! Die Verse sangen auf meinen Lippen, der Ablauf fügte sich von selbst. Dein Freund Ameni hat mir sehr geholfen, nicht allzu viele Grammatikfehler zu machen. Das Ägyptische ist keine einfache Sprache, aber ihre Geschmeidigkeit und Genauigkeit ist für einen Dichter reinstes Glück.»

«Der Bericht über die Schlacht bei Kadesch wird in die südliche Außenmauer des großen Säulensaals des Tempels von Karnak eingemeißelt», verriet Ramses, «außerdem in die Außenwände des Tempelhofs von Luxor und die Vorderseite des Pylonen, aber auch in die Außenwände des Tempels von Abydos und in den künftigen Vorhof meines Tempels für die Ewigkeit.»

«So wird der Stein für immer die Erinnerung an die Schlacht bei Kadesch bewahren.»

«Damit will ich den verborgenen Gott ehren,

Homer, und den Sieg der Ordnung über die Unordnung, die Fähigkeit der Maat, das Chaos zu verdrängen.»

«Du erstaunst mich, Majestät, wie auch dein Land mich Tag um Tag immer mehr in Erstaunen versetzt. Ich konnte nicht glauben, daß eure Maat euch helfen würde, einen Feind zu besiegen, der entschlossen war, euch zu vernichten.»

«Würde die Liebe zur Maat mein Denken und meinen Willen nicht mehr beseelen, würde meine Regierungszeit bald zu Ende gehen und Ägypten sich einen anderen Gemahl suchen.»

Obwohl er Unmengen Nahrung zu sich nahm, wurde Ameni nicht dicker. Er wirkte immer noch so schmächtig, blaß und kränklich, verließ seinen Arbeitsraum überhaupt nicht mehr und erledigte mit wenigen Helfern ein riesiges Arbeitspensum. Da er gezielt und offen mit dem Wesir und den höchsten Staatsbeamten zu sprechen pflegte, entging ihm nichts, was im Lande geschah, und er überprüfte auch regelmäßig, ob jeder hohe Beamte die ihm anvertraute Aufgabe tadellos ausführte. Für Ramses' Jugendfreund und rechte Hand galt die einfache Regel: Je höher das Amt, desto weitreichender die Verantwortlichkeit und desto strenger die

Strafe bei Irrtum oder Ungenügen. Und so wurden die Fehler der Untergebenen dem obersten, aber auch dem mittleren Dienstgrad angelastet, der dafür bezahlen mußte. Die ihres Amtes Enthobenen oder Zurückgestuften hatten ihre unliebsamen Erfahrungen mit Ameni gemacht.

Weilte der Herrscher in Pi-Ramses, sah Ameni, sein Schatten, ihn täglich. Schickte der Herrscher sich an, nach Theben oder Memphis zu reisen, bereitete Ameni glasklare Berichte vor, die der König mit großer Aufmerksamkeit las. Er entschied und beschloß dann.

Der Schreiber hatte dem König gerade seinen Plan zur Verstärkung der Deiche für das kommende Jahr dargelegt, als Serramanna in das Arbeitszimmer mit all den äußerst sorgfältig geordneten Papyrusrollen eingelassen wurde. Der sardische Riese verneigte sich vor dem Herrscher.

«Bist du noch zornig auf mich?» fragte Ramses.

«Ich hätte dich in dem Getümmel nicht im Stich gelassen.»

«Über meine Gemahlin und meine Mutter zu wachen war eine Aufgabe von höchster Bedeutung.»

«Das bestreite ich nicht, aber ich wäre gern bei dir gewesen, um Hethiter niederzumetzeln. Der Hochmut dieser Leute bringt mich zur Weißglut. Wer behauptet, der geborene Krieger zu sein, flüchtet sich nicht in eine Festung!»

«Unsere Zeit ist kostbar», warf Ameni ein. «Wie weit bist du mit deiner Spurensuche?»

«Fehlschlag», erwiderte Serramanna.

«Keinerlei Spur?»

«Ich habe den Karren und die Leichen der ägyptischen Wachen gefunden, aber nicht die von Chenar. Laut Aussage von Händlern, die in einer Steinhütte Zuflucht gesucht hatten, war der Sandsturm so heftig wie nie und hielt auch ungewöhnlich lange an. Ich bin bis zur Oase Charga gegangen, und daß meine Männer und ich die Wüste durchstöbert haben, kann ich euch versichern.»

«Wenn er blindlings vorangestürmt ist», meinte Ameni, «dürfte Chenar in ein ausgetrocknetes Wadibett gestürzt sein, und dann läge sein Leichnam unter Sandbergen begraben.»

«Das ist die allgemeine Ansicht», gab Serramanna zu.

«Aber nicht die meine», erklärte Ramses.

«Er hatte keine Aussicht, dieser Hölle zu entgehen, Majestät. Wenn er vom Hauptweg abgekommen ist, hat er sich verirrt, und gegen den Sturm, den Sand und den Durst hat er nicht lange ankämpfen können.»

«Sein Haß ist so groß, daß er ihm Ersatz ist für Speis und Trank. Chenar ist nicht tot.»

Der König gönnte sich einen Augenblick Besinnung vor dem Standbild des Thot am Eingang zum Amt für die Beziehungen zu den Fremdländern. Zuvor schon hatte er einen Strauß Lilien und Papyrus auf dem Opfertisch niedergelegt. Der als sitzender Pavian mit der Mondsichel auf dem Kopf dargestellte Gott des Wissens hatte den Blick zum Himmel erhoben, weiter, als das menschliche Auge reicht.

Die Beamten erhoben und verneigten sich, als Ramses vorbeiging. Acha, der neue Oberste Gesandte, öffnete ihm selbst die Tür zu seinem Arbeitsraum. Der König und sein Freund, der jedem bei Hofe als Held galt, umarmten sich herzlich. Daß der Herrscher ihn aufsuchte, war eine Geste der Achtung, die Acha in seiner Rolle als oberster Dienstherr der ägyptischen Gesandten bestärkte.

Sein Arbeitszimmer unterschied sich deutlich

von dem Amenis. Sträuße von aus Syrien einge-
führten Rosen, Blumengebinde mit Narzissen
und Ringelblumen, schlanke Alabastervasen
auf Konsolen, Standleuchter, Truhen aus Akazienholz und farbige Wandbespannung schufen
einen heiteren und vornehmen Rahmen, den
man eher den Privatgemächern eines herrschaftlichen Landhauses als einem Arbeitsraum
zugeordnet hätte.

Der elegante Acha mit den klug blitzenden
Augen wirkte wie jemand, der zu einem Festmahl geladen war, leichtlebig, weltmännisch
und eine Spur herablassend. Niemand hätte
vermutet, daß dieser Sproß aus höchsten Kreisen fähig war, sich im Lumpengewand eines fliegenden Händlers als Spion auf den holperigen
Wegen des feindlichen Hethiterlandes durch-
zuschlagen. Hier beeinträchtigte kein Bergvon
Schriftstücken das Wohlbehagen des neuen
Amtsinhabers, der alle wesentlichen Auskünfte
in seinem fabelhaften Gedächtnis zu speichern
pflegte.

«Ich fürchte, ich muß meine Entlassung ein-
reichen, Majestät.»

«Welch schweren Fehler hast du denn begangen?»

«Versagen. Trotz aller Anstrengungen meiner Leute ist und bleibt Moses unauffindbar. Es ist zwar merkwürdig ... Im allgemeinen lösen sich ja die Zungen. Für mich gibt es nur eine Erklärung: Er hat sich an einen abgelegenen Ort geflüchtet und sich nicht mehr von der Stelle gerührt. Wenn er seinen Namen geändert und sich in eine Beduinenfamilie eingefügt hat, wird es äußerst schwierig, wenn nicht gar unmöglich sein, ihn zu stellen.»

«Such weiter. Und was ist mit dem hethitischen Spionagering in unserem Land?»

«Der Leichnam der blonden jungen Frau wurde bestattet, ohne daß man wußte, wer sie war, und der Magier ist verschwunden. Vermutlich ist es ihm gelungen, Ägypten zu verlassen. Auch über ihn hört man nichts, als hätten sich sämtliche Mitglieder des Spionagerings in Luft aufgelöst. Wir sind einer schrecklichen Bedrohung entgangen, Ramses.»

«Ist das Netz auch wirklich zerrissen?»

«Es zu beteuern wäre vermessen», gab Acha zu.

«Bleib wachsam!»

«Ich frage mich, was die Hethiter jetzt unternehmen können», räumte Acha ein. «Ihre Niederlage hat sie gedemütigt, und die inneren Meinungsverschiedenheiten sind erheblich. Sie werden sich nicht friedlich verschanzen, aber Monate, wenn nicht Jahre brauchen, um wieder zu Atem zu kommen.»

«Wie verhält sich Meba?»

«Mein ehrwürdiger Vorgänger ist ein eifriger Zuarbeiter, der seinen Rang nie überschreitet.»

«Sei auf der Hut, als ehemaliger Amtsinhaber kann er nur eifersüchtig sein. Wie lauten die Beobachtungen unserer Statthalter im südlichen Syrien?»

«Völlige Windstille, aber ich habe nur begrenztes Vertrauen in ihren Scharfsinn. Daher reise ich auch morgen schon in die Provinz Amurru. Dort müssen wir eine schnelle Eingreiftruppe aufbauen, um Überfälle zu verhindern.»

ACHTUNDFÜNFZIG

Um ihre Wut zu bändigen, schloß sich Puducheba, die Priesterin, am heiligsten Ort der hethitischen Hauptstadt ein, in dem unterirdischen, aus dem Felsen gehauenen Raum ganz in der Nähe der Kuppe, auf der sich der Herrscherpalast erhob. Nach der Niederlage bei Kadesch hatte Muwatalli beschlossen, Bruder und Sohn gleichermaßen von sich fernzuhalten und seine persönliche Macht noch zu stärken, indem er sich als den einzigen darstellte, der fähig war, zwischen den widerstreitenden Kräften ein Gleichgewicht herzustellen.

Der unterirdische Raum war gewölbt, und die Wände zierten erhabene Darstellungen des Herrschers als Krieger und als Priester unter einer Flügelsonne. Puducheba ging auf den Höllenaltar zu, auf dem ein blutbeschmiertes Schwert lag.

Dort harrte sie der Eingebung, die nötig war, um ihren Gemahl aus Muwatallis Bannstrahl zu befreien und seine Gunst wieder zu erlangen. Uriteschup, dem die Kriegslüsternen immer noch hörig waren, würde nicht untätig bleiben und gewiß versuchen, Hattuschili, wenn nicht gar Muwatalli zu vernichten.

Puducheba, in Gedanken nur bei ihrem Gemahl, verharrte bis Mitternacht in tiefer Grübelei.

Der Gott der Hölle ließ sie die Lösung wissen.

Die Beratung im engsten Kreise – der Herrscher Muwatalli, sein Sohn Uriteschup und sein Bruder Hattuschili – bot Anlaß zu einer heftigen Auseinandersetzung.

«Der einzige Verantwortliche für unsere Niederlage ist Hattuschili», behauptete Uriteschup. «Hätte ich die Bündnistruppen befehligt, hätten wir der ägyptischen Armee den Garaus gemacht.»

«Wir haben sie ja überrannt», entgegnete Hattuschili, «aber wer konnte denn voraussehen, wie Ramses eingreifen würde?»

«Ich hätte ihn besiegt!»

«Prahle doch nicht», unterbrach ihn der Herrscher. «Kein Mensch hätte die Kraft bezwungen, die ihn am Tag der Schlacht beseelte. Wenn die Götter sprechen, muß man ihre Stimme auch vernehmen.»

Muwatallis Erklärung brachte seinen Sohn von der bewußt eingeschlagenen Linie ab. Daher setzte er auf anderem Gebiet zum Angriff an.

«Was planst du für die Zukunft, Vater?»

«Ich überlege noch.»

«Langes Überlegen können wir uns jetzt nicht mehr leisten! Man hat uns in Kadesch lächerlich gemacht, jetzt müssen wir rasch handeln. Übergib mir den Befehl über den Rest der Bündnistruppen, dann überfalle ich Ägypten.»

«Lächerlich», befand Hattuschili. «Unsere erste Sorge muß die Wahrung der Bündnisse sein. Unsere Verbündeten haben viele Männer eingebüßt, der Thron etlicher Fürsten droht zu schwanken, wenn wir sie nicht mit Geldmitteln unterstützen.»

«So redet nur ein Besiegter!» brauste Uriteschup auf. «Hattuschili will Zeit gewinnen, um über seine Feigheit und Unfähigkeit hinwegzutäuschen.»

«Mäßige deine Zunge», forderte Muwatalli. «Beleidigungen führen zu nichts.»

«Schluß mit dem Zögern, Vater! Ich fordere alle Vollmachten.»

«Ich bin der Herrscher, Uriteschup, und du hast mir nicht vorzuschreiben, wie ich mich zu verhalten habe.»

«Dann behalte deinen schlechten Ratgeber, wenn du es so willst. Ich kehre in meine Gemächer zurück, bis du mir befiehlst, unsere Truppen zum Sieg zu führen.»

Hastigen Schrittes verließ Uriteschup den Audienzsaal.

«Er hat nicht ganz unrecht», räumte Hattuschili ein.

«Was willst du damit sagen?»

«Puducheba hat bei den Gottheiten der Hölle Rat geholt.»

«Ihre Antwort?»

«Wir müssen die Niederlage bei Kadesch wiedergutmachen.»

«Hast du einen Plan?»

«Er birgt Gefahren, die ich auf mich nehmen werde.»

«Du bist mein Bruder, Hattuschili, und dein Leben ist mir kostbar.»

«Ich glaube nicht, in Kadesch einen Fehler begangen zu haben, und dem Ansehen unseres Reiches gilt auch mein ganzes Bemühen. Ich werde tun, was die Höllengötter verlangen.»

Nedjem, der ehemalige Gärtner und jetzige Oberste Verwalter der Felder und Haine von

Ramses dem Großen, war auch der Lehrmeister des Prinzen Kha, dessen Begabung fürs Schreiben und Lesen ihn begeisterte, weswegen er ihn auch nach Herzenslust lernen und forschen ließ.

Nedjem und der Sohn des Königs verstanden sich wunderbar, und Ramses war glücklich über diese Art von Erziehung. Doch zum ersten Mal fühlte der friedfertige Nedjem sich verpflichtet, sich einem Befehl von Ramses zu widersetzen, obwohl er wußte, daß dieser Ungehorsam seine Absetzung nach sich ziehen würde.

«Majestät ...»

«Ich höre, mein guter Nedjem.»

«Es handelt sich um deinen Sohn.»

«Ist er bereit?»

«Ja, aber ...»

«Sollte er krank sein?»

«Nein, Majestät, aber ...»

«Dann soll er sofort kommen.»

«Bei aller Hochachtung, Majestät, ich bin nicht überzeugt, daß ein noch so junger Knabe in der Lage ist, einer solchen Gefahr, der du ihn aussetzen willst, zu trotzen.»

«Überlaß diese Beurteilung mir, Nedjem.»

«Die Gefahr … Die Gefahr ist beträchtlich!»

«Kha muß seinem Schicksal begegnen, wie immer es aussieht. Er ist kein Kind wie die anderen.»

Nedjem begriff, daß sein Kampf sinnlos war.

«Das bedauere ich manchmal, Majestät.»

Ein leichter Wind wehte über dem Delta, aber die regenschweren Wolken vermochte er nicht zu vertreiben. Kha, der hinter seinem Vater auf dem prachtvollen Grauschimmel saß, fröstelte.

«Ich friere, Vater. Können wir nicht langsamer reiten?»

«Wir haben es eilig.»

«Wohin führst du mich?»

«Du sollst den Tod sehen.»

«Die schöne Göttin des Westens mit dem sanften Lächeln?»

«Nein, sie ist der Tod der Gerechtfertigten. Und das bist du noch nicht.»

«Das will ich aber werden!»

«Dann mußt du diese erste Hürde nehmen.»

Kha biß die Zähne zusammen. Niemals würde er seinen Vater enttäuschen.

Ramses machte in der Nähe eines Kanals halt, an dessen Einmündung in einen Arm des Nils ein kleines Heiligtum aus Granit stand. Alles schien ruhig hier.

«Wohnt der Tod hier?»

«Im Inneren dieses Gebäudes. Wenn du dich fürchtest, geh nicht hinein.»

Kha sprang vom Pferd und wiederholte für sich nochmals die magischen Formeln zur Abwehr von Gefahren, die in allen Geschichten vorkamen und die er auswendig gelernt hatte. Er wandte sich nach seinem Vater um, doch Ramses verharrte unbeweglich. Kha begriff, daß er vom Pharao keine Hilfe zu erwarten hatte. Es blieb ihm keine andere Wahl, als auf das Heiligtum zuzugehen.

Eine Wolke verbarg die Sonne, der Himmel verdüsterte sich. Zögernd ging das Kind voran und blieb auf halbem Weg wie gebannt stehen. Eine tintenschwarze Kobra mit breitem Kopf und mehr als eine Schrittweite lang versperrte ihm den Weg und sah aus, als wollte sie ihn angreifen.

Das Kind stand wie versteinert da, wagte nicht zu fliehen.

Die Kobra war mutiger, sie kroch auf ihn zu.

Bald würde das Reptil zuschlagen. Die alten Formeln murmelnd, über die Wörter stolpernd, schloß der Knabe die Augen – da entspannte sich die Kobra.

Ein gegabelter Stock hielt sie am Boden fest.

«Dieser Tod war nicht für dich», erklärte Setaou. «Geh wieder zu deinem Vater, Kleiner.»

Kha blickte Ramses offen in die Aguen.

«Weil ich die richtigen Formeln gesprochen habe, hat die Kobra mich nicht gebissen ... Ich werde ein Gerechtfertigter werden, nicht wahr?»

In einem bequemen Sessel genoß Tuja die wohlige Wärme der Wintersonne, die die Bäume ihres Privatgartens mit Gold überzog. Sie war im Gespräch mit einer großen dunkelhaarigen Frau, als Ramses seiner Mutter einen Besuch abstattete.

«Dolente!» rief der König, als er seine Schwester erkannte.

«Sei nicht zu streng», mahnte Tuja, «sie hat dir viel zu sagen.»

Bleich, matt, mit schlaffen Gesichtszügen, warf sich Dolente ihrem Bruder zu Füßen.

«Verzeih mir, ich flehe dich an!»

«Fühlst du dich schuldig, Dolente?»

«Dieser verfluchte Magier hatte mich behext … Ich hielt ihn für einen Ehrenmann.»

«Und wer ist er?»

«Ein Libyer, ein Magier. Er hat mich in einem Haus in Memphis eingesperrt und mich gezwungen, ihm zu folgen, als er die Flucht ergriff. Wenn ich nicht gehorchte, würde er mir die Kehle durchschneiden.»

«Wieso war er so grob?»

«Weil … weil …»

Dolente schluchzte, Ramses hob sie hoch und half ihr, sich zu setzen.

«Erklär es genauer.»

«Der Magier … Der Magier hat eine Dienerin getötet und eine blonde junge Frau, die er als Medium benutzte. Er hat sie umgebracht, weil sie ihm nicht mehr gehorchen und ihm nicht mehr helfen wollten.»

«Hast du das Verbrechen miterlebt?»

«Nein, ich war eingesperrt … Aber ich habe die Leichen gesehen, als wir das Haus verließen.»

«Warum hielt dieser Magier dich gefangen?»

«Er hielt auch mich für ein gutes Medium und gedachte mich einzusetzen gegen dich, meinen Bruder! Er betäubte mich und fragte mich aus nach deinen Gewohnheiten ... Aber ich war unfähig, ihm zu antworten. Als er floh, hat er mich freigelassen. Ich habe Grauenvolles durchgemacht, Ramses, ich war überzeugt, daß er mich nicht verschonen würde!»

«Bist du nicht recht unvorsichtig gewesen?»

«Es tut mir so leid, wenn du wüßtest, wie leid es mir tut!»

«Geh nicht fort aus Pi-Ramses, bleib hier am Hofe.»

NEUNUNDFÜNFZIG

ACHA KANNTE BENTESCHINA, den Fürsten der Provinz Amurru: Das Wort der Götter bedeutete ihm nicht viel, Gold, Weiber und Wein waren ihm lieber. Nichts weiter als ein verdorbener und käuflicher Kerl, der nur für sein Wohlergehen und Wohlbehagen sorgte.

Da aber dieser Provinz eine strategische Rolle von höchster Bedeutung zukam, hatte der ranghöchste Gesandte Ägyptens kein Mittel gescheut, um sich Benteschinas Unterstützung zu sichern. Erstens reiste er persönlich dorthin, im Namen des Pharaos, was für den Fürsten ein Beweis besonderer Wertschätzung war. Zweitens brachte er üppige Gastgeschenke mit, vor allem edelste Stoffe, Krüge erlesenster Weine, Alabastergeschirr, prunkvolle Waffen und Möbel, die einem Königshof Ehre gemacht hätten.

Die meisten der in Amurru stationierten ägyptischen Soldaten waren in die Hilfstruppen eingegliedert gewesen, die bei Kadesch den entscheidenden Schlag geführt hatten und jetzt in Ägypten einen langen Erholungsurlaub genießen durften, bevor sie ihren Dienst wiederaufnahmen. Daher hatte Acha auch etwa fünfzig Offiziere im Gefolge, die die östlichen Truppen ausbilden sollten, bis eintausend Fußsoldaten und Bogenschützen aus Pi-Ramses eintrafen, die aus Amurru einen wehrhaften Militärstützpunkt machen sollten.

Acha hatte sich in Pelusium eingeschifft und Kurs auf den Norden genommen, günstige Winde und eine ruhige See hatten ihm die Reise angenehm gemacht. Und daß eine junge Syrerin an Bord war, hatte den Reiz der Seefahrt noch erhöht.

Als das ägyptische Schiff in den Hafen von Berytos einlief, standen Fürst Benteschina und seine Höflinge bereits wartend an der Landestelle. Der leutselige und wohlbeleibte Fünfzigjährige mit dem stolz zur Schau getragenen glänzenden schwarzen Schnurrbart küßte Acha auf beide Wangen und erging sich in Lobeshymnen über den großartigen Sieg, den Ramses der Große in Kadesch errungen und damit das Gleichgewicht der Welt von Grund auf verändert hatte.

«Welch glanzvolle Laufbahn, mein lieber Acha! So jung und schon oberster Dienstherr der Gesandtschaften des mächtigen Ägypten ... Ich verneige mich vor dir.»

«Das kannst du dir sparen, ich bin als Freund gekommen.»

«Du wirst in meinem Palast wohnen, und all deine Wünsche werden dir erfüllt.»

Benteschinas Augen blitzten auf:

«Wünschst du ... eine kleine Jungfrau?»

«Wer wäre so töricht, die Wunder der Natur zu verachten? Sieh diese bescheidenen Geschenke, Benteschina, und sag mir, ob sie dir gefallen.»

Die Matrosen luden die Fracht aus.

Der zungenfertige Benteschina verhehlte seine Befriedigung nicht, ein besonders schön gearbeitetes Bett verleitete ihn gar zu Ausrufen des Entzückens:

«Ihr Ägypter beherrscht wahrlich die Lebenskunst! Ich kann es kaum erwarten, dieses Wunderwerk auszuprobieren ... Und nicht allein!»

Da der Fürst in Hochstimmung war, nutzte Acha die Gelegenheit, ihm die Offiziere, die künftigen Ausbilder, vorzustellen.

«Als getreuer Verbündeter Ägyptens mußt du uns helfen, eine Verteidigungslinie zu errichten, die Amurru schützen und die Hethiter abhalten wird, dich anzugreifen.»

«Das ist mein sehnlichster Wunsch», sagte Benteschina eilfertig. «Ich bin der Zwistigkeiten überdrüssig, sie schaden dem Handel. Mein Volk verlangt nach Schutz.»

«In wenigen Wochen wird Ramses ein Heer losschicken, bis dahin werden diese Offiziere deine eigenen Soldaten ausbilden.»

«Großartig, hervorragend ... Hatti mußte eine schwere Niederlage hinnehmen, Muwatalli sieht sich einem Machtkampf zwischen seinem Sohn Uriteschup und seinem Bruder Hattuschili gegenüber.»

«Welchem von beiden gilt die Vorliebe der alten Kämpfer?»

«Sie scheinen uneins: Jeder der beiden hat seine Anhänger. Im Augenblick sorgt der Herrscher noch für eine Art Zusammenhalt, doch ein Staatsstreich ist nicht auszuschließen. Einige aus dem Bündnis für Kadesch bedauern es außerdem inzwischen, in ein so verheerendes Abenteuer hineingezogen worden zu sein, das so viele Menschenleben und auch so viel Kriegsgerät gekostet hat ... Wie es heißt, hält schon so mancher Ausschau nach einem neuen Herrn, und das könnte sehr wohl der Pharao sein.»

«Großartige Aussichten!»

«Und ich verspreche dir jetzt einen unvergeßlichen Abend!»

Die junge Frau mit den schweren Brüsten und den üppigen Schenkeln legte sich auf Acha und massierte ihn mit der Bewegung ihres ganzes Körpers. Jede Pore ihrer Haut duftete, und das blonde, dichte Schamhaar war eine betörende Waldung.

Obwohl Acha schon mehrmals siegreich aus dem Spiel hervorgegangen war, blieb er auch jetzt nicht unbeteiligt. Und als die Massage der jungen Libanesin die beabsichtigte Wirkung erzielt hatte, rollte er sie auf die Seite, fand sofort den hinreißenden Weg in ihr Innerstes und erlebte mit ihr abermals einen Augenblick höchster Lust. Jungfrau war sie schon seit langem nicht mehr, aber sie wußte zu streicheln, und das machte diesen Makel ganz vortrefflich wett. Keiner von beiden hatte auch nur ein einziges Wort gesprochen.

«Laß mich jetzt», sagte er, «ich bin müde.»

Das Mädchen stand auf und verließ das geräumige Zimmer, das auf einen Garten hinausging. Acha hatte sie schon vergessen, er überdachte, was Benteschina ihm über das von Muwatalli zusammengetrommelte Bündnisheer verraten hatte. Wenn das Bündnis tatsächlich zu zerreißen drohte, könnte er handeln. Das wäre zwar schwierig, aber auch aufregend.

Welcher Großmacht konnten die Abtrünnigen sich zuwenden, wenn sie das Vertrauen in den Herrscher von Hatti verloren? Ägypten bestimmt nicht. Das Land der Pharaonen war zu weit entfernt, seine Gesinnung zu verschieden von der all der kleinen kriegerischen und nicht festgefügten Fürstentümer des Ostens. Da kam ihm ein Gedanke, doch der war so beunruhigend, daß er sofort eine Landkarte der Gegend einsehen mußte.

Die Tür seines Zimmers ging auf.

Herein trat ein kleiner, schmächtiger Mann, sein Haar war mit einem Band zurückgebunden, um den Hals trug er eine unauffällige Silberkette, am linken Ellenbogen eine Armspange, und das farbige Wickeltuch, mit dem er bekleidet war, ließ die Schultern frei.

«Mein Name ist Hattuschili, ich bin der Bruder Muwatallis, des Herrschers von Hatti.»

Für Augenblicke geriet Acha aus der Fassung. Hatte er Wahnvorstellungen nach der anstrengenden Reise und all den Liebesspielen?

«Du träumst nicht, Acha. Ich bin glücklich, den obersten Dienstherrn der Gesandten Ägyptens und engen Freund von Ramses dem Großen kennenzulernen.»

«Du in Amurru ...?»

«Du bist mein Gefangener, Acha. Jeder Fluchtversuch wäre zum Scheitern verurteilt. Meine Männer haben die ägyptischen Offiziere und die Besatzung deines Schiffes festgenommen. Hatti ist von neuem Herr über Amurru. Ramses hat unsere Fähigkeit zu handeln leider unterschätzt. Als Anführer des in Kadesch besiegten Bündnisheeres habe ich eine unerträgliche Demütigung erlitten. Ohne die rasende Wut von Ramses und ohne seinen wahnsinnigen Mut hätte ich die ägyptische Armee vernichtet. Daher mußte ich so schnell wie möglich mein Können unter Beweis stellen und wirkungsvoll eingreifen, während ihr euch noch auf eurem Sieg ausruhtet.»

«Also hat der Fürst von Amurru uns wieder einmal verraten.»

«Benteschina nimmt das beste Gebot an, das liegt in seiner Natur. Diese Provinz wird nie mehr Ägypten angehören.»

«Du vergißt Ramses' Wut!»

«Im Gegenteil, ich fürchte sie und werde es daher vermeiden, sie herauszufordern.»

«Sobald er erfährt, daß die hethitischen Streitkräfte Amurru besetzt haben, wird er einschreiten. Und ich bin überzeugt, daß ihr nicht die Zeit hattet, eine Armee aufzubauen, die ihm standzuhalten vermag.»

Hattuschili lächelte.

«Du bist erschreckend weitsichtig, aber es wird nichts nützen, denn Ramses wird die Wahrheit erst sehr viel später erfahren.»

«Mein Schweigen wird beredt genug sein.»

«Du wirst nicht schweigen, Acha, denn du wirst Ramses ein beruhigendes Schreiben senden, in dem du ihm erklärst, daß deine Mission wie geplant verläuft und deine Ausbilder gute Arbeit leisten.»

«Anders ausgedrückt: Unser Heer wird vertrauensvoll auf Amurru zumarschieren und in einen Hinterhalt geraten.»

«Das ist in der Tat ein Teil meines Plans.»

Acha versuchte in Hattuschilis Gedanken zu lesen. Er kannte die Fähigkeiten und Schwächen der Völker dieser Region, ihren Ehrgeiz und ihren Groll. Dem Ägypter wurde die Wahrheit klar.

«Also nochmals so ein Schandbündnis mit den Beduinenstämmen!»

«Eine bessere Lösung gibt es nicht», räumte Hattuschili ein.

«Das sind Plünderer und Mörder.»

«Ich weiß, aber mir werden sie nützlich sein, um unter den Verbündeten Ägyptens den Aufruhr zu schüren.»

«Ist es nicht unvorsichtig, mir solche Geheimnisse anzuvertrauen?»

«Bald werden es keine Geheimnisse mehr

sein, sondern offene Tatsachen. Zieh dich an, Acha, und komm mit mir. Ich habe dir einen Brief zu diktieren.»

«Wenn ich mich weigere, ihn zu schreiben?»

«Dann wirst du sterben.»

«Ich bin bereit.»

«Nein, das bist du nicht. Ein Mann, der die Frauen liebt wie du, ist nicht bereit, wegen einer bereits verlorenen Sache auf die Wonnen des Lebens zu verzichten. Du wirst diesen Brief schreiben, Acha, weil du leben willst.»

Der Ägypter zögerte.

«Und wenn ich gehorche?»

«Dann wirst du in ein Gefängnis gesperrt, das hoffentlich bequem sein wird, und wirst überleben.»

«Und warum beseitigst du mich nicht?»

«Im Rahmen gelegentlicher Verhandlungen wird sich der Oberste Gesandte Ägyptens als gutes Druckmittel erweisen. Das war ja schon in Kadesch so, nicht wahr?»

«Du verlangst von mir, Ramses zu verraten.»

«Du handelst unter Zwang … Das ist nicht wirklich Verrat.»

«Mir das Leben schenken … Ist das nicht eine zu schöne Verheißung?»

«Du hast mein Wort, bei den Göttern von Hatti, beim Namen meines Bruders, des Herrschers.»

«Ich werde diesen Brief schreiben, Hattuschili.»

SECHZIG

DIE SIEBEN TÖCHTER des Priesters von Midian, unter ihnen auch die Frau Mosis, schöpften Wasser und füllten die Tränken für die Schafe ihres Vaters, als etwa ein Dutzend Beduinen hoch zu Roß in der Oase auftauchten. Bärtige Kerle, mit Bogen und Dolchen bewaffnet, die Schlimmstes im Schilde zu führen schienen.

Die Schafe liefen auseinander, die sieben Mädchen flüchteten sich unter die Zelte, während der Greis sich auf seinen Stock stützte und den Ankömmlingen entgegenblickte.

«Bist du das Oberhaupt dieser Gemeinde?»
«Das bin ich.»
«Wie viele gesunde Männer leben hier?»
«Nur ich und ein Hirte.»
«Kanaan wird sich mit Unterstützung der

Hethiter gegen den Pharao erheben, dann bekommen wir endlich Land zugewiesen. Alle Stämme müssen uns helfen, die Ägypter zu bekämpfen.»

«Wir sind kein Stamm, nur eine Familie, und leben seit mehreren Generationen hier friedlich beisammen.»

«Bring uns deinen Hirten her.»

«Er ist in den Bergen.»

Die Beduinen berieten sich.

«Wir werden wiederkommen», erklärte ihr Wortführer. «Dann werden wir ihn mitnehmen, und er wird kämpfen. Wenn nicht, werden wir deinen Brunnen auffüllen und deine Zelte niederbrennen.»

Bei Einbruch der Nacht kam Moses in sein Zelt. Seine Frau und sein Schwiegervater erhoben sich.

«Wo warst du?» fragte sie.

«Auf dem heiligen Berg, wo der Gott unserer Väter sich offenbart. Er sprach mir vom Elend der Hebräer in Ägypten, von meinem Volk, das dem Pharao unterworfen ist, von meinen Brüdern, die jammern und sich aus der Unterdrükkung befreien möchten.»

«Es gibt viel Schlimmeres», unterbrach ihn der Priester. «Beduinen sind gekommen und wollen dich holen, damit du dich beteiligst am Aufstand Kanaans gegen den Pharao, wie alle wehrfähigen Männer dieser Gegend.»

«Das ist Wahnsinn, Ramses wird diesen Aufstand niederschlagen.»

«Selbst wenn die Hethiter den Aufständischen zur Seite stehen?»

«Wurden sie nicht bereits in Kadesch besiegt?»

«Das haben die Karawanen allerdings erzählt», räumte der Priester ein. «Aber kann man ihnen Vertrauen schenken? Du mußt dich verstecken, Moses!»

«Haben die Beduinen dich bedroht?»

«Wenn du nicht mit ihnen kämpfst, werden sie uns niedermachen.»

Seine Frau Zippora fiel Moses um den Hals.

«Du wirst gehen, nicht wahr?»

«Gott hat mir aufgetragen, nach Ägypten zurückzukehren.»

«Dort wirst du verurteilt und gerichtet werden!» gemahnte der alte Priester.

«Ich gehe mit dir», entschied Zippora, «und unseren Sohn werden wir mitnehmen.»

«Diese Reise könnte gefährlich werden.»

«Das ist mir gleichgültig. Du bist mein Mann, und ich bin deine Frau.»

Der alte Priester setzte sich wieder, er war niedergeschlagen.

«Sei unbesorgt, Gott wird deine Oase schützen», verhieß Moses. «Die Beduinen werden nicht wiederkommen.»

«Unwichtig, da ich euch nie mehr wiedersehen werde, dich, meine Tochter und euer Kind!»

«Du sprichst wahr. Gib uns den Abschiedskuß, und dann empfehlen wir unsere Seelen dem Herrn.»

In den Tempeln von Pi-Ramses wurden die Mittwinterfeste vorbereitet, in deren Verlauf die verborgene Kraft des Alls die bei den Ritualen verwendeten Statuen und Gegenstände mit neuem Leben beschenken würde. Wenn die beseelende Kraft erschöpft war, mußte das königliche Paar sich mit dem Licht vermählen und der Maat, die den Zusammenhalt des Alls verbürgte, die Opfergaben zum Himmel senden.

Der Sieg bei Kadesch hatte die Ägypter zu-

versichtlich gestimmt. Niemand glaubte mehr
an die Unbesiegbarkeit der hethitischen Armee,
jeder wußte, daß Ramses fähig war, den Feind
zurückzuschlagen und das alltägliche Glück zu
bewahren.

Die Hauptstadt schmückte sich. Die Amun,
Ptah, Re und Seth geweihten Tempel wurden
mit jedem Meißelhieb vollkommener, die Landhäuser der Adligen und hohen Beamten wetteiferten an Schönheit mit denen von Theben und
Memphis, im Hafen herrschte reges Treiben, die
Lagerhäuser quollen über von Schätzen, und in
einer besonderen Werkstatt entstanden all die
blaugrünen Kacheln, die die Häuserfassaden
von Pi-Ramses zierten und ihren Namen «Die
Türkisfarbene» rechtfertigten.

Eine der Lieblingsbeschäftigungen der Bewohner der Hauptstadt war das Bootsfahren
und das Angeln auf den fischreichen Kanälen.
Die Fischer ließen sich von der Strömung treiben, bissen in honigsüße Äpfel aus einem der
Obstgärten dieses überreichen Landstrichs, bewunderten die blühenden Gärten entlang dem
Kanal, den Flug der Ibisse, der rosa Flamingos
und Pelikane und vergaßen dabei häufig den
am Köder hängenden Fisch.

Ramses, der seine Tochter Merit-Amun und seinen Sohn Kha mitgenommen hatte, ruderte selbst das Boot. Der Junge hatte seiner kleinen Schwester natürlich seine Begegnung mit der Kobra geschildert, doch in gemessenen Worten, ohne Übertreibung. Nach ein paar Stunden der Entspannung gedachte Ramses Nefertari und Iset zu treffen, die die Große königliche Gemahlin zum Abendessen eingeladen hatte.

Am Steg erblickte er Ameni.

Das mußte ein gewichtiger Anlaß sein, wenn der Schreiber sein Arbeitszimmer verließ.

«Ein Brief von Acha.»

«Besorgniserregend?»

«Lies selbst.»

Ramses übergab seine Kinder Nedjem, der immer Zwischenfälle beim Bootsfahren befürchtete. Nedjem nahm die Kinder bei der Hand, während Ramses den Papyrus entrollte, den Ameni ihm reichte.

An den Pharao von Ägypten von Acha, dem Vorsteher der Gesandtschaften

Gemäß dem Auftrag Seiner Majestät habe ich Benteschina, den Fürsten von Amurru, getroffen und wurde von ihm bestens aufgenommen. Unsere

Ausbildungsoffiziere mit dem wie Du und ich an der Hohen Schule von Theben ausgebildeten Schreiber an der Spitze haben mit der Schulung der libanesischen Armee begonnen. Wie wir vermutet hatten, haben die Hethiter seit ihrer Niederlage bei Kadesch sich weiter gen Norden zurückgezogen. Dennoch dürfen wir unsere Wachsamkeit nicht verringern. Die örtlichen Kräfte werden nicht ausreichend sein, wenn sich in der Zukunft ein Eroberungsversuch ergeben sollte. Daher ist es unerläßlich, unverzüglich eine gut bewaffnete Einheit loszuschicken, um eine Verteidigungsbasis zu schaffen, die für einen dauerhaften Frieden und die Sicherheit unseres Landes bürgt.

Möge sich der Pharao weiterhin bester Gesundheit erfreuen.

Der König rollte das Schreiben zusammen.

«Es ist Achas Schrift.»

«Da stimme ich zu, aber .. »

«Acha hat diesen Brief geschrieben, das ist sicher, aber unter Zwang.»

«Das ist auch meine Meinung», bekräftigte Ameni. «Er hätte doch niemals geschrieben, daß ihr beide, du und er, die Hohe Schule in Theben besucht habt!»

«Nein, da es ja in Memphis war. Und Acha hat ein fabelhaftes Gedächtnis.»

«Was bedeutet dieser Irrtum?»

«Daß er gefangen ist in Amurru.»

«Sollte Fürst Benteschina übergeschnappt sein?»

«Nein, auch er handelt unter Zwang, vermutlich nach seinem Ansuchen um Unterstützung.»

«Sollen wir das so verstehen ...»

«Daß der Gegenschlag der Hethiter blitzartig erfolgte», entschied Ramses. «Sie haben sich Amurru genommen und stellen uns eine neue Falle. Wäre Acha nicht so spitzfindig, hätte Muwatalli bald seine Rache.»

«Glaubst du, daß Acha noch am Leben ist?»

«Das weiß ich nicht, Ameni. Ich werde jetzt sofort mit Serramannas Hilfe die Entsendung einer Eliteeinheit vorbereiten. Sollte unser Freund in Haft sein, werden wir ihn befreien.»

Als der Pharao dem Vorarbeiter der Gießerei den Befehl erteilte, die Herstellung von Angriffs- und Verteidigungswaffen wieder zu beschleunigen, verbreitete sich die Kunde in wenigen Stunden in der ganzen Hauptstadt und in wenigen Tagen im ganzen Land.

Durfte man die Augen verschließen? Der Sieg bei Kadesch hatte nicht ausgereicht, den Eroberungswillen der Hethiter zu brechen. Die vier Kasernen von Pi-Ramses wurden in Alarmbereitschaft versetzt, und den Soldaten wurde klar, daß sie bald wieder gen Norden zu neuen Kämpfen würden ausrücken müssen.

Einen ganzen Tag und eine volle Nacht lang blieb Ramses allein in seinem Arbeitszimmer. Am frühen Morgen trat er auf die Terrasse des Palastes hinaus, um sein Schutzgestirn zu betrachten, das nach erbitterten Kämpfen gegen den Drachen der Finsternis neu geboren wieder auferstand.

Am östlichen Winkel der Terrasse saß Nefertari auf dem Mäuerchen, rein und schön im Licht der Morgenröte. Ramses preßte sie an sich.

«Ich hatte geglaubt, der Sieg bei Kadesch hätte uns ein Zeitalter des Friedens beschert, aber das war zu hoffnungsvoll von mir. Ringsum streunen Schattengestalten: Muwatalli, Chenar, der vielleicht noch am Leben ist, der libysche Magier, der uns entkam, Moses, dessen Spur ich nicht wiederfinden kann, Acha, der in Amurru in Haft oder schon tot ist ... Werden wir stark genug sein, dem Sturm standzuhalten?»

«Deine Aufgabe ist es, das Steuer des Schiffes fest in der Hand zu halten, wie stark der Wind auch immer sein mag. Du hast weder Zeit noch das Recht zu zweifeln. Auch dem Gegenwind wirst du trotzen, wir werden ihm trotzen.»

Am Horizont emporsteigend, übergoß die Sonne mit ihren ersten Strahlen die Große königliche Gemahlin und Ramses, den Sohn des Lichts.

Christian Jacq

Christian Jacq, geboren 1947 bei Paris, promovierte in Ägyptologie an der Sorbonne. Er veröffentlichte zahlreiche wissenschaftliche Aufsätze und wurde von der *Académie française* ausgezeichnet. Neben Beiträgen zur Fachliteratur schrieb er mehrere erfolgreiche Romane. Mit «Ramses» gelang ihm auf Anhieb der Sprung an die Spitze der Bestsellerlisten.

Ramses Band 1:
Der Sohn des Lichts
Deutsch von
Annette Lallemand
448 Seiten. Gebunden
Wunderlich Verlag, als
rororo 22471 und in der
Reihe "Großdruck" 33154

Ramses Band 2:
Der Tempel der Ewigkeit
Deutsch von
Ingrid Altrichter
416 Seiten. Gebunden
Wunderlich Verlag, als
rororo 22472 und in der
Reihe "Großdruck" 33157

Ramses Band 3:
Die Schlacht von Kadesch
Deutsch von
Annette Lallemand
448 Seiten. Gebunden.
Wunderlich Verlag, als
rororo 22473 und in der
Reihe "Großdruck" 33158

Ramses Band 4:
Die Herrin von Abu Simbel
Deutsch von
Ingrid Altrichter
448 Seiten. Gebunden
Wunderlich Verlag, als
rororo 22474 und in der
Reihe "Großdruck" 33164 /
ab Juni 2000

Ramses Band 5:
Im Schatten der Akazie
Deutsch von
Ingrid Altrichter
448 Seiten. Gebunden
Wunderlich Verlag, als
rororo 22475 und in der
Reihe "Großdruck" 33165
ab September 2000

Der schwarze Pharao *Roman*
Deutsch von
Dorothee Asendorf
400 Seiten. Gebunden
Wunderlich Verlag

Der lange Weg nach Ägypten
Roman
(rororo 22227)

Die letzten Tage von Philae
Roman
(rororo 22228)

Der Mönch und der Meister
Roman
(rororo 22430)

Weitere Informationen und ein Verzeichnis aller lieferbaren Titel von **Christian Jacq** finden Sie in der *Rowohlt Revue*, kostenlos in Ihrer Buchhandlung, und im Internet: www.rowohlt.de

Unterhaltung

Bestseller

rororo **Bestseller** aus dem Belletristik- und Sachbuchprogramm auch **großer Druckschrift.**

Rita Mae Brown /
Sneaky Pie Brown
Mord in Monticello *Ein Fall für Mrs. Murphy. Roman*
(rororo Großdruck 33148)

Friedrich Dönhoff /
Jasper Barenberg
Ich war bestimmt kein Held *Die Lebensgeschichte von Tönnies Hellmann, Hafenarbeiter in Hamburg*
(rororo Großdruck 33151)

Elke Heidenreich
Kolonien der Liebe
Erzählungen
(rororo Großdruck 33119)

Martha Grimes
Inspektor Jury besucht alte Damen *Roman*
(rororo Großdruck 33125)

Harper Lee
Wer die Nachtigall stört...
Roman
(rororo Großdruck 33140)

Petra Oelker
Der Sommer des Kometen *Ein historischer Kriminalroman*
(rororo Großdruck 33153)
Tod am Zollhaus *Ein historischer Kriminalroman*
(rororo Großdruck 33142)

Rosamunde Pilcher
Ende eines Sommers *Roman*
(rororo Großdruck 33134)
Wilder Thymian *Roman*
(rororo Großdruck 33150)
Sommer am Meer *Roman*
(rororo Großdruck 33102)

Oliver Sacks
Der Mann, der seine Frau mit einem Hut verwechselte
(rororo Großdruck 33121)

Carola Stern
Der Text meines Herzens
Das Leben der Rahel Varnhagen
(rororo Großdruck 33136)
"Ich möchte mir Flügel wünschen" *Das Leben der Dorothea Schlegel*
(rororo Großdruck 33123)

Elizabeth Marshall Thomas
Das geheime Leben der Hunde
(rororo Großdruck 33147)

Ein Gesamtverzeichnis der Reihe *rororo Großdruck* sowie aller lieferbaren Titel der Rowohlt Verlage finden Sie in der *Rowohlt Revue*, kostenlos in Ihrer Buchhandlung, und im Internet:
www.rororo.de

rororo Großdruck

3455/8

Pauline Gedge

Pauline Gedge, geboren 1945 in Auckland, Neuseeland, verbrachte einen Teil ihrer Kindheit in England und lebt heute in Alberta, Kanada. Mit ihren Büchern, die in zahlreiche Sprachen übersetzt sind, gehört sie zu den erfolgreichsten Autorinnen historischer Romane.

Die Herrin vom Nil Roman einer Pharaonin
(rororo 15360)
Vor dreieinhalb Jahrtausenden bekam in Ägypten die Sonne eine Tochter: Hatschepsut. Sie wurde die erste Frau auf dem Thron der Pharaonen. In den zwanzig Jahren ihrer Herrschaft erwirbt sie sich die Liebe ihres Volkes und fördert den Fortschritt. In diesem spannenden biographischen Roman zeichnet Pauline Gedge diese einzigartige und erste bedeutende Frau der Weltgeschichte nach.

Das Mädchen Thu und der Pharao Roman
(rororo 13998)
«Die Geschichte vom rasanten Aufstieg des Bauernmädchens Thu zur Favoritin des Pharaos ist ein geradezu sinnliches Lesevergnügen. Eine aufregende Story aus dem Land der Pharaonen mit aufschlußreichen Einblicken in das gesellschaftliche Leben der damaligen Zeit.» *Brigitte*

Die Herrin Thu Roman
Deutsch von
Dorothee von Asendorf
544 Seiten. Gebunden
Wunderlich

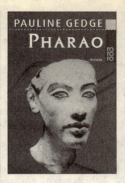

Pharao Roman
(rororo 12335)
«Eine elegante, spannende, ja faszinierende *Hofberichterstattung* aus der Zeit des großen Umbruchs Ägyptens.» *Die Rheinpfalz*

Der Sohn des Pharao Roman
(rororo 13527)

Die Herren von Rensby Hall
Roman
(rororo 13430)

**Herrscher der zwei Länder
Band 1: Der fremde Pharao**
Deutsch von
Dorothee Asendorf
416 Seiten. Gebunden
Wunderlich ab März 2000

Band 2: In der Oase
Deutsch von
Dorothee Asendorf
672 Seiten. Gebunden
Wunderlich ab Juli 2000

Weitere Informationen in der **Rowohlt Revu**e, kostenlos im Buchhandel, und im Internet:
www.rororo.de

Unterhaltung